JN102146

著　カロリン・フランケンバーガー　ハナ・メイヤー
アンドレアス・ライター　マーカス・シュミット

監訳　渡邊 哲　訳　山本 真麻　田中 恵理香

DX（デジタルトランスフォーメーション）ナビゲーター

コア事業の「強化」と「破壊」を両立する実践ガイド

SE
SHOEISHA

The Digital Transformer's Dilemma
How to Energize Your Core Business While Building Disruptive Products and Services

Karolin Frankenberger
Hannah Mayer
Andreas Reiter
Markus Schmidt

Satoru Watanabe
Maasa Yamamoto
Erika Tanaka

本書内容に関するお問い合わせについて

このたびは翔泳社の書籍をお買い上げいただき、誠にありがとうございます。弊社では、読者の皆様からのお問い合わせに適切に対応させていただくため、以下のガイドラインへのご協力をお願い致しております。下記項目をお読みいただき、手順に従ってお問い合わせください。

● ご質問される前に
弊社Webサイトの「正誤表」をご参照ください。これまでに判明した正誤や追加情報を掲載しています。
　　正誤表　https://www.shoeisha.co.jp/book/errata/

● ご質問方法
弊社Webサイトの「刊行物Q&A」をご利用ください。
　　刊行物Q&A　https://www.shoeisha.co.jp/book/qa/

インターネットをご利用でない場合は、FAXまたは郵便にて、下記"翔泳社 愛読者サービスセンター"までお問い合わせください。
電話でのご質問は、お受けしておりません。

● 回答について
回答は、ご質問いただいた手段によってご返事申し上げます。ご質問の内容によっては、回答に数日ないしはそれ以上の期間を要する場合があります。

● ご質問に際してのご注意
本書の対象を越えるもの、記述個所を特定されないもの、また読者固有の環境に起因するご質問等にはお答えできませんので、予めご了承ください。

● 郵便物送付先およびFAX番号
送付先住所　〒160-0006　東京都新宿区舟町5
FAX番号 03-5362-3818
宛先（株）翔泳社 愛読者サービスセンター

※本書に記載されたURL等は予告なく変更される場合があります。
※本書の出版にあたっては正確な記述につとめましたが、著者や出版社などのいずれも、本書の内容に対してなんらかの保証をするものではなく、内容やサンプルに基づくいかなる運用結果に関してもいっさいの責任を負いません。
※本書に記載されている会社名、製品名はそれぞれ各社の商標および登録商標です。

THE DIGITAL TRANSFORMER'S DILEMMA
How to Energize Your Core Business
While Building Disruptive Products and Services
by Karolin Frankenberger, Hannah Mayer,
Andreas Reiter, and Markus Schmidt

This translation published under license with
the original publisher John Wiley & Sons, Inc.
through Japan UNI Agency, Inc., Tokyo

デジタルトランスフォーメーションを
実践するすべての人に

DX Navigator
Contents

日本の読者のみなさんへ

「どんなビジネスも永遠には続かない」、これが本書の根源にある考えです。したがって企業はつねに、自社の現在のコア事業が将来破壊されることへの備えを怠ってはなりません。

そのためには、現在のビジネスを強化するのと同時並行で、新たなビジネスモデルを導入する必要があります。しかも、リーダーは新事業開発チームとコア事業チームを異なるやり方で、違和感なく率いていかなければなりません。これが、私たちが本書に記したデジタルトランスフォーメーション（DX）のジレンマです。

このような、ビジネスの無常性や矛盾の肯定という考え方は、禅の精神に通じるものがあると思います。西欧社会の企業に比べて、日本企業にはこのジレンマを打ち破ることが容易なのではないでしょうか。

本書が日本におけるDXプロジェクトに役立つことを心より願っております。

2021年6月
カロリン・フランケンバーガー
ハナ・メイヤー
アンドレアス・ライター
マーカス・シュミット

監訳者より

DXは、公共、民間問わず非常に大きなテーマになっている。メディアでDXの記事を見ない日はないほどである。ところがDXとは何か、についてはあまり明確でない。従来のIT化と何が違うのか？　IoT、AI、ビッグデータ、RPAを使えばDXなのか？　など、読者の方も疑問をお持ちでないだろうか。

本書ではDXの要点を、(1) 既存事業のプロセスや商材そのもののデジタル化（S1曲線）、(2) デジタルを核に既存の事業モデルを破壊する新事業（S2曲線）、(3) S1曲線とS2曲線の連携、の3つを同時並行で実施することだとしている。ところが、現時点の収益に直結するS1曲線と、将来を見据え簡単に収益化しないS2曲線を、1つの組織内で両立するのは非常に難しい。これが本書の原題「DXのジレンマ（"The Digital Transformer's Dilemma"）」である。既存事業を持つ企業が、業界を破壊する新事業を自ら立ち上げるのは難しいという「イノベーションのジレンマ（"The Innovator's Dilemma"）」から発想を得たものだ。

では、DXのジレンマを乗り越えて成功するためにどうしたらよいのか？　これが本書のテーマであり、DXの実践手法を、Why（なぜ行動するのか？）/ What（何をするのか？）/ How（どのように実現するのか？）/Where（どこで結果を見るか？）の切り口で解説している。これらすべてがDX実践に必要だが、その中でも本書最大の特長は、HowのDX実践6要素（組織／テクノロジー／プロセス／リーダーシップ／人材／文化）である。

さて、読者のみなさんの会社では、すでにある程度DXに取り組んでいる最中であろうか？　あるいは、これから取り組みを始める段階だろうか？　すでに取り組み中であれば、本書巻末の「参考資料」にある各種テンプレートで自社の現状を確認し、達成目標を設定して、その差異をもとに今後の活動方針を立てて頂くと効果的である。また、これからDXに取り組む場合は、各テンプレートをDXの戦略策定、実行、進捗管理のフレームワークとして活用いただくとよい。本書の内容は膨大かつ多岐にわたるため、ＤＸの取り組みに活用するための解説書として読み進めていくことをおすすめしたい。本書で紹介されている各種テンプレートの日本語版はマキシマイズのホームページ（https://www.maximize.co.jp/）や、ビジネスモデル・ナビゲーターの日本語ホームページ（https://www.bmilab.jp/）よりダウンロードできるので、ご興味の方は参照願いたい。

本書の主著者であるスイス・ザンクトガレン大学のカロリン・フランケンバーガー教授は、書籍『ビジネスモデル・ナビゲーター』の著者の1人であり、本書に登場する企業の多くは同手法を利用している。Why / What / Whereの各章で解説されているビジネスモデル変革、戦略策定、ポートフォリオ管理、KPI設定などの詳細は、拙訳書の『ビジネスモデル・ナビゲーター』と『イノベーションの攻略書』（ともに翔泳社）にも詳しく書かれているので、必要に応じてご参照願いたい。

本書の日本語版刊行について、翔泳社の担当編集者の小場いつかさん、企画を取りまとめいただいた坂口玲実さん、訳者として協力いただいた山本真麻さん、田中恵理香さんに心から感謝の意を表したい。

本書の内容が、少しでも読者のみなさんの参考になれば幸いである。みなさんのDXの取り組みが成功し、未来の日本の発展につながることを願っている。

2021年6月吉日
東京にて
渡邊　哲

INTRODUCTION

中核事業のデジタル化は必要だが、
会社の命運を握るのは
真新しい破壊的なビジネスだ

生き残るには2種類の事業変革を

初めに悪い知らせ（もうご存じのはず）とよい知らせをお伝えしたい。悪いほうは、当たり前といえばそうだが、旧式の事業というのはいわば恐竜のようなもので、恐竜と同じ運命をたどる恐れがあるということ。つまり、絶滅だ。成功している企業はどこも、スタートアップやテクノロジー企業、革新的な企業に脅かされている（図0.1）。よいほうの知らせは、企業が（恐竜とは違って）深刻な変化に備えられることだ。本書の目的は、企業に変革の道筋を示し、脅威に備えて成功をつかむ手助けとしてもらうことだ。

結論から言おう。**従来型の企業は変革を2度行う必要がある。**伝統的な中核事業を変革しつつ、同時に新しい破壊的な（デジタル）事業を立ち上げる必要があるのだ。業種や拠点や規模に関係なく、**あらゆる企業が、質の異なる2つの世界のバランスをとっていかなくてはならない。**ミシュラン社（Michelin）、フォルクスワーゲン社（Volkswagen）、アンハイザー・ブッシュ・インベブ社（Anheuser-Busch InBev［AB InBev］）、ネスレ社（Nestlé）、ノバルティス社（Novartis）、BNPパリバ社（BNP Paribas）などの巨大有名企業も、オハイオ州の精密機器メーカーのメトラー・トレド社（Mettler-Toledo）、スイスの総合テクノロジー企業のビューラー社（Bühler）、インドネシアのBTPN銀行などの中小規模の実力派企業も、状況は同じだ。これ以外にもたくさんの企業に取材を行ったが、このような企業なら安泰だという確固たる基準はないことがわかった。期待外れなら申し訳ない。

しかし、いったいなぜなのだろう？　端的に言えば、デジタルトランスフォーメーション（以下、DX）において企業を規模や拠点で分けて考えるのは間違いなのだ。各産業の成熟度によって変革の緊急性が異なるので、業界による違いならありそうだ。だが、**一番効いてくるのはやはり企業の古さであり、「スタートアップvs.従来型の企業」の構図が出来上がっている。**体制とインフラストラクチャー、思考様式の面で固定観念にとらわれにくいスタートアップは、従来型の企業と比べてたやすく破壊的イノベーションを立ち上げる。一方で従来型の企業は、

図0.1　「恐竜企業」は生き残らないだろう

複雑かつ面倒な組織がらみの悩みが多く、スタートアップのようにすばやい行動をとれない。既存領域での成功を維持しながら同時に新しい領域でも成功をつかむのは困難であり、これを解決する包括的なコンサルティングサービスはない――少なくともいまのところは。私たちは本書を通してこの難題に取り組んでいく。

ありがたいことに、企業が立ち向かわねばならないデジタル世界の状況は、想像するほど絶望的ではない。それどころか、企業がいざ破壊的イノベーションに踏み出す気になれば活用できるチャンスが大量に眠っている。本書で扱う人工知能やプラットフォーム型ビジネス、product-as-a-service（製品のサービス化）、カスタマージャーニー（訳注：製品購買やサービス利用に関連する顧客の一連の行動や感情を図式化したもの）のデジタル化など流行概念をもとにした、あるいはこれらの概念と組み合わせたビジネスモデルイノベーションは、破壊的イノベーションの一端だ。ただし、私たちはただ流行り言葉に乗るのではなく、真新しいビジネスの創出というこれまでにない要素が求められる難題について、企業が理解するだけでなく克服するための方法を明らかにしていく。

マネジメント本を好む人なら、何らかの書籍や理論ですでに破壊的イノベーションの必要性が論じられていることをご存じだろう。たとえば

「ブルー・オーシャン戦略」は、強大な競争相手と限りある利益を奪い合うのではなく、これまで手つかずだった市場で新たな需要を生み出す方法を説く。「3つの地平線」では、イノベーションを実現時期に応じて異なる3つの地平線上に分類するが、各地平線の実現時期が徐々に早まっており、硬直的な成熟企業は不利に、敏捷性のある革新的な企業は有利になる。しかし、まだ足りないものがある。それは、特に変革を実行するうえで、中核事業と破壊的な新規事業の成功要因とはどう異なるのか、この2種の事業が同時に存在する際に必ず生まれる緊張状態をどう扱えばよいかを明示する、具体的な手引書だ。本書はまさにそれである。あらゆる組織のさまざまな役職のDX実践者に向けた、包括的な2階層のDX実現の旅路をスタートからゴールまで導く手引書だ。

世界を飲み込むソフトウェアの波 ―― 適応方法がわからないままの企業

デジタル化は複雑で刺激的、そして冒険的だ。自動運転車の実現計画は、自動車業界が移動について一から考え直し、大きな投資を行うきっかけとなった。新世代の移動サービスを提供する共同出資事業を立ち上げたダイムラー社（Daimler）とBMW社がその一例だ[1]。今や、地下鉄で出勤途中にスマートフォンで病院の診察予約をとれるようになり、不動産物件は1つずつ車に乗って見て回らずともオンラインで検索ができる。デジタル化がマイナスに働いた例としてはノキア社（Nokia）[2]とコダック社（Kodak）[3]の倒産が有名だが、ほかにもナイキ社（Nike）はデジタル部門の規模を半分に縮小し、レゴ社（Lego）はバーチャルでブロックを組む「デジタル・デザイナー」プログラムへの投資を停止し、P&G社の「地球上で最もデジタルな会社」になるという目標は頓挫した[4]。

あなただって一度は「デジタル化の影響で自分の仕事はどうなるだろう」と考えたことがあるのではないだろうか。全職業のうち6割において、作業の3割以上が「自動化」可能であり、自動化とデジタル化の結果としてかなりの業務スキル転換が求められると聞くと、不安はいっそう募る[5]。一人ひとりの個人が、場合によってはある職種全体が、デジタル化を恐れているというのも理解できる。

デジタル化は私たちの生活、仕事、コミュニケーション、商品やサービスの消費のあり方に影響を与え、企業の経営方法にも甚大な変化をもたらす。というのも、過去に確立されたビジネスのルールやベストプラクティスが急速に賞味期限を迎えつつあるからだ[6]。さらには、成熟企業は新興スタートアップやテック企業の参入に脅かされ、同時に業界同士の境界線もぼやけつつある（がん検診と肥満診断に乗り出してヘルスケアとバイオサイエンス業界にも手を広げたグーグル社［Google］がよい例だ）。また、デジタル化は難題ももたらす。中国企業による競争の激化（アリババ社［Alibaba］の北米や欧州進出の可能性）、消費者の好みの劇的な変化（テレビを好きなときにストリーミング視聴する文化の誕生）、エコシステムやプラットフォームといった新しいデジタル概念の誕生（外部のソフトウェア開発者コミュニティのプラットフォームでないモバイルOSなど、想像できるだろうか）。

こうした傾向はここ数年で一気に勢いを増した。ところが、デジタル化が生む変化をどのようにしてうまく乗り越えるかの明確な展望を持つ成熟企業は、驚くほど少ないのだ。長期的な成功をつかみたいなら、どんな企業も自社のビジネスを再考すべきときだというのに。ここで残念な話を1つ。**デジタルという「魔法の粉」を既存の中核事業にちょっと振りかけたところで、うまくはいかない。ビジネスを根本から徹底的に見直す必要がある。これこそが、DXなのだ。**

いかにも恐ろしいものに聞こえるが、こういった大規模な変革は何も新しいものではない。18世紀の産業革命は働き方に劇的な変化をもたらしたが、DXもこれに似て、広範囲に影響を及ぼすだろう。単なる変革なら、おそらく多くの組織で絶えず発生している。だが、DXはその速度と影響度の点で前例がなく、だからこそ経済と社会に甚大な変化を引き起こすのだ。

経済とビジネスの観点から言えば、デジタル化の美点と強力さは、どのようなデジタルの産物もまるごと複製でき、世界中の事実上無限の顧客に限界費用ほぼ不要で提供できるという点である[7]。じっくり考えてみてほしい。限界費用ほぼゼロだ。これはつまり、あるデジタル技術があるアナログ技術に取って代わった場合、控えめに言っても、**変化は全体に行き渡り、よってその技術に関連する企業や業界に根本的な影響を及ぼす**ということだ。一番利益を得られるのは、デジタル専業の企業だ。制限なく規模を拡大でき、しかもコストは激減する。

一方で、非デジタルな既存資産に基づく制約（クラウドコンピューティングに物理的に移行できないなど）に縛られたままの企業もいるが、その場合でもデジタル化を活用できる可能性はある（クラウドコンピューティングの需要の急増を見てほしい）。

ビジネスを基盤から設計し直すからこそDXは会社にとっての新しいチャンスの大波となる。こうした根本部分の破壊こそがまさに、管理職も従業員も一様に行うコスト削減策のような平凡な業務改革と、DXとが構造的に異なる理由だ。

言い換えれば、真のDXとは、既存のビジネスモデルを支援するITシステムの導入だけではない。**(a) 企業の既存の中核事業がどうすればデジタル化により利益を得られるかを念入りに検討する**と同時に、**(b) 顧客のために価値を創出する新しい（デジタル）手段を模索して実現する**という、2種類の変革が必要である。よって、DX完了後に向けて、2種類のビジネスを同時進行する形に、ビジネスを根本から再設計する必要がある。

これまでは、デジタル化は企業に重要な影響をもたらしながらも、どこか力を発揮しきれていない部分があった。従来のプロセスを維持したまま既存システムの表面的な「飾り付け」として導入されたようなもので、多くの企業ではビジネスモデルの徹底的な再考にまで至らなかった。それとは対照的に、デジタル資産を基盤に業務を構成し、どこからでもアクセスできるデータとインフォメーションフローを中心に構築された事業は、従来とは大きく異なるプロセスと制約を持つようになる（これが真新しいデジタル事業だ）。**前者の「中核事業のデジタル化」はあらゆるDXに必須だが、企業の未来は後者の「デジタル事業」にかかっている。**

極端な例だが、業務をすべてデジタル空間で行うオンライン企業をイメージしてみてほしい。アマゾン（Amazon）で価格変更があった場合に人の手は必要ない。フェイスブック（Facebook）の新規登録者をいちいちチェックする人間もいない。その結果、組織が成長の妨げになることはなくなり、これまであった拡張性の限界が事実上なくなった。本書ではこうしたデジタルネイティブな会社やスタートアップに主眼を置くわけではないが、彼らのビジネスモデルや戦略から学べる点は豊富にあり、間違いなく既存事業の参考になる。とりわけ自社のデジタル事業立ち上げに対する考え方のヒントとなり、未知のデジタル領域に漕ぎ出す際の糧となるだろう。

DXのジレンマ：中核事業を活性化させながら、破壊的な新製品や新サービスを立ち上げる

熱心な読者のみなさんはこう思っているかもしれない。**DXのジレンマ**の話が出てこないではないか。いかにも。ジレンマが現れるのは、上述の２種類の事業に同時に取り組む必要性を会社が認識してからだ。DXの旅路に一歩踏み出せば、どうすれば従来型の基盤を持つ中核事業（S1曲線と呼ぶ）の収益性を維持しながら、真新しい破壊的な（デジタル）事業（S2曲線と呼ぶ）が秘める力を最大限に解き放てるのだろう、というジレンマに直面するはずだ。言葉を換えれば、S1曲線のデジタル化と革新的かつデジタルなS2曲線の開発を適切に連携させながら、１つの企業内でうまく両立させるにはどうしたらよいのか。もっと単純な言い方をすれば、**いったいどうすれば中核事業をデジタル化しながら、未来の再設計（経営戦略だけではなく実務レベルでも）ができるのだろう。**これが、DXのジレンマの本質だ（図0.2）。

図0.2　２本のS字曲線

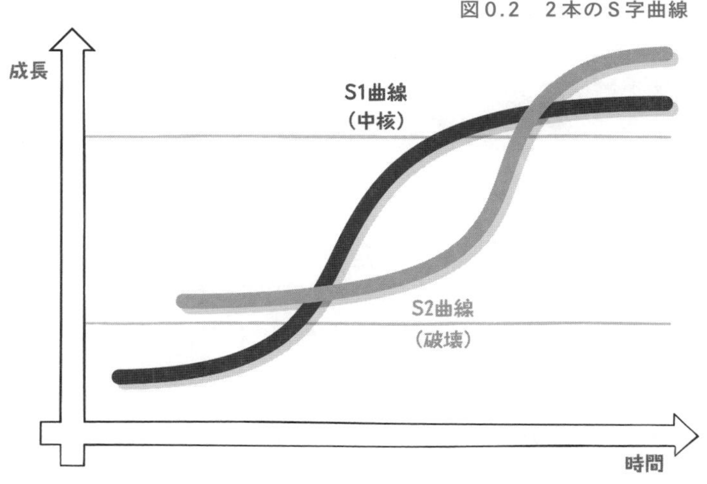

出典：『The Laws of Imitation』（邦題『模倣の法則』ガブリエル・タルド著、池田祥英・村澤真保呂訳、河出書房新社、2007）より

現実はというと、企業はしばしばS1曲線とS2曲線にかける力のバランスをとれず、2つの曲線の仲違いを引き起こす。想像してみてほしい。S1曲線は引き続き売上高の大半を担いながら、結果がすぐには出ないS2曲線の分まで稼がなくてはならない（姉妹間のライバル関係のようなもので、S1曲線はたとえるなら醜い腹違いの姉のような存在だ）。それなのに、S2曲線のほうばかりが独創的なイノベーションの象徴や展示品として社内外に向けて宣伝される。S1曲線が軽視されて不公平な扱いを受けているように感じるのも、S2曲線が優越感を抱くのも無理はない（きょうだいを持つ人ならうなずいてくれるだろう）。**この2本のS字曲線のあいだを取り持つことが、DX全体の成功には不可欠だ。**そのためには、2つの事業の成功要因は大きく異なること、そして2つが調和を保って相互に影響し合うことでのみDXの力を最大限に活用できることを、経営陣と従業員が理解しておかなければならない。

「DXのジレンマ」という言葉に聞き覚えがある人は、クレイトン・クリステンセンの著書をご存じかもしれない。1997年刊行のベストセラー、『The Innovator's Dilemma』（邦題『イノベーションのジレンマ 増補改訂版』クレイトン・クリステンセン著、玉田俊平太監修、伊豆原弓訳、翔泳社、2001）でクリステンセンは、成功している企業がすべての行動を正しくとったとしても、破壊的なテクノロジーを切り拓く新出の競合相手に市場の主導権を奪われることはある、と主張した。執筆されたのは1990年代だが、この書籍の多くの理論が今、それもDXにおいてはとりわけ、重要性をふたたび増してきている。この20、30年で広く世に受け入れられてきた数々のマネジメント法は、時代遅れとまでは言わないが、いまや限られた状況にしか当てはまらなくなっている。今こそイノベーション（クリステンセンの主題）の、またはトランスフォーメーション（私たちの主題）の取り組みを導く、新しいルールと習慣を確立する必要があるのだ。

ほかのDX関連書籍には書かれていないこと

DX関連の出版物の多くは、「なぜ行うのか」を中心に書かれている。デジタル面の徹底的な見直しが企業の継続的な成功にどのように役立つのかを伝え、とにもかくにも行動に出なくてはと促すものだ。知識は進歩への第一歩とも言えるので、「なぜ」は確かに重要だ。本書もここまでそれを述べてきており、次の章でも引き続き掘り下げていく。だが、私たちはそのさらに先を見ている。いまのところ、DXを「どのように」実行するかの指導書はあまり発表されてきていない。本書は「DX」を中心に据えて、実際に変革を行う方法を記した初めてのロードマップだ。ありがちな落とし穴を避ける方法や、立ちはだかる障壁に対処して乗り越える方法に注目しながら、実行可能なステップを示す。日常でDXに触れるすべての人、つまり経営幹部の数人だけでなく、中堅マネージャー層やほかの従業員も対象としている。経営幹部にとっては、DXに乗り出す理由と戦略策定の考え方について書かれたPart 1とPart 2が特に有益だろう。中間管理職やほかの従業員にとっては、Part 3とPart 4が特に役立つのではないだろうか。本書の主要部分であるPart 3ではDXへの具体的な取り組み方を詳しく説明し、Part 4では成功を判定する方法をまとめた。

みなさんに本書を楽しんでいただき、インスピレーションをもたらすこと、そして何よりも、DXの実行に必要なツールを提供することで、みなさんの会社のDX成功に役立つことを願っている。ジレンマのさまざまな面を紹介し、S1曲線とS2曲線のバランスを管理するコツを伝え、こうした難題にうまく対処するための行動計画の概略を本書で示していく。そのために、私たちは多様な業界と地域で活躍する経営幹部100名以上を取材し、そこで得た最新かつ充実した豊富なケーススタディを紹介するという、革新的な手法を採用した。

世界各地にあるアリババ社やアマゾン社（Amazon）のような企業はデジタルの世界を突き進む手本としては申し分ないが、彼らは旧型ビジネスの変革という要件に立ち向かったことはないだろう。私たちはむしろ、遺産を長く受け継いできた企業に焦点を合わせ、どうすれば中核事業を保持しながらデジタル時代へと移行できるのか。つまり、**どうすれば既存の事業活動をS1曲線で維持しながら、完全デジタルの事業が持つ潜在能力をS2曲線で発揮できるのかを掘り下げる。**中核事業の収益性維持と新しく破壊的な（デジタル）事業立ち上げのバランスをしっかりと保ちつつ、2本のS字曲線の相互作用をコントロールするための最善策を模索していく。S2曲線に照準を合わせるのではなく、2本のS字曲線を並行して育てる展望は、ほかの書籍にはない新しい考えだ。デジタル化を進める際に強みとなりうる中核事業の成長機会を軽視するのは、あまりにも不注意ではないだろうか。

S2曲線がやがてS1曲線になり、もとのS1曲線が大黒柱ではなくなる状況は、多くの業界や事業分野で起こりうる。むしろこれが、長期的な発展の自然な形だ。仮にそうなったときにはきっと、また別の新しいS2曲線が生まれようとしているかもしれない。**2つのまったく異なる世界のバランスをとることが、これからの企業にとっての主題となりつづけるだろう。**

みなさんの成功をサポートするために、たくさんの実用的なヒントに加え、成功を支援する必携ツールもすべて提供する。「参考文献」のなかに、DXの戦略策定と導入の道しるべとなるツールと、実践的なステップを掲載している。私たちのウェブサイト（https://www.thedigitaltransformersdilemma.com/）には、さらにたくさんの資料を用意しているので、ぜひ活用してほしい。

なぜ、どのようにして、本書ができたか

私たちは、「変革について語りたいなら、まずは自ら変革を実行する！」をモットーに、企業に提案する内容を自分たちも守るよう心がけている。

初めに、世の中に不足している部分を補う必要があると気づいた。「なぜ」に関する資料は多いが、「どのようにして」に注目したDXの手引書はほとんどない。そこで最初の実験フェーズとして、DXの教科書的な実施方法からヒントを得て、まずは本書の実用最小限の製品（MVP）を作成した。それを用いて、DXの知識を持つ人々（経営トップ、企業創業者、思想リーダー、学者）やDX実践者（プロジェクトマネージャー、ビジネスユニットのリーダー、従業員個人）を相手に私たちの構想を検証した。もらったフィードバックを取り入れて修正し、このサイクルをすばやく幾度か繰り返したあと、できる限り早く本書のプロトタイプを作成した（「早いうち、安いうちに失敗せよ」のモットーに従ったわけだ）。

その次に、肉付けが必要となった。ビジョンとMVPに問題がなくとも、中身が空っぽでは何もつくれない。そこで私たちは、「コダック化（訳注：デジタルの波で破壊されること）する前にウーバー化（訳注：デジタルの波で破壊すること）に成功した」[8]企業でDXプロジェクトを率いた経営幹部

と現場リーダーに取材を行い、100を超えるケーススタディをまとめあげた。これをもとに構築した私たちのDX実施フレームワークをたくさんの検証ユーザーに繰り返しテストし、得られたフィードバックをまた反映した。

そうしてやっと最後の仕上げ、つまり、著者としてすべてを書きまとめる段階にきた。この通り、私たちはそれもやり遂げた。

ところが、そこで事件は起きた。

パンデミックとDX

2020年春、新型コロナウイルス感染症（以下、新型コロナ）の大流行により、全人類の日常生活と仕事生活が突如一変し、ソーシャルディスタンス、移動制限、リモートワーク、オンライン授業、（ほぼ）全業界での活動停止（一部では突然の需要急増）、失業者の急増、株式市場の混乱などといった新しい日常が出来上がった。企業はビジネスを一新する必要性と、以前からあった（ときに長く抱いてきた野望であった）DXの必要性との板挟みになり、窮地に立たされた。新型コロナが仕事の本質、企業の構造、そして人々、会社、各国の経済状況を様変わりさせるなかで多くの疑問が生まれ、そのなかにはDXに関わるものもあった。新型コロナの流行はDXにとってどのような意味を持ち、この2つはどうすれば共存できるだろう？　具体的に言えば、S1曲線とS2曲線、そしてその相互作用に、新型コロナはどのような影響を与えるのだろう？　この変化の終わりに誰が勝者となり、誰が敗者となるのだろう？

答えを映し出してくれる水晶玉は存在しないので、新型コロナがDXに与える長期的な影響をはっきりと予測することはできない。パンデミック収束後には生活様式が一新されてまったく新しい慣習に沿うことになるのか、単に一時的に選択肢が変わっているだけで大半は以前の仕事環境に戻るのか、それもわからない。何ひとつ確証がないので、今あるだけのデータをもとにした2020年4月時点の最新の見解と持論を、すべて鵜呑みにはしないでほしいとお伝えしたい。ただ、1つだけ明白なことがある。新型コロナとDXは密接に関連している。詳しく説明しよう。

(1)パンデミックは過去のDXの取り組みを測る指標のようなもの。企業がどの程度うまくデジタル変革してきたかを知ることができる。

新型コロナのパンデミックは、自社のこれまでのDXの欠陥を調べるストレステストとも言えそうだ。自社の（デジタル）ビジネスモデルに内在する弱点を、本来よりも早くあらわにする。**パンデミック前からすでに2本のS字曲線にまたがるDXを進めていた企業は、このコロナの時代では有利な立場にいる。**危機的状況に入るとすぐに社内のデジタル化の活動を速やかに再整備して、デジタル版の製品やサービスを一気に構築できたからである。一方、（危機的状況の前と初期に）大型船デジタルトランスフォーメーション号への乗船切符を逃した企業は、置き去りにされつつある。つまり、自社の付加価値をデジタル技術で創出、提供できた（またはすばやくこの形に形態変化できた）企業は、完全オフラインの価値提案を続ける企業と比べれば、概してコロナ禍をうまく切り抜けるだろう。世界的な景気後退に向かいつつあると経済学者たちは述べるが【9】、結局は相対的な勝者がいる以外には何も確かなことはない。問題は「誰が勝者となるのか」というよりは、「誰が失うものを最小限に抑えられるか」だ。

当然ながら、完全デジタルのビジネス、とりわけ取引完了まで人の手を介す必要のない事業は、仮想環境を舞台とした経済で利益を享受できる位置につけている。たとえばズーム社（Zoom）は、いまや世界中が注目するリモート会議という美味しいパイの大きな分け前を手に入れ、3ヵ月でシェアを63パーセント増加させた【10】。

顧客の来店が必要な事業は、残念ながら新型コロナで「死の床」にある状況だ。客足がなければ仕事にならない。頑としてS1曲線の事業のみに注力してきた企業は、不利な立場に追い込まれている。危機的状況を抜けても資金繰りは苦しいだろう。対面式のサービスに頼っている古風な会社が最もひどい打撃を受けているが、考え方を変えたりデジタルチャネルをすばやく構築したりできれば、損害を抑えることもできる。

その一例が、全売上の55パーセントをデリバリーが占めるドミノ・ピザ社（Domino's）だ。その特徴ゆえにドミノ・ピザ社はコロナ禍でも安定を保ち、それを裏付けるように、需要急増を受けて1万人を新規採用すると発表した【11】。米国で何百万人もの労働者が失業保険を申請していたさなかだった[12]。ドアダッシュ（DoorDash）やグラブハブ（Grubhub）などといった、売上の一部を代償にレストランの売上アップを約束するデリバリーアプリを、大手チェーン店で唯一使用していないのがドミノ・ピザ社である。自社専用のデリバリーアプリ、ドライバー、小型トラックを持つことでバリューチェーンとカスタマーサービスを完全に管理下に置き、これがソーシャルディスタンスの時代のドミノ・ピザ社の必勝戦略となった。コロナ禍で他人と接触せずに済むデリバリーに魅力を感じる顧客に的を絞り[13]、仲介者を省いて利益を確保することで、店内飲食事業（S1曲線）とは大きく異なるデジタル事業（S2曲線）を加速するという存続可能な戦略が出来上がっている。

社会制度の要となる組織を見ても、DXを経たところが一番よい結果を出しているようだ。たとえば各国の政府機関も、一部の企業と同様にコロナ禍で注目を集めている。韓国などは、監視カメラの記録とスマートフォンの位置情報、クレジットカードの購入履歴を利用して新型コロナ患者の最近の行動を追跡し、感染経路を明らかにすることで早期に感染拡大を抑え込んだ優秀な国として称賛を受けた[14]。こうした国々ではかなり前から、取得した個人のデータをモニタリングして分析できるしくみを整えており、そのツールや手法、ノウハウは、プライバシー配慮の対応をすれば、今後欧米諸国にも展開されるかもしれない[15]。デジタル先進国として知られるアジアの一部の国では国民一人ひとりの詳細な情報、それも現在地や行動のみならず、ほかの患者との関係性までが一目瞭然だ。このような行政機関のDXは国民に広く受け入れられ[16]、特に今は過去にないほどに国民の役に立っている。

(2) デジタル変革を経た企業は概してコロナ禍を他社よりうまく切り抜けられる。そのなかでさらに突出する存在も出てくるだろう。

DXを経た企業のなかでも、ビジネスモデルや業界の特徴を活かして、今の小さなパイよりもずっと大きな取り分を手にする企業が出てくるだろう。

たとえばサブスクリプション関連のデジタルビジネスモデルは、広告ベースのモデルよりも今後安定しやすいのではないだろうか。不況に見舞われると、企業は通常広告費用を大幅にカットするが、消費者はおそらく月額9ドルのネットフリックス（Netflix）のサブスクリプションを解約しないだろう。

また、可能であるなら、**主力製品や主力サービス以外にも事業を多角化するのも、挑戦に値する戦略だ**（中核事業がコロナ禍で不振の場合は特に）。これには低い固定費用で提供できるサービスが適しており、配車サービスがよい例だ。人々が家から出なくなり配車が不要となったというのは、ウーバー社（Uber）やリフト社（Lyft）などの配車サービス会社が大いに理解している事実だ。しかしウーバー社は、フードデリバリーのウーバーイーツ（Uber Eats）、医療機関関連の配車を行うウーバーヘルス（Uber Health）、運送サービスのウーバーフレイト（Uber Freight）と分散投資をした結果、コロナ禍でもより有利な立場を獲得できている。

業界ごとの観点から見ると、今の危機的状況により需要が激減して損害を被っている業種と、需要にそれほど影響はないか増加して利益を得ている業種との二分化が進みつつある。前者に入るのが旅行産業やホスピタリティ産業で、特にクルーズ船や航空会社が大打撃を受けている。すでにデジタル変革済みでサービスの固定費用を抑えられている企業（物件契約料が発生しないエアビーアンドビー社［Airbnb］など）でさえも苦しんでいる。旅行自体が推奨されない、または完全に禁止されている状態では、需要も予約も激減するからだ[17]。後者に入るのが食料雑貨類の小売業だが、利益率の高い製品（衣類など）の売上は急落し、利益率の低い製品（トイレットペーパーなど）に取って代わられている。それでもまだ追い風ではある。特にウォルマート社（Walmart）はEコマース（電子商取引）のインフラへの投資を成功させている[18]。勝者と敗者のほかにも、パンデミックが諸刃の剣となり、一部が好調、一部が不調を味わっている業界もある。スタートアップや投資がそうだ。スタートアップが不利な時代ではない――少なくとも一部のスタートアップにとっては。ただ、世界的な経済不況の結果スタートアップ企業の評価額は落ち、過大評価はもう見込めなくなっている[19]。こうして苦戦するスタートアップがいる傍らで、投資余力を豊富に持つPE（プライベートエクイティ）ファンドとVC（ベンチャーキャピタル）ファンドはまさに絶好調かもしれない[20]。事業を安く購入できるチャンス[21]が到来し、貸借対照表には待機資金がしっかりとあるのだから（しかもスタートアップのみならず多くの業界が危機に瀕している）。スタートアップやベンチャーの評価額が比較的低迷し、PEとVCには資金があることで、最も破壊的なデジタルビジネスに有利に働く土壌ができつつあり、投資の世界は面白い方向に進みそうだ。2008年の金融危機直後にはウーバーやドロップボックス（Dropbox）、スポティファイ（Spotify）などいまやユニコーンに進化を遂げた事業が生まれた。コロナ危機でも同じことが起きるかもしれない。

（3）パンデミックはあらゆる企業のDX推進に拍車をかける。

時間の経過とともに関係者全員が新しい慣行やサービスに慣れたら、**デジタル事業とデジタル化した働き方の両方を加速する取り組みが、さらに一般化するだろう。**

デジタル事業の面では、デジタル版の新たな製品やサービス、チャネルが標準となり、コロナ危機が終わったあとも顧客の評価を得つづけることが予測される。企業側はコロナ禍で得た学びを活用し、顧客がすっかりデジタルのファンと化していることを理解して、今後もデジタルサービスと販売チャネルを維持し、拡張しつづけるほうがよいだろう。ジム業界では、高級トレーニングジムのバリーズ（Barry's）が無料のオンライントレーニングクラス（S2曲線）を開講して、スタジオでのトレーニング（S1曲線）が再開されるまで顧客をつなぎとめようとしている【22】。だが、スタジオの営業再開に合わせてオンラインクラスをやめる理由はあるだろうか。これが顧客の日課となりつつあることを考慮すれば、あえてやめる必要などない。同様に、ウォルマート社のネットスーパー事業は総売上高のほんの一部分ではあるが、この先もきっと残るだろう。中国の平安銀行は、貸付、クレジットカード、FX、医療相談、病院予約、自動車サービスなど、金融関連やその他サービスを「Ping An Pocket Bank」アプリで利用できる「Do It At Home（家でやろう）」サービスを2月に開始した【23】。コロナ禍を抜けても顧客がこのサービスを重宝する可能性は高い。**中核事業をデジタル化したり、破壊的なデジタル事業を急速に発展させたりする好機があるとしたら、今がそのときだ。**

働き方のデジタル化の面では、リモートワークがもはや日常となった今では、パンデミック収束後にもリモートワークを続けるほうがよいだろう。どうやら私たちは新しい仕事のあり方の入り口にいる。一流の経営コンサルタントがクライアントとリモートで話すようになったが、この先も戦略コンサルティング全体がよりリモートワークに適した形になっていくのだろうか。ニューヨーク証券取引所（NYSE）の立会場の閉鎖【24】

を受けて、電子取引が新しい標準となるのだろうか。学校や大学はわずか数日間でカリキュラムをオンラインに移した[25]が、今後リモート学習が直接出席型の授業に取って代わる（または同等の扱いとなる）のだろうか。このような変化をいっせいに経験した私たちは、コロナ後も新しいビジネス習慣を続けていくだろう。コロナはDXに向かう進化の道のりを一気に何年分も前進させた。

成功は同じではない ——旧世界と新世界でルールは異なる

私たちの研究調査と多様な企業への実際のコンサルティング経験から、従来型の企業が2本のS字曲線とともにDXのいばらの道を進むにあたり、必ず習得すべき成功法則がいくつかあることがわかった。重要なのは、中核事業（S1曲線）を改良し、デジタル化しながら、同時に新しく破壊的なデジタル事業（S2曲線）を立ち上げる必要があると理解することだ。2本のS字曲線の成功要因はそれぞれ大きく異なるが、2本をそれぞれ個別に運営するのではなく、互いに連携させながら進める必要がある。パンデミックで既存事業が生んだ損失を、のちに埋め合わせる鍵となるのが破壊的なデジタル製品やサービスであり、よってS2曲線の成功要因（とS2曲線のビジネス全般）の重要性が増すだろう。

デジタル戦略は全体的な企業戦略の一部とするべきだが、一番の難題は戦略ではない。**S2曲線の活動においては、徹底的な分析と審議を尽くして立てた綿密な計画よりも、多少雑でもすばやい実行のほうが大切だ。**S1曲線はこのS2曲線の発想に学び、適切な範囲で成功法則を取り入れる。一方で、S2曲線で新規デジタル事業を事業拡大する際には、S1曲線で立証済みの成功法則を取り入れる。戦略の実現においては、人材や思考様式などのソフト要素と、体制とインフラなどのハード要素の両方が重要だ。変革活動開始以降はS字曲線ごとに適した指標を用いて成果を測定し、変革プロセスを追えるようにする。

成功法則が成果につながるしくみをわかりやすく説明するために、要点を4部からなるフレームワークにまとめた（図0.3）。このフレームワークは、DXの過程で2本のS字曲線がどのように効果を生むかを示している。本書は、4つの軸(Why[なぜ?]、What[何を?]、How[どのように?]、Where[どこで?])と副軸を中心に構成される。

Why(なぜ行動するのか?):まずはDXに取り組む理由を確認し、なぜ従来の事業活動(S1曲線)の活用とデジタル事業(S2曲線)の実現方法の両方を探索すべきなのかを説明する。また、なぜ多くの企業が好機をつかめないのか、正しく理解できずにいるのかについても掘り下げる。

What(何をするのか?):中核事業の戦略、破壊的な新規(デジタル)事業の戦略、そしてこの2つを融合させて相互作用を適切に管理する計画の策定方法を説明する。また、価値創出と収益化の新しい方法を軸にしてビジネスモデルを開発する手順を示す。この新しいビジネスモデルは、戦略を実現させ、戦略から具体的なビジネスモデルへと会社を導くものにするべきだ。

How(どのように実現するのか?):WhyとWhatは必須プロセスだが、思考の開発はそこまでだ。真の難関はここから。変革を無事終えるまでの実践こそが難しく、本書の主眼はそこにある。

図0.3　DXのジレンマ

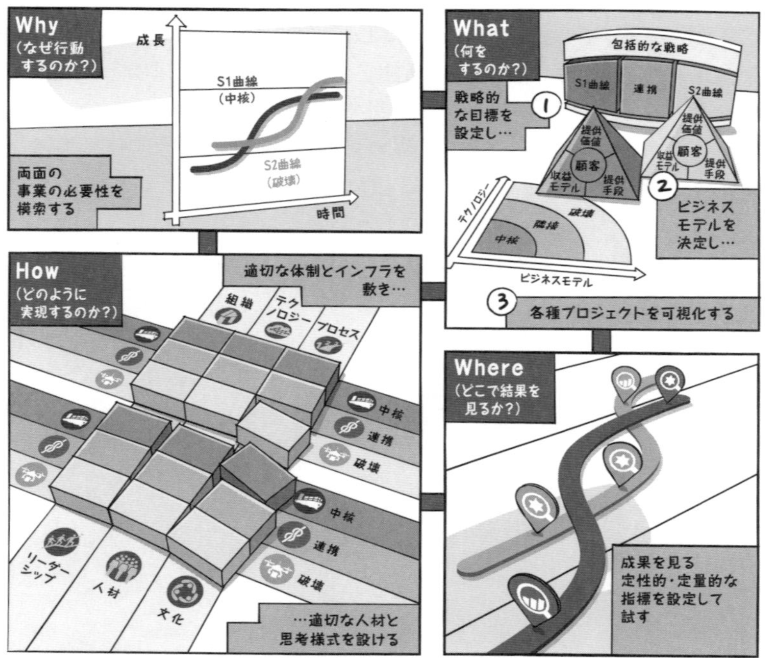

出典：オリヴァー・ガスマン、カロリン・フランケンバーガー、ミハエラ・チック『ビジネスモデル・ナビゲーター』初版（翔泳社、2016）より、ビジネスモデルの要素。Pearson Educationの許可を得て掲載。ガブリエル・タルド『模倣の法則』より、2つのS字曲線。

スムーズな変革実施のために、適切な体制とインフラ（組織、テクノロジー、プロセス）を構築し、適切な人材と思考様式（リーダーシップ、人材、文化）を整える方法を説明する。

- **組織：**デジタル関係の役職を追加するだけではなく、組織の慣習を根本から変える必要がある。最初にS1曲線とS2曲線のデジタル化への推進力を生み出せる場所を列挙する。次に、企業ごとのデジタル成熟度、そして中核事業と新規事業との類似度に基づいて、新規（デジタル）事業を社内のどの組織にどのようにして根付かせるか、最善策と典型パターンを提示する。最後に、2

つの事業間の組織的なへだたりを橋渡しする方法を提案する。

- **テクノロジー**：AI、機械学習、IoT、ビッグデータなどの流行りのテクノロジーに資金をつぎ込むのが最近の流行りだ。スタートアップはこうしたトレンドをすでに実際のビジネスモデルに組み込んでいる。ここでは成熟企業に最適なテクノロジーを提案し、導入の成功要因を教える。また、企業のITについて深く掘り下げ、新旧のITアーキテクチャを組み合わせる最善策を提案する。

- **プロセス**：DXの実施においては、適切なプロセスに沿う必要がある。ここでは参考にできるスタートアップのベストプラクティスとステージゲート法（訳注：プロセスを複数のステージに分割し、次のステージに進む前に要件をクリアしたか確認する）に沿った理想的な開発プロセスについて解説し、モデルプロジェクトを中心とした取り組み方法を紹介する。さらに、プロセス関連の管理体制や、適切な予算配分方法、資金供出元の決定についても説明する。

- **リーダーシップ**：それぞれのS字曲線でリーダーシップの形は大きく異なる。具体的にリーダーシップのどのような特性が両S字曲線のDXに最も役立つか、それをどう構築すればいいかを説明する。同じ企業のなかで異なるリーダーシップの形をうまく共存させる方法についても掘り下げる。

- **人材**：DXの要はそれを実施する人々だ。変革に携わる従業員が持っておくべきスキルを提示し、そのスキルを保持する人材を育成する方法をまとめる。

- **文化**：「文化」という単語は曖昧すぎるかもしれないが、ここでの私たちの定義は、同じ企業の従業員たちがどのように協力し合うかの基盤となる信念と行動だ。では、自社の既存のミッション、ビジョン、価値観を守りつつ、DXに必要な新しい信念と行動を育むには、どうすればいいだろうか。信念と行動の面で求められる変化を種類別にまとめ、企業としての調和を保ちながら文化面の変化を推進する方法を教える。

Where（どこで結果を見るか?）：「人は成果を測定できるものだけを完遂できる」。昔からある言葉だが、実はDXにも当てはまる。効果の測定はとても重要だ。ここでは、質的なKPI（Key Performance Indicator、重要業績評価指標）と量的なKPIのバランスをとりながら、両方のS字曲線にまたがる成果や個別のS字曲線の成果を測定する方法を解説する。また、目的の設定方法、責任者の決定方法、関係者のあいだで互いに透明性を確保する方法についても言及する。

本書のこの構成が直観的に理解しやすく、論理的だと思ってもらえたならありがたい。しかし概念的な理論をそのまま実践できるかというと、必ずしもそうではない。このフレームワークの4本の軸は、現実世界では見えにくいことが多いのだ。その代わり、軸同士の相互依存関係が多々ある。たとえば、**What**を変更すると**How**を構成する組織、テクノロジー、その他の副軸ほぼすべてに根本的な変化が起きる。**Where**で測定した効果が、**What**に戻って影響を及ぼす。ここからわかるのは、フレームワークの4本の軸に決まった順序で取り組む必要はなく、また4本をループする可能性もある（そうすべきときもある）ことだ。あなたが最後にジェットコースターに乗ったのはいつだろうか？　どうやらあのループ回転に備えるときが来たようだ。

現実では軸が見えにくいとはいえ、非現実的なフレームワークだという意味ではない。単に、フレームワークはあくまで理想を写し取ったものということだ。ローマに通ずる道は数多くある（すべての道が通ずるわけではないが）。企業はさまざまなアプローチで成功できるし、事実そうしてきた。だが、私たちは取材結果から最も確実なアプローチを抜き出し、理想的なフレームワークにまとめあげた。すでにDXに着手している企業は、本書を参考に自社にとって重要な要素や副軸を深く掘り下げるとよいだろう。それ以外の要素については、自社の戦略を変えたくなければそのままで構わない。まだ着手していない企業は、私たちが描いた理想的な道に沿うことを推奨する。たくさんの企業が得てきた学びに基づくフレームワークだ。みなさんの白髪が増えるのをいくらかは阻止できるかもしれない。

ビジネス界は新型コロナの感染拡大を受けて変化しつづけているが、**DX実施のガイドラインの重要性に変わりはない。唯一変化したのは、S2曲線の特性を持つ事業の重要性がさらに増し、その特性が新たな標準となるスピードが以前よりも高速化した点だ。**企業はS1曲線とS2曲線の二刀流をやり遂げるだけでなく、コロナ危機への対処という短期計画と、コロナ後の世界に備えるという中期計画とのバランスをとる必要もある。新興テクノロジーはこれまでにない頻度で誕生しつづけている。たとえばZoomはあっという間に在宅勤務者の主要コミュニケーション手段となり、正式な会議やちょっとしたミーティング、給湯室での立ち話の代役を務め、電話の代わりまで果たすようになった。このように、新しい標準となったオンラインという市場で事業機会を獲得するには、プロセスを高速化しなければならない。S1曲線の事業メンバーは訓練を受けてS2曲線のプロジェクトをサポートする。リーダーは、勇気、おれない心、起業家的な推進力、そして迅速な判断力を発揮し、VUCA（Volatility［不安定］、Uncertainty［不確実］、Complexity［複雑］、Ambiguity［曖昧］）が特徴の現代で、これまでにないレベルで統率力を示す必要がある。ネットワークの拡充、組織階層の削減、学びの量と速度の向上、縦割り組織の削減、敏捷性の向上といった変化が、新型コロナがなかった場合と比べて非常に速いスピードで新しい文化規範となりつつある。つまり、新型コロナは災害的な公衆衛生上の危機として歴史の教科書に記される傍らで、DXを大きく加速させたのだ。

私たちの理想のフレームワークに関して現実的な補足説明をすると、2本のS字は互いの効果を引き出し合う傾向がある。具体的には、まずS2曲線がS1曲線に影響を与える。たとえば、**Where**で測定したS2曲線のよい成果が、S1曲線に波及効果を与えることがある。新規（デジタル）事業が素晴らしい成長率を叩き出し、報道で広く取り上げられたとしよう。これは確実に投資家からの信頼につながり、株価も上がるかもしれない。S2曲線に典型的な特徴だ。同時に、S2曲線が事業の成長速度を増すと、S1曲線への波及効果として、業務やリソース使用の効率が全体的に上がる。

これがROA（Return On Asset、総資産利益率）など、S1曲線の従来のKPIにもよい影響を与える。先ほど話題に上がったジェットコースターを覚えているだろうか。そのジェットコースターにはレーンが2つあり、あなたは同僚とともにS1曲線のコースターに座っているとする。別の同僚たちが乗ったS2曲線のレーンのコースターが後ろから昇ってきて、先へと進みつづけているあなたのコースターを押して強く勢いをつけてくれる。そういったイメージだ。

このジェットコースターのたとえについて、最後に1つ付け足したい。4本の軸を熟知してコースを無事に走り終えたとしてもそこで終わりではないという、無情な現実がある。最終的にはS1曲線で顧客に提供できる価値がなくなり、S2曲線が今のS1曲線の位置に収まるかもしれない。そしてまた新しいサイクルが始まるが、今度は条件が違っている可能性がある。土台となるテクノロジーが変わっているかもしれないし、顧客がまったく違う考え方をしているかもしれないし、世界規模のパンデミックにより新規デジタル製品やサービスを計画よりも早く世に出すことになるかもしれず、その結果もとのS2曲線を超える最先端のビジネスを想定以上に早く生み出す必要が出てくるかもしれない。それでも、企業をふたたび変革する必要があるうえに、それ以前に何が次の中核事業になるのかを並行して追究しつづけていなければならない。IBM社の前最高経営責任者（前CEO）、ジニー・ロメッティ氏は次のように的確に指摘している。「生き残る唯一の方法は、絶えず変化しつづけること」[26]だと。

本書には、自ら進んでジェットコースターに乗り込み、堂々と乗りこなした経営幹部たちの実話がたくさん収められている。ほとんどの人はジェットコースター全体の特定の部分で成功したが、なかには完全制覇した人もいる。間違いなく全員が、そのコースの山も谷も味わったといえる。スリル満点のエピソードをさっそく1つ見てみよう。

ゴミ。かす。くず。廃材。廃品。廃棄物。がれき。がらくた。

DXの観点から見ると、廃棄物管理ビジネスは、熱心な環境保護論者だけでなく私たちのようなDX実践者にとっても革新的な学びを与えてくれる。

サウバマッハ社（Saubermacher）

2016年、廃棄物管理会社のサウバマッハ社は、オーストリアの美しい都市グラーツで「ウェイストボックス（Wastebox）」というアプリを用いた廃棄物処理ソリューションを立ち上げた。2018年には、世界をリードするフランスの総合資源管理会社であるヴェオリア社（Veolia）が、このベンチャー事業の過半数未満の株式を獲得し、ドイツとフランスを皮切りにグローバル展開を支援していくと発表した。ヴェオリア社はサウバマッハ社のある非常に有望な構想に参加するべく、この投資を決めた。デジタルプラットフォームを介して建設会社と廃棄物処理会社をつなぎ、建設廃棄物の輸送を最適化するという、顧客にもサプライヤーにもメリットのある廃棄物管理の物流マッチングソリューションだ。開始からわずか2年で高い評価額を獲得し、サウバマッハ社は業界の世界的企業から業務提携の誘いまで受けた。とにかく見事な成果である。

どのようにしてそこまで上り詰めたのか、時系列に見ていこう。

サウバマッハ社で新規デジタル事業を立ち上げるという意向は、最高マーケティング責任者のアンドレアス・オペルト氏を含む2人の執行役員が、新規参入者が（デジタル事業で）どこに参入したら自社は市場から簡単に追い出されてしまうだろう、とふと考えたことが発端だ。廃棄物管理事業に、基本的には処理と物流の2要素がある。処理事業に参入するには大きな資本が必要となるが、物流事業にはデジタル化の余地があるため参入しやすいと予測できた。2人は、サウバマッハ社の廃棄物物流事業のしくみをあらためて考察し直した。それは廃棄物処理会社と顧客とのあいだを行き来する、巨大な廃棄物コンテナ向けタクシーの交通網のようにも見えた。原理としては単純明白なビジネスだが、当時は低利益の不透明なプロセスが特徴とされ、ビジネスモデルの設計が不十分であるために顧客満足度も低かった。ここまでが、**「なぜ」**（Why）革新的なデジタルビジネスモデルを提案して独自のサービスを発展させる機会があると、新規参入者よりも先に見いだせたか、の流れだ。

具体的に**「何を」**（What）すべきか、デジタル戦略の目的は何か、その基盤となるビジネスモデルは何かを決めるために、サウバマッハ社の2人は類似のソリューションがほかに存在するかをグローバル規模で調査した。北米に1社だけ似た発想を持つ企業があり、多額の資金調達に成功していたことが、2人の新事業案にビジネスチャンスがあると判断するよい指標となった。サービスの自社開発は考えていなかったが、ちょうどいいパートナー企業が見つからず、そこでまずは社内で教科書を片手にビジネスモデル改革の演習に取り組んだ。「ビジネスモデルキャンバス」【27】を使用して提供価値、コスト構造、商流などについて考え、「廃棄品物流事業のウーバー社」になるべく計画書の初版を練り上げた。そしてテレビ番組『ドラゴンズ・デン(Dragon's Den)』(訳注:ドラゴンと呼ばれる投資家たちの前で起業家がプレゼンテーションをして資金獲得を狙う)のように社内の投資委員会の前でプレゼンテーションをし、異議を受けた部分は即座に修正した。

事業アイデアの基礎項目を作成して「ドラゴン」を前にした厳しいテストにかけると、組織構造面で注意すべき点がいくつか見つかった。ベンチャー事業が自由に操業できるよう、**組織**は会社本体から切り離し、独立事業として運営することに決めた。最終的にはピンクロビン社(Pink Robin)という独立法人を設立し、サウバマッハ社を親とする完全子会社としてウェイストボックスを運営することにした。**テクノロジー**も基盤に関わる重要な決定事項だ。ここでは、親会社が出す要件をいっさい受け付けないよう意識した。新規事業に必要な要件のみに絞り、スタートアップや大手テック企業が使いそうな、すばやいリリースや完全オリジナル設計が可能なテクノロジーを採用することにした。そして**プロセス**は、具体的には次のようなステップを踏んだ。最初の半年は各部署から選抜した5人程度からなるコアチームを編成して共同でビジネスモデルキャンバスの演習に取り組み、外観を主とした試作をつくった。この時点で新法人はまだ親会社の一部という扱いだったが、コワーキングスペースを借りて物理的に分離した。次の数ヵ月間はラピッドプロトタイピングと高速なイテレーションサイクルを推進して、最初のアイデア誕生から約15ヵ月でMVPを完成させた。この段階で複数の営業要員をチームに投入した。21ヵ月目にはこのデジタル事業が正式に親会社から独立した。開始から2年後には、オーストリア最大の建設廃棄物の物流業者へと成長していた。海外進出の意向が生まれたのはこの頃だった。複数の提携先候補との交渉を重ねた結果、ヴェオリア社が少数株主になるという条件のもとフランチャイズ形式で同社モデルの使用を許可することに合意した。開始から3年後、欧州に3つの市場を持つグローバル事業として、40人体制のチームで舵取りをしている。

組織構造の決定事項に劣らず重要なのが、人材に関する決定事項だ。**リーダーシップ**の面では、失敗を受容でき、リスク許容度が高く、チームで同じビジョンに向かえるよう周りを導く変革的リーダーとなれる人材を探した。最優先事項として、専門知識と経験に基づいて、既存事業とデジタル事業の両方の世界とうまく折り合える人を求めた。新規デジタル事業に携わる従業員（**人材**）に関しては、新製品をすばやく勢いに乗せられるよう営業経験のある人、廃棄物処理のサプライチェーンに明るい人、そしてITスキルを持つ人を求めた。幸運にも、のちに新規デジタル事業のIT面の指揮官となる人材も社内で見つけることができた。足りないメンバーは新しく雇用したり、配置転換を行ったりしてそろえた。メンバーに対する再教育は特に行わなかった。細部（アプリ自体の設計など）は業者へのアウトソーシングにも頼ることとなったが（アジャイル式でソフトウェア開発を行うオーストリアのデノヴォ社［Denovo］と提携）、この強力で緊密な提携関係が功を奏して、ビジネスモデルの要となる強力なアプリが完成し、この社内ベンチャーの成功に大きく貢献した。チームを構築する際の鍵となったのが、上下関係重視の伝統的な**文化**の破壊だった。今回の新規デジタルビジネスモデルを、敏捷さ、部署をまたいだ連携、そしてすばやいプロトタイプサイクルを特徴とする新しい働き方の試験導入とするよう、実は親会社から正式に命じられていた。新しい文化の導入が大きな成果につながったため、今は親会社にこの新しい働き方が逆輸入されている。

「どこ」（**Where**）で結果を見るかに関しては、明瞭さを重視することにした。顧客数、取引数、関与している提携企業数などのKPIを、主な関係者全員が明確に把握できるようにしたのだ。目標設定を通じて得られた学びは大きかった。開始当初は、かなり野心的な指標に向かって努力した。しかし、あまりに野心的すぎて達成できないことが明らかになり、野心的ではあるがまだ現実的な目標へと調整した。市場と将来性に関する最新情報を目標に反映させるこの柔軟性こそが大事だった。

サウバマッハ社はそこで止まらなかった。新規デジタルビジネスモデルを発展させるのみならず、ウェイストボックスが得た学びを親会社にフィードバックした。ウェイストボックスの働き方を取り入れて本社のプロセスもデジタル化し、ウェイストボックスの標準が親会社含めた全社共通の標準になっていった。反対に、ウェイストボックスの海外展開については、事業拡大する段階で親会社の事業運営ノウハウを有効活用した。つまり、デジタル事業の成功によるよい影響が企業全体に広がっただけでなく、親会社が立証済みの成功要因を新規デジタル事業が取り入れた。こうしてサウバマッハ社の２本のＳ字曲線は個々に動くのではなく、互いに発展を促し合う関係を構築できたのだ[28]。

サウバマッハ社の成功は、単に幸運が続いたからではない。みなさんがまだ知らない（そしておそらくサウバマッハ社のメンバーも当時は知らなかった）、DX実践のレシピに彼らは従ったのだ。本書には、そのレシピが記されている。

PART 1

WHY TO ACT

なぜ行動するのか？

Chapter 1

行動か倒産か、決断のときがきた

Act or Die, Pretty Soon

この章では、企業がDXに取り組みはじめるさまざまなきっかけを探り、好機を逃さず適切な行動に移せる企業があまりにも少ない理由を考察する。また、本業でのデジタル活用（S1曲線）とデジタルを核とした新規事業（S2曲線）という、両面の事業が必要な理由も解説する（図1.1）。

図1.1　Whyの全体イメージ

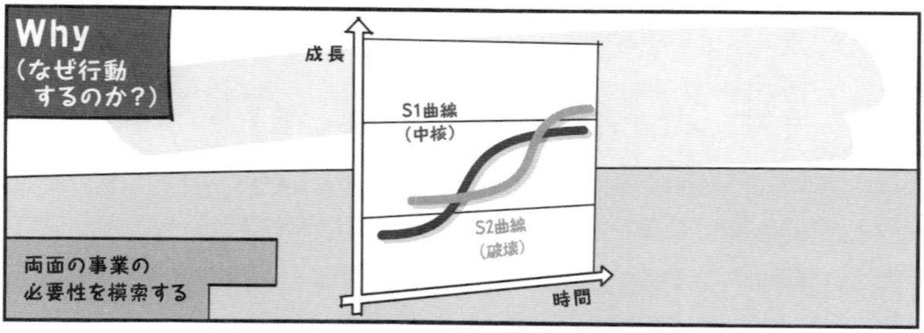

出典：『The Laws of Imitation』（邦題『模倣の法則』ガブリエル・タルド著、池田祥英・村澤真保呂訳、河出書房新社、2007）よりS字曲線のグラフ

会社が抱える「Why」の課題を認識する

DXによる変革を目指す成熟企業は、中核事業の収益性を維持しながら新規（デジタル）事業を立ち上げるというジレンマに直面する。この一見当たり前で単純明快なアプローチが実は多くの企業にとって難関で、はじめる前から壁に突き当たることすらあるかもしれない。

そもそも両面の事業を持つ重要性について、まず社内で合意に達する必要がある。そのためには**自社の既存事業を脅かす環境的な要因と、新規ビジネスモデルを展開する機会を、しっかり把握しなくてはならない。**したがって、自社について自問自答する必要がある。短期・中期・長期的な視点で、デジタル化は自社の中核事業にどんな影響を与えるのか？　競争相手は誰で、どんなビジネスチャンスと脅威があるのか？

多くの場合、中核事業にてこ入れをする必要があるのは明白だが、それと比べてS2曲線の新規事業の必要性はわかりづらい。あなたが管理職なら、次も自問してみるとよい。どうすれば、両方のS字曲線に取り組む必要性が明確になり、社内の合意を得られるか？　経営陣や取締役会が新規（デジタル）事業の重要性に同意しない場合には、何をすべきか？　経営陣は往々にして、新規（デジタル）事業に取り組む以前に、既存事業の課題で頭がいっぱいになりがちである。これが、非常に多くの企業で変革の取り組みの大半が既存の中核事業に集中し、将来の発展に向けた取り組みがおろそかになる理由だ。そこで疑問が生まれる。いったいどうすれば、すでに成熟した企業で2本のS字曲線にバランスよく取り組み、S字曲線同士の矛盾や衝突を避けられるのか？　それ以前に、中核事業が順調にもかかわらず、なぜ行動を起こす必要があるのか？　さらに重大なのは、中核事業が不調で全リソースを集中させる必要があるときに、どうすれば新規（デジタル）事業を優先すべきだと取締役会を説得できるのか？　また、業界によって変革の緊急性はどの程度違うのか？　DXに取り組むにあたって、何よりこうした疑問点を先に解消する必要がある。

両面の事業の必要性について社内合意がとれると、さまざまな疑問が新たに生まれてくる。たとえば、この段階で気をつけるべき落とし穴は何だろう？　なぜあまりにも多くの企業が適切なタイミングで行動を起こせず、変革を成功させられずにいるのだろう？　たくさんの組織がすでに変革を試みているなら、他社の失敗から学べることはあるだろうか？　どうすれば同じ失敗を避けられるだろう？　疑問はいくらでも出てくるだろうし、私たちはまだ変革の入り口に立っているにすぎない。でも、安心してほしい。すべて本書で解説していく。

まず何よりも先に、自社が「取り組む理由(Why)」を理解する

「自己認識こそが自分を高める手段だ」という古い言葉がある。DXに関してもこれが言える。企業にとっての最初の一歩は、行動する必要があると認識することだ。**Why**(なぜ行動するのか?)に対する答えが、この先のあらゆる意思決定の基盤となる。デジタル化が業界とビジネスモデルにもたらす影響を理解できれば、変革の必要性に対する意識が高まり、方向転換が必要な部分を見いだすよい出発点となる。当然ながら、行動を起こす必要性の認識は、まず誰よりも経営陣の責任である。だからといって経営陣以外も無関係ではない。市場の声を直接耳にする立場にあり、それをもとに変革の起点となる疑問に有益な答えを出して、変革プロセスに真っ先に着手できるのは、たいてい現場の従業員たちだ。**Why**(なぜ行動するのか?)のきっかけは千差万別だ。私たちは100回以上の取材調査を行い、従来型の企業が変革の必要性を感じて真新しいデジタルの旅路に踏み出した理由を集め、整理した。その結果を次で見ていく。

新しい競合相手による脅威

成熟企業は自社と似た競合相手には慣れている。だがデジタル化により、新しいタイプの競合相手が生まれている。大手テクノロジー企業とスタートアップだ。

米国のフェイスブック社、アマゾン社、アップル社(Apple)、ネットフリックス社(Netflix)、アルファベット社(Alphabet)、そして中国のバイドゥ社(Baidu)、アリババ社、テンセント社(Tencent)などは、ここ数年で業界の勢力関係をがらりと変えたいわゆる「巨大テック企業」だ。アップル社以外はいずれもインターネットサービスをメインとする会社だが、今では既存の業界にも侵入し、多くの成熟企業が長年かけて確立してきた事業に深刻な脅威をもたらしている。成熟した業界を囲んでいた壁が新興テクノロジーで破壊され、隣接業界に進出しやすくなったことをうまく利用しているのだ。これにより「旧世代の」世界的企業vs. 新興デジタル企業という前代未聞の世界規模の競争が勃発し、テクノロジー企業が各業界の枠組みを1つずつつくり変えている。

新たな脅威として勢力を広げているのは巨大テック企業だけではない。成熟した業界への参入を試みるスタートアップの数は増える一方だ。シリコンバレーやテルアビブ、深圳(しんせん)、ベルリン、パリなど世界的なスタートアップ集積地が、新しい事業アイデアを生み育てるエコシステムを形成している。こうしたスタートアップが成熟企業の領域に進出し、ときに目覚ましい成功を見せて成熟企業の立場を脅かす。ここ数年のあいだに登場した数々のデジタルディスラプター(デジタル化による破壊的創造者)を思い浮かべてみてほしい。たとえば欧州の有名なスタートアップであるデジタル銀行のN26社や、フリックスバス社(FlixBus)は、成熟した業界の歴史ある企業からかなりの市場を奪った。米国ではウーバー社やエアビーアンドビー社などが、固定資産が事業の核とされる古い業界で勝利を収めはじめている。こうしたスタートアップの成功ストーリーはたいてい、新興テクノロジーとビジネスモデルイノベーションの単純ながらも巧みな組み合わせが基盤となっている。

巨大テック企業とスタートアップに共通するのは、サービスのはじめから終わりまでの全体的な顧客体験を重視する点だ。デジタルのレンズを通して顧客のニーズを見極め、成熟企業が目を向けてこなかったニーズを汲むことに成功した。

既存の競合相手による脅威

新規参入者が成熟した業界の競争を激化させて、もとからいた成熟企業が対処を余儀なくされるケースはよくあるが、業界内のほかの成熟企業が業界全体の方向性を変えたことでDXの必要性に気づかされるケースもある。世界各地の経営幹部1,600人を対象としたアンケート調査により、**デジタルを核とする新たな競争力を得た成熟企業、いわば「生まれ変わった成熟企業」が、成長と利益の面でほかの成熟企業をしのぐ**ことがわかった[1]。デジタル事業の市場機会を、自社の投資と戦略の意思決定に完全に取り込んだ成熟企業は、デジタルネイティブな企業と同様に大きな脅威となる。一部の企業が先駆者となってデジタル・ロードマップを定めると、追随しなければという圧力が競合他社にかかる。デジタルで生まれ変わった企業は、自社の戦略とビジネスモデルを根本から変え、新しいテクノロジーを大規模な形で取り入れ、デジタル化の取り組みに大胆に投資する傾向が強い。

業界や顧客のトレンドの変化、新たなトレンドの発生

競合相手からの脅威に加えて、事業運営方法の枠組みを根本から変える新たなトレンドも、行動のきっかけとなりうる。デジタル革命は、顧客がサービスに抱く期待と業界の境界線を、いまだかつてない速度で変えつつある。顧客中心型の価値提供が、これまで別々だった業界をつなぎ、最近まで想像もできなかった革新的なサービスを生み出す。スマートフォン、スマートウォッチ、スマート家電、音声操作のカーナビなどは、ほんの一例だ。業界間の境界線が曖昧になり、多くの成熟企業がこれまで想定していない相手と競争する必要に迫られつつある。その結果、企業はビジネスモデルを策定する際に業界内の競合他社を考慮するだけでなく、多業種にまたがり多様なビジネスを展開する新興エコシステムとの競争を考慮して、自社のビジネスモデルの優位性を判断しなければならない。こうしたすべての要素が成熟企業の既存のビジネスモデルに重大な影響を及ぼすと、高級化粧品のグローバルメーカー、エスティローダー社（Estée Lauder）の前ゼネラルマネージャー、オヌル・エルドアン氏は語る。「我が社のデジタル化を突き動かしているのは消費者です。一人ひとりの顧客に合わせた製品、宣伝方法、応対が求められています。それに応えるには、経営と業務のやり方をまるごと変える必要があるのです」[2]。顧客中心型で全プロセスを一気通貫で提供するソリューションが主流となる動きは、成熟企業にさまざまな影響を及ぼす。

1つ目に、**製品とサービスは過去にないレベルで高品質、安価、柔軟であること、顧客一人ひとりに合わせてカスタマイズできること**が要求される。マスカスタマイゼーション（訳注：効率の高い大量生産の仕組みで、顧客の個々の要望に応じたカスタムメイドの製品を安く生産すること）を実現する新興テクノロジーで、このような要望に応えられる。

2つ目に、**エコシステムの発展とともに、成熟企業は顧客との直接のつながりを失い、どちらかというと部品供給業者や「OEM生産者」（訳注：生産のみを請け負い、製品は他社のブランドを使って販売されること）に似た存在に陥るリスクがある**[3]。そうなると、エコシステムや顧客とのつながりを支配する（デジタル）企業と比べて低い利益しか得られなくなる恐れもある。

3つ目に、**顧客がサービスに求める期待値の変化により、成熟企業はデジタル技術を強化して顧客が求める便利な応対手段を提供する必要に駆られる。**健康管理分野の専門家であるジエリ・カトーマス氏の説明によれば、医療業界ですら、デジタル化の波により医師や病院、その他医療施設が患者との応対手段を考え直す必要に迫られている。そして患者と医師を直接つなぐ便利かつ優れた事業アイデアを持つ新興スタートアップが、次々と登場しているとのことだ。カトーマス氏の見解では、これは顧客主導型の開発であり、B2B（企業間取引）市場全体をB2C（企業対消費者）市場に一変させかねない[4]。つまり企業は、顧客の好むチャネルで顧客の好むテクノロジーを使って顧客に接し、顧客が期待する全プロセス一気通貫の円滑なサービスを提供しなければならないのだ。

こうしたトレンドの変化に対応する十分な時間が企業に与えられていないせいで、事態はいっそう複雑になっていると、スイスの高級腕時計・宝石専門店のエンバシージュエル社（Embassy Jewel）のCEO、アース・キスリング氏は指摘する。デジタル化とその背景にある変化の速さが、企業の活動をせかしている。「トレンドの将来性を完全に見極めるよりも前に取り組みをはじめなければ、すぐに手遅れになるのです」[5]とキスリング氏は言う。サプライチェーンソリューションのグローバル企業であるジェネリクス・グループ社（Generix Group）取締役会会長、ジャン＝シャルル・デコニンク氏の考えに、おそらくキスリング氏も賛同するだろう。「われわれは今、流動性の時代を生きています。流動的な環境下では、企業はこれまで以上に生産規模の拡大縮小に融通が利き、柔軟であることが求められます。これに応えるためには企業全体の全階層での対応が必要です。生産プロセスの融通性にも、従業員たちの考え方の柔軟性にも関わるのです」[6]。

成熟企業への影響はこれで終わりではない。新しいデジタル時代はサプライヤーの役割にも甚大な影響を与えていると、自動車向け照明ソリューションのサプライヤーであるオスラム・コンチネンタル社（OSRAM Continental）CEO、ダーク・リンツメアー氏は自身の経験から語る。これまではサプライヤーは顧客である自動車メーカーから明快な仕様書を受け取り、それに沿って製造すればよかったが、今はソリューションの納品をプロトタイプの状態で要求される。つまり、サプライヤーにとっては新たなノウハウを一から構築し、市場と最終顧客のニーズをくみ取ることが必須となる【7】。ただし、緊急性は業界によって異なるようだ。**小売業など顧客と対面する業界では、改革の必要性はもはや無視できない。**それどころか、生き残るにはデジタル化が必要不可欠だ。こうした業界では、高まりつづける顧客からの期待に企業が直接さらされるからである。

顧客は業界ごとに評価基準を変えてはくれない。服のオンライン購入だろうが、ローン申請だろうが、一様にスムーズでわかりやすいサービスを求める。最高峰のデジタル企業での体験が、あらゆる企業の応対レベルの基準となるのだ。その一方で、機械工業などの古くからあるB2Bの業界では、まだ時間に余裕がある。ものすごい速度で移り変わる顧客動向や顧客の期待に直接さらされていないうえ、中核事業が（たいていは）まだ繁盛しているからだ。

とはいうものの、最も古典的なB2B業界にさえも変化は訪れつつある。ここまで紹介してきたトレンドの波が及ばない業界はない。長期的に見れば、安全な業界などは存在しないのだ。歴史ある製造業や豊富な資産を事業の核とする業界はデジタル化の影響を（すぐには）受けないという一般的な（ただし誤った）思い込みがあり、破壊的トレンドの多くはB2C特有のものと見なされてきた。しかし、その考えはもう正しくないこと、豊富な資産を核とする業界さえ破壊されることを、エアビーアンドビー社、ウーバー社などが実証している。

既存の中核事業を改善し、デジタルで拡張する機会（S1曲線）

デジタル化は脅威と見なされることがほとんどだが、既存の中核事業を多くの面で改善できるかもしれない巨大な事業機会でもある。何よりもまず、中核プロセスのデジタル化によるバリューチェーンの最適化とリソースの効率的な利用を通じて、業務効率が格段に上がり、大幅なコスト削減につながる。おそらくこれが、成熟企業が行動の必要性を感じる一番の理由であり、確かに妥当でもある。もし成熟企業が業務のやり方を変えなければ、長期的には収益がリスクにさらされる。2つ目に、デジタル化でより精密な生産が可能になり、圧倒的な高品質を獲得できる。3つ目に、製品開発のスピードが上がり（市場投入リードタイムが縮まる）、生産の柔軟性も高まる（先ほど触れたマスカスタマイゼーション）。

企業が中核事業の改善手段を模索すると、改善の実現手段、または長く抱えてきた問題を解決するツールとしてデジタル化が挙がる可能性がある。既存の問題に限るが、デジタルツールの利用で、より安く、あるいは楽に解決できる。一方で、自社の価値創造と収益化のしくみは長期的には有効に機能しない、というシンプルな理由から、中核事業のビジネスモデルを革新すべきだと気づく、洞察力のある企業も見られる。

> 自社の建設廃棄物の物流事業を分析し、利益の低さ、不透明なプロセス、そしてビジネスモデルの甘さに起因する顧客満足度の低さに着目しました。新規参入者よりも先に、まったく新たなビジネスモデルを提案して自社サービスを改善する機会が、ここにあると思いました。
>
> ――サウバマッッハ社（「Introduction」で紹介したオーストリアの廃棄物管理企業）最高マーケティング責任者　アンドレアス・オペルト氏[8]

デジタル化は既存事業の改善機会というだけでなく、既存の主力製品／サービスを拡張し、顧客に提供する価値を高める機会でもある。私たちの取材調査によると、デジタル技術による主力製品／サービスの拡張は、成熟企業のDXの動機のなかでは2番目に大きい。拡大しつつあるセルフサービス型のビジネスと組み合わせると、デジタル化でよりよい顧客体験を提供しつつコストを削減できる。まさにウィンウィンだ。顧客の期待の変化は、有名他社（アップル社やフェイスブック社など）の製品と同じような円滑なサービスを提供しなければという成熟企業のプレッシャーに拍車をかけている。

しかし、アナログのプロセスをデジタルに変える取り組みだけが、中核事業の潜在的な事業機会ではない。デジタルの活用法はほかにもある。事業拡大にデジタル化をどう役立てられそうか、と取材先企業に尋ねたとき、「一歩先へ進む」、「一歩先のサービス」という表現を多く耳にした。（中核となる機能を保ったまま）**デジタルの製品要素やサービス要素を上乗せすることで主力製品を強化でき、それによって顧客に提供する価値が高まる。**このよい例が、ステープルファイバー（短繊維）処理機械と部品に特化したスイスのテクノロジー企業、ザウラー社

(Saurer) だ。ザウラー社は機械のデータを活用して顧客の生産計画を支援できることに気がついた。ザウラー社の機械を一番よく知るのはザウラー社であるため、顧客が計画策定をするタイミングで適切なデータを提供するのがザウラー社の任務となる[9]。これもメーカーとサプライヤーの新たな役割に関するよい例である。

外からは見えにくいデジタル化の副次的効果は、リソース使用の効率化だ。自社設備に関するデータが格段に増えると、資産の使い方を切り替えられるようになる。フランスの自動車部品サプライヤーのフォルシア社 (Faurecia) CEO のパトリック・コレア氏は、設備保全などさまざまなタスクのコストを予測できるようになるので、従来よりも簡単に外注できる、と指摘する。資産の使い方を変える別の例としては、**実際に設備を利用した分だけ支払い、設備投資額を減らして組織の資産を軽量化する**という方法もある[10]。顧客に販売する製品に同じアイデアを適用すれば、まったく新しい価値が創出され、斬新なサービスへの道が開ける。これはむしろS2曲線といえそうだ。

新規 (デジタル) 事業を立ち上げる機会と新たな成長機会 (S2曲線)

デジタル技術は中核事業の改善と拡張のツールとなるだけでなく、企業が真新しい価値創出の海に飛び込む際に勢いをつける飛び板となる。**S2曲線の取り組みの多くは、既存の提供価値の枠組みを引き継ぐ新たなビジネスモデルを立ち上げるか、あるいは枠組みを完全に破壊するかのどちらかを目的とする。**真新しい成長基盤を確立する試みには大量の時間とリソースが必要となり、それでいて成果が出るかどうかは不透明だ。それでも、成功すれば素晴らしく大きな影響力を持つことができる。ザッポス社 (Zappos)、アリババ社、ネットフリックス社は成熟業界の破壊に成功した新規ビジネスモデルの一例だ[11]。

企業が新たな成長機会を熱心に模索するのは、たいていは中核事業の衰退が理由だ。主力製品のこれ以上の刷新は不可能、もしくは採算に合わないと結論付けた場合もある。手術機器の市場を牽引するドイツ企業エースクラップ社 (Aesculap) は、主力製品の最適化をやりつくし、製品の大きなイノベーションをこれ以上は見込めないと判断した[12]。同様に、フォークリフトを製造する大手グローバル企業は、研究開発部門が主力製品に過剰な性能を持たせようとしていること、そして高品質の音響システムをフォークリフトに搭載しても自社の成長目標を達成できないであろうことに気がついた。どちらの企業にとっても、まったく新たなイノベーションを成し遂げ、主力製品以外での新たな成長の可能性を解き放つ鍵となったのがデジタル化だった【13】。

成功するスタートアップと同様に、成熟企業の新たな成長基盤でも、ほとんどのケースでビジネスモデルイノベーションと新興テクノロジーの組み合わせが根幹をなす。当然の流れではあるが、破壊的なビジネスモデルに実験的に取り組む企業は増えつづけている。これらのビジネスモデルには、新たな技術要素、従量課金モデル、マスカスタマイゼーションに基づく高度な分析ツールなどが活用されているが、**どのような新規ビジネスモデルでS2曲線の基盤を構築するにしても、成功には大胆な投資と思い切った戦略が欠かせない。**これについては**What**の章（Chapter 2）で詳しく説明する。

持続可能性やソーシャルイノベーションを考慮した変革

ここまで見てきた理由に加えて、企業はDXが持つより広範かつ社会的な影響についても考慮する必要がある。一例を挙げると、自社の従業員への影響（どうすればデジタル時代に備えて従業員の能力を確実に高められるか、未来の職場はどのようになるか）、持続可能性への影響（廃棄物削減のためにテクノロジーをどう活用できるか、どうすれば循環型のビジネスモデルを立ち上げて規模拡大できるか）、デジタル時代の働き方における責務データプライバシー（セキュリティ、倫理的なデータ使用に対して企業としてどう取り組むか）などだ【14】。

透明性の確保、プロジェクトの優先付け、業務の合理化のためにも、企業はデジタル化プロジェクトが自社の事業だけでなく広範な社会にもたらす潜在的な効果を算出する「経済価値」分析を考慮するとよい（**Where**の章［Chapter 9］で説明する）【15】。

世界経済フォーラムが、企業各社に問うべき重要な質問リストを挙げている【16】。自社のデジタル化プロジェクトには、社会に提供する価値を増幅する要素が意識的に盛り込まれているか？　今後のデジタル化プロジェクトが社会と経済に与える影響を、自社で測定、追跡できるか？　将来的に社会全体と自社事業に高い価値をもたらすデジタル化プロジェクトを、育成する方策は？　総務部門やCSR部門と経営企画部門は、適切に連携できているか？

企業の社会的責任という観点を除いても、こうした質問に対する明確な回答は重要である。若い世代が抱く疑問に答えるため、そして若い人材にとって魅力的でありつづけるためにも、必ず答えを出さなくてはならない。**魅力的な雇用者でありつづけたいと願う企業にとっては、自社の（デジタル）イノベーションの目的と社会的な意義を明確に説明できることが今後ますます重要となる。**

S1曲線に重きを置きすぎるというありがちな問題

私たちが取材した企業のほとんどが、すでに中核事業のデジタル化に着手し、その大半がすでに大きな進歩や成果を達成していた。素晴らしいことだが、中核事業さえデジタル化できれば十分だと考える中小企業が多い点を残念に思う。中小企業を大きなリスクにさらす誤った思い込みだからだ。大手企業の大半は、S2曲線を構築するプロジェクトをすでに開始している。だが、新規事業で成長目標や十分な利益数字を達成した企業はまだ少ない。ほぼすべての企業が、デジタル化が業界に変化をもたらすこと、そして自社も行動に出るべきであることを認識している一方、具体的に何が変わり、変化に対して打つべき対策が何なのかがわからないのだ。そのせいで、**デジタル化プロジェクトの多くが過去に実施済みのプロジェクトと似通ってしまい、中核事業から外に出ていかない。**これではS1曲線に取り組んでいるにすぎず、新たなS2曲線ではない（図1.2）。変化に対するアクションの必要性は業界ごとに異なり、同一の企業内で異なる可能性すらある。70を超える戦略的ビジネスユニットに分かれ、20以上の業界に顧客を持つ総合化学の大手多国籍企業、BASF社にとっては、デジタル時代は全社共通の脅威や事業機会ではない。対面業界が違えば影響もまったく異なるからだ。つまりBASF社のような大企業では、多種多様な要因を加味して行動の必要性を判断することになる[17]。

行動の必要性に関する事例を紹介しよう。私たちがインタビューした多国籍コングロマリットA社は、社内外のさまざまな要因を考慮した結果、産業用IoT（Industrial Internet of Things、モノのインターネット）事業への第一歩を踏み出す決断を下した。

図1.2　S1曲線とS2曲線の不均衡

米国のコングロマリットA社

　産業用IoT基盤への投資をはじめる前から、DXが差し迫った脅威と大きなチャンスの両方をもたらすことをA社は認識していた。

　複数の外部企業がA社製の機械を土台に新サービスの構築をはじめ、A社が中抜きされつつあることに、A社の経営陣は気づいていた。これらの外部企業は機械からデータを取得し、そのデータを整理して有益な情報を生み出し、それをもとに生産プロセスやほかの機械との相互連携を効率化しようと試みていた。A社の機械、機械の操作、顧客とのやりとりのデジタル化が進み、A社のサービス担当員の存在意義は次第に薄れつつあった。新規参入者が顧客向けのインターフェイスを占有しようとしており、A社が顧客との直接的な接点を失う恐れがあること、操作用アプリケーションや顧客とのやりとりをデジタル化する取り組みが自社の顧客サービスと社内競合しつつあることに、経営陣は頭を悩ませていた。

　ここでA社にチャンスを与えたのは、A社を排除されるリスクにさらしたデジタル化だった。その頃iOSやAndroidなどの消費者向けプラットフォームはすでに存在したが、B2B市場には同様のものがなかった。これを見て経営陣は、B2C業界を次々に襲う破壊的変化の波はじきにB2B産業にも到達し、工業設備の構築、保守、修理プロセスに影響を与えるだろうと考えた。先手を打つために、

A社はB2C業界の破壊の要因を分析し、それが産業分野にどのような形で現れるかを理解しようとした。こうして、機械の生成するデータ流を高性能な分析にかけ、A社と顧客の両方にとって有益な情報として整理し、設備と業務の管理効率を上げる、A社独自の産業用IoTプラットフォームが誕生した（図1.3）。興味深いのは、B2Cのトレンドが B2B の環境にどう伝播するだろうかという発想が出発点だったところだ【18】。

図1.3　プラットフォーム

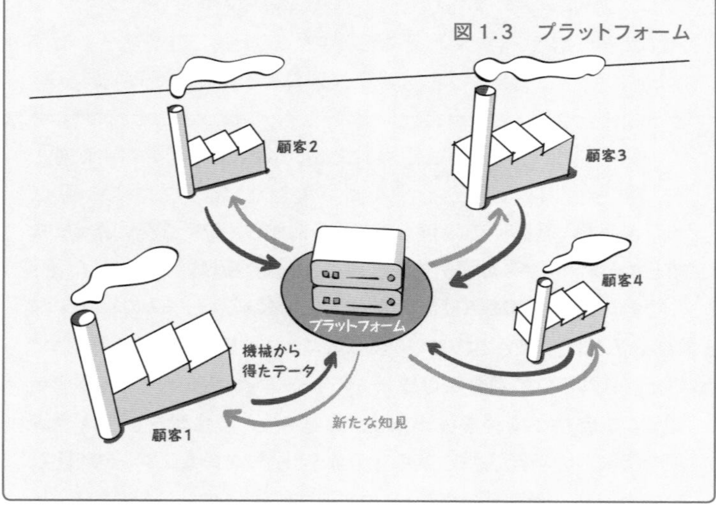

変革失敗がまだまだ普通 ——だが、失敗を避ける手はある

デジタル化はあらゆる業種に甚大な影響をもたらすと、そろそろ誰もが理解しているはずだが、有利な立場に身を置くことのできている企業は驚くほどわずかだ。デジタル時代に順応したのは成熟企業の2割程度だと示す調査結果が、これを裏付けている【19】。世界中の経営陣や取締役会が過去20年間ずっと目も耳もふさいでいたのでない限り、デジタル化が自社の業界を脅かすという警告を聞いているはずなのだが。警告を受けたにもかかわらず、多くの成熟企業は適切なタイ

ミングで行動しなかった。多国籍コングロマリットであるシーメンス社（Siemens）デジタルインダストリーズ事業の最高執行責任者（COO）、ヤン・ムロジク氏はこう指摘する。「新たな潮流やビジネスモデルを思い切って切り拓くリーダー企業はいつも少数で、デジタル化でも同じです。拓かれた道を、もう少し多くの企業がゆっくりと進みます。そして次が大事な部分ですが、一番多くの企業が、さしあたっては様子を見ようと静観にまわるのです」【20】。これを裏付ける最近の調査結果によれば、デジタル空間で競争を制する少数派の成熟企業は、従来の成熟企業と比べて投資額が多く、より大胆な行動に出ている【21】。

「変化を受け入れることが重要です。優位に立つ行動をとらないのは成熟企業にとって機会損失にほかなりません」。スイスで家電製品市場を牽引するV-ZUGグループの子会社であるV-ZUGサービス社（V-ZUG Services）の代表取締役、ユリアン・シュベルト氏は述べる【22】。多くの成熟企業はこの機会損失のせいで、不利な立場に身を置くほかに選択肢がなくなる。**状況が厳しくなってから行動に出ても、事態を改善できない。**仮に中核事業が損失を出すまで待った場合、そこから結果が不確かな投資を行って新規ビジネスモデルを構築するのは、さらに困難になる（このあとで詳述する）。

よって、重要な問いが生まれる。それほど多くの成熟企業が適切なタイミングで適切な行動に出られない理由は何か？　何がネックとなっているのか？

- **自己満足：**業界トップクラスの企業は、自社の成功に酔い、傲慢になっていることがある。強い立場にいるという自覚が、「われわれはトップにいる。何も起こりはしない」という思考を誘発する。新規ビジネスモデル成功の不透明性（「うまくいくかわからないのに……」）と、投資家のための利益という心理的プレッシャーがこの傲慢な考えを悪化させる。

- **緊急性の軽視：**自社事業が危うくなる可能性に気づきながらも、事態の緊急度を軽視している企業は多い。時間にまだ余裕があると思っているのだ。経営陣は自分の業界のスピード感に慣れていても、破壊の波のスピード感を知らないため、こうした考えを持ちやすい[23]。

- **変化への恐怖：**企業は変化を嫌う。DXが引き起こす変化が激務を招き、先の見えない高ストレスな期間をもたらして労働環境が悪くなるかもしれない、自分の業務が自動化されるかもしれないと、管理職も従業員も不安に思っている。従業員が変化に対して批判的な姿勢をとる理由なら、山のようにある。V-ZUGサービス社のユリアン・シュベルト氏は、「優位な立場から変化を起こせないことは通常なら企業にとってマイナスだが、ときにメリットもある」と指摘する。不利な立場に追いやられると、企業全体が変化を受け入れやすくなるのだ。かつての余裕と強みが自社から失われた結果、好むかどうかに関係なく何かしら行動せざるを得ないと、全従業員が認識するからである[24]。

- **導入の難しさ：**DXが失敗に終わりがちなのは、企業が導入プロセスを知らないからだ。のちほど見ていくように適切なデジタル戦略の策定がそもそも難題だ。DXの実施フェーズに入ってからも問題は数珠つなぎに発生し、戦略通りに実行できなくなったり経営幹部からの逆風を受けたりして、満足のいかない結果に終わることがある。

- **取り組みが中途半端：**驚くほど多くの企業が中核事業さえデジタル化すれば十分だと考え、S2曲線の構築に取り組むことを忘れているか、無視している。こうした企業は中核事業の効率化や主力製品へのデジタルアドオン追加だけに注力することになる。「中核事業のデジタル化は、新しい事業機会の創出とは根本的に異なります」と、英国大手銀行の元経営幹部は話す。新たなビジネスモデルを発案するには、デジタルのレンズを通して物事を見なければならない。オフラインの製品を1つ取り上げてデジタル要素を加えるだけでは不十分なのだ[25]。調査によると、大胆な決断と思い切った投資こそが、成功するデジタル事業の重要な特徴だ。よって、リスクを冒して抜本的な変化を起こす覚悟のできていない企業は、DXが持つ破壊的な性質に手が届くことなく終わる[26]。デジタル化プロジェクトをいくつか実行して（中核）事業のデジタル化を進められはしても、真の意味での企業変革には至らないことがほとんどだ[27]。

- **戦略策定の難しさ**：戦略策定で途方に暮れてしまう成熟企業も多い。もちろん成熟企業は、業界内の競争を勝ち抜くための戦略策定のノウハウを持っている（何十年もやっていることだ）。しかし新たな（デジタル）戦略は、毛並みの違う競合相手（スタートアップやテクノロジー企業）、新しいビジネスモデル（従量課金など）、そして幅広い新興テクノロジーや未知の技術に対応できるものでなければならない。さらに、デジタル時代には従来型の企業は過去最高に機敏で柔軟になることを求められる。この柔軟性を支える戦略であることも必要だ。

- **DXの軽視**：多くの企業は単純に、DXによる変革の幅広さと深さを見誤っている。DXはほかの変革プロジェクトとはまったく違う。その速度と影響度はかつてなく、よって経営陣と取締役会が全力で取り組む必要がある。

倒産を避けるための最新の流行は「両面の事業」の同時進行

数々のDX失敗例から私たちが学んだのは、既存の中核事業にデジタルという「魔法の粉」をちょっと振りかけただけでは不十分ということだ。**従来型の中核事業にデジタル化のメリットをもたらす方法を熟慮しつつ、並行して価値創造と収益化の新たな（デジタル）手段を模索する必要がある。**まさにこれが、DXのジレンマだ。新たな事業運営モデルでは、新規（デジタル）事業成功への道筋をつけつつも、中核事業の洗練を継続して収益の大部分を担いつづける必要がある。

S1曲線

中核事業の競争優位性を保つには、現状のビジネスモデルを評価し直して主要プロセスをさらに効率化する必要がある。まさに、主要プロセスと各種業務のデジタル化が効果を発揮するところだ。対象分野は、サプライチェーンや生産、営業のプロセスからマーケティング、研究開発、管理系業務までと幅広い選択肢がある。優先順位は実現可能性や影響度など、複数要因によるだろう。中核事業でデジタル化の潜在力を最大限に発揮したければ、デジタル化による主力製品やサービスのデジタル面の強化も考慮すべきである。これが前述のデジタル「アドオン」や「一歩先のサービス」にあたる。

だが、**DXの取り組みとしてS1曲線のみに集中するのでは不十分だ。**それでは新たな価値創出と破壊的イノベーションの可能性を競合相手や新規参入者に明け渡してしまい、厳しい結末を迎えかねない。私たちの実施したカンファレンスでも、S1曲線のみの戦略は危険度が高い、との話が企業経営幹部からあった。

> S1曲線のみに的を絞ってDXを実施すると、中核事業の効率は今は大きく改善されるかもしれませんが、長期的には問題が発生します。誰も欲しがらないものを非常に効率的につくることになりかねません。
>
> ――スイスの小売グループ、ミグロス社（MIGROS）傘下の
> ミベル・グループ（Mibelle Group）最高戦略責任者
> マックス・コスタンティーニ氏[28]

S2曲線

新たな（デジタル）S字曲線は、単なる脇役の小さなライバル事業ではない。会社の長期的な生存を確実にするための事業である。自社が破壊される前に周りを破壊する唯一のチャンスが、両面の事業を進める取り組みだ。

中核事業と異なる新たなデジタル事業への投資は、会社を新たなリスクにさらす。従来型の企業がシリコンバレー流のやり方をまねても機能しないのと同じ理屈だ。明確で包括的な戦略もなしに成功しそうな案件に資金をつぎ込み、それを中核事業に関連付けるだけでは、自社の中核部門からの信頼も協力も得られないだろう。それよりも、歴史ある事業が生み出した強みを活用した事業創出を推奨する。

DXの真の成功を望むなら、両面のS字曲線を同時に進行する必要がある。それぞれを切り離して考えてはいけない。最大の効果を生むには2本のS字曲線の相乗効果を狙い、組織とプロセスの面で2つを連携させなければならない。これがDXのジレンマの核心であり、DXが通常の変革プロジェクトとは異なる理由だ。**一番の難題は、S1曲線、S2曲線、双方の融合という3つの側面を同時並行で進めることだ。**具体的には、S2曲線の事業構築を進めながらS1曲線と両立する方法を考え、S2曲線で得た学びをS1曲線に持ち込み、2本のS字曲線を孤立した縦割り組織にしないよう適切に連携させる。

取り残されないために

DXの**Why(なぜするか)**への答えを探すにあたり、次を参考にしてほしい。

- 自社の業界と事業に影響を及ぼすさまざまな要因を理解し、行動の必要性について経営陣の合意形成を図る
  - 新たな競争相手、特に巨大テック企業がもたらす潜在的な脅威について考える(グーグル社、アップル社、アリババ社はあなたの事業をどのように破壊するか?)。
  - 業界内のスタートアップの動向を観察する(バリューチェーンを一新したり、今まで満たされていない顧客ニーズを満たしたりする可能性があるか?)。
  - 既存の競合相手が、大胆な投資と思い切った行動でデジタル革命を牽引することで業界にもたらす脅威を分析する。
  - 最新の顧客動向が業界に与える影響を推定する(デジタル慣れした顧客が従来と異なる行動をとっていないか?)。
  - 中核事業をデジタル面から強化する機会と、新たな(デジタル)価値を創出する機会を評価検討する。
  - 自社の製品/サービスについて、他社と差別化できる点を明確にする。

● DXでありがちな落とし穴に注意する。

- 変革の重要性と緊急性に対する認識を高める。
- 会社に変化を恐れさせない。
- 既存の戦略とビジネスモデルを変える覚悟を決める。
- この変革の幅広さと深さに企業全体で備える。

● 両面の事業を同時進行するアプローチがなぜ必要かを明確にし、社内で合意形成する。

- 中核事業の競争力も依然として大切であると理解する。
- 自社存続を確かにするためにS2曲線が重要であると、関係者全員（特に経営陣と取締役会）を納得させる。
- 積極的に2本のS字曲線の共存可能性を議論する（相乗効果だけでなく、資金調達などでの衝突の可能性についても議論する）。

参考事例（写真業界）

CEWE社

1961年の創業以来、欧州でトップクラスに君臨する写真サービス会社CEWE社は、いくつもの軌道修正を図りながら不確実な時代を何とか生きながらえてきた。最大の衝撃はデジタル写真の登場だ。写真市場をあまりにも大きく変え、グローバル市場の文句なしのトップだったコダック社でさえ2012年に倒産した。しかしCEWE社は先手を打って必要な路線変更を行い、2つの大きな波が同社の市場と事業を脅かしたときには戦う準備が整っていた。大波とは、写真業界でのデジタル化の浸透と、現像写真の減少である。デジタル時代に備えるために、同社は従来のビジネスモデルを激変させる決断をした。そして新規戦略の1つとしてCEWEフォトブックを発売した。この新製品はデジタル写真増加への対応策であり、顧客が持つデジタル写真をより耐久性のある物理的な形に変換する役目を担った。これは大きな成功を収め、結果として

CEWE社はいまやデジタル写真のフォトブック作成において市場を牽引する存在だ。それどころか、デジタル写真の浸透以降、会社の安定性も収益率もさらに上昇した。

しかし、既存事業で大量の受注量と堅実な利益を誇っていたCEWE社が、なぜ先手を打って必要な変革を実行できたのだろうか？　CEWE社の場合、行動する必要性の認識とデジタル事業を生み出す意欲の源泉は、企業家精神のDNAと経営陣からの強力なサポートにあった。

起業家精神：CEWE社は常に、安定した立場に甘んじてはいけないと考えていた。主力製品が突然時代遅れとなる可能性をしっかりと認識していたのだ。成功を保証するものなどないと考え、既存製品の改善や新製品の発明につながる新しいアイデアに常に取り組んできた。継続的なイノベーションのおかげ、とりわけ自社自身を破壊して一新しようと日々挑戦しているおかげで、新しい競争相手や業界の破壊的変化に打ち勝つ心の準備ができている。こうして自社の敏捷性を保ち、業界のリーダーとして先を見越した新規開発を続けている。

経営陣からのサポート：CEWE社では経営陣がDXを全面的にサポートし、主導者として推進した。見栄えのよいウェブサイトを開発したところで利益にはつながらないというのが、前CTOの認識だった。その代わりに新たな競争力に重点投資すること、デジタル製品やデジタルサービスの開発を支えるIT能力を確立することを目指した。そして取締役会は、たとえ新規アイデアが既存事業と競合するとしても、新規ビジネスが必要とする自由度と柔軟性を与えるつもりでいた。さらにCEWE社の取締役会は、既存の中核事業の市場における独占的な立場が新規デジタル部門に壊されるという、自社内からの懸念と反対意見が中間管理職などから出ることを予想し、戦う準備をしていた。

CEWE社にとってDXは選択肢ではなく必須事項だったが、ほかの会社や業界にはもう少し時間の余裕がある。しかし、DXが必須とまで思えない段階では待ちに入ってしまう企業が多い、とCEWE

社CTO兼研究開発部門長のライナー・ファゲス氏は述べる。そうして時間を無駄にし、やっと変革に踏み切るとプロジェクトは難航し、難易度もコストも高くなる。これでは従業員や関係者が好意的に受け入れてくれるはずもない。CEWE社の経営陣は、破壊的な変化が行く手に立ちはだかっていること、何事もなく回避したいと願うのではなく真っ向から立ち向かう必要があることに、早くから気づいていたのだ[29]。

まとめ：

- **サポートが必須**——変革を成功させるには経営陣の強力なサポートが必要だ。新規プロジェクトが既存の主力事業と競合するとき、そして多額の投資が必要であるときには、特にサポートが重要となる。

- **待ちすぎない**——ある変化が自社の業界ではどう展開するだろうかと、様子見を続けると、たいてい状況は悪化する。大量の時間を無駄にし、変革の難易度とコストはいっそう高くつく。

- **破壊されるのではなく自ら自社を破壊する**——革新的なアイデアは、先手を打って推し進める。攻撃は最大の防御であることを忘れずに。

PART 2

WHAT TO DO

何をするのか？

Chapter 2 戦略、ビジネスモデル、各種デジタル施策の対立を止め、結束させる方法

How to Make Your Strategy, Business Model, and Digital Initiatives Stop Fighting Each Other and Work Together

この章では、次の3種類の要素を含んだ戦略を立てる方法を説明する。(a) デジタル化で主力製品の競争優位性を防衛し、強化することに主眼を置いた中核事業の戦略、(b) さらなる成長を生み出す新規(デジタル) 事業の戦略、(c) この2つを結束させる計画だ。また、新規ビジネスモデルの創出方法と、戦略からビジネスモデルを導き出すために戦略施策のポートフォリオを変革メンバーが活用する方法についても解説しよう (図2.1)。

図2.1　Whatの全体イメージ

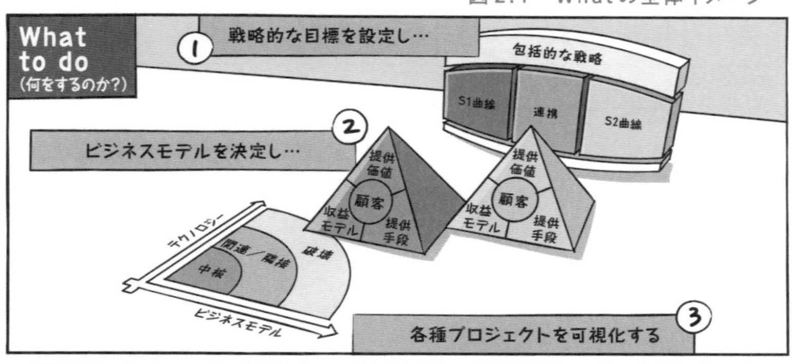

出典:『The Business Model Navigator』1st Edition (邦題『ビジネスモデル・ナビゲーター』オリヴァー・ガスマン、カロリン・フランケンバーガー、ミハエラ・チック著、渡邊哲、森田寿訳、翔泳社、2016) より、ビジネスモデルの要素。Pearson Educationの許可を得て掲載。

会社が抱える「What」の課題を認識する

デジタル戦略とそれを支える適切なビジネスモデルを策定する際に

ぶつかる難題は、どのように必要資金を賄うかの議論だ。というのも、**最初に両方のS字曲線に人材と資金を投入するのは中核事業だからだ。**しかもS2曲線の事業が、中核事業といずれ競合する可能性さえある。DXの実行チームの多くが、こうした社内での対立に悩まされる。ここで疑問が生まれる。その対立を回避する方法はあるのか？　仮にない場合、企業はどう対処すればよいのか？　理にかなった戦略と明快な指針があれば、解決の糸口になるだろうか？

DXの戦略策定がこれほど難しいのは、1つでなく3つの側面を考慮した戦略を考え出す必要があるからだ。

1. 中核事業（S1曲線）の主要プロセスをデジタル化するための堅実な戦略が必要である。

2. 中核事業とはまったく異なることも多い新規（デジタル）事業（S2曲線）を立ち上げるための戦略が必要である。

3. 中核事業と新規（デジタル）事業との相互連携の可能性を検討し、計画する必要がある。

特にS2曲線の戦略策定は、毛並みの違う新たな競合相手と初めて闘う成熟企業にとって悩みの種だ。根本的な疑問は、どのように進めるのが最善かである。戦略策定を始めるにあたり模範となる進め方はあるか？　よい戦略とは具体的にどのようなものか？　どうすれば従来型企業の管理職たちが全社的な戦略を明確に理解し、2本のS字曲線が互いに支え合うのか？　こうした疑問の解決が、変革の成功には欠かせない。1つの組織内に連携のとれていない2つの戦略があると、大失敗のもととなる。

もう1つの課題が、役員室で行われる戦略開発と意思決定のスピードだ。従来型企業は、新種の競合相手（特にスタートアップ）と比べてかなり遅い傾向にある。DXでは、これをどの程度スピードアップするべきか？　いったい何を変えれば戦略の意思決定がより速くなり、競合相手の動きと市場の反応や動向を考慮した、すばやい軌道修正ができるのだろうか？　マネージャー層は次の2点も自問してほしい。戦略開発とはもはやトップダウンで粛々と実行するものではなくなってきたが、では現場のマネージャーたちは上層部の戦略会議にどの程度関わるべきだろう？　DXにアサインされた、プロジェクトマネージャー、部門長、チームリーダー、中間管理職、その他マネージャーの役割は何だろう？

成熟企業のほとんどが中核事業の各種プロジェクトでポートフォリオ管理の専門家を起用する一方で、S２曲線で行うような変革プロジェクトのポートフォリオの舵取りを行う専門家というのは、ほとんど存在しない。S２曲線用に、S1曲線と似た方法を自分達で開発すべきだろうか？　どんな手配をすれば、最終的に両S字曲線の複数の戦略プロジェクトの最適な組み合わせを実現できるのだろう？

話が前後するが、そもそも戦略プロジェクトの発案と設計はどう進めればよいのだろう？　中核事業の既存ビジネスモデルをどのように再評価し、新たな方法で価値を創造する新規（デジタル）ビジネスモデルについてはどのように考えるべきだろう？　ビジネスモデルに関しては、成熟企業は、①自社の対象顧客は誰か、②その顧客に提供する価値は何か、③どのようにそして誰の力を借りて、その価値を生成するか、④どのように収益化する、という４軸の重要な質問を踏まえた戦略策定を意識する必要がある【1】。

バラバラに戦略策定しない！
両事業にまたがる包括的な戦略策定

「戦略」、なかでも「デジタル戦略」という言葉は、近年とても頻繁に使われるようになった。デジタルマーケティング戦略から企業戦略まで、最近は何にでも「戦略」がつく。本書における「デジタル戦略」は、成熟企業がS1曲線、S２曲線それぞれのデジタル化活動の舵をとるために立案、実行するべき計画のことだ。この計画とは、凝り固まったトップダウンの戦略策定・実行プロセスではない。詳細は以降で説明するが、経営陣のみならずマネージャー層や従業員も関与させる必要のある、全社的な計画なのだ。

戦略とは、一般的には、組織が目標を達成するための行動を記した計画といえる。**明瞭な戦略は、無秩序な活動やリソースの無駄を避けるため重要なだけでなく、成功のためにも欠かせない。**デジタル面で先進的な企業（デジタル技術とその能力を活用してプロセスを改善し、人材を採用し新たな価値を創造するビジネスモデルを推進する企業）は、変革初期にある企業と比べて明瞭かつ適切なデジタル戦略を定めている可能性が約5倍高い。これを裏付けるように、**DXの序盤で一番致命的な障害となるのが、戦略の欠如だとわかっている**[2]。だからこそ、DXにおいては特に戦略策定が肝心なのだ。明確な戦略なしにプロジェクトに資金を投じるのは、失敗につながる危険な行為だ。「明確なデジタル戦略を確立して、会社が本当にしたいことは何か、最終的にどうなりたいのかを先に決めておくことが大切です」と、食品会社ミュラー・グループ（Müller Group）CIOのトーマス・パーライン氏は指摘する。同氏によれば、デジタル化の影響が一番大きい部門はどこか、どのテーマを優先するか、などといった重要な問題も考慮する必要がある[3]。これによって、中核事業デジタル化の具体的なシナリオを選定したり、新規（デジタル）ビジネスモデル立ち上げの事業機会を探したりする際の対象範囲となる重要な境界線が定められる。変革の始めから終わりまでの指針となる戦略を策定するには何が必要か、詳しく見ていこう。

出発点を理解する

まず何よりも、自社が直面する課題を含む現状の事業環境を明確に理解しないことには、成長につながるよい戦略は立てられない[4]。**自社を取り巻く競争環境とそれが変化する可能性を、徹底的に分析する必要がある。**それだけではない。新興テクノロジーと顧客動向が、自社の現在と今後の立ち位置にどのような影響を与える可能性があるかも考えなくてはならない。**新たなデジタルテクノロジーの登場と顧客の好みの変化は、現状のビジネスモデルの経済性に根本的な影響を及ぼす場合がある。**これによってどの企業が力を持つか、市場の力関係と支配関係がどう変化するかなど、自社事業への影響と、今後起こる可能性が高い競争環境の変化について把握しておくこと。最も確率が高いシナリオを明確化し、それをもとに新戦略を立てる[5]。

前の章で触れたが、企業がDXに踏み出す動機の1つに、環境的な要因による危機感がある。たしかに、行動の必要性は戦略思考の基盤として優れている。ただし、行動の必要性は成熟企業の将来にとって脅威となる1つかせいぜい数個の環境要因のみに基づいている。一方で、戦略策定となると自社を取り巻くすべての要因、それも直接関係のない要因も含め、徹底的に理解しなければならない。これを私たちが強調するのは、デジタルの波に乗ったり脅威に真剣に向き合ったりするには遅すぎる時期まで様子見を続ける企業が多いからだ。軌道に乗る前の新しいビジネスモデルは、本当に実現できるのかさえわからない些細な存在に見えるものだ。他社の新たなビジネスモデルが大成功するのを見てやっと目を覚ます成熟企業が多い[6]。しかし、それでは遅すぎるのだ。

戦略開発のための壮大なブレインストーミングの活動を成功させるには、視野を広く持つことが肝心だ。思いつく限りのビジネスチャンスとリスクをすべて含めて分析する。なお、戦略開発を役員室のなかだけで行ってはいけない。経営トップが指揮を執り、プロジェクトマネージャー、部門長、チームリーダー、中間管理職、従業員の知恵を結集させよう。成熟企業がこの段階で思考の幅を狭めると、のちに大問題になる事項を見逃してしまう可能性がありとても危険だ。

この取り組みと並行して、企業の現在のデジタル成熟度を評価する必要もある。文化、戦略、実行能力から、組織、人材に及ぶ多様な面から分析すること[7]。現状を真摯に評価すれば、自社に不足するものを見つけやすくなり、それが今後の投資の指針となるだろう。

理にかなったビジョンと抱負を持つ

自社の現状を把握できたら、次はこれからどこへ向かうのかを明らかにする番だ。どこへ向かいたいか、と言ったほうがよいかもしれない。自社を最終的にどのような状態にしたいのかを表す、野心的だが実現可能なビジョンを設定する。つまり、ビジョンや抱負は、戦略を実行して行き着く最終結果と考えることができる[8]。ここで大切な助言を1つ。企業の軸としてすでに定義し、これまでの活動の指針としてきた全社的なビジョンや価値観を変える必要はない（**文化**の章［Chapter 8］で詳しく説明する）。大切に築き上げてきた価値観や基本理念を捨てるのではなく、そこにデジタル面のビジョンと抱負を追加する。**変革失敗の理由として多いのは、デジタル戦略が野心的すぎることよりも、控えめすぎることだ**[9]。

成熟企業は、最終目標に大胆な戦略的ビジョンを設定したほうがよい。ビジョンは企業全体にとっての北極星として、採用活動や開発活動、経営会議を導く存在となる必要がある。「デジタル化はあまりに範囲が広く、ありとあらゆるデジタルサービスで支援を申し出る外部プロバイダーも無数に存在します。プロセスが複雑化しやすいのです。だからこそ、具体的な目的を定めて今後の道筋を明確化する、つまり揺るがない目標を持つことが重要なのです」。ザウラー社テクノロジーセンターの副センター長、サーファー・ムラド氏はそう述べる【10】。

敏捷性を持って戦略に向き合う

戦略立案と役員会議での意思決定の全般的なスピード感も変える必要がある。3年おきに中期計画を策定していた時代はもう過ぎ去った。いまは定期的に戦略を見直し、先行きの見通しを踏まえた最適な内容に常に更新しておく必要がある。急速に変化する環境、そして絶えず移り変わる新興テクノロジーと顧客動向が、以前よりも頻繁な戦略調整を余儀なくしている。したがって、戦略策定も従来より速く、頻繁に行う必要がある【11】。

戦略見直しの際は必ず、競合相手の新しい動き、最新の市場動向、顧客からのフィードバックや仮説検証から得られた情報を加味する。もちろん、再検討の頻度と重要性は、属する業界の市場の動きとテクノロジーの進化速度によって異なる。動きの速い業界では、テクノロジーと動向のめまぐるしい変化により、戦略策定に求められる頻度や敏捷性もぐっと上がる【12】。

だからといって、長期計画が不要というわけではない。常に戦略を再検討し、過去に立てた仮説の有効性を検証し、新たに得た学びや洞察を加味して行動方針を適宜調整するべきなのだ【13】。

戦略検討は主に経営陣の仕事だが、DXのタスクを日々実行するメンバーにとっても戦略は重要である。もちろん、経営陣が統制力を手放し現場が取って代わるという意味ではない。複数の部署と役職階層にまたがる全社的な任務なのだ。経営陣が戦略的な境界線を定め、全体的な方向性と優先順位を決定したら、それを踏まえて現場の従業員が事業アイデアを考え、具体的な行動を提案する。

新規（デジタル）ビジネスモデルの全体イメージや、デジタル化できそうな中核事業のプロセスを考える役目は、デジタル化計画の推進を担当するプロジェクトマネージャー、部署のリーダー、中間管理職などに与えられることが多い。要するに、経営陣は、ボトムアップで従業員やマネージャー層から戦略に関するアイデアや考えを集め、先入観なしに耳を傾けるべきである。実務に携わる従業員は、市場や顧客の声をよく耳にしているものだ。顧客のニーズを誰よりも把握し、今後の戦略に役立つ貴重な情報を提供できるのは、現場の従業員たちだ。

バランスのとれた戦略を実行する

企業に必要なのは、今すぐ役に役立ち、現在のビジネスモデルで実行可能な戦略だ。そして新たな成長基盤へと自社を導く戦略でもあるべきだ。多くの企業がDXのほんの一部分に局所的に力を注ぎ、2本のS字曲線を最大限に有効活用できていないことが、調査からわかっている。大胆な行動に出た企業が業界トップに躍り出る傾向があることも明確になった【14】。「静観」アプローチは明らかに失敗に終わりやすいのだ。**企業は決断力を持って、そして先を見越して、両S字曲線に並行して取り組む必要がある。**では、これが既存の戦略にどう影響し、新しい戦略はいつ追加すればよいのだろうか？　次の3つが鍵となる。

1. 中核事業のデジタル化（S1曲線）で最大の成果を得るには、中核事業の既存戦略の見直しを行い、必要に応じて修正する必要がある。

2. 新規（デジタル）事業立ち上げの指針をつくるには、既存の戦略を拡張して、新規（デジタル）事業向けの戦略を組み入れる必要がある。結果的に、成熟企業は2本のS字曲線を包含する広範な戦略を持つことになる。

3. 両S字曲線のデジタルプロジェクトを支えるために、両S字曲線の戦略を連携させて溝を埋める役目を果たす包括的な戦略を新たに立てる必要がある（包括的なデジタル戦略）。

3つの戦略について、もっと詳しく見ていこう。

- **中核事業（S1曲線）の戦略：**中核事業の既存戦略の見直しと修正において、成熟企業は次の2つを目的にするとよいだろう。第1にデジタル技術を使用して既存事業の効率化と競争力向上をかなえること、第2に中核事業のデジタル面の強化を戦略的目標とすることだ。

私たちが取材した企業のなかには、大きな効率化を見込めると踏んで、まずはS1曲線に的を絞ってDXを始めたところが何社かあった。だが、やみくもにデジタル技術を中核プロセスに適用してみる、というやり方ではいけない。バリューチェーン全体を書き出して、最大の課題や好機が眠っている部分を特定するという、枠組みに沿ったアプローチをとる必要がある。取材によると、まずは部署ごとに主要な課題を挙げさせ、改善効果が大きいものから優先順位をつけたという企業が多かった。このアプローチには大きな利点が2つある。1つ目に、改善で生まれた資金的な余力をS2曲線の構築など別の投資にまわせること。2つ目に、将来その取り組みを顧客に適用して販売すると見込んだ、初期検証の機会として利用できることだ（たとえば、予知保全ソリューション）。

エスカレーター、動く歩道、エレベーターのグローバルメーカーであるシンドラー社（Schindler）がデジタル戦略の一環として進めているのが、基幹プロセスの効率化だ。効率化に加えてデジタル化したコアプロセスが、新しい製品とサービスの基盤になったと、業務部門長のクリスチャン・シュルツ氏は話す[15]。同様に、ドイツの化学系グローバル企業のワッカー・ケミー社（Wacker Chemie AG）の経営幹部によれば、同社の新しいデジタル戦略の主眼の1つが、デジタル技術とツールを活用した顧客本位と顧客重視のさらなる推進であり、これが中核事業にまったく新たな成長の可能性をもたらしたとのことだ[16]。

こうした事例からもわかるように、**中核事業のデジタル面の強化も戦略的目標にすべきである。**デジタル技術とツールを使用して、主力製品／サービスの顧客体験の質を大きく向上できるからだ。ドイツの手術機器メーカーのエースクラップ社は、このような自社の戦略的取り組みを「製品の一歩先を行くデジタルサービス」と呼んでいる。すでに設計改良を重ねた主力製品に、さらなる製品改良を施すことでは成しえない、新しい側面からの顧客体験の向上が可能となったのだ。このように、同社ではデジタル化で主力製品と基幹プロセスの効率化だけでなく、主力サービスの拡張も実現している【17】。

S2曲線の戦略と比べて、S1曲線の戦略は反対意見を受けにくい。中核事業の部門リーダーたちは、自部門だけが対象外という話でなければ、さらなるコスト削減とプロセスの改善に文句はないはずだ。ただ、内容が主力製品／サービスのデジタル面の強化となると、抵抗を感じるかもしれない。さらなる事業拡大への抵抗ではなく、イノベーションの中心が従来の研究開発部門や製品部門の外に移ることに懸念を抱き、自分たちの縄張りを守ろうとするのだ。いずれにせよ、本当に難しいのは新規（デジタル）ビジネスモデルの創出や2本のS字曲線の連携である。

- **新規（デジタル）事業（S2曲線）の戦略**：S2曲線には、しっかりした戦略を開発する必要がある。S2曲線の破壊的な新規（デジタル）事業は、将来の自社の成長基盤となるのだ。中核事業のデジタル変革については、ほぼすべての企業がある程度整理されたアプローチを確立している。一方で、新規（デジタル）事業については、重要性を理解していない企業も見受けられる。私たちが取材したある医療会社も述べていたが、S2曲線の明瞭な戦略と目標がないことが多いのだ。その医療会社がDXに着手した際、デジタルチームを数チーム編成し、アイデア出しとコンセプト実証（PoC）用のデジタル試作の作成を命じた。その結果、取締役会は、前例のないスピード感と、短期間で作成された創造的なアウトプットに、圧倒されてしまった。そして、3つに絞られたアイデアのうちどれを選べばよいかわからず、中核事業がまだ好調であるときに、わざわざ不確実なアイデアに投資したくはないと結論付けたのだ【18】。正直に言うが、これは何も珍しい事例ではない。

企業は新規ビジネスモデルの潜在性を軽視して、新たな好機に十分に注意を向けないことが多く【19】、その結果S2曲線に関して出遅れてしまう。そして、これが致命傷となることもある。成功する企業は、必要に駆られる前に自ら行動に出るものだ。「自社を自ら破壊しなければ、誰かに破壊されるだけだ」と、グローバル展開する鉄鋼販売業者のクロックナー社（Klöckner & Co）CEOのギスバート・ルール氏も述べている【20】。

戦い方の違いは、戦略にも大きく関わってくる。S1曲線とは異なり、**成熟企業はまったく新しい（デジタル）ビジネスモデルに対して我慢強く、自己修練の精神で向き合わなければならない。**結果が出はじめるまでに数年かかることもある。それまでは短期的な収益を求めず投資を続けるべきだが、企業はこれに慣れていない。組織のモチベーションが下がり、新規ビジネスモデルを疑いはじめることさえある【21】。この件に関しては、スタートアップよりも成熟企業のほうが失うものが多い。資金繰りに余裕のない成熟企業は、新しいアイデアへの投資資金を確保するため、収益を生んでいる既存事業から撤退する必要すら出てくるかもしれない。スタートアップには縁のない苦境だ。

破壊を試みるのは正しい行動とはいえ、成熟企業にとってはあまり経験のない（そして不安な）リスクを伴う。新規事業のリスクを上げるほど、中核事業からの乖離も進む。とらざるを得ないリスクについては本来は経営トップが踏み込んで話し合うべきだが、戦略策定の話し合いではそこまで議論が及ばないことが多い。そう述べるのは、プラットフォームとビジネス変革の専門家、トーマス・グッツウィラー氏である【22】。同様に、BASF社デジタル事業促進部長のサミー・ジャンダリ氏は、DXの対象範囲、とりわけS２曲線の対象範囲については早期に話し合っておくべきだと指摘する。「許容範囲の内と外とを、明確にしておく必要があります。経営陣がそれをできないと、全社的な目的と矛盾する、見当違いのビジネスモデルが出来上がる恐れがあります。議論を早めに行い、明確な方針を確立することで、時間とリソースを大きく節約できるうえ、面倒な対立も避けられます」。なお、「最初から結論を出さずに、ケースバイケースで議論して決めていくのもありだ」と、ジャンダリ氏は付け加えた。しかしながら、成熟企業は遅かれ早かれこの議題に取り組み、実行するデジタルプロジェクトの選定基準について認識をそろえることが重要だ【23】。

包括的なデジタル戦略

中核事業のデジタル化戦略と新規（デジタル）事業の開発戦略を、包括的なデジタル戦略で結びつける必要がある。成功する企業は、2本のS字曲線に起こりうる相乗効果と対立について、あらかじめ見通しを立てる。期待できる相乗効果は複数あり、これについては**How**の各章（Part 3）で詳しく見ていく。戦略的な視点から見て重要なのは、偶然生まれる相乗効果などほぼないことだ。**成功する企業は、相乗効果をどのように促進し、管理するかを明確な計画として策定して、その実現に積極的に取り組む。**具体的には、中核事業のデジタル化においてS2曲線が果たす役割は何か、また中核事業が持つ資産をどうすればS2曲線でも活用できるか、などを話し合う。成功する企業はS2曲線の活動によって生じるおそれのある対立を事前に予測し、それに対処する際の方針を決めている。

「面白いことに、中核事業と内容が根本的に異なるプロジェクトが対立を引き起こしやすいとは限らない」。そう述べるのは、スイスの大手エネルギーサービスプロバイダー、アルピック社（Alpiq）デジタル＆コマース部門の前部長、マーカス・ブロコフ氏だ。中核事業と多少なりとも関連性があり、中核事業と競合する可能性のある新規ビジネスモデルのほうが、面倒な対立が起きやすい。ブロコフ氏によると、**新戦略が社内競合を肯定していること、そして他社につぶされるよりも先に社内で共食いしたほうが会社にとってよいことを、中核事業側に理解してもらう必要がある**[24]。

シンガポールの公共郵便事業サービス、シングポスト社（SingPost）の郵便局ネットワーク＆デジタルサービス前代表、バーナード・レオン氏も同じ考えだ。「S1曲線とS2曲線をどう調和させるかを議論し、社内に存在する破壊的な力とどう向き合うのかを話し合うことが重要です。これを話題に上げるCEOは多くいますが、実際に2つの事業（中核事業と新規デジタル事業）のトップを同じ部屋に呼んで話をさせることはなかなかありません」[25]。

しかし2種の事業の対立は避けられないのだろうか？　残念ながら対立する可能性が高い、というのが実態だ。**中核事業の生み出したリソースをS 2曲線で使用することが許されている限り、ほぼ必然的に**

対立が生じる。アルピック社のデジタル＆コマース前部門長、マーカス・ブロコフ氏が言うには、この対立に経営陣がしっかりと注意を向ける必要がある。企業の新たな方針と戦略を、経営トップの口からしっかりと社内に伝えることが重要なのだ【26】。

ここでまた、新規事業を中核事業からどの程度離すかという、戦略的な話が出てくる。核となるのは、**事業の多角性と自社のリスク許容度だ。**成熟企業は、S1曲線の活動では既存ビジネスモデルの基本的な経済性を変えずに、デジタルビジネスモデルで新境地を開拓することが多い。企業自身が定めるルール次第で、生み出されるアイデアやビジネスモデルは既存の中核事業と近くも遠くもなり得る。この議論の結論は、S２曲線の活動のより詳細な方針や、２本のS字曲線の相乗効果と対立の見込みにも影響する。

世界トップクラスの再保険会社であるミュンヘン再保険会社（Munich Re）のビジネステクノロジー部門長、オラフ・フランク氏は、リスク許容度、事業部門間の連携、そして今後の方針についての経営トップと取締役会の合意形成が成否を分けると話す。

> 結局のところ、変革を成功させられるか否かは、各部署のマネージャーたちの足並みをそろえられるかにかかっていると思います。マネージャーレベルで全部署が協力し合えば、達成できることはたくさんあります。でもマネージャー全員が真剣に取り組まないと、互いに邪魔をし合うことになるでしょう。行動したくない人はその理由を探しますが、行動したい人はその手段を探すのです。
>
> ――ミュンヘン再保険会社　ビジネステクノロジー責任者
> オラフ・フランク氏【27】

私たちが取材した企業のほとんどは、多面的な戦略をとっていた。ドイツの国営鉄道会社、ドイツ鉄道（Deutsche Bahn）のデジタル戦略は３本の柱に基づいている。最初の柱はビジネスプロセスと業務フローのデジタル化に関する戦略。２本目の柱は、製品とサービスの質を上げることで顧客体験を改善するという、中核ビジネスの強化に焦点を当てた戦略。３本目の柱は、たとえば「移動手段のシェアリング」といった新たなデジタルのビジネスモデルの検証と修正の繰り返しに焦点を当てた戦略だ[28]。1本目と2本目の柱でS1曲線のデジタル化と強化に取り組み、3本目の柱でS2曲線の立ち上げを狙っている点に注目してほしい。同様に、BASF社のデジタル戦略では、「デジタライゼーション」[29]を製造プロセスと業務プロセスにできる限り幅広く適用して、効率化と改善を図る（S1曲線）ことに焦点を当てている。加えて、中核事業にデジタル要素（「新しい、速い、よい」）を活用して、最新かつワクワク感のある顧客用インターフェイスを作成し、顧客体験の改善に注力する（S1曲線）。さらには、デジタル技術とツールを基盤とした自社の新たな成長機会（S2曲線）についても戦略に含めている[30]。

包括的なデジタル戦略の例をもう1つ紹介する。ドイツで不動産融資を専門とする、ドイツファンドブリーフ銀行（Deutsche Pfandbriefbank［以下、PBB社］）の事例だ。

PBB社

DXを始める前に、PBB社の経営陣は、自社にとってデジタルとは何かを明確化した。まずは3つの大きなテーマを定めた。1つ目は、プロセスの改善やコストの削減などの効率化（S1曲線）。2つ目は顧客満足度、顧客からの愛着、顧客との交流など顧客関連（S1曲線）。3つ目は、既存の主力製品にデジタル製品／サービスを追加したり、完全に新しいビジネスモデルを構築したりする、ビジネスモデル関連（S2曲線）だ。

さらに、PBB社はDXを4階層に整理した。いちばん下の階層を「土台」と呼び、デジタル技術を利用した働き方や考え方、新たなデジタル文化がここに含まれる。次の階層は、デジタルでないデータのデジタル移行。下から3つ目の階層はプロセスのデジタル化で、デジタルデータ形式を活用して効率化とコスト削減に直接働きかける。そして一番上の階層が「DX階層」と呼ばれ、新しいデジタル技術を基盤とした新規デジタル製品／サービスと新規ビジネスモデルがここに位置する。

PBB社はこの4階層と3テーマを組み合わせて、大きな格子のようなデジタルマトリックスをつくった。このデジタルマトリックスが、戦略に関する議論の組み立て、そして両S字曲線のプロジェクトごとの範囲の明確化に役立った。

プロジェクトの優先順位付けにあたっては、全プロジェクトを大きく2つに分類した。1つ目が、そのプロジェクトの必要性や効果を明記した企画書が必要となる、効率化プロジェクト。2つ目は研究開発投資のような長期的な投資が必要で、収益化を必達要件としないプロジェクトだ[31]。

ここまでに説明した戦略的思考をすべて実施することは重要だが、戦略策定プロセスはここで終わりではない。**中核事業のデジタル化と新規ビジネスモデル構築を実現する戦略プロジェクトのアイデア創出というボトムアップの要素を、戦略策定に包含することが必要だ。**具体的には、戦略プロジェクトのポートフォリオとして、戦略を直接目に見える形で表現する。

戦略から具体的なプロジェクトに移る際に、企業が忘れがちなもの

DXを始めるにあたり、何を対象にし、どこで取り組むかの選択肢の多さに悩む企業は多い。どこにいくら投資してよいのかわからず、結局リソースと時間をうまく割り当てられない。包括的なデジタル戦略があれば、予算やその他リソース割り当ての優先順位決めに役立つはずだ。戦略をうまく実行できない企業は決まって、戦略を予算や実行体制と結びつけておらず、それでは失敗する危険性も高い[32]。一番成功率が高いのは、取り組みの70パーセントを中核事業の戦略に、20パーセントをそこに隣接する戦略に、そして10パーセントを変革や新規開発に充てる企業だ。この70—20—10の法則にのっとった企業は、株価値動きの面でほかの企業よりも大幅によい結果を残した[33]。まるで魔法のレシピだが、そうとも言えない。というのは、**イノベーション活動を支えるリソース配分の比率は、会社が定義した野心的目標のレベルによって変わる**からだ[34]。ここでもまた、会社が最初に定めた戦略と野心的目標が重要となる。今後の方針を示して、プロジェクトの選定と優先順位付けの指針となるのがトップダウンの戦略方針であり、一方で戦略の実際の展開状況はボトムアップで開始される具体的な戦略プロジェクトで決まる。

一連の戦略的な意思決定の結果と現在進行中のプロジェクトを視覚化するには、戦略プロジェクトを2軸上に配置したイノベーションポートフォリオが役に立つ（図2.2）。軸には自社に合う項目を選んで構わない（収益面の効果、市場投入リードタイム、実施難易度など）が、ビジネスモデルとテクノロジーを軸にすると最も効果的だ。自社の変革で一番重視するべき軸を中心に、戦略プロジェクトを簡単に可視化できる。戦略プロジェクトが中核事業からどの程度離れているかも一目瞭然だ。戦略プロジェクトは、既存ビジネスモデル、それに近いもの、そしてまったく無関係で破壊的な特徴を持つものの3つに分類するとよい。なお、この図は自社に取り入れるテクノロジーの冒険度を知る助けにもなる。すでに社内に浸透済みのテクノロジーを基盤とするプロジェクトなのか？　それとも、関連性のある別のテクノロジー（自社には取り入れていないが同じ業界で取り入れている企業があるなど）を試すことになるか？　もしくは、まだ完全には確立されていない真新しい破壊的なテクノロジーを探求するのか？

図2.2　ビジネスモデルとテクノロジーのマトリックス図

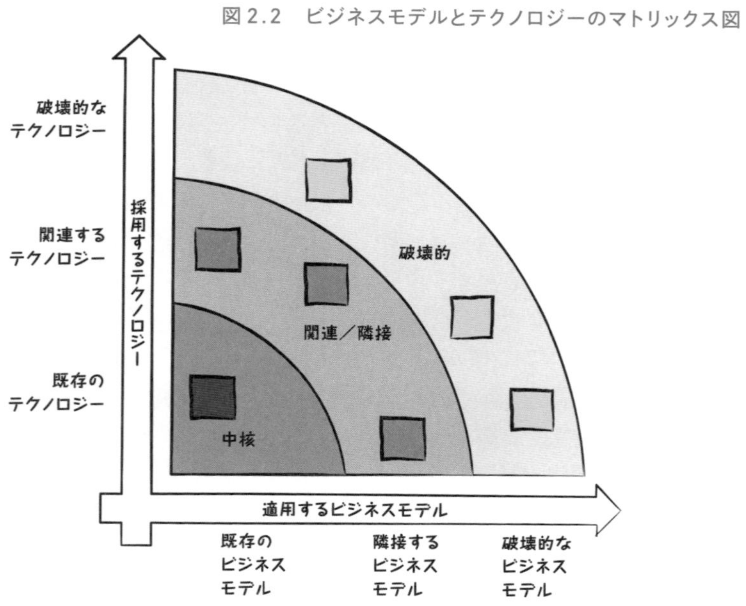

イノベーションポートフォリオは、トップダウンの全体戦略に基づく優先順位とボトムアップで創出された具体的な戦略プロジェクトのすりあわせができる、シンプルながらも強力なツールだ。DXを成功させる企業は、中核事業をデジタル化するプロジェクト、そして新規ビジネスモデル開発を試みるプロジェクトの適切なバランスを実現している。イノベーションと成長施策のポートフォリオの上手な舵取りが、DX成功の鍵なのだ。

成熟企業の大半は、きちんとした枠組みを整備せずにDXに挑みはじめてしまう。ありとあらゆる部署にデジタルプロジェクトが散乱しているケースも珍しくない。そんなときこそ、マッピングの出番だ。正しく使えば、戦略プロジェクトのポートフォリオで、戦略がそのまま視覚化される。もしも自社が中核事業のデジタル化よりも新しい破壊的な（デジタル）ビジネスモデルを優先すれば、その通りポートフォリオのマトリックスに可視化される。つまり、戦略プロジェクトの大半がS２曲線の領域にあるはずだ。逆に、もし中核事業のデジタル化を重視するなら、戦略プロジェクトの大半が必ずS1曲線の領域に入るようにすべきだ。この実用的な可視化ツールを用いたポートフォリオのアプローチは、プロジェクトが全社的な戦略の方針から（まだ）乖離していないか、もしくは注力対象を変更したりリソースを再配置したりすべきかを確認する有効な手段だ。

また、戦略に沿っていないプロジェクトを見つけやすい点も、イノベーションポートフォリオのメリットだ。プロジェクトの中止は簡単ではない。どんなプロジェクトも、真剣に取り組み、維持しようと献身するメンバーによって成り立っているからだ。しかし、資金やその他リソースの無駄を防ぐには、脇道にそれたプロジェクトは中止すべきである。以上をまとめると、**ポートフォリオのアプローチは視覚化と議論の明確化に役立つほか、取締役や投資家、そして全従業員などの主要な関係者への進捗伝達にも利用できる優れた方法だ**[35]。

中核事業の全プロジェクトを定期的に評価する成熟企業は多い。しかしイノベーションポートフォリオは、中核事業だけでなく新規（デジタル）ビジネスモデル開発の取り組みも含めた、全戦略プロジェクトを一覧できる概要図にする必要がある。

好例の１つがミュンヘン再保険会社だ。DXに着手する際、自社の今後に重要と思われるDX関連テーマを、経営陣がリストアップした。リスク管理、営業支援、予知保全、IoTなどがリストの上位に並んだ。ミュンヘン再保険会社は、各テーマの実業務で必要となる基本的な能力やスキル（たとえば分析スキルなど）を洗い出し、そこに資金を投じた。同社はさらに、具体的なビジネスシナリオの検証から学びを得るために、多数の検証プロジェクトを実行した。役員が定めたデジタル方針をもとに優先すべき分野を決め、戦略上重要な領域で自社が進歩するための検証プロジェクトに順次着手した。ビジネステクノロジー責任者のオラフ・フランク氏はこう指摘する。「どんなアイデアにとっても、一番大切な最後の関門は『誰かが本当にそれにお金を払いたいと思うか？』という問いです。企業はいつでも可能な限り市場を判断基準として使うべきです。企業にとって価値があるのは、市場での成功が見込める案だけです」[36]。

優先事項、領域、もしくは「探求分野」を明確に定めると、戦略に適したテーマと具体的な戦略プロジェクトとを一致させやすくなる。次に、各優先テーマに対応する複数のデジタルプロジェクトをイノベーションポートフォリオ上に配置する。そうすることで、システマチックな進め方でイノベーションを目指すことができる。私たちが取材したある総合テクノロジー企業は、まさにこれを実践していた。同社は短期間のアイデア創出セッションで、戦略の軸ごとに重視する「探求分野」を決定し、選出された探求分野（例：スマートファクトリー）ごとに具体的な探求方法のアイデアも創出した。次の短期セッションでは、選定基準への有効度と実現可能性に基づいて、経営陣がアイデアに優先順位をつけた。そうして出来上がったのが探求分野ごとの初期版の戦略プロジェクト案であり、これを新しい戦略にも組み入れた。こうして、きちんとした枠組みの戦略プロジェクトのポートフォリオが完成し、これを取締役会で継続的に追跡・管理することとなった[37]。

次の多国籍物流設備メーカーの事例も参考になる。

フォークリフトメーカーB社

企業戦略を改定する際には必ず系統立ったアプローチをとるべきだと説明するのは、コンサルティング会社ホルバス&パートナーズ社（Horváth & Partners）のイノベーション専門家、ハラルド・ブロッドベック氏だ。ブロッドベック氏はフォークリフトメーカーB社の変革をサポートした。「今後の大混乱を避けるには、なぜ変革を行うのか、最終的に何を目指すのかについて、経営トップの合意形成を図る必要があります。そうすれば、何をしなければならないのか境界線が明確になります」。

ベストプラクティスに従い、B社はまず自社に関係のあるテクノロジーの動向と、直接的または間接的に自社に影響を与える事業環境要因をすべて洗い出した。自社に影響を及ぼすトレンドとテクノロジーをしっかりと理解したうえで、全部門の中間管理職のなかから主要メンバーを選抜した。選ばれたリーダーたちが、今後重視する領域と「探求分野」を明確化した。

同社では全社的な戦略として、短期、中期、長期的な効果をもたらすプロジェクトをそれぞれ要求していたが、期間が異なるためにプロジェクト選定と成功の基準も大きく異なった。短期的なプロジェクトには短期間で成功を収めて社内を盛り上げられるものを（S1曲線）、中期的なプロジェクトにはビジネスモデルのイノベーションを（S1またはS2曲線）用意する必要があった。そして長期的なプロジェクトには、中核事業の状況が劇的に変化した場合を考えて新しいS2曲線の事業案が必要だった。主要なテーマの優先順位付けを終えると、「イノベーション・マトリックス構造図」をつくることができた。

次にB社は既存のイノベーション活動の再評価を行い、それが優先順位の高いイノベーション分野と合致しているかを確認した。合致していない活動があれば中止し、割り当てられていた資金は別の活動にまわした。B社は同時に、新しいアイデアの創出プロセスも開始した。さまざまなアイデアが短い概要説明書をもとに評価され、優先度が高いと判断されたものが実行ファネルに進んだ。

「この段階で注意するべき重大な過ちはテクノロジーを中心に置きすぎることだ」と、ブロッドベック氏は言う。指定の探求分野のプロジェクトを選定する際は必ず、テクノロジー主導ではなく課題主導で考えるべきである。

「使いたいテクノロジーを軸にして使用事例やアプリケーションを

探す」というテクノロジーバイアスにはまり込む企業はとても多いが、本当はその逆であるべきなのだ[38]。

イノベーションポートフォリオの管理にあたっては、経営陣が曖昧さとリスクに対して以前よりも寛容になる必要がある。初めて新規ビジネスモデルを立ち上げるときの成功率は低くて当然だ。DXは1度限りの挑戦ではない。変革に成功する企業は、よく整理されたポートフォリオを使って、次々と移り変わる戦略プロジェクトを継続して管理しつづけている。

ビジネスモデルイノベーションを通して競争優位性を得る

ビジネスモデルイノベーションとその手順の話に入る前に、まずはビジネスモデルとは何かを明確にしよう[39]。

簡単に言えば、ビジネスモデルは企業のビジネスのしくみを表すものだ[40]。ビジネスに含まれるさまざまな要素と、それがどのように組み合わさって自社や関係者に価値をもたらしているかを説明する包括的な考え方である[41]。ビジネスモデルは次の4つの軸で構成される[42]。

- **顧客軸：**自社が対象とする顧客セグメント。
- **提供価値軸：**自社が顧客にもたらす価値。
- **提供手段軸：**提供価値の実現に必要な業務プロセス。
- **収益化軸：**そのビジネスモデルが利益を生むメカニズム。

DXでは必ず、新規（デジタル）ビジネスモデルの創出だけでなく既存ビジネスモデルの再評価も併せて行う必要がある。成長という観点で、ビジネスモデルイノベーションには明白なメリットがある。**成熟企業では、製品のイノベーションやプロセス改善の繰り返しよりも、根本的なビジネスモデルイノベーションによって、真新しい提供価値が生まれる可能性が高い。**ビジネスモデルイノベーションを実施した企業は、製品やプロセスのイノベーションのみを実施した企業と比べて6～7パーセント高い総株主利回りを実現している[43]。中核事業のデジタル化は、中核事業の単なる延命手段ではなく、これまでにない新しい価値創出方法を生むチャンスでもある。フランスの自動車部品サプライヤー、フォルシア社は製品データと顧客データを大量に収集している。ここから得た知見が従量課金などの新規ビジネスモデルの発案に一役買っている。加えて、データで予知保全を実施することに伴い、保守とサービスの知識を社内に保持する必要性が薄れ、保守とサービス業務を外注できるようになった【44】。

実際のところ、ビジネスモデルイノベーションの9割は既存のビジネスモデルの組み合わせだ。実はビジネスモデルは全55種類に分類できる【45】。ありがたいことに、ビジネスモデルイノベーションを円滑に進めるためにマネージャー層が活用できるシステマチックなアプローチが、すでにいくつか確立されている。「ビジネスモデルキャンバス」【46】、「ブルー・オーシャン戦略」【47】、「ビジネスモデル・ナビゲーター」【48】（図2.3）などのツールやフレームワークをうまく使えば、先に述べた課題を克服し、システマチックな方法で既存のビジネスモデルを刷新しやすくなるだろう。システマチックなアプローチは、企業が新しいビジネスを発案する際にも重宝する。

図2.3　ビジネスモデル・ナビゲーター

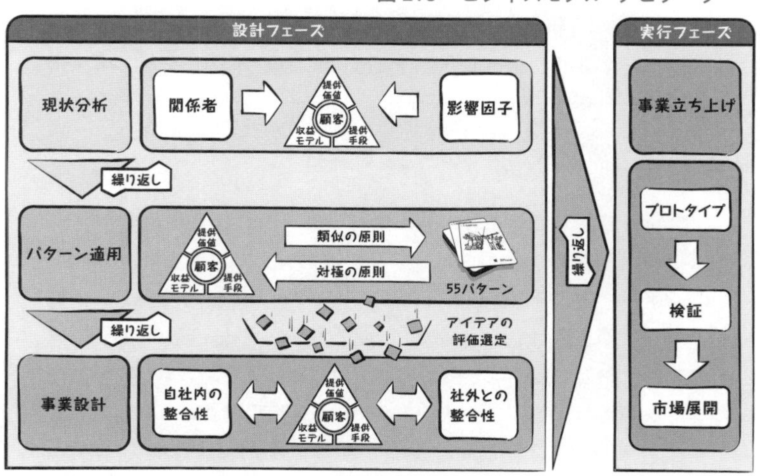

出典：『The Business Model Navigator』1st Edition（邦題『ビジネスモデル・ナビゲーター』オリヴァー・ガスマン、カロリン・フランケンバーガー、ミハエラ・チック著、渡邊哲、森田寿訳、翔泳社、2016）より、ビジネスモデルの要素。Pearson Educationの許可を得て掲載。

フレームワークの左側は設計フェーズで、自社の戦略と野心的目標と密接に結びついている必要がある。右側は実行フェーズで、具体的なアイデアを開発し、検証を繰り返したあとに市場展開するまでを表している。詳しく見ていこう。

現状分析

一般的な戦略開発と同様に、ビジネスモデルイノベーションも自社が置かれた事業環境（競合他社、パートナー企業、顧客、テクノロジートレンドなどの影響因子、その他）の明確な理解から始める。この段階では、顧客ニーズを把握できているかが鍵となる。顧客が価値創造の中心にいない場合、失敗する可能性は高い。

ビジネスモデルの設計プロセスで必ず最初に行うのが、成熟企業の周辺360度を見渡した環境分析だ。既存の顧客グループに的を絞るのではなく、現在は対象としていない顧客グループについても理解を深める必要がある。

また、提供価値に直接・間接的に貢献する関係者すべて（サプライヤー、イノベーションパートナーなど）、直接・間接的に影響する競合他社すべて（周辺業界の企業など）も含めて分析を行う。あらゆる動向やトレンド（規制の変更、人口動態、テクノロジートレンドなど）も重要だ【49】。

ドイツの自動車部品サプライヤー、アイスマン社（Eissmann）の事例は、会社を取り巻く環境をしっかりと評価することの大切さを示している。

アイスマン社

自動車部品サプライヤーが破壊的なビジネスモデルを生み出すのは不可能ではないにしても非常に困難だと、アイスマン社の前CFOノーマン・ウィリチ氏とIT＆ビジネスサービス部門代表アレクサンダー・マウタ氏は言う。一般的にはサプライヤーは、自動車メーカーがすでに決定した内容を受けて動きはじめる。自動車メーカーから詳細な製品仕様書を受け取るので、戦略策定者というよりは実施者として関わることが多い。変更事項は基本的に委託者（ここでは自動車メーカー）から命じられ、それに当然従うべき立場にある。

サプライヤーを含めた自動車業界全体も、やはりデジタル化の影響を受けている（車内に搭載するディスプレイが増えるなど）が、そのほぼすべてが単なるアプリケーションのデジタル化、つまりS1曲線のデジタル化だ。少なくともサプライヤーの目からは、根本的に新しいビジネスモデルを開発する余地はあまりないように見える。「自動車業界の食物連鎖」（自動車メーカーを頂点とする下請けピラミッド）の下層になるほど、破壊的変化は見られなくなる。破壊的なビジネスモデル（移動手段のシェアなど）を展開する大手自動車メーカーが業界を支配する一方で、ティア1（一次請け）では破壊的変化は少なく、ティア2（二次請け）ではさらに少ない。

それでも小規模サプライヤーにもできることはあると、ウィリチ氏とマウタ氏は主張する。小規模サプライヤーが自力で変化を起こすには、勇気を持って現在の居心地よい状況から自発的に抜け出し、小規模サプライヤーが頭角を現すことのできるニッチな分野を示して広く業界を刺激しなくてはならない。「将来、もし車がシェアされるとしたら、運転者ごとに車内設備の設定を変えられるとよいかもしれません。これは『セカンドスキン』と呼ばれる考え方です。この『セカンドスキン』を見据えた車内設備の開発は、車内設備のサプライヤーが少なくともある程度は自動車メーカーから独立して進められます」。サプライヤーが変化を起こすまた別の道は、データをもっと大量に生成して（測定、制御、操縦する社内設備を増やすなど）、活用できるよう自動車メーカーに提供することだ。だが現実は厳しく、自動車メーカーはこうした試みをすべて予測し、準備済みの可能性が高い。

自社を取り巻く事業環境と、自社が組み込まれて依存する企業間ネットワーク、これらは自社の限界を決める重要な因子だ。直面している現実をしっかりと理解しないか、さらに悪いことに見ないふりをすれば、イノベーションの試みは失敗に向かうだろう。そのような事態を避けようと、ウィリチ氏とマウタ氏は努力している[50]。

次に、自社を取り巻く事業環境と既存ビジネスモデルへの影響を分析し、それに基づいてビジネスモデルを大幅に変えた企業の例を紹介する。

オスラム社（Osram）

1919年創業のオスラム社は、世界トップクラスの照明器具メーカーだ。数十年間もランプを主力製品としてきたが、オスラム社を取り巻く環境が大きく変わった。業界動向を分析すると、電球事業が対象とする数十億ドル規模の市場は短期間でほぼゼロになる可能性が高い、という結論が出たのだ。理由は2つあった。1つ目は、従来型の電球がLED電球に取って代わられつつあったこと。これだけであれば、単純にLEDベースの電球にシフトすれば対処できるため、劇的な変化とは言えないかもしれない。だが2つ目の理由はさらに過酷だった。従来型の電球の寿命がわずか数千時間だったのに対し、LED電球の寿命は5万、10万、20万時間だ。さらにLEDは照明設備に直接埋め込めるため、電球を単品で販売したところで先は知れている。この2つの理由の認識は、オスラム社にとってビジネスモデルを徹底的に革新する強い動機となった。そして、同社はビジネスモデルを再構築しただけでなく、電球事業を中国のコンソーシアム（共同事業体）に売却した。

オスラム社が現状分析で得たもう1つの知見が、同社に新たな道を示した。ガートナー社（Gartner）による調査の結果、コネクテッド製品（訳注：IoTの一環としてインターネットに接続された製品のこと）の将来性が明らかにされた。インターネット接続できる白熱電球は存在しないため、今後の主役はLED製品になる。「建築物において照明は中核を成す存在です。この事実は、そう簡単に変わらないでしょう」と、オスラム社イノベーショングループの前シニアバイスプレジデント、ソーステン・ミュラー氏は述べる。「配電やHVAC［Heating＝暖房、Ventilation＝換気、Air Conditioning＝空調］などと並んで、照明も建物内で監視と遠隔操作をしたい部材です」。この論理に従い、オスラム社は純粋な製造業から、「スマート照明ソリューションをどのように使えば、建物全体のエネルギー費用を抑えられるか？」という顧客からの質問の解となるデジタルサービスを提供する企業へと変貌を遂げた。製品だけを売るビジネスから、照明関連の広範な専門知識を活かして顧客の問題解決を手助けするビジネスへと、価値提供のしくみを変えたのだ[51]。

将来のトレンド、業界の発展状況、新たな機会を隅々まで理解しておけば、成熟企業は行きづまりや好機の兆しをもっと楽に見つけられる。

現状分析フェーズでは自社を取り巻く環境の影響因子分析のほかにも、中核事業の既存ビジネスモデルを書き出してみるとよい。 デジタルの投入で解決できる可能性のある既存ビジネスモデルの弱点が浮かび上がるはずだ。こうした現状把握だけでも十分にアイデア創出のきっかけとなり、次のフェーズのよい出発点となる。

パターン適用

設計フェーズのなかでもパターン適用ではなおさら、システマチックなアプローチが成功の決め手となる。「ビジネスモデル・ナビゲーター」[52]などのツールの枠組みはよく整備されており、創造的思考を育てつつ、新しいアイデアをブレインストーミングできる。この方法では、55種類のビジネスモデルのパターンを既存ビジネスモデルに当てはめて、改善案を見つけ出す。パターン適用のプロセスをスムーズに進めるには、次の2つの原則のいずれかを用いるとよいだろう。1つ目は類似の原則と呼ばれ、自社と似た課題に直面している他業界や他社のパターンから類推してアイデアを創出する。2つ目は対極の原則と呼ばれ、自社の現在のビジネスモデルに、まったく異なるパターンを無理に当てはめてアイデアを創出する。どちらの原則も既存ビジネスモデルの弱点の発見に役立つだけでなく、新規ビジネスモデルのアイデア出しにも活用できる[53]（ビジネスモデルイノベーションのパターンについては、www.businessmodelnavigator.comまたは私たちのウェブサイトwww.thedigitaltransformersdilemma.comで、さらに詳しく知ることができる）。

業界分析と他社から得たヒントをもとに新規ビジネスモデルをつくったよい例が、ドイツの鉄鋼流通業者のクロックナー社である。同社の取り組みのきっかけとなったのは、業界の現状と他業界からの潜在的な脅威だった。非常に不透明な鉄鋼市場と業界の非効率なプロセスには、鉄鋼流通を改善するチャンスが眠っていると判断したのだ。アマゾン社などがB2C市場にもたらした破壊的変化からヒントを得て、クロックナー社は鉄鋼業界向けにプラットフォームのアイデアを適用し、自社製品を流通させる新しいプラットフォームを構築した[54]。

成熟企業が既存ビジネスモデルの弱点を探すとき、そして新規（デジタル）事業のアイデアを創出するときには必ず、**デジタル化により需要と供給のいずれか、または両方が変わる可能性がある**と念頭に置くべきだ[55]。パターン適用のプロセスでは、現在のビジネスモデルからできるだけ多くの弱点を見つけ出す努力をする。また、既存事業と新規事業が持つ事業機会もできる限り多く見つける。他社を破壊する側の立場に立って、自社の業界を破壊するチャンスを探してみるのも手だ。さらに、業界内外の競合相手が自社にどのような影響を及ぼし得るかを徹底的に調べる[56]。その際には、自社が破壊されるリスクのみに注目するのではなく、自社が他社を破壊する機会にも着目する。自社が破壊されるリスクのきざしを見つけたら、逆に機会として活用することも可能なのだ。

整備された枠組みに基づいて作業を進めることで、企業が好機を捉える可能性は上がる。破壊される可能性と破壊するチャンスを検知するために、市場における需要と供給のダイナミクスだけでなく、システマチックな方法で需要面や供給面を個別に精査、評価するのも一案だ。需要に関しては、バラ売りやカスタマイズ、顧客体験の向上（例：デジタルアドオン）などを使ってこれまで満たされていなかった需要に応える新規（デジタル）ビジネスモデルをつくれるだろう。現在の顧客体験が、他業界の最高水準と乖離している場合、現在のビジネスモデルは機会もリスクもはらんでいると考えられる。一方で供給に関しては、部品の入手が楽になったり設備の活用率を高めたりといった、デジタル化による新しい方法で生産能力を高められる。ほかにも、作業の重複解消や自動化でコスト構造や供給の経済性を変えることにより、デジタル化がバリューチェーン全体の全面的な見直しの起点になることもある[57]。

需要と供給のダイナミクスを分析すれば、市場の両面を新たな方法で効率的に仲介する役割を担うという事業機会が見つかるかもしれない。このように需要と供給の接続点となって市場を生み出す機能は、たとえば透明性と効率性に優れたマッチングサービスを提供する（保険などの成熟市場を破壊する新興のアグリゲーターがこれを行うのを見たことがある）ことで、顧客にとっての新しい価値を生むことができる。これを極限まで進めたのが、複数の製品カテゴリーや顧客層、さらには複数業界にまたがるプラットフォームやエコシステムを基盤としたビジネスモデルだ。

このようなビジネスモデルは、ほかに類を見ないアドオンやクロスセルの機会を提供し、大量の顧客データと取引データに基づいた価値ある情報を生み出し、規模の経済による高い参入障壁を持つことが多い。このようにして需要と供給をシステマチックに分析すれば、成熟企業の目の前に迫っているデジタルの脅威の本質と種類、そして新たな機会をより正確に理解できるだろう[58]。

エスカレーター、動く歩道、エレベーターを製造するシンドラー社は、自社を取り巻く事業環境をシステマチックに探索してビジネスモデルイノベーションの好機を見つけた、素晴らしい例である。

シンドラー社

スイスの多国籍企業、シンドラー社が中核事業のデジタル化を始めた当初は、単に効率性を高めることが目標だった。しかし、デジタル化で得られるメリットがさらにあることに気がつき、主力サービスにデジタル製品とデジタルサービスを加える試みにも着手した。

結果的にはこの変革が、シンドラー社の提供価値を大きく進歩させた。エレベーターとテクニカル・オペレーション・センター（TOC）、そしてサービス技術者をインターネットでつなぐことで、顧客はエレベーターの最新状態をリアルタイムで確認できるようになり、問題発生時にはサービス技術者に通知されるようになった。さらにTOCには機械学習アルゴリズムも導入され、どのスペア部品が必要かを付加情報として送信できるようになった。こうした変革により機械のダウンタイムが減少し、顧客企業と利用者に大きな利益をもたらした。

加えて、中核事業のデジタル化は新規ビジネスモデルの基盤を築いた、と業務部門長のクリスチャン・シュルツ氏は話す。インターネット接続機能を持つエレベーターで、垂直移動ではこれまでにない体験をユーザーに提供するという新境地を拓いたからだ。たとえば、エレベーター内の画面をエンターテイメントや広告に使うだけでなく、ユーザーをスマートフォンやカードキーで自動認証すれば個人に合わせたコンテンツを表示できる。エレベーター内で乗っているユーザー向けの広告やニュースが流れるのも、じきに標準となるだろう。大きな建物内の移動管理は、もはや目的の階に早く到達するためだけのものではなくなってきている[59]。

成功するビジネスモデルイノベーションに不可欠なのは、常に顧客を中心に考えることだ。次の事例にそれが現れている。

ミシュラン社

タイヤの製造とレストランガイドで有名なフランスの企業、ミシュラン社の事例は、製品を中心とした視点から離れてカスタマージャーニーとそれに付随する自社の弱点に注目することでイノベーションの持つ力を最大化できることを、よく表している。

ミシュラン社はタイヤの純粋な製造と販売から、タイヤをモニタリングして使った分だけの料金を受け取る考え方へとビジネスモデルを変更した。後述する「コネクテッド・タイヤ」はトラック、鉱山機械、農業用トラクター、乗用車向けといくつかのセグメントにまたがって発売されている。さらに同社は航空業界への拡張を計画しており、飛行回数に応じてタイヤ料金を支払う方式の実現を目指してサフラン・ランディング・システムズ社（Safran Landing Systems）と提携して取り組んでいる。この新たな提供価値は航空業界に大きなメリットをもたらすだろう。

パイロットには、離陸の前に必ずタイヤの状態を確認する安全確認の定例業務が法律で義務付けられている。しかし航空機のタイヤは飛行中に高圧にさらされて高温になるため、常温に戻るまで着陸から平均2時間のクールダウンが必要となる。このあいだ、パイロットはタイヤの確認を行えない。しかし航空機を空港にただ置いておくのはコストの無駄であり好ましくない。確認業務を支援して航空機のダウンタイムを減らすというミシュラン社の様々な試みは、航空会社にとって非常にありがたいものだった。ミシュラン社はこの顧客ファーストの視点から生まれた、離陸直前にタイヤの状態をチェックするセンサーを搭載した「コネクテッド・タイヤ」の開発に取り組んでいる。実現すれば、航空機が次の飛行までのあいだに待たざるを得なかった時間をかなり短縮できるだろう。

ミシュラン社は別の顧客である採鉱業界にも同様のアプローチをとった。鉱山機械のタイヤにセンサーをつけ、データの収集と分析を行えるようにしたのだ。これで生産効率を最適化するための提案ができるようになる（「タイヤへのダメージなしに鉱山自動車の速度を5パーセント上げることができます」というメッセージが設備に表示されるイメージだ）。また別の事例として、予知保全を支援する機能もある。タイヤが空気中の含水率を測定し、それに基づいて天気を予測する。そうすれば、悪天候で鉱山機械を使用できないと予測される日に整備を予定できる。天候のよい日の鉱山機械のダウンタイムは生産性の低下に直結するが、これを減らすことができるのだ【60】。

事業設計

設計フェーズの最後に、成功を見込めるアイデアをさらに磨き上げ、社内外との整合性を検証する。社内の整合性とは、ビジネスモデルの4軸（Who-What-How-Why）が調和し、首尾一貫していることを指す。社外との整合性とは、自社を取り巻く事業環境と適合しているかだ。新規ビジネスモデル、または修正を加えたビジネスモデルが関係者（規制管理者、代理店など）に与える影響についても、ここで精査する必要がある。自社に関連するトレンドや自社が競争優位性を持つ要素も、新事業と合致しているかを確認する。一貫性がない部分が見つかった場合は、ビジネスモデルの4軸を繰り返し修正する【61】。

V-ZUGサービス社の代表取締役、ユリアン・シュベルト氏はこの事業設計フェーズの重要性を深く実感したそうだ。新規ビジネスモデル案を既存の中核事業と並行して実行する許可を得られるまで、バリューチェーンのステップ一つひとつを何度も検証する必要があった。新規ビジネスモデルが既存ビジネスモデルにマイナスの影響を与える場合には特に、起こりうる不測の事態の分析は必須だと、シュベルト氏は言う。実際、シュベルト氏のチームは、収益予測、顧客の反応、サプライヤーからの評判など、現在のビジネスモデルが受ける可能性のある影響を徹底的に分析した。「歴史ある企業という環境では、整合性に関する社内からの疑問と中核事業に及ぼしうる影響について、新規ビジネスモデルのリーダーが明確な回答を示せなければならない」とシュベルト氏は語る。新規ビジネスモデルに整合性があると判断されなければ、取締役会の許可は下りないだろう[62]。

こういった事情から、**新しいビジネスモデル案にはすぐに入れ込みすぎないほうがよい。**特に伝統ある大企業では、整合性は取締役会の重大な懸念事項だ。世間からの信用を損なわぬよう、取締役会は慎重になる傾向がある。

V-ZUGサービス社のビジネスモデルイノベーションへの見方は、ポリマー事業を営むレーハウ社（REHAU）の見方と似ている。建築業界で存在感を示すレーハウ社は業界に精通しており、建築プロジェクトの進め方のノウハウも持っている。建築業界共通の問題は、建築プロジェクトは管理が難しいうえ、業界全体での標準化がほぼ不可能であるために、たびたび予算と予定時間を超過することだ。そこでレーハウ社では、建築管理を行うソフトウェアのライセンス販売事業が起案された。ライセンス料を基盤とした収益モデルも、ハードウェア設計ではなくソフトウェア開発を行う点も、同社にとっては初の試みだったため、当然社内で批判の声が上がった。

ありとあらゆる側面からこのアイデアの検証を行ったと、当時レーハウ・グループ（REHAU Group）の戦略開発部長としてプロジェクトの責任者を務め、現在はレーハウ・オートモーティブ社（REHAU Automotive）の戦略&イノベーション部門長を務めるマルティン・ワツラウェック氏は回顧する。「新規ビジネスモデルを明確化する際にいつも道しるべとなったのは、『なぜレーハウ社なのか？』という問いでした。顧客が他社ではなくレーハウ社から製品／サービスを買うべき理由は何か？　この新製品／サービスにレーハウ社が取り組むべき理由は何か？　すべてが1つのストーリーとしてかみ合わなければ、社内も社外も新規ビジネスを受け入れてはくれないでしょう」[63]。

新規ビジネスモデル案の整合性が完璧にとれたら、ついに成熟企業は実現に踏み出せる。私たちはこれを実行フェーズと呼び、図2.3のフレームワークの右側に示している。**ビジネスモデルの導入は「1度のビッグバン」で一気に立ち上げてはいけない。新規ビジネスモデルの小規模なプロトタイプを開発し、検証をすばやく繰り返す必要がある。**プロトタイプは比較的低コストで最小限の労力をかけて開発したものでよい。ほんの一握りの対象顧客に検証するだけでも、ビジネスモデル案の改善につながる有意義な意見を得られるだろう[64]。

失敗する可能性の高い案をあぶりだし、成功を見込める案はさらに改善して真の成長基盤へと育て上げるために検証を行うが、その際に使えるツールは数多くある。「ビジネスモデルイノベーション・テストカード（BMIテストカード）」のような枠組みに沿って進めることが理想だ。このカードには新規ビジネスモデル案の欠陥を調べるための22の方法が書かれており、ビジネスモデルイノベーションのプロセス全体の効果を高めてくれる[65]。

全行程（設計〜プロトタイプ〜検証）を複数回繰り返したあとで、ようやくビジネスモデルを市場に出せる。繰り返すたびに、新規ビジネスモデルの不透明だった点が明らかになり、徐々に詳細を詰められるはずだ。つまり、設計フェーズと実行フェーズは一直線上にあるのではなく、交互に行き来する関係にある。ビジネスモデルの検証で新たな学びを得たら、ふたたび設計段階に戻って調整・修正する部分を確認する。改修した部分は当然、再度自社との整合性と社外との整合性を確認する必要がある[66]。

概して、**新規ビジネスモデルの実行フェーズでは、細かな事業計画よりも検証が大切となる。**当てにならない無数の仮説に基づいて綿密に投資回収の計算をするよりも、アイデアの将来性を定性的に評価し、プロトタイプをつくって仮説を検証するほうに多くの時間を費やしたほうがよい。高速な検証サイクルは、仮説の検証と知識開発スピードの向上に役立つ。

当然ながら、既存ビジネスモデルの分析後に必ずしもビジネスモデルの徹底見直しをする必要はない（ちなみに、ビジネスモデルの少なくとも2軸が刷新されるとビジネスモデルイノベーションと呼ぶことができる）。私たちが取材した企業の多くは既存ビジネスモデルをまるごと改修はせずとも、デジタルプロジェクトをいくつも実行して中核事業のデジタル化を徐々に進めていた。

戦略プロジェクトを実行しているうちに、既存ビジネスモデルが徹底的に変わることもある。計画が進むほど、ビジネスモデルのさまざまな軸に着目するようになるからだ。たとえば、次に実行するデジタルプロジェクトが新しいデジタルサービスやアドオンの導入につながり、結果として自社のビジネスモデルにおける提供価値が変わるかもしれない。

中核事業をデジタル化または強化する戦略プロジェクトと、完全に新しい（デジタルベースの）ビジネスモデルを構築する戦略プロジェクトとを比べると、そのステップに大きな差はない。**設計フェーズでは、環境要因と自社の現状を隅々まで理解していることが、どちらのS字曲線にとっても絶対的に重要となる。**パターン適用でも、中核事業デジタル化の成功を見込めるシナリオを探すか、完全に新しいビジネスモデルを発案するかに関係なく、常に枠組みに沿ったアプローチに従う必要がある。だが、新規ビジネスモデルの創案と比べて、中核事業のプロジェクトのアイデア出しでは課題や問題点を中心に考える場合が多い。つまりバリューチェーン全体を精査して弱点を見つけ、デジタル技術やデジタルツールを使用してその解決策を検討する流れになる。そして最後に事業設計のステップでは、両方のS字曲線の戦略プロジェクトを考慮する。完全に単独で進める活動などほぼ存在しないからだ。戦略プロジェクトがビジネスモデルの別の軸、または関係者に影響を与える場合には必ず、ビジネスモデルの社内の整合性と社外との整合性を検討し直す必要がある。

取り残されないために

自社のDXの**What（何をするのか？）**の設計にあたっては、次のベストプラクティスを参考にするとよいだろう。

- 両方のS字曲線の道しるべとなる明瞭な戦略指針を立てる：
  - 自社の競争環境、現在の顧客と今後加わる顧客、テクノロジートレンド、経済と規制の変動の分析に基づいて、自社の現状を隅々まで理解する。
  - 可能性のある機会とリスクを広い視野で捉える。重要性の予想に関係なく、あらゆる脅威を考慮に入れる。
  - 自社の到達目標とする強固なビジョンと野心的目標を定める。
  - 2種の事業の同時進行を支えるバランスのとれた戦略の必要性を認識する。S1曲線の戦略は、中核事業のデジタル化と現状のサービスの強化に焦点を当てる。S2曲線の戦略は、新規（デジタル）ビジネスモデルの開発に焦点を当てる。
- 包括的な戦略で2本のS字曲線を連携させる。見込める相乗効果を検討し、考えられる衝突には早めに対処する。「中核からどの程度離れたいか」を議論する。
- S1曲線とS2曲線の各戦略の適切なバランスを決め、戦略を予算とリソースに反映する。

●戦略指針と具体的な戦略プロジェクトとを結びつけるツールとなる、イノベーションポートフォリオを作成する：
- 社内にある戦略プロジェクトをすべて再確認し、評価する。
- 戦略指針に基づいて、優先するテーマや領域を決定する。
- 既存／新規の戦略プロジェクトすべてをポートフォリオに配置し、進行中の戦略活動を概観できるものにする。
- このポートフォリオを、イノベーションの細かい進行状況の追跡、戦略プロジェクトの管理、戦略活動と変革活動に関する情報伝達に活用する。

●戦略プロジェクトの発案には、整理されたロードマップと既成のツールを使用する。
- 現場のマネージャー層も関与させ、ボトムアップで具体的な戦略プロジェクトを起案する。
- 新しい戦略プロジェクトを考える前に、自社の置かれた環境と現在のビジネスモデルを確実に理解する。
- 新規戦略プロジェクトのアイデア出しでは、「ビジネスモデル・ナビゲーター」のような確立されたツールやアプローチを活用する。
- 新事業案が社内の整合性と社外との整合性を達成できるまで改良を続ける。
- 戦略プロジェクトを実現するには、修正と検証を幾度も繰り返して開発を進める。

参考事例（印刷機業界）

ハイデルベルグ・ドラックマシーネン社
（Heidelberger Druckmaschinen）

ハイデルベルグ社はグローバル市場の４割を占める世界最大のオフセット印刷機メーカーだ。同社の既存ビジネスモデルはオフセット印刷機と関連商品（いわゆる消耗品）の販売、そしてB2B顧客へのメンテナンスサービスの提供で成り立っている。

戦略開発の過程でハイデルベルグ社は、印刷機の販売数を増やすのではなく、サブスクリプション型のビジネスモデルを参考に、設置済みの印刷機の使用回数に応じた収益を得てビジネス拡大を図れることに気がついた。この論理の背景を理解するには、印刷機業界で最も重要な収益性要因を理解する必要がある。具体的には、設備総合効率（Overall Equipment Effectiveness［OEE］）と呼ばれる設置済み機器の活用指標だ。近年の印刷業界は、かつては定番だった小さな印刷屋から工業化の進んだ印刷工場へとまさに姿を変えている途中だ。よって業界全体の生産能力の上昇余地はまだかなり大きい。イメージをつかんでもらうために数字にするなら、自動車業界のOEEが現在70パーセント程度であるのに対し、印刷業界のOEEはまだ30パーセントだ。需要面から見ると、業界全体で見た印刷物の生産量が今後大幅に増えることはおそらくないが、業界全体の利益を以前よりも少ない印刷会社数で分け合う効果で、低成長は相殺される。これらの印刷会社は同じ印刷量を生産性と活用率の高い少数の印刷機で生産するため、ハイデルベルグ社の印刷機販売事業は厳しい状況に置かれる。一方で、これまでの小さな印刷屋と比べると、工業化の進んだ印刷工場が使用する印刷機１台あたりのソフトウェア、サービス、消耗品（インクなど）の量はかなり多くなる。

工業化済みの顧客に対してサービスと消耗品の面で成長が見込め、印刷機の売上の成長停滞を埋め合わせたとしても、ハイデルベルグ社の事業が脅威にさらされていることには変わりない。同社は消耗品を自社で製造していないが、消耗品の正規販売代理店としては大手である。ところが顧客となる印刷会社は、大手になるほど、正規販売代理店ではなく製造元から直接工場渡しで購入することが多い。業界の整理統合がなされた結果、工場渡しでの購入がより一般的となったため、ハイデルベルグ社の消耗品販売事業もまた厳しい状況に置かれてしまっていた。製品単体の販売では成長にも競争にも苦しむようになった同社が出した問題解決策は、紙を1枚印刷するのに必要な「製品セット」（印刷機、ソフトウェア、消耗品、性能維持サービス）を1つのソリューションにまとめることだった。このように製品をシステムとしてまとめたソリューションは、製品を1つずつ購入するよりも顧客にとっては価値が高い。こうして「スマート・プリント・ショップ」が生まれた。ハイデルベルグ社の主な役目は、IoT技術で全印刷機から収集したビッグデータを用いて、製品システム全体を最適な状態に保つことだった。ビッグデータを活用することで、プリント・ショップのパフォーマンスを顧客以上に把握することができるのだ。

結果、ハイデルベルグ社は伝統的な「販売台数重視」のビジネスモデルを「成果重視」のビジネスモデルへと変革しはじめている。設置済みの印刷機の使用率を高めることで収益を伸ばす事業モデルだ。この新規ビジネスモデルでは、最低枚数分の印刷量を保証する月額費用含め、顧客は印刷した枚数分の料金を支払う。「スマート・プリント・ショップ」自体はハイデルベルグ社が無償で提供し、システムで印刷を始めると利益が入るしくみだ。印刷した枚数分を支払わせるシステムは、「スマート・プリント・ショップ」の高い生産性（印刷量の多さ）が前提となる。顧客（印刷会社）は印刷作業に労力をかけるかわりにマーケティングに時間を割けるようになるため、とても魅力的だ。ハイデルベルグ社にとっても当然このシステムは魅力的である。目標とする生産性を達成できれば（つまり、活用度をさらに上げて計画以上の枚数を印刷できれば）、ハイデルベルグ社は追加料金として顧客から利益分配を得る。全製品を統合させた、ひとつながりのスマートソリューションが出来上がったのだ。

ハイデルベルグ社は「ネスプレッソ（Nespresso）の原理」を印刷業界に持ち込んだと言えるだろう。ネスプレッソのコーヒーは1kg

あたり70ユーロするが、それでも買いたいと思うのはコーヒーを淹れる際に出るゴミが大きく減り、1杯分あたりの材料の活用率が上がり、そして何より便利だからだ(ほんの1杯のために汚いコーヒーフィルターとかすが発生することがない、出来上がるまでキッチンにいなくてもよい、など)。1枚の紙を印刷する際のリソースの活用度を向上させることで、ハイデルベルグ社はもともと顧客が1枚の印刷にかけていたコストより低いサービス単価を実現した。顧客が払うインク1リットルあたりの価格は現状よりもかなり高いが、その分活用度が向上する。それに加えて、顧客は印刷機の初期設定やメンテナンスに労力をかける必要がなく、印刷作業関連の問題にかけていた時間を製品開発や顧客獲得に使えるようになる。この新しいビジネスモデルに加えて、ハイデルベルグ社は従来の販売事業も継続している。販売事業を維持しつつも、新規ビジネスモデルを、景気に左右されにくく計画を立てやすい、安定性と収益性の高いビジネスへと育てて、比重をそちらに移そうとしている[67]。

まとめ:

- ●他業界のビジネスモデルから刺激を受ける――ハイデルベルグ社は「ネスプレッソの原理」を印刷業界に持ち込んだ第一人者。

- ●ビジネスモデルを(ターゲットとする)顧客グループに合わせる――ハイデルベルグ社は、従来の印刷作業から印刷サービスの販売・マーケティングへと顧客企業の注力業務が変遷するのを見て、自社の新規ビジネスモデルと結びつけることに成功した。

- ●変化を予測し、先を見越して行動する――変革を成功させるには経営陣の強力なサポートが必要だ。従来の自社ビジネスモデルを脅かす動向を予測したハイデルベルグ社は、先を見越した行動をとり、被害を避けることができた。

PART 3

HOW TO DO IT

どのように実現するのか？

戦略策定は非常に重要だが、プロセス全体から見れば序章にすぎない。DXの実践こそが真の難関である。決めたことを着実に実行できるかどうかが、DX成功の大きな決め手となる。ところが、DXを実現するために、変化の海を最もうまく航行する方法を明確に描けている企業は驚くほど少ない。自社のデジタル変革を試みた企業のうち成功しているのはわずか16パーセントだ[1]。

なぜ従来企業のDXはそれほどまでに難しいのだろう？　その答えは単純だ。**DXのジレンマ**である。成熟企業は、新規（デジタル）ビジネスモデルの可能性を最大限に引き出しつつ（S2曲線）、引き続き中核事業の収益性を維持（S1曲線）する必要があるのだ。1つの組織内で2本のS字曲線を両立し、さらに双方を適切に連携させることが、DXのジレンマの本質であり、多くの企業が変革失敗に終わる原因でもある。

私たちは、DXの両方のS字曲線を成功に導くための具体的なアプローチを、**6軸の「変革エンジン」からなるロードマップ**（訳注：「Appendix」にテンプレートがある）としてまとめた。このロードマップを使えば、DXの課題を最重要な6軸で整理できる。会社全体に適切な体制（とインフラ）を敷くためのもの（組織、テクノロジー、プロセス）と、適切な思考様式と能力を構築するためのもの（リーダーシップ、人材、文化）だ（図3.0）。

図3.0　Howの全体イメージ

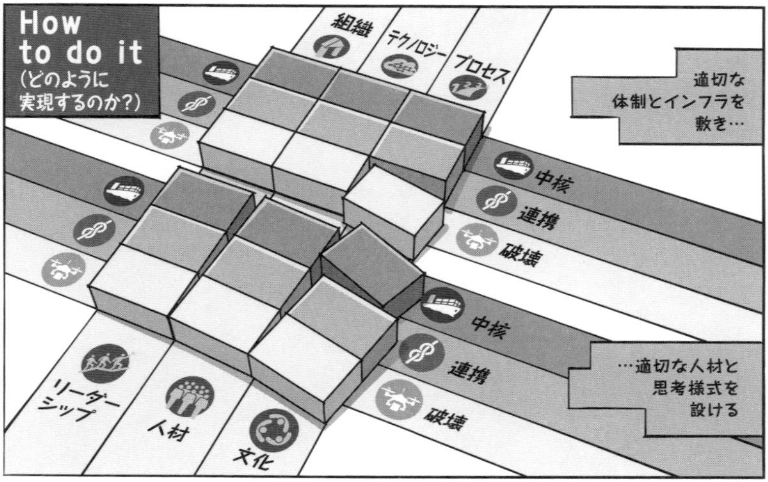

そして、DXのジレンマは、それぞれの軸に異なる形で姿を現すのだ。以降の各章では、それぞれの軸で発生する課題とそれらへの取り組み方を説明する。

DXの「ハード面」の要素を把握する

まずは変革エンジンの最初の3軸を見ていく。この3軸は、変革成功のために整備が必要な体制（とインフラ）に関連している。**組織**の章（Chapter 3）ではまず、両利きの経営で2種の事業を両立するにはある程度の分離が必要となる理由を説明する。次に、異なる場所から各種のデジタルプロジェクトが誕生することを示し、続いて社内のどの組織に、どうデジタル事業を定着させるか、典型パターンを紹介する。これらは、企業のデジタル成熟度や、新規ビジネスモデルと中核事業の類似度によって変わる。また、社外とのつながりの重要性が増している理由についても概説する。

テクノロジーの章（Chapter 4）では、始めに歴史ある企業が新興テクノロジーを無視できなくなった理由を分析する。次に、成熟企業がテクノロジー関連のノウハウを獲得するための最善策を提示し、陥りがちな落とし穴と変革の主な成功要因を示す。DXの推進力としてのテクノロジーの重要性に触れ、さらに古いITシステムの問題点と、ITアーキテクチャ関連の課題への対処法（つまり新旧システムの統合方法）を紹介する。事業変革の観点からテクノロジー関連の話題も多く扱うが、テクノロジーの詳細を解説する意図はなく、本書はIT変革の手引書でもない。

体制やインフラなどハード面の要素の最後が、**プロセス**の章（Chapter 5）だ。ここではDX実施方法の詳細に踏み込み、ステージゲート型開発プロセスの理想形を紹介する。また、中核事業とのつながりを適切に保つ方法と、プロジェクトの成長と規模拡大に向けた準備方法についても言及する。プロセスの流れをおおまかに確認し、変革エンジンの管理体制や、変革実行時の予算や資金調達関連の課題と議論への対処法にも触れる。

では、始めよう。

Chapter 3

組織：柔軟な組織を構築するには？

Organization: How to Develop a Flexible Organization

体制（とインフラ）関連の最初の章では、なぜ柔軟な組織づくりが非常に難しいのかを説明する。成熟企業の体制は通常、安定性と効率のよさを考えて構成されているが、新規ビジネスモデルにおいて求められるのは柔軟性と自由度だ。この矛盾への対処策として、組織面での分離を考える必要があるだろう。また、デジタルプロジェクトを社内のどの事業部門に（いつ）置くべきかについても言及する。さらに、両S字曲線の組織面のへだたりを埋める方法や、成熟企業が外部とのパートナーシップ形成を考慮すべき理由についても議論する（図3.1）。

図3.1　How／組織の全体イメージ

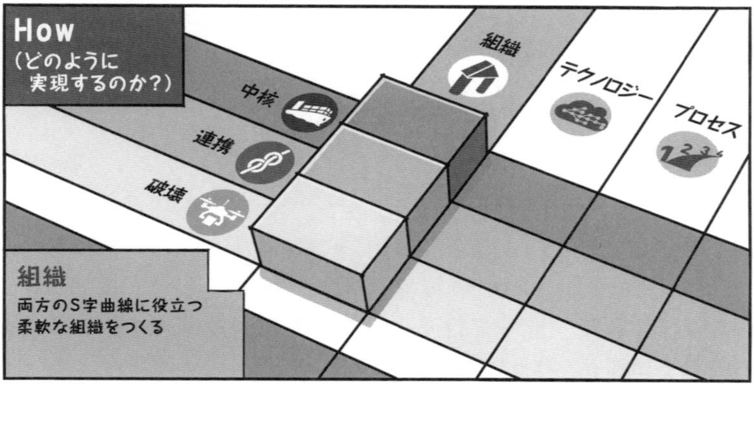

会社が抱える組織の課題を認識する

DX、特に新規（デジタル）事業を、どのようにして会社全体の一部として取り込むかについては、早くから考えておく必要がある。最も基本的な疑問はこれだ。「両方のS字曲線を並行して支援するのに適切な組織構成とは、いったいどのようなものだろう？」

大した話ではないように聞こえるかもしれないが、多くの場合、現在の組織構成を根本から変える必要がある。それというのも、**両面の事業を同時進行するためには、成熟企業の中核事業にデジタル関連の役職をいくつか追加するだけでは不十分だからだ。**中核事業がいま成功しているのは、S1曲線のニーズや要件に合わせて組織を構成した結果である。だが、今後もこのままでよいのだだろうか？　S2曲線のニーズである柔軟性と自由度をかなえる組織形態は、どうつくればよいのか？　何よりもまず、次を自問する必要がある。そもそも組織形態は、全体的な戦略やS2曲線の野心的目標によってどう変わるのか？　S2曲線の対象範囲が広いほど（破壊的で中核事業の内容から離れるほど）、社内の伝統的な部門との衝突を避けるための分離が必要となる。ここで次の疑問が生まれる。1つの企業内で2つの別々の組織形態を共存させ、しかも足並みをそろえるには、いったいどうすればいいのだろう？　分離した組織を中核組織と再度連携させることで、分離したS2曲線が成功にも失敗にも転じる可能性がある。しかし、どうすれば2本のS字曲線を強固に連携させ、分断を最低限に抑えられるだろう？　相乗効果を発揮させるためには、どんな統合方式が必要だろう？

新規（デジタル）事業アイデアのための組織に加えて、中核事業のデジタル化を担う組織の構成も考える必要がある。中核事業のデジタル化を推進するデジタル人材や機能をどこに配置し、どう管理しよう？中核事業のリーダーが担うべき責務は何だろう？　この計画で指揮を執るデジタルリーダーの理想的な肩書き（たとえば最高デジタル責任者）は何か？　組織形態が自社のデジタル成熟度に合致しているかも考慮しなければならない。

え、両利きの何？

デジタル時代の到来をきっかけに、多くの企業が新しくデジタル関連の役職を追加したり、既存の役職にデジタルの任務を加えたりしている。デジタル戦略担当、最高デジタル責任者、デジタルプロジェクトマネージャー、デジタル変革担当などといった役職名を1度は見かけたことがあるだろう。DX専用にリソースを追加するのはよいことだが、それだけでは足りない。デジタル時代に成熟企業が突きつけられる新たな要求は、従来型の企業が活用してきた階層型のマネジメント構造とは相容れない。新規（デジタル）プロジェクトに取り組もうとして、2本のS字曲線の利害関係の対立や衝突を引き起こしてしまうことはよくある。

タクシーと公共交通機関のハイブリッドとも言える、コリブリ社（Kollibri）の例を見てみよう。利用者の自宅から公共交通機関のターミナルまで（またはその逆）をつなぐ、安価で短距離の相乗りサービスを提供している。スイスの国営郵便事業の交通サービス部門であるポストオート社（PostAuto）が、移動サービスのベンチャーとして試験的に立ち上げた企業だ。

コリブリ社

スイスポスト社（Swiss Post）も、ほかの成熟企業の例に漏れず、新しいサプライヤーや外部パートナーと提携を始める際には非常に厳格なガバナンス規則と手順を制定、運用していた。この規則により、新規パートナーがスイスポスト社の内部プロセスと構造に完全に従うことを担保し、中核事業の業務遂行効率を損なうことなくスムーズに連携することが目的だ。想像できるだろうが、大企業での提携開始には、複数部門にまたがる冗長で煩わしい手続きが必要になることがある。しかしS2曲線のベンチャー事業に必要なのは通常その正反対だ、とコリブリ社の前マネージャーでポストオート社のプロジェクトマネージャーを務めるミルコ・マーダー氏は言う。

新規事業には、煩雑でお役所的な手続きなしに新しいことを試せる柔軟性と自由度が必要となる。親会社のコンプライアンス規則が新規ベンチャー事業の取り組みを妨害しないよう、ポストオート社はコリブリ社のプロジェクトに対しては規則を緩和することにした。マーダー氏はこう話す。「われわれの親会社は、実に能力の高い外部パートナーのネットワークを保持しています。しかし、たいてい外部パートナーに100パーセント完璧なソリューションを要求しています。一方で、コリブリ社などの社内ベンチャー事業に必要なのは80：20方式（訳注：80パーセントの成果を20パーセントの労力で実現すること）だと、親会社の経営陣は気づきました。

いまでは、外部企業に求める基準を緩和する『初期段階』ベンチャーのしくみが正式に認可されています。このおかげで、迅速な意思決定とパートナーシップの確立が以前よりもずっと楽になりました。冗長なプロセスを廃止し、代わりに敏捷さとすばやい結果を重視したことで、大きな変化が起きたのです」[1]。

成熟企業に不安をもたらしているデジタルネイティブな企業は、迅速な製品開発と検証のプロセスを採用している。成熟企業もこの習慣を取り入れたほうがよいだろう。既存企業も市場と顧客の要求にすばやく対応し、リソースをすばやく割り当て直して、必要であれば顧客の意見に基づいて行動方針を変える必要がある。しかしこれこそが、成熟企業が苦戦する部分である。

規制の厳密な市場を見てみると、旧型の構造とプロセスから発生する問題がとてもよく見えてくる。高周波手術装置メーカーのエルベ社（Erbe）は、現在の自社の構造は新たな社内ベンチャー事業にとっては劣悪な環境だと認めている。1つ目に、親会社内で立ち上げた新規事業は、かつては成長企業であった親会社には今や当たり前の煩雑なプロセスと構造のせいで、身動きがとれなくなるだろう。2つ目に、医療業界にいる限りは、規制当局から強要される厳しい規制に適応してやっていかなければならない。「医療業界で操業するために適応せざるを得ない要求事項や基準は、山のようにあります。ですが、スタートアップを中心とした医療系テクノロジー企業は、もっと自由な事業の進め方を必要としています。市場にいますぐに出せる商品を持たない場合は特にそうです」と、エルベ社の会長兼共同経営者のライナー・

テード氏は語る[2]。

とはいえ、従来型の構造からスタートアップのようなフラットな構造へと企業をまるごと変えるリスクは高い。旧型の企業にとっては過激すぎるうえ、文化面での影響も大きすぎるだろう[3]。決して不可能という意味ではなく、企業のデジタル成熟度によっては大丈夫かもしれない。ただ一般的には、段階的なアプローチのほうが成熟企業には進めやすいだろう。**構造を変えるには、成功しているデジタルネイティブ企業の業務モデルのどの要素を自社に取り入れ可能かを、管理職がまず評価する必要がある。**成熟企業におすすめの手法は、フラットな構造の新組織を社内に立ち上げ、社内の残りの部分とはある程度分離することだ[4]。

2本のS字曲線の組織を分離するもう1つの理由は、中核事業と新規デジタルプロジェクトとの対立である。どの程度分離すべきかは、主に新規事業アイデアと既存の（中核）事業との類似度合いによる。自由裁量の程度によっては、S2曲線立ち上げの取り組みの結果、現在の主力サービスと対立する新事業に行きつく可能性もある。そうなれば、中核事業の管理職が待ったをかけて、中核事業が共食いされないよう抵抗するだろう。中核事業との距離が近すぎると、真に破壊的な事業アイデアは簡単につぶされてしまう。アンケート調査によると、社内ルールのせいで新規事業のアイデア開発のスピードが落ちていると、管理職の5割近くが気づいている[5]。一方で、新規の社内ベンチャー事業に完全に独立して操業する自由を与える企業は1割にも満たない。

私たちの取材によれば、両利きの経営を行うにはある程度の分離が必要だという見方は珍しくない。多くの管理職が、本体から分離されたチームのスピードと効率性が、DXに寄与したと明言している。

企業の規模と、すばやく行動してイノベーションを起こす能力とのあいだには、間違いなくマイナスの相関関係があると思います。大企業は新しいアイデアをすぐに切り捨てる傾向にあるからです。私の基本的な考えとしては、革新的なイノベーションを行う部門は企業本体から分離すべきです。われわれのような大企業はスタートアップのようには動けません。単純に無理なんです。意思決定にもプロセスにも非常に時間がかかり、あらゆるものに制約されます。スタートアップのようにすばやく敏捷に動くには、分離が必須なのです。

──化学系消費財メーカーC社　前最高デジタル責任者[6]

最初は社内で実施しようとしましたが、うまくいきませんでした。新しいアイデアが出ると必ず、あれこれ理由をつけて即座に反対されるからです。みんなが古い考え方にとらわれていました。われわれがデジタルプロジェクトを会社から分離し、デジタルイノベーション用の拠点をベルリンに開設したのは、そういうわけです。新しい拠点では、適切な人材を集めてすばやく活動を進めることができています。

──クロックナー社CEO　ギスバート・ルール氏[7]

当社のデジタルラボを会社本体からある程度分離することが鍵となりました。中核事業の伝統と統制が、デジタルラボの活動においては単純に逆効果だったからです。デジタルラボが必要とする自由度と柔軟性、それからすばやい意思決定サイクルを確保するには、分離が必要なのです。

──アルピック社デジタル&コマース部門の前部長
マーカス・ブロコフ氏[8]

ドローン（S2事業）が飛べるだけの距離をとらなくては、新事業立上げは旧型のプロセス、構造、思考様式に妨害されてしまう（図3.2）。物理的に場所を離して課題を解決した事例を紹介しよう。私たちが取材した企業の1つで、世界トップクラスのファッション小売業者だ。

図3.2　貨物船（S1曲線）vsドローン（S2曲線）

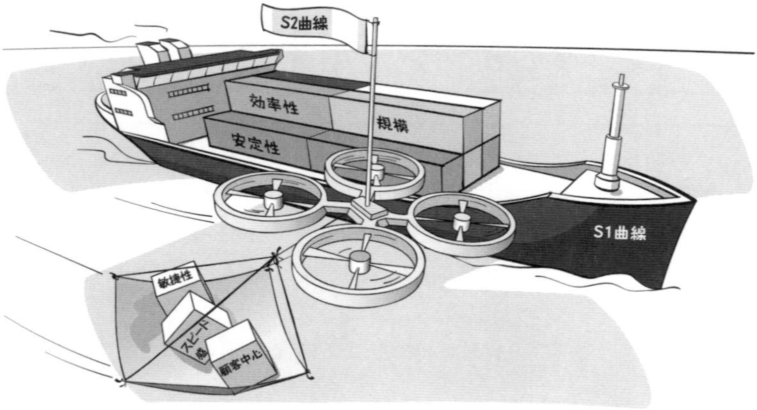

ファッション小売業者D社

このファッション小売業者D社は、業界で初めてオンラインチャネルを立ち上げた企業の1つである。前CIOは、敏捷性を得るにはある程度の分離が必須だと明確に理解していた。「2つのチャネルには、サプライチェーンと商品以外には共通点がありませんでした。商品の展示方法、価格設定、顧客との応対方法などはまったく違いました。立ち上げた頃、オンラインチャネルはまったくの新世界で、新しいスキルと新しい考え方が求められました。実店舗での販売しか知らない当社の従業員たちが、普段の業務の傍らでやれる取り組みではありませんでした」。

こういった理由から、D社は新規デジタルチャネルに取り組む専任部門を編成した。物理的に分けたことで、自社の伝統と決別するための新プロセスと体制の開発、導入が迅速に進んだ。情報共有と意識共有のために、新規部門のオフィスは本社の建物内に残したが、それでもほかの社内部門と比べて高い自由度を得た。ただし、分離したら今度は連携のための努力も必要になったと、前CIOは話す。「だからこそ、プロセスの足並みをそろえ、売上とコストの内訳やプロセスの相互連携について早めに議論をしておくことがとても重要なのです。われわれのオンライン販売チャネルのように、2種の事業が何らかの形で被る場合はなおさらです」[9]。

すでに柔軟な組織構造が出来上がっており、破壊的なアイデアを含めて中核部門内で育てるのでない限り、現在の組織構造を根本から変える覚悟が必要だ。

1つの夢のプロジェクトを求めるのでなく、複数の取り組みでイノベーションを進める

どのイノベーションが成果を出すかを事前に知るのはほぼ不可能だ。だから、**デジタルイノベーションでは1つのアプローチのみに頼ってはいけない。**複数のアプローチを試す。つまり、複数の可能性に賭けるべきだ。そのためには組織構成と戦略プロジェクトの方針について明確な見通しを持つ必要がある。既存企業は、社内のどの組織でデジタルイノベーションを実施するか（つまりどの事業にてこ入れするか）、イノベーションの種類に応じて実施場所がどう変わるか、をきちんと理解しておかねばならない。私たちの経験上、DXに真剣に取り組む企業は、多様なデジタル投資のポートフォリオを構築し、新たな事業機会の開発に幅広く取り組んでいる。

全社的な戦略がS1曲線とS2曲線のどちらを優先しているかに合わせて、中核事業または専任のデジタル部門のいずれかで戦略プロジェクトを進めていくことになる。だが、それ以外にも各S字曲線のプロジェクトを進めるアプローチがある。たとえば、完全に社内で中核事業のデジタル化を推進するのも、あるいは社外のスタートアップを巻き込んでテストプロジェクトを実施するのもありだ。さまざまなアプローチのバランスをどうとるか、それぞれにどの程度重きを置くかは、自社の戦略や能力、使えるリソースによるだろう。このテーマについてはこの章の終わりでも、さらに詳しく述べる。その前に、さまざまな取り組みの例を紹介したい[10]。

S1曲線のデジタル化を検討するならば、デジタルプロジェクトを社内で実行するか、社外の支援を受けるか、その両方かを決める必要がある（図3.3）。一般的に社内のプロジェクトは、中核事業のデジタル化の一環として現場の責任者が実行するか、プロジェクトに集中でき

るクリエイティブな環境である（デジタル）イノベーションラボなどに置かれる。こうしたラボでは、もとは中核事業部門にいた従業員が組織横断チームを組んで活動する。外部からの刺激を受け、自社の殻に閉じこもることを防ぐために、社外から専門家（アジャイルコーチやコンサルタントなど）を招くことも多い。社内の様々な部署から集めたチームの協力関係を築く目的でハッカソン形式（訳注：チームを組んで短期集中で開発作業を行う）を取り入れることもある。課題や対象テーマとしては、通常は明確な戦略目標や特定のビジネス課題（中核事業のバリューチェーンのデジタル化など）を定めて、これらの活動を実施する。つまり本質的には中核事業の問題解決が目的であり、成熟企業にとって馴染みのない話ではない。目新しい点は、多くの場合に新しい環境で、デジタルを用いた問題解決の手段（デザイン思考、ラピッドプロトタイピングなど。**プロセス**の章［Chapter 5］と**文化**の章［Chapter 8］でさらに詳しく述べる）で実施されることだ。

なお、ラボ形式では追加でいくつか注意点がある。中核事業部門から分離されることの多いデジタルイノベーションラボの役割は、中核事業のデジタル化の取り組みを支援し、中核事業に対する刺激剤として新しい働き方を持ち込むことである。よって、**既存の各部門との緊密な連携と協力が必須となる。**デジタルラボの取り組み課題と対象範囲によっては、中核事業の枠を越え、最終的に新規ビジネスモデルが出来上がる可能性もある。もしも現在の事業の枠内にとどまらないアイデア（S1曲線を限界まで引き延ばしたり、S2曲線に合体させたりなど）の探索をラボに許可したり、求めたりするなら、**ラボにより多くの自律性と自由を与えるべきだ**[11]。

図3.3　デジタル化の刺激をどこから受けるか

アプローチ	S1曲線	S2曲線
社内	・事業部門内のデジタルプロジェクト ・デジタルイノベーションラボ	・社内インキュベーター／社内ベンチャー開発／スタートアップファクトリー
社外	・オープンイノベーションプログラム／コラボレーションプログラム	・社外の新事業開発サービス会社 ・企業アクセラレータープログラム ・コーポレートベンチャーキャピタル

完全に自社で行うほかに、社外からの支援を得て中核事業のデジタル化を推進する選択肢もある。スタートアップを招いて大企業との共同イノベーションや共同作業を行う、オープンイノベーションプログラム、コラボレーションプログラム、もしくはそれ以外の企業アクセラレータープログラムが一般的だ。成熟企業にとっては、中核事業が抱える問題にともに取り組む（または新規ビジネス案を開発する）社外のスタートアップと出会うよい手段となる。成熟企業にしてみれば、（長時間を要し、コストが高く、成果の不透明なことの多い社内開発と比べて）スタートアップとの協業は社外の革新的なソリューションを低コストで利用でき、デジタル化の刺激を社内に持ち込むことのできる、比較的簡単で手間のかからない方策だ【12】。一方、スタートアップ側は、大企業の資産（顧客とのつながり、インフラなど）とノウハウ（市場や規制に関する専門知識など）の恩恵を受けられる。**協業の形によっては、たとえば選定フェーズで複数のスタートアップと話をすれば、企業側は自社の問題を解決しうる複数のソリューション候補の情報を得られる可能性がある**【13】。探し求めていたソリューションを提供するスタートアップや、プロセスを支援またはスピードアップしてくれるスタートアップを見つけられたら、とても有益な協業を期待できる。成熟企業が適切なパートナーを見つける方法としては、ビジネスモデルコンテストの開催や、自主的に選定した有望スタートアップへの直接コンタクトなどが考えられる。社内だけではビジネスシナリオを開発できない、または（たとえば専門知識を身につけるのに）時間がかかりすぎる場合に、こうしたアプローチは特に役立つだろう。

社外のスタートアップとの関わり方は、何が戦略的に妥当で何が有効かによって、多様な形をとり得る。単なるプロジェクトでの協業や共同プロジェクトの実施から、出資や株式保有などのより正式な契約まで、協業といってもさまざまだ。最終的に合弁企業の設立や完全買収に至るケースさえもある【14】。成熟企業とスタートアップとの関係性が深まるほど、必要な投資額も増える（合弁企業や買収などのように）。指導やリソース提供を求める先が独立したスタートアップでなく既存企業である場合、協業は通常のバイヤー対サプライヤーのような関係になるだろう。いずれにせよ、成熟企業はこうした協業策を通じて、社外の支援を得て中核事業のデジタル化を加速できる。

ここまでに紹介した手法のいずれかを使えば、既存企業は新しいアイデアを生み出す環境を整えられるだろう。プロジェクトの内容はおそらく中核事業に比較的近いものとなる（中核事業をデジタル化するのが目標なら当然そうなるべきである）が、古い考え方や構造、プロセスからプロジェクトを守るために、やはり中核事業から一定の距離を置くことが必要だ。このような状況における成功の鍵は、従来型の中核事業の環境とデジタル事業のフラットな環境の両方を管理できるリーダーがプロジェクトを率いることである（**リーダーシップ**の章［Chapter 6］で詳しく説明する）。

S2曲線については、成熟企業はベンチャー事業の社内開発と社外開発をバランスよく実施しようとする傾向がある。社内での構築とは、自社独自の企業内スタートアップを立ち上げてそれを成熟したビジネスへと育て上げることを指す。このアプローチは、企業内（社内）インキュベーター、社内ベンチャー開発、スタートアップファクトリーなどと呼ばれる。一般的に社内スタートアップには、S1曲線の案に比べて、かなり多額の資金と全面的な支援が必要だ。新規ベンチャー事業のアイデアが生まれる場所は、たとえばイノベーションラボや、インキュベータープログラムのアイデア創出スプリント（集中ワークショップ）など多岐にわたる（**プロセス**の章［Chapter 5］で詳しく説明する）。企業内ベンチャーの事業開始後は、リソースの活用や相乗効果を狙ってデジタルイノベーションラボの内部や近くに配置する、あるいは完全に分離させることも可能だ。

スタートアップファクトリーを中核事業からある程度の距離をとって設置すれば、中核事業のお役所仕事や煩わしい既存プロセスから新しいアイデアを守りやすくなる。また、中核事業と分離することで新部門は裁量権と自由を手に入れやすくなる[15]。「見た目は新しいがやっていることは以前と変わらない」という状況を避けるために、**新部門には新事業構築の専門知識を持つ専門家を起用し、適切な考え方や取り組み姿勢を取り入れるべきである。**このようなインキュベーターや社内ベンチャー開発部門、スタートアップファクトリー（など、呼び方は何でも構わない）は、非中核分野のビジネスイノベーションの開発を推進し、市場投入までの過程を支援するための組織として機能する[16]。

一方、社外でベンチャー事業を構築するアプローチでは、新規事業案に直接投資するか間接的に投資するかを成熟企業が選択できる。たとえば、破壊的なビジネスモデルに取り組んでいる、有望なスタートアップに直接投資をするという選択肢もある。多数の従来型企業がこの方法を選んでいる（自動運転車のスタートアップであるポニーアイ社［Pony.ai］に出資したトヨタ自動車社、データプレパレーションソフトウェアをつくったパクサタ社［Paxata］などの有望なスタートアップ複数社に出資したマイクロソフト社［Microsoft］など）。私たちが取材を行ったなかでも、ほとんどの従来型の大企業は複数のスタートアップに直接出資している。また、別の手段として、ベンチャービルダーやVC（ベンチャーキャピタル）ファンドを通じた間接投資がある。これにより、成熟企業は新たな会社を構築する苦労をせずに（この部分は社外でやってくれる）、新事業領域に足を踏み入れられる。新興テクノロジーに関与する意欲はあるが、その可能性を見極めるには時期尚早だ、と考える大企業の多くがこのアプローチを選ぶ。（社外）ベンチャー投資という形でイノベーション活動に関与することで、中核事業とは異なる市場から新しい情報を取り込み、さらには新興テクノロジーや新たな能力を自社に取り込むのだ【17】。

社内ベンチャーにも社外ベンチャーにもそれぞれのメリットがあるため、両方をバランスよく実施するアプローチは、分散投資をして成功の可能性を高めるという意味で理にかなっている。社外のベンチャービルダーへの投資（社外の企業がインフラとサポートを担う）と比べると、社内ベンチャー活動には多大なリソースと長期間の関与が必要となる。社内ベンチャーに充てられるリソースと時間の量によっては、同時に管理・支援できるスタートアップの数には限りがある。さらには、仮に社内の専門知識と能力だけでは新規ビジネスモデルの全アイデアに対応しきれないとなると、一部の事業アイデアは社内で管理できても、ほかの事業アイデアはより間接的に、専門家を含めたチーム（社外のベンチャービルダーやVC）を介して進めることになるだろう。

この「開発＋出資」のポートフォリオ作成に成功した成熟企業の1つが、ドイツの国営鉄道会社であるドイツ鉄道だ。

ドイツ鉄道

自分が鉄道会社の取締役であり、未来の移動のあり方を見すえて準備をする必要があったとしたら、と想像してみてほしい。さらに困難なことに、既存の中核事業のコスト上昇圧力への対応が必要であり、既存サービスの魅力を改善しなくてはならないとしよう。これが、ドイツ鉄道が置かれた状況だった（ほかのたくさんの鉄道会社もおそらく似た状況にあるだろう）。

最高デジタル責任者のステファン・ストロー氏によると、ドイツ鉄道の計画は「開発+出資のポートフォリオ」と、並行するいくつかのアプローチで構成されている。既存事業に対しては、同社は「イノベーションラボ」という組織で中核事業が抱える問題に立ち向かっている。このラボは中核事業部門の隣に設置され、中核事業に近い製品／サービスと、既存の問題に対するソリューションに取り組んでいる。中核事業との近さを理由に、プロジェクトは基本的に利益追求型（効率アップなど）で、資金は中核事業部門から直接捻出されている。ラボではデジタル化の専門人材を起用しているが、これらの専門人材は中核事業出身の従業員と協力し、また中核事業への新しい業務手法（アジャイル手法やツールなど）の適用を支援している。ラボのほかにも、ドイツ鉄道はマインドボックス（Mindbox）という協業プログラムを立ち上げた。中核事業で発生した課題に、社外スタートアップの助けを借りたほうが効果的に対処できる場合、マインドボックスがそうしたスタートアップに声をかけ、選定し、協業するまでを支援する。スタートアップによる試験プログラムの成功を確認したあと、ドイツ鉄道が今後の進め方を決める（基本的には、典型的なバイヤーとサプライヤーの関係という形で進める）。

一方で新規ビジネスモデルに関しては、ドイツ鉄道は中核事業との線引きを明確にした。プロジェクトには基本的には取締役会が直接資金を投入し、中核事業改善に関するプロジェクトと比べると投資期間も長い。プロジェクトは社内で開発するベンチャー事業と社外で開発するベンチャー事業（ベンチャービルダーを通じた事業創造、ベンチャーキャピタルを介して事業アイデアに出資、など）に分類される。イノベーションラボやマインドボックスで開発するアイデアとは異なり、これらのプロジェクトでは、ある程度の柔軟性や中核事業との分離が必要となる。そう理解していたドイツ鉄道は、社内ベンチャープログラムに対する統制とコンプライアンス要件を緩和した。ただし、全プロジェクトの状況を定期的に監視し、事前に設定したマイルストンを達成したときにのみ追加投資が実施される。ベンチャー事業は必要に応じて中核事業の資産を活用できる（アイデアの検証や事業拡大など）。新規ビジネスモデルの特徴を考えると、実績に結びつくまでには長い期間を要し、高リスクになりがちな投資だと言える。

中核事業を改善するプロジェクトは、成熟企業にとって特に新しくはない。新規ベンチャー事業への投資こそ成熟企業が慣れるべきものであり、長期視点の投資と、従来と異なる組織面の取り組みが要求される[18]。

さまざまな形式でデジタル活動を推進できることを、わかっていただけただろうか。注力する内容（社内か社外か、S1曲線かS2曲線か）によって選択は異なるが、1つ共通するのは、これらの形式を採用すること自体が目的ではなく、あくまで戦略実現のツールであるということだ。

まずいかりを下ろし、それから出航 ―― 現在と未来のデジタル施策の位置づけ

ここまでに、デジタルイノベーションを生み出して発展させるためのさまざまな形式を見てきた。**土台づくりが終わったら次は、広い企業組織全体の中でいかりを下ろしてデジタルプロジェクトを根付かせる方法を、詳しく考えていく。**組織内に根付かせるにあたって、2つの重要な疑問が生まれる。1つ目はDXを押し進める責任を負うのは誰か、2つ目はどのデジタル機能を全社共通にして何を各部門内に統合する（すべき）かだ。これらの疑問の本質を踏まえると、答えが組織の統制に重大な影響を与えることがわかるだろう。

私たちが取材した企業各社が使ったさまざまなアプローチを比較し、よく知られているパターン[19]に照らし合わせると、DXは基本的には次の5つの典型パターンで組織化されることがわかった。基本モデル、独立型デジタル事業部門、デジタルコンピテンスセンター、デジタルサポートセンター、ニューノーマルとしてのデジタルだ。パターンごとに、全社部門に機能を集約する程度と組織のデジタル成熟度が異なる。

この5パターンをもとに考えると、「ニューノーマルとしてのデジタル」に向かう一般的な道筋は図3.4のようになる。

図3.4　組織構造の典型パターン

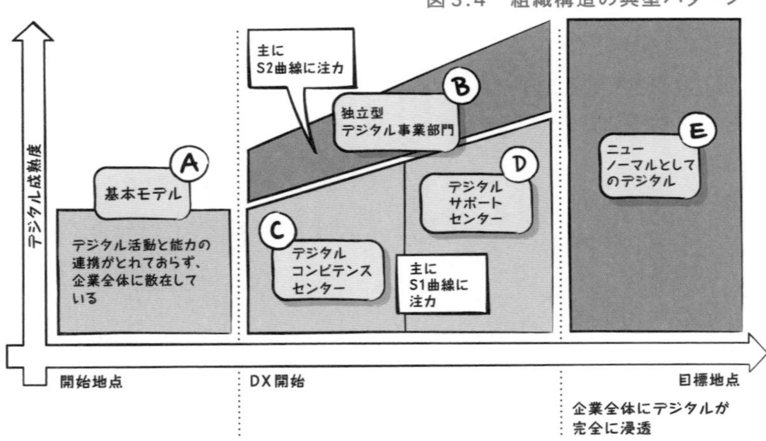

基本モデル（A）

自社で機能する適切な組織構成を見つけるまで、デジタルの旅路はほとんどの場合に荒れ狂った海を進むのだと、取材を通して痛感した。理想の組織構成を見つけるまでの過程を各社に尋ねると、事業部門間でデジタルプロジェクトが一切連携されていない状態から出発した企業が大半だった（図3.5）。DXを始めたばかりの企業でさえ、少なくとも社内のどこかで何かしらのデジタル化の取り組みを進めている。何もしないよりはましだが、こうした小さなデジタルプロジェクトはたいてい大きな効果を生み出せず、孤立した製品や1つの事業部門に限定した取り組みであることが多い。縦割り型での取り組みにはデジタルの全社的な視点が欠けている。それでもやがてデジタル化は進むが、こうしたアプローチには包括的なデジタル戦略やデジタル化の取り組みに関する全社連携はない【20】。デジタル変革を始めたばかりの従来型の企業が、この状況に陥りやすい。**連携のない取り組みでは、たいていは漸進的なイノベーションと限定的な成功しか得られない**のも当然だ。

図3.5 基本モデル（A）

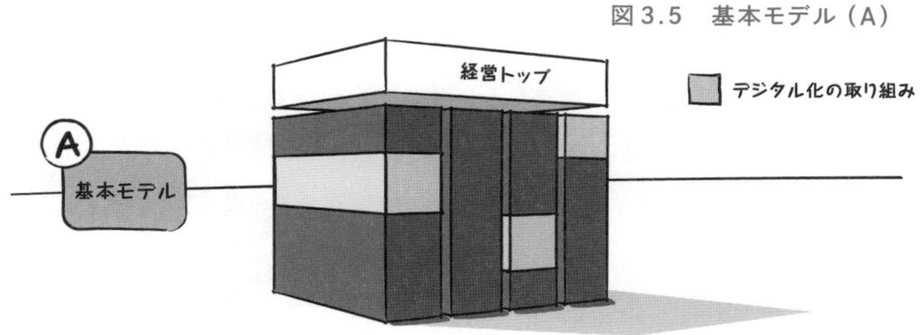

独立型デジタル事業部門（B）

独立型デジタル事業部門は、すべての典型パターンで最も中核事業から離れた組織だ（図3.6）。このパターンに当てはまる組織は完全に分離されたデジタル事業部門と言え、ほかの社内組織から独立してデジタルプロジェクトを実行する自由を許されている。ほとんどの場合、物理的にも分離され、本体企業とは異なる（つまりフラットな）組織構造を持つ。ネットワーク化され、特定の事業課題や事業アイデアに焦点を絞った自律学習型のチームであることが多い。この部門の最優先目標は、ほとんどの場合はS1曲線のデジタル化ではなく新しく破壊的なビジネスの構築（S2曲線）だ[21]。分離という強みのおかげで、この新規事業部門は旧式のしくみ、プロセス、構造と決別でき、だからこそS2曲線のプロジェクトにとっては好都合だ[22]。もうおわかりの通り、S2曲線に注力する組織は、**将来を見据えた事業の構築や、先ほど触れた社内ベンチャー活動に取り組みやすい体制**だと言える。

完全分離型のデジタル事業部門の設置は、全社戦略としてS2曲線を優先するときに特に効果的だ。S2曲線以外でも、S1曲線のデジタル化やデジタル面の強化のプロジェクトが中核事業と衝突する場合には、プロジェクトをほかの部門から守る必要がある。中核事業部門が新しい考え方やデジタル活動をどうしても受け入れないなら、完全独立型の部門をつくるのが唯一の道となる[23]。

独立型デジタル事業部門のデメリットは、**社内での摩擦が起こりやすい**点だ。会社の中核から完全に切り離された象牙の塔と見られている場合には特にそうだ。中核事業の従業員から見ると、実際に利益を上げているのは自分たちなのに、なぜ独立部門と予算を分け合うのか納得できないのだ。

デジタル部門を通常通り社内につくるのではなく独立させることの重要性について、私たちが取材した、都市での移動や自動運転の分野に詳しい自動車業界専門家は、次のように話している。「企業の中核に近すぎる部門は、漸進的な改善型のイノベーションに集中しすぎる傾向があります」。

図3.6　独立型デジタル事業部門（B）

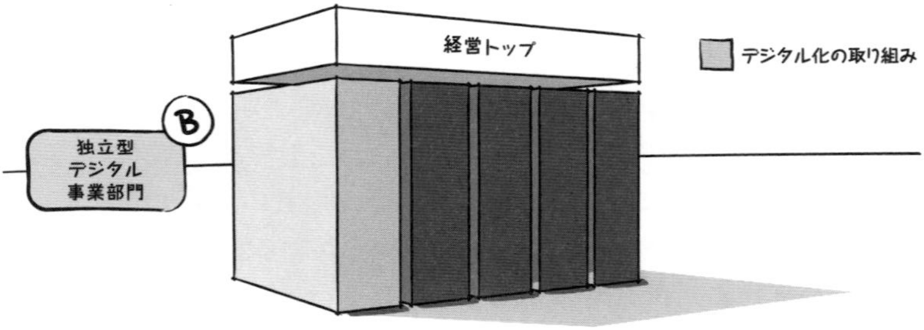

経営トップ
デジタル化の取り組み
B
独立型
デジタル
事業部門

> 運転支援システムに力を入れている典型的な自動車メーカーはたいてい、小さな進歩を積み重ねています。超音波センサーの開発から始め、それを改善して改造して、というふうに。自動運転の基盤として使えるものができるまでに何年もかかります。一方でグーグル社傘下のウェイモ社（Waymo）を見てみると、独立企業として立ち上げられ、完全に母体とは切り離されています。通常の自動車メーカーとは異なり、始めから自動運転という最終目標を見すえて、漸進的なイノベーションや途中のステップに時間をかけません。イーロン・マスク氏のボーリング・カンパニー社（The Boring Company）もまったく同じことをしています。母体との分離なしには、自動車メーカーは『漸進的な進化』の罠にすぐにはまってしまうでしょう。
>
> ――自動車サプライヤーE社　自動車業界の専門家[24]

デジタルコンピテンスセンター（C）

デジタルコンピテンスセンターは、DXの全体的な方針を監督し、取締役会と全事業部門との仲介役となる部署である（図3.7）。この組織構造には、CEOに直接報告を行う最高デジタル責任者（CDO）を設置することが多い【25】。

すでに自社のデジタル変革のビジョンと戦略を定めたが、**デジタル専門部隊を中央に置き、統制と連携をとりつつ中核事業の変革を推進したいと考えている企業にとっては、このような全社部門が有効だ。**専業チームは、戦略実行のために統一したロードマップを設定し、実施における明確な指針とルールを定め、全活動の連携がとれるよう各事業部門や各管理部門のあいだの協業を促すことができる【26】。また、全社で利用可能なデジタル資産や能力を取りまとめる役割も担う。社内のデジタル成熟度が低い（各事業分野に十分なデジタル機能がない）場合に特に有効で、専業チームが焦点を明確に絞ることで、整理された形でデジタル資産を構築できる。デジタルコンピテンスセンターがデジタルイノベーションラボの基盤となることが多く、中核事業のデジタル化を目指した社外パートナーとの協業活動を統括する。

デジタルコンピテンスセンターは**中核事業のデジタル活動すべてを推進する役割を担うため、各中核事業部門との緊密な連携と支援が必須**となる。そのためにも、活用シナリオの選定、開発、実施について、各中核事業部門が自由に意見を言えるようにする必要がある。各中核事業部門からの支援と承認を得られなければ、デジタルコンピテンスセンターが会社全体から受け入れられるのは難しいだろう。

図3.7　デジタルコンピテンスセンター（C）

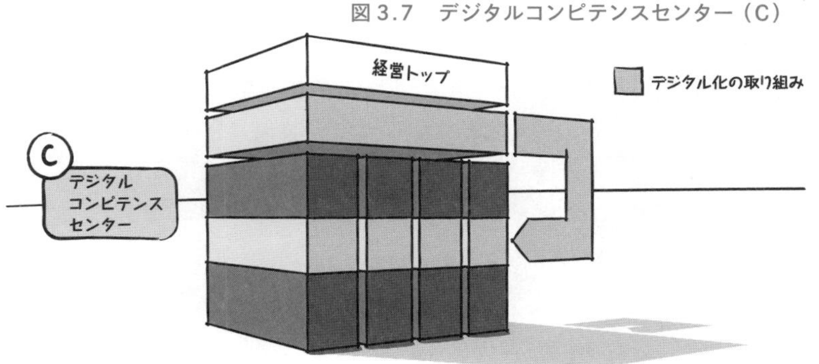

このアプローチを選択して全社のデジタル事業部門を設置した企業が、ドイツで不動産融資を専門とするPBB銀行だ。

PBB銀行

PBB銀行のデジタル化を率いるマイケル氏を取材したとき、彼は2つの役割を兼務していた。中核組織のデジタル化担当に加えて、個別のデジタル事業のために新設された子会社のCEOでもあったのだ。この子会社は、大胆で破壊的な特徴を持つまったく新たなビジネスモデル（公共セクターへの融資仲介プラットフォーム）に焦点を当てたものだ。

S1曲線のデジタル化は、中核組織内に新設されたデジタル部門が実行役となった（中核事業向けのデジタルコンピテンスセンターという位置づけ）。中核組織のデジタル機能をこの部門が握り、中核事業のデジタル化が主な任務とされた。活動の一環として、デジタル部門は中核事業部門の従業員と協業して新規デジタルプロジェクトを発案し、推進している。「デジタル化の効果増幅に一役買ったり仲介役となったりしてくれる、デジタル能力に長けた従業員を各事業部門で見つけて、取りまとめることが大切です」とスピーゲル氏は話す。しかし一方通行ではなく、その従業員たちから問題点や活用シナリオの意見をもらうことも新規プロジェクトの創出には欠かせない。デジタル部門はさらに人事部門とも連携し、同社のデジタル教育・トレーニング講座の企画を行っている。中核事業部門との共同プロジェクトに加えて定期的な教育・トレーニングを行うことで、企業の中核にデジタル化の刺激を継続的に与えている。「従業員がこうしてデジタルの方法論やツールに関するトレーニングを受けることが重要だと考えています。デジタル部門との共同プロジェクトを通して直接経験を積んでもらうのが、従業員を説得する一番よい方法です。新しい手法を使うメリットをいったん理解すれば、デジタル部門のサポートなどなくても、自走できるようになります」とスピーゲル氏は言う【27】。

デジタルサポートセンター（D）

サポートセンターはデジタルコンピテンスセンターと似ているが、大きな違いは各中核事業部門がより多くのデジタル機能と責任を有するところだ（図3.8）。企業のデジタル成熟度が上がるにつれて全社的なデジタル部門の職務範囲は狭まり、社内の各中核事業部門の責務とタスクが増える。各中核事業部門がデジタルのテーマに自力で向き合えるようになり、ハンドルを握ってデジタルプロジェクトを推進するが、ベストプラクティスやツールなどに関する助言はサポートセンターから受けられるという**ハイブリッドのアプローチ**だ。全社のデジタル部門の主な任務は、デジタルプロジェクトを推進して軌道に乗せることから、知識の共有とサポートへと移る。最終的な目標は、各事業部門を教育して自力でデジタル活動を実施できるようにすることだ【28】。このようにして社内のデジタル成熟度が上がったら、デジタル能力を全社部門から各事業部門へと移し、分散的な構造へと変える。デジタルコンピテンスセンターからデジタルサポートセンターへの移り変わりは、企業が戦略にしっかりと沿っている証だ。**中核事業のデジタルテーマ推進は各事業部門の責務となるため、各部門におけるデジタルテーマの十分な理解と効果への強い期待が必須**となる。

とはいえ、デジタル能力すべてを事業部門に移行できるわけではない。デジタル部門に残る能力もある。たとえば、データ分析スキルは中央に置いたほうが、相乗効果を活用しやすくなり、便利だろう。各事業部門で個別にデータ分析のような専門スキルを構築するのは、経済面でも現実的でない。さらには、専門リソースが特定の事業部門にあっても十分に活用されない可能性があるため、デジタルコンピテンスセンターのようなところに集中させるほうがよいだろう。

要するに、**全社的なデジタル部門の活動は、ベストプラクティスを示したり、各事業部門をサポートしたりすること**に絞る。企業をデジタルの面から助言し支援する存在となって、デジタル計画の実行自体は各事業部門に任せるのだ【29】。

この体制を説明する好例として、私たちが取材した米国のコングロマリットの事例を紹介しよう。同社では、全社のデジタル部門がDXを促進し、デジタルプロジェクトを実行する全ての従来事業部門のサポートを行った。デジタルプロジェクトの実施責任は各事業部門側にあったが、中核事業にまだ欠けていたデジタル専門知識とスキルを全社デジタル部門が提供した。各事業部門のデジタル能力が構築されるか、または全社デジタル部門のサポートが不要になったタイミングで（プロジェクトの検証がスムーズに進み、規模拡大の段階に入ったときなど）、デジタル部門の役割を事業部門側が引き継いだ[30]。

図 3.8　デジタルサポートセンター（D）

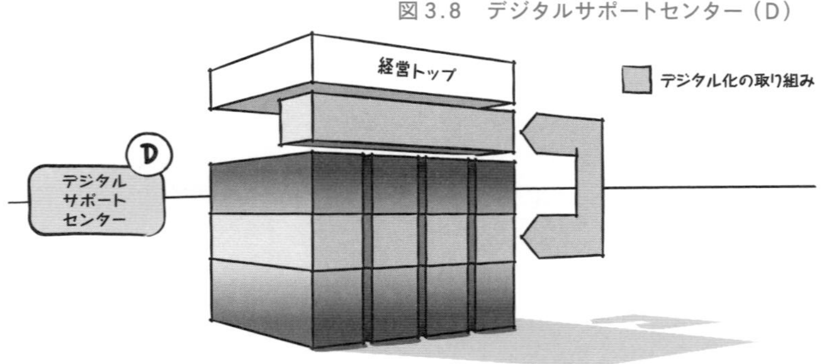

ニューノーマルとしてのデジタル（E）

典型パターンの最後は、最終目標と呼べる状態だ。「ニューノーマルとしてのデジタル」は、**デジタル成熟度が非常に高い企業**を指す（図3.9）。ここでは「デジタル」はもはや非日常ではない。全従業員が受け入れ、習得したものだ。つまり、**従業員はデジタル化された仕事の進め方を完全に日常に組み込み、全社デジタル部門やサポートセンターが不要となるレベルまで、十分な専門知識を身につけている**[31]。だが、縮小版の全社デジタル部門を残して、ベストプラクティスを示す、各種活動の調整をする、社外パートナーとの付き合いを維持するといった役割を与えてもいい[32]。この理想的な状態になれば、S2曲線の破壊的なプロジェクトに取り組む独立型のデジタル事業部門も、もはや必要ない。新しいアイデアの邪魔をする古い文化やプロセスが、もう存在しないからだ。デジタルイノベーションや継続的な刷新は日常業務の一部になったため、完全に新しいビジネスモデルでさえ、この「新たな中核事業部門」の内部で開発できる。よく知られた例がグーグル社で、従業員は普段の職場にいながら勤務時間の最大2割を破壊的な新しいアイデアに使うことが許されている[33]。このステージにたどり着いた成熟企業では、各事業部門がデジタル化された仕事の進め方とツールを全面的に受け入れ、デジタル能力を完全装備している。つまりデジタル能力すべてが完全に分散していると言える。こうなると最高デジタル責任者（CDO）は任務完了となり、もはや不要となる。

まとめると、**社内のデジタル成熟度が上がり、各事業部門がデジタル活動を自力で実行する知識を習得するにつれて、徐々に分散化したアプローチに移行するとよい。**それに伴い、全社のデジタル部門は徐々にサポート業務へと活動を縮小できる（各事業部門が自力でプロジェクトを実行して全社デジタルチームはサポート役に、つまりデジタルサポートセンター化する）[34]。

図3.9　ニューノーマルとしてのデジタル（E）

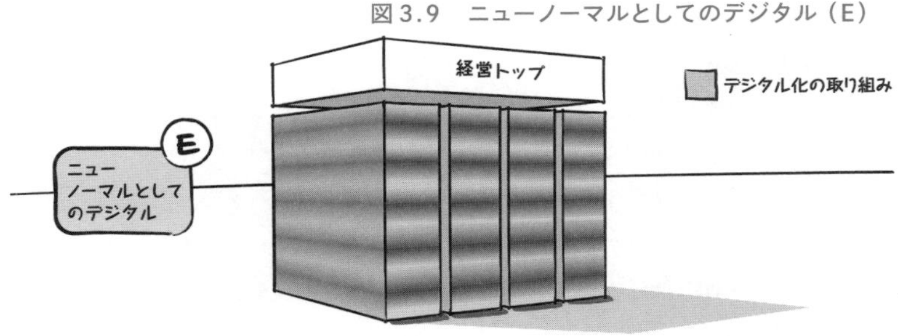

連携のとれていない取り組みから適切な体制へとうまく移行したBASF社の例を紹介する。

BASF社

世界最大の化学メーカーであるBASF社は、DXに踏み出してすぐに、「デジタル」は無視できないどころか片手間で進められるものではないと実感することになった。しかし、世界中の国々に拠点を置き多数の事業部門を持つ、これほどまでに巨大な企業が、いったいどうすれば適切な体制を見つけられるのだろう？

2015年、同社CEOは当時大きな話題となっていたインダストリー4.0などが、自社とどう関わってくるのかを理解したいと思った。これをきっかけに、デジタル化[35]がBASF社に与える影響を探索する新規プロジェクトが立ち上げられた。重要なテーマであるため、重職に就き事業をよく知る経営幹部たちがプロジェクトのメンバーとなった。チームメンバーの役職の高さは社内へのアピールでもあった。「BASF社にとってはこの体制こそが重要でした。広く影響を与えるためにも、多分野にまたがるチームをつくることが鍵でした」とデジタル事業促進部長のサミー・ジャンダリ氏は述べる。CEOは熟考を経てプロジェクトの対象分野を広めに定めた。中核事業のデジタル化のみならず、その周辺のテーマや中核事業外のテーマも広く対象にしたのだ。

9ヵ月後、プロジェクトチームは実際の活用シナリオの具体的なリスト作成と、検証と学びを目的とした各種プロジェクト（モデル事例プロジェクト）の実施を終えていた。こうした初期のプロジェクトにより、BASF社は複数のテーマ（予知保全など）について感覚をつかみ、全社的な新たなデジタルビジョンを定めることができた。時間とともに取り組みの重要性と戦略合致度は増していった。こうしてBASF社でのデジタル化プロジェクトは1つの部門へと成長した。新設のグローバルデジタル化サービス部門のトップには、取締役会の副議長に直接報告を行うCDOがついた。

このデジタル部門で行うプロジェクトと中核事業との連携の度合いは、中核事業との類似度で決まる、とジャンダリ氏は述べる。中核事業に近い場合（たとえば、S1曲線の効率化の支援など）、プロジェクトチームにはデジタル部門と中核事業の両方から人材を集め、プロジェクトは中核事業の内部に置いてデジタル部門はサポートに徹する。一方で、プロジェクトが中核事業とかなり乖離する場合（完全に新しいビジネスモデルなど）は、本社事業部門との衝突が起きる可能性が非常に高い。したがって、デジタル部門が全社プロジェクトとして開発を進めるか、分離して独立させた別の組織が進める[36]。

金属加工会社であるワルター社（Walter）の経理・IT部長ルディガー・マンヘルツ氏とDX部長マイケル・ヘップ氏もBASF社の考えに同意するだろう。ワルター社では変革を機能させるために、組織づくりで似たような方法を用いている。

ワルター社

世界トップレベルの切削機械メーカーであるワルター社は、切削、旋削、穴あけ、ねじ切りなどの特殊加工ソリューションを幅広く提供している。デジタル化に関する曖昧な部分を調査し、理解するためのプロジェクトを皮切りに、DXを開始した。当時は小規模なチーム1つが編成され、デジタル化のさまざまな側面とワルター社に与える影響を理解するというタスクを与えられた。

活動開始から数ヵ月後、プロジェクトメンバーはこれが当初考えていたよりもずっと大きなテーマであることに気づいた。ワルター社はギアを入れ替えて、専任のデジタル事業部を立ち上げる決意をした。なお、社外の視点を取り入れるために、デジタル事業部長は外部から雇うことにした。

新設のデジタル事業部の当初の主要な目標は、既存の中核事業の枠を超える新たな（デジタル）製品やサービスを導入する機会を模索することだった。それというのも、顧客が当時の中核製品のさらに先（製造支援サービスなど）を求める動きが高まっていたからだ。DXをさらに進めてやっと、新製品／サービスから基幹プロセスのデジタル化へと注力対象が移った。だが、ここで重要となるのが、中核事業のデジタル化は独立型のデジタル事業部に委ねられないという点だった。マンヘルツ氏とヘップ氏はこう説明する。「中核事業のデジタル化は外からはできません。デジタル部長が中核部門に向かって『これをデジタル化して、あれをデジタル化して』と言うことも、そのための資金を出させることも難しいでしょう。デジタル事業部と中核部門が協業して取り組むべきテーマなのです」。

この段階では、専任のデジタル事業部は中核部門の議論相手となり、デジタル化の専門知識や助言を与えることはできるが、責任と意思決定の権限は各中核部門に持たせる必要がある（この体制を先に説明した典型パターンに当てはめるとしたら、ワルター社は全社的なデジタルチームから「独立型デジタル事業部門」へと移行し、新規［デジタル］製品／サービスの立ち上げをしつつ、並行して中核部門の変革支援を行っている）[37]。

これまでに見てきた通り、連携のとれていないデジタル化の取り組みから「ニューノーマルとしてのデジタル」への移行は一夜で成し遂げられるものではない。全社デジタルプロジェクトチームの編成は、まとまりのないデジタル活動が引き起こす混乱を減らし、よいスタートを切るのに少なからず役立つだろう。全社チームはさらに、この本の**Why**と**What**の章（Chapter 1とChapter 2）で触れた初期の疑問を解決するための討論の場にもなる。デジタルプロジェクトチームの任務が終わったら、あとは独立型デジタル事業部門やデジタルコンピテンスセンターに引き継がせてもよい。どちらもDXをさらに先へと進める、より本格的な組織体制だ。

ここまで、DXに従事する最高デジタル責任者の役割については、ほとんど触れてこなかった。CDOの必要性は近年よく議論の的となっており、私たちが取材した企業のなかでも意見が割れた。CDOは必要なのだろうか？　それは場合による。

専任のCDOの設置はDX推進に役立ち、社内のデジタル成熟度を押し上げるだろう。CDOを経営陣、できれば取締役会に含めることで、テーマの重要性と戦略合致度を強調できる。全従業員と社外の利害関係者へのアピールにもなるだろう。また、デジタル関連のテーマの責任を一ヵ所にまとめることで、全社のデジタル戦略の管理や投資とリソースの調整がしやすくなる【38】。ただし、DXはCDOだけでなく企業全体が向き合うべき課題である。ほかの取締役や経営幹部の中には、デジタル計画に付随する責任までも、まとめてCDOに委託できると考える人がいる。そうなってしまうと、CDOは大量のタスクにただ追われて、期待に添う結果を出せずに終わることが多い。さらに、取締役が自分の責任範囲内の権限を譲渡したがらない場合もあり、そうなるとCDOが十分な意思決定権とリソースを得られない【39】。このような体制で行うDXは失敗する運命にあることが、多国籍コングロマリットF社の元経営幹部の話からもよくわかる。

DXの責任を中核部門と共有しなければ、CDOもその下のデジタル部門も、まるで抗体のように拒絶反応に遭うでしょう。まず経営陣の賛同を得ないことには何もできないと、われわれは学びました。そこで会社全体の連携をとって活動を進めるCDOの役職を設け、それとは別に事業部門ごとに『ローカル』CDOも設けました。ローカルCDOはCDOと協業して、自分の事業部門内のデジタルプロジェクト実行を担当します。この方法により、会社全体で大規模な生産性向上を達成できました。

——多国籍コングロマリットF社　元経営幹部[40]

似たような問題に直面してそれを見事に解決した一例が、スイスの自動車輸入・販売業者のAMAG社だ。

AMAG社

社内のデジタル関連テーマを進めるのは誰の責務なのだろう? これがまさにAMAG社が2年前に抱いた疑問だった。全社共通のルールを持たないまま、同社はデジタル関連の役職や権限をいくつか試しに設け、やっと自社に適する体制にたどり着いた。そこに至るまでにいくつもの学びの機会があったと、AMAG社イノベーション&ベンチャーラボの代表者、フィリップ・ヴェツェル氏は振り返る。

初めのうちは、AMAG社はDXの責務を最高IT責任者（CIO）に握らせていた。しかしすぐに、これはCIOの責務ではないと気がついた。なぜか？　IT自体はイノベーションではないからだ。CIOにはITインフラのコストを抑え、アーキテクチャを統合し、複雑化しつづけるシステムの調和を保つなどといった任務がある。デジタル化の取り組みをIT部門内で行おうとした結果、各種プロジェクトが停滞してしまった。新しいプロジェクトも社内基準に従わなければならず、老朽化したアーキテクチャに合わせたり、既定のリリースサイクルを待ったりしたためだ。

そのことに気づいたAMAG社は、責務を専任のCDOに握らせることにした。だが、これもうまくいかなかった。CDOにイノベーション精神が欠けていたわけではない。中核部門への影響力の欠如が原因だった。中核部門は単純に変革を重視していなかったのだ。その結果、CDOはデジタル化を強烈に推進できる十分なリソースと権力を得られずにいた。この2度目の試みでは、AMAG社は「大企業病」を患っていたとヴェツェル氏は表現する。次のどれか1つ以上について社内で合意形成ができないとき、企業はこの病にかかりやすい。誰が責任者か、どこが資金を出すか、そして実行内容の決定権を持つのは誰か、の3つだ。結局のところ、中核部門は資金拠出にもCDOの要望に従うことにも難色を示していた。中核部門自体の目標や戦略の一部に組み込まれていない限り、DXは成功しないことに、あらためて気づかされた。ヴェツェル氏はこう述べる。「DXは委託できません。中核事業の経営トップが行うべきです。中核部門自身が気にも留めていない場合、CDOや独立したデジタル事業部門の力では不十分です」。

したがって、中核事業でDXを最優先事項に掲げ、各事業部門は変革を進めるためにどこに注力して十分なリソースを投入するかを事前に決めておく必要がある。

この経験をもとに、AMAG社はDXの責務を中核部門に戻すとともに、「イノベーション&ベンチャーラボ」と銘打って本社とは完全に切り離したデジタル事業部門を追加で設置した。この新しい部門が破壊的なテーマ、つまり中核事業内では成功する見込みが薄いテーマすべてを担当し、スタートアップとの協業活動の窓口の役割も担うことになった(スタートアップの管理と支援も含む)。つまりAMAG社は、S1曲線のプロジェクトとS2曲線のプロジェクトの責務を分けて、それぞれ違う組織に持たせたのだ。前者はいったん分散化したあとで中核部門に戻し、後者は全社部門である新設のラボに集約して、対象の絞り込みと社内調整を強化している[41]。

私たちの考えでは、CDOの役職が必要かどうかは企業のデジタル成熟度による。常設の役職にすべきではない。変革の時期に自社を支えるのがCDOだと考えると、自社が完全にデジタル企業になったと判断した(デジタルがニューノーマルになった)時点でCDOの役職は不要となるはずだ。デジタル面で成熟している企業には、おそらくCDOは不要だろう。反対に、デジタル成熟度が全体的に低く、DXの比較的初期段階にある企業では、専業のCDOや「最高変革責任者」[42]は非常に重要で有効な役職となる。この場合はデジタル活動を強力に推進すると、よい結果に特につながりやすく、CDOやデジタル責任者を中心とした統率力のあるアプローチが推奨される。CDOはデジタル戦略を実現し、各事業部門や管理部門にまたがって取り組みの足並みをそろえることができるだろう。そしてデジタル関連のテーマが全社的な計画の優先順位上位に挙げられるようになり、CEOのサポートを受けて、DXを活性化できるだろう[43]。DXの初期または中期には、CDOは両方のS字曲線のデジタル活動を監視、管理する役目としても重宝される。

まだ疑問が残るだろうか？　統括部門がなく分散化したアプローチでDXを開始するシナリオを想像してみよう。これでデジタル成熟度が低い場合、デジタル関連のテーマの責任を各事業部門に持たせるのは適切ではない。各事業部門には適切な能力と思考様式がまだないため、実を結ばない、まとまりのない取り組みに終わる可能性が高い。分散した体制で取り組む場合、各事業部門に手厚いサポートと指導を与える必要が出てくるため、やはり中央に統括部門をつくるほうが理にかなっている[44]。また、こうしたケースでは、DXは中核事業の行動計画での優先度が低いと思われる。デジタル活動を絶対にやらないわけではない（CEOの方針に逆らえるわけがないので）。単に真剣に対応しないだろうという意味だ。もちろん、これは主に各事業部門のトップたちの目標設定や動機付けの問題でもある。しかし事業部門側に適切なデジタル能力がないなら、DXの失敗は予想できるはずだ。分散化したアプローチのまた別のデメリットは、推進者に経営陣がいないうえ、全社共通の基準や経験がないので、経営トップの支援と関心が得られないと予想できる点だ。

同じ港にいる別のDXの船と関係を築く

当然と言えばそうだが、パートナーとの提携や協業についても戦略的に考える必要がある。どこにいてもつながり合うことのできる現代のデジタル社会では、これまで以上に提携の重要性が増している。今日のイノベーションや提供価値はあまりに複雑化しているため、1つの企業のみで完結するビジネスはめったにない。緊密に連携し合った企業の共同研究により生まれる製品／サービスの数は増えつづけており、その結果エコシステムやプラットフォームの重要性も急速に増している。こうした進化は、製品／サービスのモジュラー構造（訳注：規格化・標準化した要素を組み合わせる形式）が進んだことと、新興テクノロジーにより生産や流通の価値提供を複数の関係者で分業しやすくなったことが、一因となっている。より広範なビジネスエコシステムに属するさまざまな関係者とうまく協業する能力が、今後の成功にとっていっそう重要となるだろう。

だからこそ**DXに取り組む成熟企業にとって、社外とのつながりを戦略的に考えることが不可欠**なのだ。広いエコシステムのなかで戦略的な位置に自社を置き、将来の可能性を広げる新たなつながりを模索していく必要がある。つながる可能性のある相手は多種多様であり、スタートアップ、ベンチャービルダー、ベンチャーキャピタルはもちろん、大学、思想リーダー、テクノロジー研究組織、他業界の企業、さらには同じ業界の競合相手さえもありうる。単独での取り組みが難しいテーマは、業界内の別の組織と提携するのもよいかもしれない。メルセデス・ベンツ社（Mercedes-Benz）とBMW社が、タクシー配車、駐車、カーシェアリング、充電、マルチモーダルサービスなどを含むモビリティサービスの大規模なプラットフォームを共同開発すると決意したのも、そういった理由からだろう【45】。

電動スクーター製造で市場を牽引するゴヴェックス社（Govecs）は、自社の提供価値の幅を広げる目的でパートナーシップを活用している。具体的には、コネクティビティやデータ共有などのソリューションを提供するハードウェアやソフトウェアのプロバイダー数社と提携している。ゴヴェックス社は中間業者として、顧客に提供する付加価値の一部を自社の収入にできる。これはB2B顧客自身にとってもメリットがあると、ゴヴェックス社CEOのトマス・グルーベル氏は述べる。もし顧客が自力でソリューションを構築、統合、試験すると、はるかにコストがかかる。だから、ハードウェアやソフトウェアコンポーネントと連携済みという価値の対価を喜んでゴヴェックス社に支払うのだ【46】。

私たちが取材をした化学系消費財メーカーG社も、「群衆の知」を活用することのメリットを学んだ。G社は広範なイノベーションエコシステムを構築し、業界内のパートナーとともに大規模な協業プラットフォームを立ち上げようとしている。

化学系消費財メーカーG社

自社と同じ問題に悩んでいたり、時間と資金の節約になる素晴らしいアイデアを持っていたりする優秀な人たちがすぐ近くにいるのに、なぜあらゆる問題を社内だけで解決しようとするのか？　これはG社の前CDOが専任デジタル部門の新しい協業戦略を立案したときに考えたことだ。

G社の新しい協業戦略は、古い体制の企業が鮮烈なイノベーションエコシステムを社内外で育むには何ができるのかを表すよい例だ。社内デジタルベンチャーへの支援と指導を得るため、同社は世界中から100人のメンター役を集めた教育・相談プログラムを立ち上げた。目的は単純で、DXの成功を支援してもらうのだ。新しいベンチャーに共通することだが、一流ベンチャーキャピタルのマネージャーやフォーチュン100企業の取締役、見識のある（テクノロジー企業の）起業家が持つ経験は、同社の社内起業家グループにも大きな価値を持つ。G社ではこのメンターのネットワークを定期的なイベントという形でさらに有効活用した。従業員が自分のアイデアをプレゼンテーションして業界の専門家からフィードバックを受ける「ピッチ・ナイト」がその一例だ。ネットワークを広く持つことが、外からの刺激を社内に取り込む素晴らしい機会にもなっている。

このメンタープログラムのほかにも、G社は業界内のパートナーとより広範な協力ネットワークを築く予定だ。企業がエコシステムの一部となると、周辺の組織を意識して投資を行うことになる。だが、それを怠って、周囲と連携しない孤立した投資を行う企業も多い。ブロックチェーンなど一部のテクノロジーは、複数の関与者が足並みをそろえ、共通の標準を決めないと活用できないというのに。現代の環境では、「どのテクノロジーを選んだかで競争優位性はつくれません。周りが参加してくれたら、競争優位性は自然とついてきます」と、前CDOは語る。こういった理由からG社は産業テクノロジーへの共同投資を重視している。具体的には、新興テクノロジーと基準の共同開発を促進し、より多くの企業を同じ計画に引き込んで、参加してくれた全企業の抱える不確実性と埋没費用をともに減らしていく取り組みである【47】。

成熟企業は何事も自社で成し遂げるべく努力を重ねてきたが、いまは自発的に他社と協力し合うことがこれまで以上に必要とされている。傍観者として誰かが席を用意してくれるのを待つよりも、積極的に関与してエコシステムを形づくる立場につきたいものだ。

企業内でS1曲線とS2曲線の仲を取り持つ

S2曲線のプロジェクトを中核部門から分離して、新設のデジタル事業部門内で保護する方針について、取締役会や上司を何とか説得できたとしても、次の問題が発生する。新設部門にほかのどの部門よりも高い柔軟性と自由が許されたら、どう考えても中核部門の従業員から不満が出るだろう。この問題を防ぐには、2本のS字曲線のあいだに効果的な連携が必要となる。

だが、さらに重要な理由もある。**2種の事業の同時進行により生まれる効果を最大化するためにもS字曲線同士の連携は不可欠だ。**成熟企業が大企業の後ろ盾を持たないスタートアップに勝つためには、自社の既存資産を活用してデジタル事業を新境地に押し上げる必要がある。S2曲線は、安定したインフラ、市場と規制に関する専門知識、既存の顧客ネットワークと流通チャネル、ブランドイメージ、データへのアクセスなどといった数々の強みを活用できる。一方で中核事業も、S2曲線が持ち込む敏捷性、柔軟性、スピード感の恩恵を受けるだろう。

S2曲線の活動を旧来企業的な問題から守るために立ち上げた新規部門で、スタートアップと効果的な協業を進めている企業が、世界トップクラスの再保険会社であるミュンヘン再保険会社だ。

ミュンヘン再保険会社

ドイツ株価指数（DAX）の対象となるほどの大企業と、スタートアップが共同でイノベーションに取り組む場合、どうすれば両者のニーズがかみ合うのだろう？　これは成熟企業がスタートアップとの協業により新しいアイデアやイノベーションを創出する際に、よく直面する課題である。

スタートアップはすばやい意思決定と、欠陥を迅速に特定し修正するサイクルに慣れているため、大企業の緩慢さに閉口してしまうことがよくある。ビジネステクノロジー責任者オラフ・フランク氏によると、ミュンヘン再保険会社もほかの多くの成熟企業と同様、もとはスタートアップと効果的に協業できる環境を有していなかった。「われわれのような大企業の日頃の意思決定プロセスはあまりに遅く、提携するかどうかを決断するより前にスタートアップが倒産してしまうくらいです」。

この問題に対処すべく、ミュンヘン再保険会社は、「デジタルパートナー」と呼ばれる、スタートアップとの協業案件を一括管理する独立部門を開設した。スタートアップとの窓口となり、高い自由度と柔軟性を許されたマネージャーたちが配属されて、スタートアップと同じスピード感で行動し、同等のリスクをとって活動した。マネージャーたちが提携相手と同じ言語を話せたこと、そして提携プロセスがかなり楽になったことで、スタートアップにとってはとても充実した協業となった。デジタルパートナーは、協業の成果が最大限に発揮されるよう、自社とスタートアップのあいだに入ってコミュニケーション支援と調整を行う。たとえば、スタートアップが新規アイデアの検証と修正サイクルをまわすのに必要とする顧客や専門家、その他企業の資産を利用できるよう取り計らう。同時に、自社のどの部分で新規イノベーションを最も活用できそうか、評価も行う。

デジタルパートナーが仲介部門としてあいだに入っても、やはり古い世界と新しい世界とのあいだで摩擦は起きる。「とはいえ、これは当然のことです。古い世界は伝統的なプロセスと厳格な構造に合わせてつくり込まれていますが、新しい世界はイノベーションをしつづけることを重視しているのですから」とフランク氏は言う。一番の解決策は、対象範囲について早めに議論して決めておくことだ。両者が賛同できる明確なルールを事前に決めることで、期待値を適切に保ち、あとになって行き違いからトラブルが生じるのを防げる。歴史ある企業とスタートアップとの提携には、互いに理解と思いやりも必要となる。スタートアップは、時間がかかるプロセスもあるということと、理解不能な企業の規則を遵守する必要があることを受け入れなくてはならない。企業側は、デジタルの世界で競争に加わるにはリスクをとる必要もあることを理解し、フラットな組織構造と迅速な意思決定が持つ価値を、違和感があっても受け入れなくてはならない【48】。

新規ビジネスモデルの成長や事業拡大において、2本のＳ字曲線の連携は特に役に立つ。歴史ある企業の多くが新規ベンチャー事業で大成功しないのは、新しいアイデアを事業拡大しない（できない）からだ【49】。ここでこそ、中核事業をもっとうまく活用しなければならない。社内の古い部門は、イノベーションを事業拡大して実行する術を知りつくしている。だからこそ一流企業になれたのだから。それならば、いまこそ経験と資産の威力を後輩に見せるときだ。そして驚くだろうが、いったん対話を始めてしまえば、相手と（そしてＳ字曲線同士は）すぐに仲よくなるものだ。

エースクラップ社

「発端は10 ～ 15年前、製品研究開発部門はこれ以上の大規模なイノベーションを見込んでいないと、会社が気づいたときです。当時われわれはすでに手術機器の市場を牽引しており、製品はすでに完璧に最適化されていました。製品の今後の戦略を考えるには、自由な発想を持って新しい文化と考え方を生み出す必要がありました」とベルント・レック氏とゾレン・ローインガー氏は語る。

こうした経緯で、エースクラップ社は中核事業からは距離を置いた独立型のイノベーション部門（いまは「Werk_39」と呼ばれるラボ）を立ち上げるべきだという結論に至った。だが、ドイツの成熟企業の多くが新規デジタル事業部門を置いているベルリンの高級なラボは、同社には明らかに適していないと思われた。エースクラップ社の本社は医療技術製品が集まっていることで有名な地域にあり、Werk_39も同じ地域に置くことに決めた。また、レック氏とローインガー氏は、ラボの成功には中核事業との強固なつながりが必要であると認識しており、これに関しては地理的に離れていないほうがやりやすかった。

ラボと中核部門とのつながりは多岐にわたる。イノベーションの対象範囲は中核事業の戦略的重点に沿っている。中核部門は引き続き主力製品に取り組み、ラボは主力サービスの（デジタルによる）拡張に取り組むという形で業務分担をした。本社の資産提供もあり、さらなる連携が達成された。たとえば、成熟市場へのアクセス、品質基準と品質管理、ラボが参考にできる安定したプロセス、確立された流通チャネルや顧客との強固な関係、顧客からの信頼などだ。また、従業員レベルでもつながりができている。中核事業のデジタル業務チーム（全社デジタルチーム）のメンバーと、中核部門の職務ごとのベテラン従業員が、ラボのメンバーと協力し合って新規事業アイデアの開発に取り組んでいる。これにより、中核への引き継ぎと本社内での事業アイデアの連携が、将来的にとても楽になる。「両方の世界」の従業員による混合チームが成功には不可欠だというのがエースクラップ社の考えだった。「会社の中核部門と社内スタートアップが結合することで、最大の成果を発揮できるからです。ラボが影響力を増し、アイデアを事業拡大するには、中核事業とのつながりが必要なのです」とローインガー氏は話す。しかし、このつながりは業務レベルでは終わらない。ローインガー氏はエースクラップ社の社内起業&共創部門の部長とデジタルラボの所長を兼任している。二重の役職を持ち、会社側ではラボを支持する立場に立って対立が生じる可能性を抑え、スムーズな協業に一役買っている。さらに、ラボが中核部門のほかの経営陣から十分なサポートを得られ、デジタル関連のテーマが全社計画の優先順位上位に位置するよう、常に気を配っている【50】。

連携をとるのは簡単ではないし、両S字曲線に適した連携方法も連携の数も企業によって異なるため、必ず成功する万能のソリューションもない。あとの章で触れるが、連携方法にはリーダーシップや人材、文化（さまざまな人材を混ぜた配置、ビジョンの共有、協力的な年長者チーム）などのソフト面の要素も多く関わってくる。

組織の観点で言えば、一番効果的なつながりは経営トップ同士の連携だ（**リーダーシップ**の章［Chapter 6］で詳しく説明する）。並行ビジネスモデルの成功例を調査した研究によると、別々のビジネスをうまく調和させる効果的なしくみとは、活動的で信頼のおける連携リーダー【51】と共通のゼネラルマネージャー【52】を配置することだ。

ボッシュ社（Bosch）のコーポレートIT部長であるフロリアン・バンコリー氏は、こうしたマネージャー職を「境界線上に立つ役」と表現する。2つのS字曲線の言葉を翻訳し、橋渡し役として機能する必要があるからだ。この任務をこなすには、伝統的な中核部門の環境と新しいデジタル環境との両方に慣れている必要がある。彼らの主な課題は、両S字曲線で異なる各種の要求事項とリーダーシップスタイルにうまく対応することだろう【53】。

調査によると、成功した企業は本社の人材を新規事業のCEOに任命することで、協力関係を強化して相乗効果を得ている【54】。また、共通の奨励制度や報酬を用意して新旧事業の協力体制を促進しているのも特徴だ【55】。マネジメント面の強固なつながりは、成熟企業が新規（デジタル）事業の戦略を管理し、全社でデジタル活動の足並みをそろえる助けとなる。私たちが取材した企業のうち複数がこのアプローチを選んでいた。たとえば、ドイツのPBB銀行は経験豊富な経営幹部を新規プラットフォーム事業のCEOに任命した【56】。同様に、化学企業のBASF社は中核事業のトップクラスの幹部を新規ビジネスモデルに関する取り組みのリーダーに任命した【57】。

本社のマネージャーを新規部門のトップに任命するのは、成熟企業にとっては一石二鳥だ。1つ目に、新規ベンチャー事業の責任を中核部門の古参の幹部に握らせると、中核部門からの不満とひがみを抑えられる。2つ目に、中核事業についてよく知る役員は、相乗効果を生み出そうとしたときに大きな助けになる。これについては**プロセス**の章（Chapter 5）でより詳しく見ていく。

取り残されないために

次の注意点を考慮することで、組織構成の設計を効果的に進められるはずだ。

●デジタルイノベーション活動の進め方を定義する。
- S1曲線に対しては、中核部門でのデジタルプロジェクト、デジタルラボ設立、または社外スタートアップとの連携を検討する。
- S2曲線に対しては、社内外のベンチャー事業へのバランスのとれたアプローチを検討する。

●デジタル関連のテーマを社内にどのように根付かせるかを考える。
- DXの初期段階では、全社デジタル部門（コンピテンスセンター）を立ち上げてきちんとした統制、連携の体制を築き、（特に中核事業の）デジタル計画を監督させる。
- 社内のデジタル成熟度が上がったら、全社デジタル部門が単純にサポートセンターとして機能するハイブリッドアプローチをとる。
- 独立型のデジタル事業部門を立ち上げて、デジタル活動（特にS2曲線関連の活動）に自由を与える。
- 社内のデジタル習熟度が完全に高まったら、デジタル関連のテーマの責務は各事業部門に負わせる。

●自社をオープンに保ち、組織の垣根を越えた戦略的なつながりを築く。
- スタートアップ、ベンチャービルダー、VC、大学、思想リーダー、テクノロジー企業、テクノロジー研究組織、周辺業界の組織、さらには競合相手などとの提携の可能性について戦略的に考える。
- ネットワークを活用して新しい事業アイデアを取り込み、自社のイノベーション案件一覧を評価するために、ネットワークを活用する。

● 2本のS字曲線のへだたりを埋めるため、組織同士の効果的なつながりを構築する。
  - スタートアップやその他社外のパートナーとの協業体制を既存事業のお役所仕事から守る、中間的な立場の組織をつくる。
  - 社内の経営トップに新規（デジタル）ビジネスモデルを先導するポジションについてもらい、マネジメント層の強固なつながりをつくり、新規事業の戦略的方針を管理する。
  - 協業と相互援助を促進する共通の奨励制度や報酬について検討する。

参考事例（電力業界）

アルピック社

スイスの大手発電事業アルピック社は、DXの海原にたった3人のチームで船出した。チームに与えられた任務は、自社にとっての「デジタル」の意味を探ることであった。アルピック社における行動の必要性を確認した結果、DXを始動させるには、専任部門が必要なことが明らかになった。

アルピック社は新しく「デジタルテクノロジー&イノベーション」部門を立ち上げた。まず全社に点在していたデジタルプロジェクトは、新しいデジタル部門（典型パターンで言うと「デジタルコンピテンスセンター」）に移された。また、それ以降は、中核部門内でのデジタル関連の取り組みすべてをデジタル部門が統括することになった。これによりデジタル活動を俯瞰し、それまでは事業部門間で連携がとれていなかったデジタル活動への投資を管理しやすくなった。

しかしアルピック社はここで止まらなかった。最初に行った分析の結果、迅速に変化を進めなければ他社から破壊されかねないが、逆にデジタル化でアルピック社が周りを破壊する力を持てるかもしれないとわかっていた。すでにデジタル部門を新設し、中核事業をデジタル変革する準備が整っていた。しかし同社は、本当に破壊的なアイデアやビジネスモデルに取り組むには、中核事業からさらに離れた別の部門が必要だと知っていた。そこで、破壊的事業アイデアに焦点を絞った独立型デジタル事業部門である「オイスターラボ」（典型パターンにおける「独立型デジタル事業部門」）を新設した。

社内のデジタルテクノロジー&イノベーションと社外のオイスターラボとを比較すると、いくつもの異なる特徴が見られる。1つ目に、この2部門のイノベーションの対象領域と戦略方針は大きく異なっている。社内のデジタル部門は「明日」のテーマに焦点を当て、中核事業に近いところのデジタルイノベーションをすべて担当する。一方で社外のデジタル部門は、「明日のその先」に焦点を当て、中核事業とは関連性の薄いデジタル関連テーマを担当する。2つ目に、戦略で重視する点が異なるため、本社との物理的な距離も異なっている。完全独立型のオイスターラボと違って、社内デジタル部門は部分的に中核から分離しているだけだ。従来の中核部門とは別の階に位置し、自由裁量の幅が広いとはいえ、依然としてアルピック社本体に属している。社外のデジタル部門は最初からアルピック社のインフラからは完全に切り離されており、そこで働くメンバーは「やりたいことをやることが許されていた」と、デジタル&コマース前部長のマーカス・ブロコフ氏は説明する。ここからわかる3つ目の違いが、社内デジタル部門は中核事業のDXを担当し、中核のプロセスと構造に従う点である。社外のオイスターラボは、中核よりもフラットな組織構造を持ち、最小限のガバナンス要件に従いさえすればいい。この分離と自由度の高さが、社外部門の成功には欠かせない。「古い慣習と本社による支配は、ラボにとってよい環境ではありません。例を挙げると、われわれの中核部門ではMacBookの購入が許されておらず、中核のITに準拠しないシステムは使えません。そういった衝突が重なれば、そもそも獲得するのが難しい高い能力を持つデジタル人材がみんなやめてしまうでしょう」、とブロコフ氏は言う。

自由とはいえ、イノベーション活動はアルピック社が定めたデジタル戦略の範囲内に収める必要がある。加えて、ラボの進捗を監視し、事前に定義されたマイルストンの達成度を確認するグループCDOが設置され、ラボからの定期的な報告が義務付けられている。

両S字曲線の連携は、共通の報告方式、CDOによる監視と管理、そして中核部門、デジタル事業部門、デジタルラボのマネージャーが出席する定期的なミーティングを通じて実施される。

アルピック社を見るとわかるように、全社の包括的なデジタル戦略をもとにして、それを実行する組織構造を決定する必要がある。分離の程度と管理方法も、必ず戦略に沿って決める[58]。

まとめ:

- デジタル戦略の実行に役立つ組織構造を選ぶ。組織構造に合う戦略を選んではいけない——整合性を保つには、全社の包括的なデジタル戦略を組織構造に反映すること。

- 2本のS字曲線は別々のゲームなので、別々のルールを課す——独立型のデジタル事業部門の主な責務は破壊的なビジネスモデルを見つけて事業拡大することであるため、フラットな組織構造と統制の緩和が求められる。

- 忘れずに連携を—— S2曲線には自由度の高さが不可欠とはいえ、マネジメントの連携と管理のしくみを考慮する必要がある(両S字曲線を監視するCDOを配置するなど)。

Chapter 4

テクノロジー：変革の推進力としてテクノロジーを活用するには？

Technology: How to Use Technology as a Driver for the Transformation

デジタル時代は新たに幅広いテクノロジーを生み、その多くが成熟企業から見て存在感を増しつづけている。従来型の企業は新興テクノロジーの動向の速さについていき、影響度を評価し、ノウハウをすばやく構築する手段を模索しなければならない。この章では、重要なテクノロジートレンドを解説するとともに、新興テクノロジー導入に関連する典型的な落とし穴と成功要因について説明する。DXの一部としてIT部門が果たすべき新しい役割と、成熟企業が新興テクノロジーを使う際に直面する課題への対処策についても見ていこう（図4.1）。

図4.1　How／テクノロジーの全体イメージ

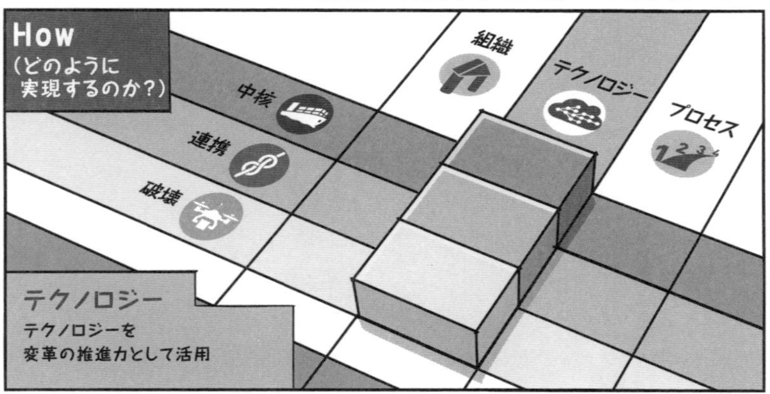

会社が抱えるテクノロジーの問題を認識する

新興テクノロジーとビジネスモデルイノベーションをシンプルに賢く組み合わせることで、成熟した市場に入り込み、成熟企業から市場シェアをあっという間に奪うことができることを、数々のデジタル企業が証明してきた。規模はどうあれ、テック企業からの破壊を避けるには、成熟企業が抱えるいくつかの弱点に向き合う必要がある。

1つ目に、新しい動向を認識してそれに対応できる能力をすばやく構築できない限り、破壊する側に太刀打ちできない。しかしどうすれば新しいテクノロジーの知識やスキルをすばやく身につけられるのだろう？　そのテーマの専門家を数人雇えば足りるのだろうか？　それとも新たなテクノロジーのしくみについて、全従業員や役員までも教育する必要があるのだろうか？

2つ目に、新興テクノロジーとビジネスモデルイノベーションの組み合わせが成功の鍵とは言うが、言うは易く行うは難しだ。S2曲線の基盤となるような適切な活用シナリオとアイデアをどのようにして見つければよいのだろう？　これに関連して、新興テクノロジーをどう活用すれば中核事業のデジタル化を十分にサポートできるのだろう？　基盤技術として最初に取り入れるべきテクノロジーはあるのだろうか？　それは両S字曲線でどう異なるのだろうか？

3つ目に、テクノロジーの重要性が高まるあまり、テクノロジーがIT部門と研究開発部門の従来の業務にもたらす影響について十分に吟味しなくなってきている。これまでのIT部門はいわばサポート組織であり、IT関連のプロセスを稼働させるのが任務だったが、今後はデジタル活動の推進役となる。自社のIT部門をDX全体の要として機能させるにはどうすればいいだろう？　IT部門、研究開発部門、そのほか中核部門で必要なテクノロジー関連のノウハウに、DXはどう影響するのだろう？

4つ目に、多くの成熟企業は自社の時代遅れのITアーキテクチャとプロセスの扱いに悩む。旧式のシステムへの正しい対応とは何だろう？抜本的な変更が必要だろうか、もしくはITを最新にアップデートするような小さな変更でこと足りるのだろうか？　融通の利かない凝り固まったシステムアーキテクチャを、サービスを中心としたクラウドベースの柔軟なアーキテクチャにつくり変えるための最善策は何だろう？　もしあなたがIT責任者なら、これからの道のりの最大の課題や障害は何か、自問してほしい。

最後に、上の４つの問題を解決したあとの問題だが、より短い開発サイクルで顧客の期待に応えるためには、新しい開発プロセスはどうあるべきだろうか？　**あまりにも大がかりな移行は、時間とコストを大量に消費する。**どのように移行フェーズを進めれば、古い体制から来る問題が変革の足を引っ張らずに済むだろうか？

流行り言葉に惑わされずに、テクノロジーの本当の意味をつかむ

テクノロジーは常にそばにあったのだから、成熟企業にとっても何も新しいものではないと思うかもしれない。これは、部分的には正しい。私たちが取材した歴史ある伝統的な企業の多くが、コンピューターと通信テクノロジーがものづくりと働き方を根本から変えた第三次産業革命を経験していた。ただ、今回の変化の新しい特徴であり、デジタル革命を興味深くも危険なものにしているのは、あまりにも多くの面に同時に影響を及ぼす点だ。デジタル技術とツールは、基幹プロセスに過去に例を見ないほど大きな成長機会を与えている。その反面、デジタル技術とツールは数々の破壊的なイノベーションの基盤を構築してもいる。つまり、**新出の競合企業が成功をつかむ鍵となっているのが新興テクノロジーなのだ。**たとえば、ストリーミングプラットフォームのネットフリックスは、システムの大半をクラウドに移行する形で新興テクノロジーを活用し、規模拡大と機能拡充を実現している[1]。欧州で長距離バス事業を営むフリックスバス社は、独自のルート最適化アルゴリズムと価格決定アルゴリズムを使用して、ライバルを寄せ付けない競争優位性を獲得している[2]。

こうした事例から重要なポイントを２つ学ぶことができる。１つ目に、テクノロジーインフラへの巨額の初期投資はもう参入障壁ではなくなった。それというのも昨今のハードウェアとソフトウェアソリューションの多くは、外部企業から安い使用料で楽に借りられるからだ。２つ目に、新興テクノロジーを賢く利用して主要な側面（例：価格設定）で自社の提

供価値を差別化できれば、新規参入者が成熟した市場に入り込むチャンスとなる。したがって、成熟企業は、格好の餌食になりたくないのであれば自社に関わりのあるテクノロジートレンドを注視していなければならない。

では、DXに役立つ各種テクノロジーを見ていこう（図4.2）。そのあとで、自社のS字曲線に適したテクノロジー活用シナリオの検討方法と、テクノロジー関連の知識の構築方法について考える。

図4.2　テクノロジー専門用語

デジタル時代の主要なテクノロジートレンド

まずは警告から――自社で重視すべきテクノロジーの一覧を本書に期待しているなら、それには応えられない。業界が変われば、使用するテクノロジーも変わる。マッキンゼー社（McKinsey）のリサーチ機関であるマッキンゼー・グローバル・インスティテュート（McKinsey Global Institute）は、2025年に経済に破壊的な影響を与える存在になっていると予測されるテクノロジーのトップ5は、モバイルインターネット、知識労働の自動化、モノのインターネット（IoT）、クラウド技術、高度ロボット技術だと発表した[3]。当然ながら、取材先企業の話を聞く限りではこのトップ5だけでは不十分だ。B2Bの企業は、やはりIoTやロボティクスを重要なテクノロジートレンドに挙げることが多かった。一方でB2Cの企業は、モバイルコンピューティングを基盤としたアプリケーションやインターネットの接続能力の向上が重要性を増していると話していた。だがどんな業界にいても、話題のテクノロジーに何らかの形で関わるはずだ。ほかにも、人工知能（AI）、機械学習（ML）、ビッグデータ関連は、多業界にわたるほぼすべての取材先企業が「注目のテーマ」だと答えた。一つひとつのテーマについて詳しく見ていこう。

モバイルインターネット

コンピューターのデータ処理能力とインターネットへの接続能力が向上し、モバイルコンピューティング用のデバイスはますます安価に手に入るようになった。無線技術、コンピューティングデバイスやストレージデバイス、先進的なディスプレイ技術などがそれぞれに発展し、ユーザーインターフェイスが進歩したおかげで、サービス提供や労働生産性の改善に関連するアプリケーションがおびただしい数生まれ、消費者に多くの便益を与えている[4]。個々の消費者との交流とオフラインチャネルが依然として重視される高級品業界でさえ、モバイルインターネットを利用したオンラインの顧客追跡やセルフサービスツールなどの登場により顧客との交流とコミュニケーションに新たな可能性が生まれていると、スイスの高級時計メーカー、H.モーザー社（H. Moser & Cie）CEOのエドゥアルド・メイラン氏は述べる[5]。

また、飲料業界の具体的な応用事例に、飲料・ビールのグローバルメーカーであるアンハイザー・ブッシュ・インベブ社が現在国際展開を進めている「iStadium」というアプリがある。同社が顧客の視点からサービスを見直したところ、競技場内のバーにはハーフタイム中に必ず長蛇の列ができており、観客が不満を持っていることに気がついた。結果、試合を見逃すのを恐れて飲料の購入を最初から諦める人が大勢いたのだ。だが、アプリの登場後、観客は自分のモバイルデバイスからビールを注文し、シートまで届けてもらえるようになった。これはアンハイザー・ブッシュ・インベブ社にとってもメリットがあった。売上が増加しただけでなく、正確なターゲティングにつながる顧客データを大量に得られるようになったのだ[6]。

通信業界では、第5世代であり最新の移動通信技術である5Gが、モバイルインターネットを1つ次のレベルへと押し上げるだろうと予測されている。今はまだ第5世代の初期とはいえ、多種多様な使用事例がこれから生まれるに違いない。5Gにより、さまざまな業界のデバイスもサービスもいっそう速く、いっそう効率的に、いっそう低価格でつながり合えるようになる[7]。インターネットに接続された自動運転車、スマートシティ、デバイスの相互接続、仮想現実、ほかにも今存在するあらゆるテクノロジートレンドが、今後5Gを使用していっそう進化、普及するだろう[8]。

知識労働の自動化

人工知能、機械学習、ユーザーインターフェイス、ビッグデータ技術の発展により、**かつては人間が行っていた作業の自動化が可能になってきている。こうした進歩は知識を必須とする作業のやり方を大きく変える**[9]。複雑な分析ツールの登場でいっそう高度な分析が可能になり、業務に対しても顧客に対しても良質なデータに基づいて結論を導き出せるようになった。私たちが取材を行ったある多国籍銀行の代表取締役は、AIをマネーロンダリング対策活動に役立てていると話してくれた。AIを活用して大量のデータをフィルタリングし、疑わしいケースをこれまで以上に簡単に特定できるようになったという[10]。

モノのインターネット（IoT）

モノのインターネットのシステムは、機械や物理的な「モノ」に埋め込まれたデータの収集と送信を行うセンサーを利用して、インターネットでつながり合った世界を構築する。低コストの最新型センサーと近距離無線通信デバイスの登場により、**IoTシステムがデータを収集してこれまでにない有益な情報を得られるようになり、機械と業務の監視、意思決定、プロセスの最適化において新たな可能性を切り拓いた**[11]。よい例が、スイスのエスカレーターとエレベーターメーカーであるシンドラー社だ。シンドラー社は自社製品にデータ処理能力の高いエッジデバイス（訳注：インターネットに接続されたデバイス）とセンサーを搭載して、パフォーマンスの管理と設備のモニタリングを24時間365日行えるようにした。これによりサービスを最適化しながら、いわゆる適応保守（訳注：顧客環境の変化に合わせた保守サービスを提供すること）にも取り組めるようになった。たとえば、どの交換用部品を持って客先に出向けばいいかを、サービス技術者が事前に把握できるようになった[12]。

クラウドとエッジコンピューティング

クラウド管理のソフトウェア、データセンターに置くハードウェア、高速ネットワーク、そしてサービスとしてのソフトウェア（SaaS）の4つを組み合わせたクラウド技術を使うと、IT関連のサービスをオンラインで提供できる[13]。クラウドは規模の大小を問わず企業のDX戦略においていまや必要不可欠であり、自社のIT機能のかなりの部分をクラウドに移行する企業が増えている。コスト、柔軟性、拡張性と、さまざまな点でクラウドは魅力的だ。**クラウド技術のおかげで成熟企業は、オープンで柔軟なアプリケーションプログラミングインターフェイス（API）を持つ標準化されたIT環境への移行を進めやすくなった。**これまでは基本的なインフラ関連の作業につきっきりだったIT人材を解放できるうえ、最新のテクノロジーとツールを即座に利用できる[14]。社外のクラウドプロバイダーに頼る企業が多いが、社内と社外のクラウドソリューションを並用するハイブリッド型のアプローチも一般的になりつつある。ハイブリッド型では、リスク（社外のパブリッククラウドプロバイダーを利用する際のセキュリティの懸念など）を緩和させながら両アプローチのメリットを享受できる。

クラウド技術の重要性が広く知られるようになって久しいが、ここ数年はエッジコンピューティングも企業にとっての重要性を増してきている。両端のテクノロジーの適切なバランスと焦点を、各社で見つける必要がある。エッジコンピューティングでは、中央で行っていたデータ保管と演算処理を、データソースに近い末端へと移す。これにより中央のサーバーやクラウドに保管するデータ量が減り、データ移動時の遅延も減る（特に大量のデータを長距離移動する場合）うえ、大きなメリットとして通信料も減らせる[15]。だが重要な懸念点として、所有権の問題とデータとアルゴリズムの管理の問題がある。これから相互接続デバイスや製品／サービスの重要性が増すにつれ、こうした懸念点や疑問点は企業にとってますます無視できない問題となるだろう。

高度なロボット技術

AI、コンピュータービジョン、器用なロボット、センサー技術、そのほかの関連領域の発展が、産業用ロボットに大きな進歩をもたらしている。もとは肉体的に難しい作業や危険な作業に使われていたが、いまや人間と並んで複雑で細かい作業をこなし、協力し合ったりコミュニケーションをとったりできる。**今日では、高度なロボット技術は工業生産からロボットを使った手術まで、幅広いシーンと分野で使われるようになった**【16】。たとえばシーメンス社は、最新のロボットソリューションを使って業務フローを最適化し、切削、バリ取り、研削、研磨などの高難易度の機械作業をさらに高速かつ効率的に進めている【17】。

データ分析とAI

単純なデータ分析、機械学習、または人工知能テクノロジーのどれをとっても、燃料となるのはデータである。いまや規模の大小や業界を問わず、あらゆる種類の企業に必要不可欠な存在だ。何よりデータは、**自社の業務と顧客についての新たな事実を浮き彫りにし、経営陣のよりよい意思決定を助ける。**だからこそ、さまざまな形態の企業が自社のデータインフラストラクチャーを刷新し、データ分析機能に巨額を投じている。「データは新たな金(きん)だ」という言葉を聞いたことがあるだろうか。チューリッヒにあるホテルアトランティス（Hotel Atlantis）のゼネラルマネージャー、リカルド・ジャコメッティ氏はこの言葉に完全に同意し、「意思決定をデータに基づいて行うほど、過った判断を下す確率は下がります」と話す。さらにデータは、自社の重要な決定事項について利害関係者を説得する材料にもなる。「データで証明できれば、つまり相関関係を示すことができれば、自社への投資は有意義であり、決断内容に一理あることを示せます」とジャコメッティ氏は言う【18】。

データの持つ影響力はこれだけではない。現代の数多くの新興テクノロジーに力を与えるという点でも、データはとても価値あるものだ。機械学習やAIソリューションは大量のデータなしには利用さえできない【19】。さらにAIの可能性は幅広く多岐にわたり、この話題だけで本を1冊書けるほどだ。考えられる利用シナリオは、先ほども出てきた知識労働の自動化（言語処理、画像認識など）から管理作業の自動化まで多岐にわたり、結果として人的リソースを解放して別の業務に充てられるようになる。

デジタル時代はよい面ばかりではない。**インターネットにつながるこ**

とのデメリットは、サイバー攻撃のリスク上昇だ。巻き込まれた企業は容易に何百万ドルもの損失を負う可能性があり、評判もブランドへの信頼度も数秒で地に落ちる。金銭よりも信頼を失うほうが結果的に損害が大きくなる場合さえあり、直接的なダメージを修復したあとも長きにわたって自社への影響は続く。サイバーセキュリティは新しいテクノロジーではないうえ、テクノロジートレンドのトップ5（経済的影響の視点で選出された）にも入らなかったが、今後企業がますます注視するテーマとなるだろう。これを裏付けるように、私たちが取材した企業の多くが、サイバーセキュリティは最優先事項だと語った。「サイバーセキュリティの重要性は増しています。これに関しては、自社で完全に習得するか、あるいは外部から購入するか、いずれかが必須の技術です」と、シンドラー社のクリスチャン・シュルツ氏は述べる【20】。成熟企業は先を見据えてサイバーセキュリティに関する採用活動を強化し、また社内のスキルが足りない場合には、最高レベルの専門技術を持ち込んでくれる信頼できる社外パートナーと組む必要があるだろう。

社外からの視点を取り入れるには、組織の枠を越えたつながりを持つことも重要だ。大学、スタートアップ、起業支援組織、VCとのつながりには豊かな可能性が秘められている。テクノロジー面では、特にスタートアップには注目したいところだ。多くの大手成熟企業がスタートアップと密なネットワークを築くのは、革新的なテクノロジーの将来性が不透明なうちから実験的な利用を進めるのはたいていスタートアップだからだ。よってスタートアップとのつながりは、新しいテクノロジートレンドと接点を持つ簡単で費用対効果の高い手段となる。また、業界内外のテクノロジートレンドを調査し、監視するための全社チームを組織するのも有効だ。一部の業種は新興テクノロジーを最前線で発見、利用できる（先端分野の産業など）が、一方で新興テクノロジーが自社の要件に合致するまで様子見する業種もある（設備製造業など）。オランダの多国籍銀行、ING社は前者の例だ。定期的にフィンテック（訳注：金融とテクノロジーを融合させた領域）市場を偵察して、将来性のあるテクノロジーとイノベーションを探している。イノベーションはING社の戦略に組み込まれており、フィンテック企業に投資または提携するか、あるいは自社でイノベーションを起こすかの判断を常に行っているのだ【21】。

社外組織との関係構築や動向調査のほかにも、コンシューマー・エレクトロニクス・ショー（CES）やモバイルワールドコングレス（MWC）などの大型テクノロジーカンファレンスへの参加も役立つだろう。また規模はさまざまだが、多様な展示会や家電製品のフェアなども、経営陣が新たなテクノロジーとトレンドと出会うよい機会になり得る。カンファレンスやフェアは、将来的に価値や情報をもたらしてくれる可能性のある新たなパートナーとの関係を育むきっかけにもなる。どのアプローチを選ぶにしても、将来を見据えて先手を打つことが大切だ。新しいテクノロジートレンドが経済に莫大な影響を及ぼすまで待ってしまうと、利益を得るにも影響に対処するにも時すでに遅しとなるだろう【22】。

適切な利用シナリオを見極める

新たな活用シナリオを見つけることに関して、いわゆる「卵が先か、鶏が先か」の問題に陥るのではないかと悩む企業があるが、実際にはそんなことは無い。ここで押さえるべき要点は、テクノロジー自体に価値はないということだ。**顧客体験の向上や、プロセス効率化に役立つ新たな知見を得るために使ってはじめて、テクノロジーから本当の価値が生み出される。**テクノロジーはDXを牽引する重要な要素であり、顧客に価値を届ける手段でもあるが、それ以上ではない。そう述べるのはフランスの自動車部品メーカー、フォルシア社CEOのパトリック・コレア氏である。企業は顧客への価値を創造する自社の中核能力と資産に引き続き焦点を置く必要がある。テクノロジーは単に価値を変換したり提供したりする手段にすぎない。「デジタル化のためのデジタル化をしてはいけません。テクノロジー自体は実現手段でしかなく、一部はじきに陳腐化するでしょう」とコレア氏は言う。企業は全体を俯瞰し、新しい価値がどこでどのように創出されるかを理解しなければならない。自社の活動の前工程と後工程（上流と下流にいるパートナーの活動）も必ず含めて考えることが極めて重要だ【23】。

もう1つ参考になるのが、長距離バス事業を営むフリックスバス社の事例だ。同社のサービスの土台となる基本的な提供価値は何も珍しいものではない。A地点からB地点へと顧客を運ぶバスが、サービスの基盤だ。しかしフリックスバス社がほかと異なるのは、スマートなビジネスモデルイノベーション（同社はプラットフォームモデルを使用している）と新興テクノロジーの賢い利用法を組み合わせたところである。使いやすく最適化されたアプリを通じて、プラットフォームという革新的な手段で基盤となる資産（バスでの移動）を顧客に提供する。同時に、独自の価格決定アルゴリズムとルート決定アルゴリズムにより、顧客に新たな価値（安い料金と最適なルート）も提供する。こうした事例からわかる通り、テクノロジーは決して達成目標ではない。戦略を実行するための動力にすぎないのだ。

しかし、2本のS字曲線のあいだで新興テクノロジーの使い方はどう異なるのだろう？　そもそもどうすれば活用シナリオを見つけ出せるのだろうか？　新興テクノロジーを取り入れる際に重視すべきポイントを見ていこう。

S1曲線に関して言えば、中核事業をデジタル化する戦略プロジェクトは、新興テクノロジーとの組み合わせで従来のビジネスモデルに少しひねりを加えることから始めることが多い。サプライチェーンのデジタル化を最優先事項にするといいだろう。テクノロジーベンダーやサービスプロバイダーが、サプライチェーン業務の変革に役立つ優れたツールを多数提供している。新しいデジタルテクノロジーソリューションとサプライチェーン改善を組み合わせることで、既存企業は大きな成果を得られるだろう【24】。

企業がサプライヤーやパートナー、顧客とつながり、エコシステムを形成できれば、デジタル化されたサプライチェーンが持つ可能性はさらに広がる。活用シナリオの例として、たとえば機械学習のアルゴリズムでリアルタイムで自動収集・処理したデータをもとにサプライチェーンの意思決定を支援したり、トレーサビリティシステムで倉庫から輸送までの配送状況を完全に可視化したりなど多岐にわたる【25】。

もう少し顧客寄りの手法に、最先端のデジタルマーケティングがある。単なるデジタルの販売チャネルやソーシャルメディアのターゲット広告ではない。販売効率と顧客満足度を高め、新たな成長分野を切り拓くテクノロジーだ。データやデータから得た知見を取り込んで製品開発プロセスを強化することで、新たなヒット商品／サービスや新たなコミュニケーションチャネルを生み出し、顧客が受けるサービスの流れを根本から設計し直すことができる【26】。こうした活用シナリオの多くは、データを入手できて初めて実現する。

S2曲線になると状況は変わる。ここで成功の鍵となるのは、ビジネスモデルイノベーションと新興テクノロジーの革新的かつ単純な組み合わせだ。デジタルビジネスのどの成功例（エアビーアンドビー社、ウーバー社、フリックスバス社、そのほか多数）を見ても、破壊的な潜在能力の源泉は新興テクノロジーだけでもビジネスモデルだけでもなく、両者の組み合わせだ。よって成熟企業は、**新興テクノロジーを活用する機会をシステマチックな方法で探索し、従来のハードウェア製品からソフトウェア製品やサービスにどう転換するかを考えるべき**だ。新興テクノロジーは既存事業の範囲内にも、隣接するビジネスモデルにも、あるいはまったく新たなビジネスモデルにも適用できる。

S2曲線では、プラットフォーム構築かプラットフォームへの参加がビジネスチャンスとなることが多い。たとえば、昔ながらの設備関連のサプライヤーにとっては、（IoT）プラットフォームの積極的な構築が極めて重要であると私たちは考えている。こうしたサプライヤーは、新しく生まれるエコシステムやプラットフォームの競争において、主体的な役割を確立できなければ、顧客との直接の関わりも主導権も持てずに、部品や製品をプラットフォームに供給するだけの「OEM生産者」[27]となる恐れがある。

IoTプラットフォームはおおまかに次の3層に分けられる（図4.3）。

1 アプリケーション層には、顧客向けのアプリケーションやサービスが含まれる。新製品やサービスは、ここに追加される。

2 プラットフォーム層には、企業の業務基盤が位置する。プラットフォーム全体の核であり、ほかの2層を結びつける役割を持つ。この層を支えるのが共通インフラストラクチャーや支援システムだ。

3 ハードウェア層には、IoTに対応したスマート製品やスマートデバイスが位置し、プラットフォーム層とデータのやりとりを行う[28]。

図4.3　IoTプラットフォームのアプリケーション層、プラットフォーム層、ハードウェア層

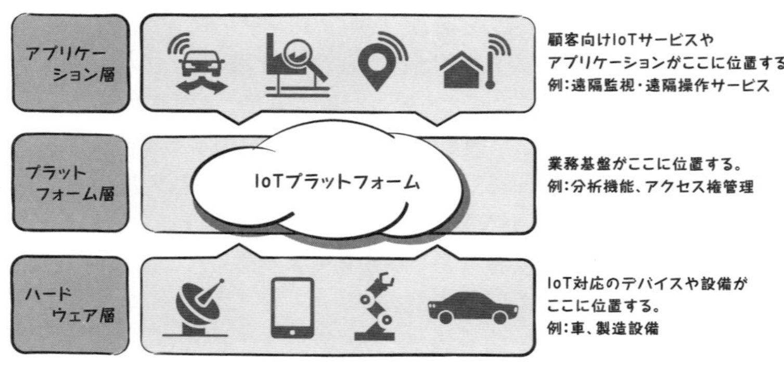

シーメンス社、ボッシュ社、シスコキネティック社（Cisco Kinetic）などが提供するプラットフォームの成功事例を見ると、何百万ものセンサー、デバイス、機械が、プラットフォームを通して幅広いサービスやアプリケーションを利用する顧客とつながっている。モジュール式のプラットフォーム構造を採用することにより、こうした企業は自社の専門技術をハードウェア層で活用し、（新規）顧客、サプライヤー、そのほかパートナーと簡単に「つながり」を築き、自社の主力製品を中心としたエコシステムをまるごと構築しているのだ。

テクノロジー関連知識の構築

近年の新興テクノロジーの幅広さと種類の豊富さには目を見張るものがある。外部からの助けなしには、複数領域にわたって機能開発できるほどのノウハウもリソースも用意できない成熟企業は多い。IT部門はかつてテクノロジー関連のノウハウにおいては中心的な存在だったが、今、新興テクノロジーすべての面倒を見るとなるともはや現実的ではないと、食品会社ミュラー・グループCIOのトーマス・パーライン氏は説明する。IT部門は既存テクノロジーにかかりきりで、新興テクノロジーの将来性を評価して対応できる社内能力を構築するほどの余裕がないのだと言う[29]。ドイツの手術機器メーカー、エースクラップ社のイノベーション部長、ベルント・レック氏は、IT部門は慢性的な資金不足に苦しみがちで、IT業務をまわすだけで手いっぱいである

ためイノベーションには不向きだと述べる[30]。そのような状態では、仮に新興テクノロジーに注力できるだけのリソースをIT部門が得たところで、まずは自部門を改革しないことには、トップクラスの人材を獲得できないだろう。IT部門に適した人材を確保するには、成熟企業はパートナー提携やいっそ買収などで、社外組織（大学、スタートアップ、プログラミングスクールなど）とのつながりを構築したほうがよい[31]（人材の章［Chapter 7］で詳しく説明する）。不動産融資を専門とするドイツのPBB銀行が興味深いアプローチをとっている。同銀行では将来性のあるすべての新興テクノロジーについて必ず、パイロットプロジェクト実施のために社外に支援を求める。パイロットがうまくいき、新興テクノロジーに投資すると決まれば、そのテクノロジーを活用できそうな各部署から従業員を集めてチームを編成する。さらにそのテクノロジーを長期的に担当する専任メンバーをIT部門から選定する。社内でスキルを確立したら社外からの支援を減らし、社内の担当者が統率役を引き継ぐ[32]。

IT人材の獲得と社内の知識開発に、これで十分だと言える日がくるかはわからない。成熟企業がこの面でテクノロジー先進企業に追いつくチャンスはほぼないことが、エレベーターのグローバルメーカーであるシンドラー社の事例からもわかる。インターネット接続するデバイスや製品の増加に伴い、サイバーセキュリティが同社の優先課題となった。だが、社内の技術力で、最先端のサイバーセキュリティ専門ノウハウを即座に確立するのは難しいことに気づいた。そこで同社は専門ノウハウを社外に求めて戦略的提携を結び、時間を節約しながら最高クラスのセキュリティを実現した。さらにテック企業とも提携しエッジデバイスの分析と管理の領域で必要となる専門ノウハウを入手している[33]。

専門ノウハウをすばやく獲得するための実現性の高い戦略として、買収も選択肢の一つだ。多国籍コングロマリットのシーメンス社がこのアプローチを選んでいる。社内で基本的なソフトウェア開発能力の育成に投資しつつ、小規模な企業を買収して各種の専門性を広げている。シーメンス社は、産業用のIoTプラットフォームや従量課金モデルなどの新規デジタルビジネスモデルの基盤を整えて、純粋な機械メーカーからソフトウェア技術会社へと拡張を遂げた[34]。

もう1つ特筆すべきことがある。これからは、従来のように研究開発部門やIT部門にテクノロジー関連能力を集約すべきではない。**デジタルノウハウが1つの部門や部署内に留まるのは好ましくない。特定の部署を知識の集積点としてもよいが、ほかの部門との連携を欠いてはいけない。**全部門、なかでも顧客や市場と密接に結びついている部門では特に、少なくともDXの重要スキルに関する基礎的な知識を確立しておく必要がある。

ITとテクノロジーはイコールではない

IT部門の従来の役割を、今こそ一変させるときだ。全てのDXには必然的にITトランスフォーメーションが含まれ、成熟企業は自社の旧式のITが抱える数々の弱点と向き合うことになる。

スイスのデパート、イェルモリ社（Jelmoli）の元役員も、まさにそこを強調する。「昨今のITリーダーは、完全に新しい役割を担っています。かつては従業員からIT部門に『新しい操作画面を3つつくってくれないか』などと要望があり、IT部門が対応していました。しかし今、ITはあらゆる意思決定に関わっています。役割の一新は、非常に大きな変化です」[35]。

IT部門の新しい役割を決める

私たちが話を聞いた役員たちの多くが、自社が純粋な製造業から（多かれ少なかれ）ソフトウェア企業へと変化を遂げたと話してくれた。IT部門に直接的または間接的な影響をいっさい与えずに、S1曲線またはS2曲線のデジタル活動を実施するのは、いまやなかなか難しい。そもそも、現在進行中のデジタル活動には少なくとも何かしらのソフトウェアまたはハードウェアの要素が含まれる。ソフトウェア企業への転換には、さまざまなデジタル能力を持ち、アプリケーションの舵取りをする立場であるIT部門の支援が必要である。そうしてIT部門はより中心的な役割を担いはじめ、変革実現の鍵を握る実行組織、そして変革の推進力となる。サポート役から、技術的なソリューションと支援を提供する積極的な進行役へと変身しなければならないのだ[36]。興味深い例として、ドイツの化学会社であるワッカー社（WACKER）は、IT部門をDXプロジェクトの中心に据えている。

ワッカー社

ワッカー社の経営陣は事業のデジタル化[37]におけるIT部門の重要性を十分に認識していた。CDOとCIOで役割分担をしてもうまくいかないだろうと判断し、DXの主導役に3名を任命した。当時フロントエンドのCDOとして事業を担当していたアクセル・シュミット氏、CIO／CDOとしてITとテクノロジー基盤を担当していたディルク・ラムホースト氏、業務CDOとして生産とプロセスに関する全テーマを担当していたヨルグ・クレイ氏である。それぞれが自分の部門のCDOであると自負していた。

IT部門との緊密な連携を、最も重要な軸とした。「IT部門と変革を切り離して考えるCDOは多くいますが、それは成功するモデルとは言えないと思います。われわれはIT部門を、変革を実現するために必要な存在だと捉えています」とラムホースト氏は述べる。ワッカー社はまさに模範例と言えるだろう。中核事業のデジタル化を進めつつ、新しいデジタルプロジェクトの開発に入る前に自社のIT能力の精査を行った。変革を成功させるために、IT部門をあるべき姿に整えたのだ。これには、機能的で先進的なITインフラとデジタルの融合、そして全社員の能力開発プランなども含まれる。文字どおりIT部門が、すべての事業や職能にまたがるデジタル能力とインフラ投資の基盤となった。自社の事業部門に多数のデータサイエンティストやデータエンジニアが必要になるだろうと気づいたIT部門は、そうした役職の採用にも資金を投じた。データ専門家の支援を必要とする部署は、IT部門に連絡をして支援を受けることができる。

IT部門、事業部門、業務部門の連携のおかげで、それぞれのCDOはほかの領域で必要となるものや機会について理解できている。ラムホースト氏は、「このような緊密な連携モデルでなければ、ほかの重要な部門を今と同じようには見られなかった」と確信している[38]。

IT部門をプロジェクトに統合することで、事業部門とIT部門との対立を避けやすくなる。ワッカー社では、変革に必要となる適切なデジタル能力とインフラをIT部門が開発できるよう、そして自社がユーザー（従業員と顧客）のためにデジタルイノベーションをやり遂げられるよう、強固な連携チームを編成した。

新旧ITの統合

ITにまつわる課題の2つ目は、旧型のシステムとプロセスの扱いだ。デジタルネイティブの企業は完全にアジャイルなITを一から構築できるが、成熟企業はそうはいかない。DXのジレンマとして何度も触れているテーマである。成熟企業のITシステムとプロセスは、たいてい事業そのものと同じくらい古い。新しい製品ラインや機能が発表され、買収や提携が実行されるたびに、ITシステムは拡張され、新しいアプリケーションがあちこちに追加されてきている。そうして、雑多なプロセス、バラバラに存在するソフトウェアソリューション、各要素がごちゃごちゃとつながり合う構造を持った、複雑なシステムが出来上がる。さらには、ソフトウェアアプリケーションの開発と運用はたいていきっちりと分業している。どういうことかというと、開発チームのみなさんが素敵なアプリケーションを作成し、完成した瞬間に塀の向こうの運用チームへと放り投げ、インフラを準備させる。その後は運用チームがソフトウェアの展開と維持管理を担うのだ。

一番の問題は、IT部門が伝統的なウォーターフォール的な開発方法をとっていることだ。チーム同士で協力し合うことはほぼなく、他チームとの交流は必要最低限にとどめる。開発者からアプリケーションを引き継いだら、その後の要望はチケット単位で扱われ、山積みのチケットのいちばん下に入れられて、結局は遅れや誤解、最適とは言えない結果につながる。開発者が重要なインフラ要件を気にしないことが多いせいで、ワークパッケージ（訳注：細かく分割された業務要素の一つひとつ）が運用チームとのあいだを行きつ戻りつする。さらに悪い場合には、運用チームが社内のインフラ要件に合わない新規アプリケーションを採用してしまい、結果として不安定なソフトウェアと質の低い顧客体験が提供される。新しいソフトウェアのリリース（開発から稼働開始まで）には数ヵ月を要する（図4.4）。

図4.4　成熟企業vs. デジタルネイティブ

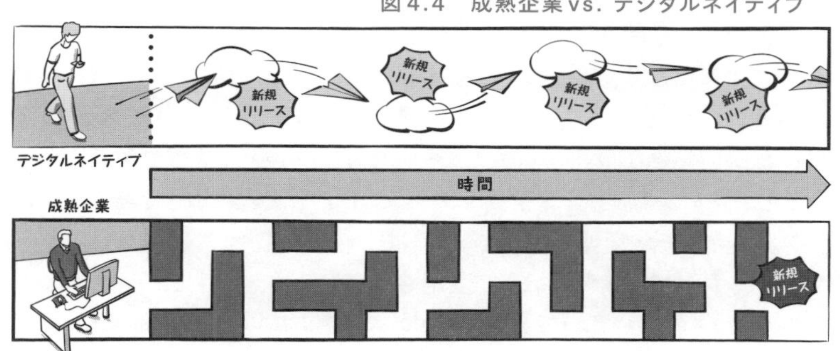

このように時間がかかるうえ障害を起こしやすいプロセスでは、最高のデジタル製品やサービス（理想的には顧客一人ひとりにカスタマイズされたもの）の提供を瞬時に受けたいという、顧客の高い期待に応えられない。それに対して**ソフトウェアのアジャイル開発は、順応性の高い計画、迅速な検証、継続的な改善を特徴とし、定期的にアップデートとリリースを行う。ウォーターフォールモデルのような方式よりもずっと柔軟で高速な開発手法だ。**このように理由は明白であるため、ほとんどの成熟企業は、融通の利かない凝り固まったアーキテクチャを手放して、クラウドベースでサービス主導の迅速な開発、検証、ソフトウェアのデプロイを可能にするアーキテクチャに移行しなければならないと認識している。ところが、旧システムから新システムへの移行には途方もなく手間がかかり、綿密な計画を立てる必要もある。変革に莫大な費用がかかるかもしれないし、3～5年、またはそれ以上の時間を要するかもしれない。ほとんどの成熟企業にはそんな時間的余裕がない。高速で柔軟なITソリューションは、もっと早く必要なのだ。

これに対する解決策として、一般的には「二段変速ITアーキテクチャ」として知られる手法がある。デジタル活動には最新のアジャイル開発技術を使い、高信頼性を要する中核事業の機能には伝統的なアプローチを保つやり方だ[39]。

二段変速ITアーキテクチャを採用すると、本当に必用なところはアジャイルで高速に、ほかは必要に応じてゆっくりと安定したやり方で進められる。ITテーマを2つに分け、異なるスピードで進化させるのだ。

高速レーンでは、顧客と接する（フロントエンドの）全アプリケーションがアジャイル方式で開発される。低速レーンは従来のバックエンドシステム用に空けてあり、高速レーンよりはゆっくりとしたリリースサイクルで運用される【40】。これらの古いシステムは、依然として中核事業の業務にとって重要な役割を果たしているため、容易には置き換えられないことが多い。統合基幹業務システム（ERP）、顧客関係管理（CRM）、サプライチェーン管理（SCM）、そのほか経営と物流に関連するプログラムは、すべてバックエンドで運用されている。どれも100パーセント信頼でき、安定していて費用効率がよくなければならない。スピードの異なる2つのITの連携をとるには統合プラットフォームまたはミドルウェアを導入する【41】。これが2種のITシステムの技術的な架け橋となり、データの受け渡しを行って連携を実現する（図4.5）。

図4.5　ITアーキテクチャ

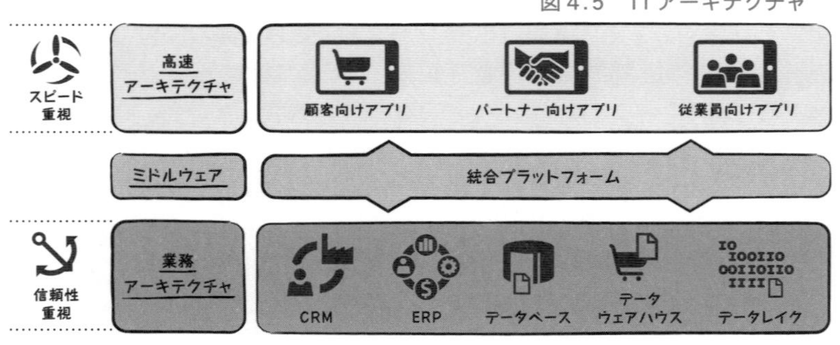

こうした2つのモデルを持つアプローチは、旧ITと新ITの折衷案と言える。バックエンドでは安定した中核システムに頼りながら、フロントエンド（顧客が使用するアプリケーションが含まれ、スピードが重要）のスピード感も享受できる。このアプローチの強みは、ビッグバン方式で全システムを一気に新しいシステムに移行した場合のリスクを緩和できる点だ【42】。段階的な切り替えのほうが企業にとって適応も楽で、仮に予期せぬ事態が起きたとしても中核機能は従来のシステムに頼ることができ、リスクを抑えられる。シンガポールの公共郵便事業サービス、シングポスト社の郵便局ネットワーク＆デジタルサービス前責任者、バーナード・レオン氏も、このアプローチを信頼している。シングポスト社のDXは二

段変速プロセスをとった。フロントエンドは新しいアプリとウェブサイトの迅速な開発を重視し、バックエンドは変革の速度を緩めた。旧システムから新システムへの移行は段階的に行った。「バックエンドの移行は一歩ずつ着実に進める必要があり、プロセスを十分に計画しました」とレオン氏は言う[43]。

ただし、二段変速アーキテクチャも万能ではない。よい折衷案であり、あいだをとったソリューションではあるが、決して最終目的にしてはいけない[44]。新旧チーム間で少なくともある程度の対立状態が続くことになり、これでは、変革のために早急に人材を必要とする旧型のITチームのほうに、人材を引きつけ、つなぎとめておくのが難しくなる[45]。片方のITチームは活発で動きも速い一方で、もう片方がゆっくりと活動しつづけるとなれば、社内の摩擦も生まれやすい[46]。

さらには、デジタルプロジェクトが中核機能や中核システムに関するもの（たとえば、中核プラットフォームとの連携が必要なＳ１曲線のプロジェクト）である場合、従来の検証・リリースサイクルに縛られるとしたら、企業は旧型ITシステムにデジタルプロジェクトの足を引っ張られるリスクを冒しているといえる[47]。これでは二段変速ITの利点を余すことなく享受できないうえ、期待通りの成果も出せないだろう。

旧型のバックエンドにしがみつくと、フロントエンドにも何かと遅れが出る。「顧客から見て成熟企業のサービスがスタートアップのものと比べて使いづらいのは、単純に旧型ITが原因となっていることが多い」と、モビリティ事業者であるフリックスモビリティ社（FlixMobility）中東欧部長のファビアン・ステンガー氏は言う。旧型のバックエンドとの接続が、フロントエンドにとってある種の限界となる。旧型ITが縛りとなる条件やルールが積み重なった結果、フロントエンドのプロセスは理想的とは言えなくなる。こうしてユーザーにとって複雑で使いづらいサービスが出来上がるのだ[48]。アリアンツ・グローバル・インベスターズ社（Allianz Global Investors）DX担当部長のコンスタンティン・スパイデル氏も次のように語った。「中核システムとの連携があると、デジタルプロジェクトのスピードはたいてい落ちる。新しいアプリケーションが中核ITに引き継がれた瞬間に、スピードも魅力も失われてしまう」[49]。

だからといって、成熟企業はまずバックエンドからIT変革を行えというわけではない。

> うちとは違うやり方をした企業を知っています。『先にバックエンドを改修してそれからフロントエンドに取り掛かる』と言っていましたが、私はそれではうまくいかないと思います。時間がかかりすぎますから。バックエンドの改修に何年も費やし、終わったときには時すでに遅しでしょう。
>
> ――クロックナー社CEO　ギスバート・ルール氏【50】

プラットフォーム構築と企業変革の専門家であるトーマス・グッツウィラー氏も上の意見に同意し、旧型システムを一掃しおえる頃には企業が倒産している可能性が高いと強調する。「私だったらバックエンドの整備から始めはしないでしょう。丸4年ほどかかりますし、それまでに市場が変わっているでしょうから」【51】。

成熟企業はまずフロントエンドから着手し、一番大きな影響を及ぼすところに資金を投入するべきだ。顧客の期待に応え、デジタルプロジェクトを推進するためにも、急を要するのはフロントエンドのアプリケーション開発のほうだ。ただし、バックエンドのシステムも時間をかけて新規テクノロジーに移行させる必要がある。いろいろとデメリットも述べたが、成熟企業は少なくとも移行期のあいだは、二段変速アーキテクチャで進めるしかないだろう。

S1曲線とS2曲線のテクノロジーの緊張関係に対処する

新しい能力と習慣が社内全体に浸透するまでは、S1曲線とS2曲線のあいだにはテクノロジー格差がある。最終的に全社のスピード感がそろうまでは、S2曲線がテクノロジー変革の先頭に立つ一方で、S1曲線はゆっくりと新しい能力を獲得しつつIT構成を維持管理するだけだ。成熟企業は、予想できるテクノロジー能力の格差に橋渡しをする方法と、それぞれに合ったIT開発方法を考える必要がある。

ハードウェアとソフトウェアの接続部分

動きが速く軽いモデルに完全に移行するまでには時間がかかるため、フロントエンドとバックエンドの接続部分は成熟企業にとっては重大な弱点となる。だからこそ接続の方法を工夫して、二段変速アーキテクチャを実現する必要がある。

プロセスに関して言うと、開発チームと運用チームが柔軟に協力し合って移行を進めるべきだ。両チームから人を出して混成チームをつくると緊密な連携ができるだろう。フロントエンドとバックエンドの依存関係を把握し、可視化を進め、目標、スケジュール、進捗を共同で管理する。これによりアプリケーションの開発、試験、デプロイ、維持管理がすべて共同責任だという意識が強まる【52】。

技術に関しては、新しいアプリケーションごとに個別のインフラを1つずつ手作業で準備するのでなく、自動化システムとセルフサービスツールを使えば、運用部門の関与なしに開発者側だけでインフラを定義できる。開発者が自分たちで運用作業を管理できるよう、運用部門が明確な規則と指針をつくるとよい。アプリケーション同士の統合は、過度に複雑な大手サービスを介してではなく、細部に対応できるサービスと明確な検証ロジックに基づいて進める【53】。

プラットフォームプロバイダーがシステム移行用に提供する自動ツールやクラウドベースのソリューションを使う手もある【54】。この手段で、新規アプリケーションのデプロイにかかる時間を2ヵ月から数分に縮められる可能性がある。インドネシア初のデジタル銀行、ジーニアス社(Jenius)はこの好例だ。この章の最後に事例を載せている。

成熟企業がどうすればIT関連の課題への最適な解決策を見つけられ、移行をやり遂げられるかを考慮すると、DXの序盤で二段変速アーキテクチャに切り替えることを私たちはおすすめしたい。顧客用のアプリケーションをアジャイル開発方式でつくるメリットをいち早く理解できるからだ。ただし、アジャイルな仕事の進め方を中核のバックエンドにも拡張し、中核がボトルネックとならぬようにしなければならない。ITシステムすべてがアジャイルな状態になってやっと、IT機能を最大限に活用できるようになる。

これに関する興味深い事例として、ドイツの多国籍テクノロジー・エンジニアリング企業であるボッシュ社が挙げられる。ボッシュ社はハードウェア要素とソフトウェア要素でリリースサイクルが異なること、そして両者の統合に関する課題を正しく認識している。同社は電動自転車のEバイク(eBike)システム用にIT環境を整え、ソフトウェア開発サイクルとハードウェア要素の開発・製造サイクルとを調和させる必要があった。

ボッシュイーバイクシステム社 (Bosch eBike Systems)

ボッシュ社は世界大手自動車メーカーに部品を供給する著名な自動車部品サプライヤーだ。モビリティ事業の一環として、同社はEバイクの開発と製造に乗り出した。Eバイクが顧客に提供するサービスは自動車部品事業のサービスとは根本的に異なるため、ボッシュ社はEバイクソリューションを開発する事業を独立させた。

Eバイクには従来のハードウェアと組み込みソフトウェア、そして新しいデジタルソフトウェアソリューションが必要だ。ハードウェア側はサイクリングの身体的な体験に、ソフトウェア側はそれに付随するデジタルサービス（多様なライフスタイル、ナビゲーション、フィットネスアプリ）に紐付いている。ボッシュイーバイクシステム社の課題はこの2つのバランスをとり、物理的なハードウェア（自転車のディスプレイなど）、ハードウェアに組み込まれたソフトウェアコンポーネント（物理的なデバイスの操作全般に使われる）、ソフトウェア機能（ユーザー向けアプリケーション）の3つを統合することだった。各種ハードウェアとそれに組み込まれたソフトウェア部分の開発には計画主導のプロセスを採用し、リリースサイクルは3～6ヵ月だった。完全デジタルのコンポーネントの開発はより臨機応変な対応が可能で、リリースサイクルは1～2週間だった。2つのプロセスがあまりにも異なるスピードで進められていたのだ。

この2つを融合させるために、同社は両チームから人材を集めた接続インターフェイスのチーム（連結チーム）をつくり、2つの開発チームの仲介をさせた。このチームが組み込みハードウェアからソフトウェアまでのすべてのAPIを担当し、あらゆる要素が時間と予算通りに、必要な要件すべてを満たして開発されるよう管理した。また、機能ロードマップも作成し、予定されているハードウェアとソフトウェアのリリース内容の詳細を記した。これをもとに連結チームは、ユーザー向けアプリケーションと、ハードウェア部品および組み込みソフトウェアとのあいだの連携を実現した。ハードウェア側とソフトウェア側の要件をそろえ、異なるリリースサイクルを同期させることが、開発した機能を適切に利用するために必須だった。

「スムーズに移行を進めるには、ソフトウェアチームとハードウェアチームの中間にもう1つチームをつくるべきでしょう」と、ボッシュイーバイクシステム社CEOのクラウス・フライシャー氏は述べる。連結チームのメンバーは両方を重視し、理解できなければならない。このアプローチを正しく行えれば、ハードウェアと組み込みソフトウェアのウォーターフォール式の開発プロセスも、新規ソフトウェアのアジャイル開発のプロセスも、両方活かすことができる[55]。

両S字曲線の基盤となるテクノロジー関連の能力

テクノロジー開発のコストは、成熟企業にとって難しい問題だ。2本のS字曲線にどのように資金を配分するかという悩みは、テクノロジー投資の面だけには収まらない大きな問題だ。投資についての一般的な考え方には**プロセス**の章（Chapter 5）で詳しく触れるが、ここではテクノロジーの面から少し解説する。成熟企業はDXの序盤でまず、分析スキルやソフトウェア開発スキルなどといった計画遂行のための一般的なテクノロジー能力に投資する必要が出てくるだろう。こうした能力は中核事業デジタル化のプロジェクトにも新規（デジタル）事業立ち上げのプロジェクトにも有益である。全社の予算から資金を出すのが当然だろう。新設のデジタル部門や各事業部門にこうした先行投資を委ねていては、変革をスムーズに始められない。

新たなデジタル関連のリソースを全社部門（デジタルコンピテンスセンターなど）に集め、必要に応じて両方のS字曲線のプロジェクトが利用しやすいようにする企業が多い。**組織**の章（Chapter 3）で紹介した通り、最新知識を持つ世代を社内で育てるために中央に知識を集めておく必要があるとき、または人的リソースが全社活用されないとき（S1曲線が占有など）に、このアプローチが特に有効だ。こうした全社デジタル部門は、（ときに外部専門家の手を借りながら）テクノロジー関連の能力を中核事業に持ち込む原動力にもなる。PBB社の事例を覚えているだろうか？（訳注：Chapter 3）　PBB社の全社デジタル部門は社外との窓口の役割を果たし、テクノロジーの専門家からの支援を得ている。また、中核部門の従業員と手を取り合ってパイロットプロジェクトを実施し、新興テクノロジーの将来性評価や中核事業の従業員の訓練に役立てている[56]。

テクノロジー関連の能力を社内のどこに集めてもいいが、鍵は孤立させないことだ。成熟企業は、社内の全ての部署の両S字曲線の従業員を徐々に教育するプログラムを企画する必要がある。核となる従業員が新興テクノロジーとそのメリットを理解することは極めて重要であり、チームを越えた意見やアイデアの交換にもつながる。このプロセスを加速するアプローチは、社外の専門家の活用から社内のテクノロジーアカデミーの開催まで、さまざまだ（**人材**の章［Chapter 7］で詳しく説明する）。社外とのパートナー関係や連携は片方のS字曲線のみで行うのではなく、両S字曲線が社外からの刺激の恩恵を受けられるようにする。社外のゲストスピーカーやスタートアップも参加する定期開催のネットワーキングイベントは、社内での議論と社外との意見交換を促進する手軽かつ強力な機会の1つだ。これまでに紹介してきたトレンドやテクノロジーの多くは両S字曲線と関連性がある。たとえば、データ分析の能力は中核事業の改善に無限大のメリットをもたらすと思われるが、もちろん新規（デジタル）事業との関連度も高い。スキル保有者を集めたグループを社内につくるのであれば、理想を言えば、社外からは専門家、社内からは両S字曲線のテクノロジーに前向きな従業員を含めるべきである。**2つの世界が協力し合い、互いを支え合える環境が一番強力だ。しかしそうなるには、経営トップの先見の明とサポートが必要だ。**

橋渡し役にもなるテクノロジー通の管理職

管理職はテクノロジーのエキスパートにならなくても構わないが、「基本的なテクノロジースキル」を一通り身につけ、テクノロジーが業界と自社に与える影響を理解しておく必要はある。このスキルは何よりも役に立つだろう。調査結果によれば、キャリア開発での第1優先事項がテクノロジー知識であり、自社の業界と自身の役割に関連のあるテクノロジーを理解しておくことが成功の鍵であると現代の多くのリーダーが考えている[57]。

一般的に言って、テクノロジー関連のスキルとは、専門的なテクノロジー関連作業を実行する際に求められるノウハウと能力の総称だ。要求される具体的なスキルは実際の役割と任務によって異なる。管理職のなかでも現場に近い下位のほうなら、専門性の高い作業を行う従業員の業務を監督・確認するスキルが必要となる。出世の階段を登るほど、このスキルは求められなくなる。とはいえ、もっと上位の管理職には、必ず要求される別のテクノロジースキルがある。

1つ目に、管理職は各種テクノロジーが自社や業界に与える影響を評価できなければならない。このスキルがないと、テクノロジーの専門家と意義のある議論（具体的な活用シナリオの議論など）ができないうえ、テクノロジー関連のプロジェクトの優先順位付けと導入の合理的な判断を行えない。

2つ目に、管理職はテクノロジー関連の作業を部門内や全社にわたって統括する必要がある。管理職が作業の内容を正しく把握できていなければ、プロジェクトに混乱を呼び、最適とは言えない結果に終わる可能性が高い。特に2本のS字曲線の連携にあたってはさまざまな調整が必要となり、ここで管理職の調整能力が重要な役割を担う。新設のデジタル部門で使われているテクノロジーに関してまったく無知なマネージャーは、2つの事業で生み出せる相乗効果をいくつか見落としてしまう、または1つも見つけられない可能性が高い。

こういったわけで、上位か下位かにかかわらず全管理職が、自社に関わるテクノロジー、最新の業界動向とテクノロジートレンド、意思決定を支援する分析スキルについて、十分に理解しておかなければならない。これらの知識を身につけた管理職は、テクノロジーのエキスパートと実のある議論を進め、（データの力を借りて）格段によい意思決定を下せるはずだ。管理職が新興テクノロジーの真の価値と可能性を理解している企業は、IT部門に命じて新しいソリューションを事業部門に無理に押し込むのではなく、需要に基づいて新興テクノロジーを取り入れる傾向が見られる【58】。

取り残されないために

次のテクノロジー関連のベストプラクティスを参考にしてほしい。

●自社との関連性の高いテクノロジートレンドを追い、その影響を評価する。
- 新しいテクノロジートレンドを研究する全社的なフォーカスグループをつくる。
- 新興テクノロジーとベストプラクティスについて早期に知見を得られるように、社外に有意義なつながりを築く。
- 目的達成に必要なテクノロジーを認識して投資する。両S字曲線に関係するテクノロジー（データ分析など）は特に重要だ。

●活用シナリオや戦略プロジェクトを洗い出す際には、課題を中心にしたアプローチで進める。
- サプライチェーンのデジタル化をS1曲線の最優先事項とする。
- 戦略プロジェクト発案のために、顧客体験の全行程にわたるすべての価値創出活動（競合相手のものも含めて）を分析する。
- 新興テクノロジーとビジネスモデルイノベーションの組み合わせが、どのようにして新たな価値を生むかを考える。
- 新しいエコシステム内での自社の役割を考える。ハードウェアとソフトウェア要素のつなぎ方に注目する。
- テクノロジーの活用シナリオは、影響の大きさに加え、全社戦略や野心的目標との適合性も考慮して優先順位をつける。

●テクノロジー能力開発の効果的な手法を確立する。
- バランスのとれたアプローチで、多様な情報源からノウハウを得る。
- テクノロジーの基本的なノウハウを持つ人材を、孤立した縦割り組織に置かない。誰もがその人材を頼れるように、またその人材が両S字曲線の従業員を教育できるように環境を整える。

- IT部門が新しい役割にどう備えられるかを考える。
  - DXにおいて、IT部門が欠かすことのできない重要なパートナーとなるように、IT部門、事業部門、業務部門が強固な連携体制をとる。
  - IT部門がデジタル化の取組みの推進力として機能できるように、人材を十分に配属して余力を持たせる。

- 新旧ITを統合する方策を見つける。
  - 変革の序盤では、二段変速アーキテクチャを構築してフロントエンドが開発の迅速さを有効活用できるようにする。
  - 徐々に旧式のITの変革を進め、バックエンドにもアジャイル式の考え方を取り込んでいく。

- テクノロジー通の管理チームをつくる。
  - すべての階層の管理職を教育する正式な教育プログラムを設置する。
  - 管理職に新興テクノロジーの影響力を理解させる。
  - 新興テクノロジーの活用法と重要性について、自社のリーダーが社内外と意義ある議論をできるようにする。

参考事例（インドネシア）

BTPN銀行

日本の総合金融グループである三井住友フィナンシャルグループ傘下のインドネシアのBTPN銀行が、同国で初のデジタル銀行「ジーニアス社」を立ち上げる計画に踏み出した頃、そのテクノロジー要件は非常に高く設定されていた。デジタルは単なるチャネルではなく、製品と提供価値の中核をなす要素でもある。新しいデジタルサービスを提供するにあたり、SMBC社はさまざまな面においてそれまで自社になかった能力を構築する必要があった。ユーザーを中心に置いたデザイン思考や進歩的なアーキテクチャ設計能力などのテクノロジー関連の能力を社内に取り込むためには、デジタル人材を新たに雇わなければならなかった。そういった理由から、採用と教育の取り組みをかなり重視した。また、柔軟で簡単に修正ができるフロントエンドのシステムと、安定していていつでも使用できるバックエンドのシステムを整えるため、ITインフラにも巨額の投資をした。社内の要件を満たし、顧客の高まりつづける期待に応えるために、メリットの大きい新たなITアプローチを選ぶ必要があり、IT面の変化は必須だったのだ。多様なプラットフォーム（クローム、アンドロイド、iOS）で、ほぼ手作業でのカスタマイズなしで使用できる単一のコードベースを持てるよう、クロスプラットフォームのフレームワークを採用した。そして可能な限りすべてのインフラを自動化し、インフラのコンポーネントを自動でプロビジョニング、設定、管理できるようにした。最終的には、ジーニアス社はソースコントロールとパッケージングのツールを採用し、開発者やほかのチームが完成したモジュールを再利用できるようにした。これにより開発サイクルの長さを半分に縮めることができた。

さらに、システム社のデプロイサイクルも大幅に短縮した。従来のプロセスには手作業や引き継ぎが数多く存在したが、新しい環境では品質評価とアジャイル式の検証プロセス（ユーザー受け入れテスト）などを含むあらゆるプロセスを自動化した。従来はデプロイに数週間かけていたのが、2分程度に短縮できた。現在、全体的なITアーキテクチャには、最近のスタートアップと同様のマイクロサービス技法（訳注：小さなサービスの集合としてシステムをソフトウェアを構築する技法）を採用している。同時に、厳選された最低限のシステムだけを今もジーニアス社とBTPN銀行で共同使用し、標準化されたAPIで統合している。コンポーネントベースで連携層をつくることで、モジュール単位でデータにアクセスできるようになり、全体の複雑化を抑えて柔軟性を高められた。このような驚くほどの高速化を果たした開発サイクルと柔軟なITアーキテクチャのおかげで、ジーニアス社は頻繁にアップデートをリリースできるようになり、結果として、ユーザーからのフィードバックや新しい要望に迅速に対応できるようになった。

これほどまでに大規模な変革は、効果的な開発アプローチをとれるかどうかにかかっている。BTPN銀行では複数の職務横断チーム（スクワッド［訳注：製品責任者を中心とした部門横断チーム］）を編成し、厳格なアジャイル方法論に則ったアジャイル開発を行った。毎日チェックイン（振り返りを行うチームミーティング）を実施し、スプリントの計画・レビュー会議を定期的に行う。各スクワッドのリーダーは定期的にミーティングを開いて、次のスプリントで提供する機能の詳細や補足事項について話し合ったり、完成した製品の引き継ぎ事項に関する確認をしたり、問題解決のための議論をしたりした【59】。

まとめ：

- **顧客の希望に応えるにはITの徹底見直しが必要となることが多い**――最先端のITに投資することで、競合他社に差をつけ、デジタルネイティブと闘うことができる。

- **インフラ周りの作業を自動化する**――自動化により新規アプリケーションのデプロイが数分で終わり、労力が最小限またはゼロで済むようになった。

- **テクノロジーチームを補強する**――テクノロジー面で業界を牽引したいなら、テクノロジーチームを拡大する必要がある。IT人材採用と教育プログラムを幅広く実施する準備を進める。

Chapter 5

プロセス：どのように目的を達成するか？

Processes: How to Get Stuff Done

DX実施のプロセスについては、2部構成で話を進める。前半では、各戦略プロジェクトの実行方法とステージゲート式の開発プロセスについて説明する。後半では変革全体の理想的な進め方について、統制や運営方針に関するテーマも含めて説明する。

モデル事業による進め方が極めて重要な理由、変革を支援する監督機関、そして予算の割り振りと資金調達に関する対立の解決法についても見ていこう（図5.1）。

図5.1　How／プロセスの全体イメージ

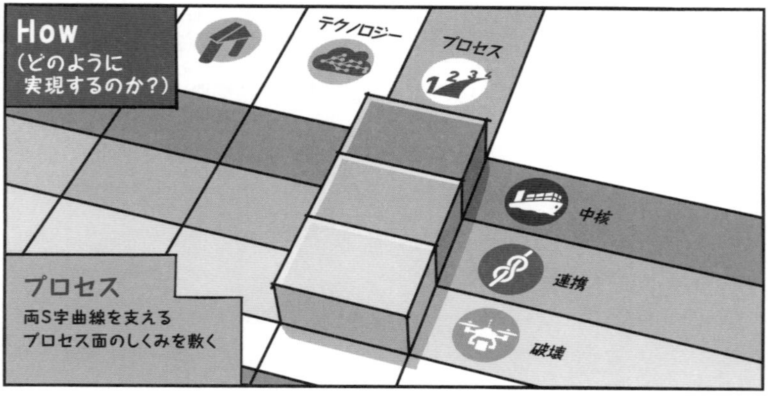

会社が抱えるプロセスの課題を認識する

DXのプロセスに関する問題の多くは、成熟企業とスタートアップの運営方法の違いに関係する。多くの場合、成熟企業はウォーターフォール開発手法で完璧な最終製品をつくりあげる。一方でスタートアップは、はるかに速く、また顧客ニーズに適合させる形の開発方法をとる。それに加えて、DXの実行は、必要な環境や統制方法の整備、さらには途中で発生する課題と障害において、他の変革プロジェクトとはまったく異なる。ここで、数多くの疑問が生まれる。

1つ目に、成熟企業が動きの速いスタートアップと張り合うには、スタートアップの特徴をいくつかまねして取り入れる必要がある。古い戦術では現代の戦を勝ち抜けない。では、すでに確立した開発習慣を完全に捨てないといけないのだろうか？　S1曲線ではとてもうまくいっていた「ウォーターフォール方式」をどの程度固持してよいか？　高速プロトタイピングや繰り返し検証の具体的なメリットはいったい何なのだろう？

2つ目に、新規ビジネスモデル開発は、初めての挑戦でいきなりうまくいくものではない。ではどうやって、戦略プロジェクトのパイプラインを整備し、VC的な新規事業アイデア評価方法を取り入れるのか？成功率を高める方法や、駄目なアイデアを早めに除外する方法はあるのだろうか？

3つ目に、規模拡大に成功しなければ、新規ビジネスモデルは失敗となる。社内スタートアップの成長と拡大を十分にサポートするには何が必要なのだろう？　社外の安全な拠点でデジタルプロジェクトを開始した場合、それをいつどのようにして中核事業と再統合するのだろう？ラボから離れたあとも、プロジェクトを確実に存続、成長させるためには、どうすればよいのか？

4つ目に、新しいものの開発にはリソースが必要だ。リソースの適切な割り振りはどのように決めればよいのか？　両S字曲線への予算配分など、予算のルールや指針を定める最善の方法はあるか？　それに加えて、統制や社内政治との関係も無視できない。プロジェクトの開始と進捗を監督するためにどのような意思決定機関が新たに必要だろう？　統制ルールは従来と同じでよいか、それともデジタルプロジェクトの自由度と柔軟性に合わせた新ルールが必用か？　特にＳ２曲線のプロジェクトには必要だろうか？

ＤＸに積極的に着手する

新しいアイデアの開発と立ち上げには、従来のウォーターフォール方式（最初のステップから順に直線状に進める）ではなく、デザイン思考、リーンスタートアップ、アジャイル開発などの高速で効率的な方法を採用する必要がある。どれも話題になり広く知られた言葉だが、それぞれの違いだけでなく、どのように組み合わせれば新規製品、サービス、またはビジネスモデル全体の開発を進めやすいかを理解しておくことが大切だ。

デザイン思考

デザイン思考は、枠組みとして整理された顧客中心の反復型プロセスだと考えるといい。共感、定義、アイデア創出、プロトタイプ、検証の５つのフェーズで構成され、**顧客の気持ちに寄り添い、顧客の抱える問題やニーズに注目するための手法**だ。ソリューションのアイデア創出、プロトタイプ、検証に利用でき、誤解されている問題や未知の問題に対して特に有効である。よって、デザイン思考は開発プロセスの初期に適している[1]。

リーンスタートアップ方式

リーンスタートアップのプロセスもまた反復型であり、新製品や新規事業の高速で効率的な立ち上げをサポートする。**顧客の発見と顧客の実証を交互に繰り返すスティーブ・ブランクの顧客開発手法に、アジャイルソフトウェア開発を組み合わせたもの**が起源である。リーンスタートアップの考え方は、さまざまな議論を呼んだことでも有名なエリック・リースの著書『リーンスタートアップ』（日経BP、2012）でより深く掘り下げられ、世界中に知られるところとなった。「構築・測定・学習」のサイクルをまわしつづけるのがこのプロセスの真髄だ。計画実行（「構築」）、データ収集とフィードバック（「測定」）、評価（「学習」）の各フェーズで企業の指針となる[2]。

目標は開発サイクルを短縮すること、新製品や新規事業案の立ち上げに要する時間とリソースを削減すること、そして効率的で高速な開発を実現することだ。新しいアイデアを継続的に検証、実現するための秩序だったアプローチと言える。これをうまく用いれば、企業は資金と時間を節約し、自社に収益をもたらす良質な製品や事業をつくることができる(自社にとっての真の価値を創出できる)[3]。

「構築・測定・学習」サイクルの最初のステップは、解決するべき問題を理解し、MVPの最初のバージョンを開発(または「構築」)することだ。このMVPはその後の学習プロセスの基盤として使われるが、そのためには顧客の抱える問題やニーズをしっかりと理解する必要がある。何が一番重要で何を測定したいのかを把握できれば、MVPを構築できる。MVPにより、創業チーム(起業家や社内起業家など)は、真の顧客ニーズに絞って初期版の製品開発を進められるようになり、不必要に初期版の製品をつくり込むことがない。

MVPを構築したら、測定と学習のフェーズに進み、微調整をしていく。目的は、系統立てて実験を行い、製品アイデアやビジネスモデルの各要素を実証することだ。リーンスタートアップを適用することで、企業は開発プロセスを劇的に短縮し、新製品や新規事業の開発に伴うリスクを大きく低減できる[4]。

アジャイル開発

リーンスタートアップでは制作プロセスの最適化に重きを置くが、**アジャイル開発では開発プロセスの最適化に注力する**[5]。煩雑なウォーターフォール型の開発手法と比べ、アジャイル開発にはプロセス面でメリットがある。新しい働き方を社内に浸透させ、業務構造を一新する起爆剤となるのだ。このプロセスが実際にどのようになるか、従来のやり方をアジャイルプロセスに変更する際に何に気をつけるべきかを、これから説明する。新しい働き方の基盤としてのアジリティ(敏捷性)や、新しい業務構造を体現するアジャイル組織については、**文化**の章(Chapter 8)で説明する。

アジリティの基本原則は単純だ。職務横断で自己完結型の小規模チームを社内に立ち上げ、特定の問題やビジネスチャンスを担当させる[6]。通常は各チームに製品やプロジェクトのオーナーを置き、目標達成に向けてチームを管理する。チームは課題を必ず小さなサブタスク（モジュール）に細分化し、想定される影響度や重要性などに基づいて優先順位をつける。作業はスプリント（1～3週間の短いサイクル）単位で実施し、途中段階のソリューションをつくる。全メンバーと全利害関係者に全プロセスを公開して完全な透明性を持たせ、課題は関係者との協力体制で解決する。この進め方によって妨げをなくし、部署を越えた協力体制を築くことができる[7]。実際の顧客と継続的かつリアルタイムで検証を重ねることで、早めに不具合を検知できるので、チームは製品の最重要機能に集中できるようになる。アジャイルプロセスの一番の強みは、設計と開発の統合である。長い製品要件リストに沿って細かな点を一つひとつ微調整していくのではなく、顧客の要件のみに集中して、ニーズの変化にすばやく対応する。

デザイン思考、リーンスタートアップ、アジャイルプロセスの関係性を考える最良の方法は、**それぞれを相互補完的なツールとみなすこと**だ。序盤のアイデア創出とプロトタイプのフェーズでは、成熟企業にはデザイン思考が適しているだろう。顧客の抱える真の問題を理解し、解決に向けて取り組む助けとなるからだ。アイデアの実現フェーズに入ったら、今度はリーンスタートアップがとても役に立つ。「構築・測定・学習」サイクルの繰り返しが、開発期間の短縮、リソースとリスクの低減、真の価値を生む最終製品の創造につながるからである。そして最後に、製品／サービスの段階的な繰り返し開発や改良の段階に入ったら、アジャイル体制の利点を最大限に活用できる。リーンスタートアップ手法は、デザイン思考とアジャイルを補完的につなぐ存在として大切だ[8]。このようにまとめたが、必ずしもこうした手法をウォーターフォール式に順序立てて使用し、アジャイルプロセスを必ず最後に使うという意味ではない。また、フェーズごとに別々のチームが担当可能という意味でもない。単一の職務横断チームが各種の手法を相互補完的に使うべきである[9]。

アジャイル手法は成熟企業にとって新しいものではなく、歴史ある企業でも広く取り入れられているが、一方でリーンスタートアップが流行しはじめたのは比較的最近で、取り入れる成熟企業がやっと増えてきたところだ。リーンスタートアップのプロトタイプと検証を繰り返すアプローチは、顧客に願望（「ああ、いい製品だね、買ってもいいかな」）をもたらす製品を、本当の購買意欲（「うわあ、これは素晴らしい。お金を出すからとにかく買いたい」）をもたらす製品へと引き上げてくれる。こう述べるのは、自動車部品メーカーのオスラム・コンチネンタル社CEO、ダーク・リンツメアー氏だ。3Dプリンティングのような最新の生産技術の登場で、ハードウェアのプロトタイプも以前よりも楽に低コストで作成できるようになった。自社製品に対して実際に要望があれば、簡単に検証できるのだ。「リーンでアジャイルな製品開発プロセスによって、知識獲得が加速し、製品開発における不透明性が劇的に減少しました」と、リンツメアー氏は話してくれた【10】。

取材では、併用型のアプローチをとる成熟企業が多く見られた。S２曲線にはリーンとアジャイルを取り入れたプロセスを用い、S１曲線では従来のプロジェクト管理プロセスを維持する。中核事業をデジタル化する活動では、デジタルツールや新しいやり方がプラスに働くと思われるが、繰り返し型の実験的なプロセスは必ずしも必要ではない。だが、S２曲線で新しい破壊的な（デジタル）事業を立ち上げる活動では、これらの新しい手法を活用することで無駄を省き、不透明性を減らすと同時に、チームを価値創造と顧客ニーズに注力させる効果がある。

ほかには、リーンとアジャイルの要素を全社に段階的に取り入れるという手もある。大企業に多いのは、まずは組織の一部（IT部門が多い）にアジャイル体制を導入し、その成功を確認したあとで広く社内に展開するパターンだ。まさにこの方式を選んだのがオランダの銀行、ING社である。この章の最後で事例を紹介しているので参照してほしい。ここからは、各種の手法が実際にどのように導入されているか、そして成熟企業が「イノベーションファネル」を使って各プロジェクトのポートフォリオをどのように管理しているかを見ていこう。

おおまかに言って、戦略プロジェクトの開発は３つのフェーズに分けられる。（1）アイデア創造、（2）育成、（3）市場投入だ（図5.2）。

図5.2　イノベーションファネル

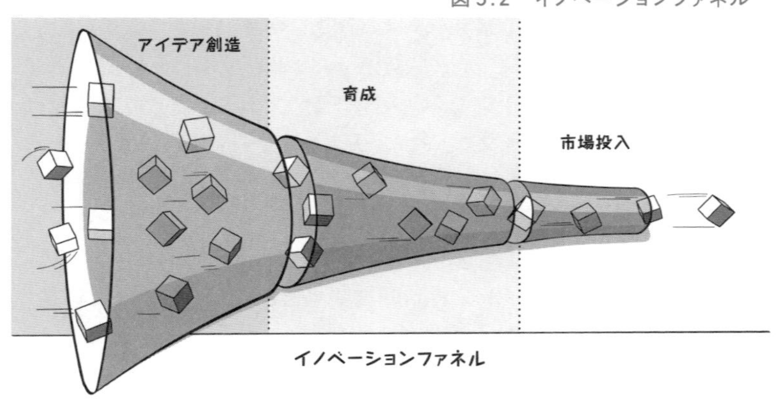

アイデア創造フェーズ

この最初のフェーズで、**利用シナリオ案や新規事業案を集める。**アイデア創出プロセスは、デザイン思考セッションやアイデア創造ワークショップ、全社のブレインストーミングなどの形をとることが多い。スイスの健康・美容ケア製品メーカーのミベール社（Mibelle）は、「ラピッドインプルーブメントイベント」を定期開催している。これは部署混成チームで協力し、課題に対するアイデアやソシューション案を生み出す5日間のプログラムだ。課題はCEOが事前に設定する。プログラムの終わりには必ず各チーム20分間のプレゼンテーションでアイデアを発表し、全従業員が観客となって感想や意見を返す[11]。同様のアイデア創造イベントを実施するほかの企業では、提案の応募数が多い場合には、あらかじめ設定した基準で事前審査を実施している。事前審査を通過した各チームのアイデア発表をもとに、委員会（のちほど説明する）が次のフェーズに進むプロジェクトを選定することも多い。VC的な方法で戦略プロジェクトの将来性を評価し、アイデアを選定する。DXを始めたばかりなら、モデル事業プロジェクトの選定が最優先となる。つまり、企業の変革の段階によってアイデアの選定基準は変わり得る。

アイデア創造フェーズは、**What**の章（Chapter 2）で紹介した「ビジネスモデル・ナビゲーター」のフレームワークでは最初の設計フェーズに含まれる。事業環境の分析から、ビジネスモデルイノベーションや戦略プロジェクトの全体設計までの各ステップについては、Chapter 2で説明している。アイデアの実現に向けた実際の活動は、次の育成フェーズから始まる。

育成フェーズ

ここでは**新しいアイデアを育成する。**リーンとアジャイルの考え方をここで活用しよう。小規模なチームで、製品／ソリューションのパイロットを市場に投入できるレベルになるまで発展させる。ラボやアクセラレーター、インキュベーターの環境で、外部からの干渉なくアイデアの育成、改善を進めることが望ましい。こうした環境なら、デジタル専門知識やインフラ、資金面のサポート、そのほか役立つ資源がそろっている。進捗状況を評価する標準ステージゲートでは、さらに短い下位フェーズに細分化されることが多い。ステージゲートの各ステージの違いは注力対象である。前半のステージでは、実現性のあるアイデアの開発と顧客に価値提供できる最初のプロトタイプ作成に主眼を置く。後半に入ったら、製品／ソリューションの信頼性とパフォーマンスの向上に主眼を移す。プロダクトマーケットフィット、事業の拡張性、持続可能な収支計画などのテーマがより重要となっていく。

アルピック社

スイスの大手発電事業者のアルピック社は、「イノベーションフレームワーク」と名付けた6ステップの開発プロセスを確立した。第1ステップでは、「ひらめき起案者」と呼ばれる人たちが自分のアイデアを資料1ページにまとめ、委員会の前で15分間のプレゼンテーションを行う。第2ステップでは、検討を進めるアイデアを委員会が決定する。この最初のステージゲートで用いられる選定基準は、アイデアの革新性と中核事業との相乗効果を生む可能性だ。最初のステージを通過したアイデアは、企画を詳細化し、2つ目のステージゲートで評価を受ける（第3ステップ）。今回のゲートでは、ひらめき起案者が30分間で開発と検証フェーズについてプレゼンテーションを行い、質疑に答える。このステージゲートを通過するとアイデアは検証フェーズに入り、ここで実証実験を実施する（第4

ステップ)。次の第5ステップでは新たなステージゲートとなる会議が開かれ、経営陣が実証実験の結果とその製品の収支計画について議論する。ここで経営陣は次の3つの問いをチームに投げかける。このプロジェクトは利益を生むか(投資回収できるか)? 製品に関する懸念点は、社内の既存知識をもとにすべて解消できるか? 市場への適合性に関する疑問すべてに検証フェーズで答えを出せたか? この3つ目のステージゲートを通過したプロジェクトが設計スプリントとアジャイル開発フェーズに入り、市場に投入できる製品の開発が始まる。

先ほどの3つの問いすべてに対し前向きな答えが出るまで、最後のステップ(検証ステージ)を繰り返すか、外部の専門家に答えを出すための相談に乗ってもらう[12]。

市場投入フェーズ

アイデアが市場に投入できるレベルまで育ったら、これまでの安全な環境から出てどこかに居場所を見つけなければならない。つまり、**市場投入準備の整ったイノベーションは中核事業に再統合するか、(特にS2曲線は)独立した新会社や事業部門として分離する必要がある。**再統合は中核事業と協力して開発したS1曲線のプロジェクトに適した手段で、今後のプロジェクト開発の責任者は中核事業から選出する。分離や新会社の設立は、通常はS2曲線のプロジェクト、なかでも新規ビジネスモデルと既存事業との共通点がほぼない場合に適している。プロジェクトの成長と規模拡大は、多くの成熟企業がつまずくところだ。

まさにこの市場投入フェーズで、成熟企業(またはS1曲線)の安定したプロセスと構造が強みを発揮する。さらに、イノベーションの成果物が安全な環境を離れたらすぐに、追加資金の投入が必須となる。これにより、新規イノベーションやビジネスモデルの能力が最大限に発揮され、最初の投資回収にもつながる[13]。

枠組みに沿った開発アプローチを適切に実施すれば、事業アイデアから本物のプロトタイプ完成までをほんの2、3ヵ月で終えることもできる。ここで解説した3つのフェーズは、あくまでアイデア創造から市場投入までを描いた汎用的なプロセスである。自社独自のアプローチを開発する企業も多い（アルピック社がよい例だ）。とはいえ、汎用的なプロセスに沿って、育成フェーズの前半では社内アクセラレーター（起業支援）プログラムを活用し、その後、社内インキュベーター（育成）プログラムを活用するという手順で成功した企業を、私たちはいくつも見てきた。一般的に社内アクセラレーターでは、最初のプロトタイプを構築する際の指針を示し、テクノロジー面のノウハウ、戦略、ビジネスモデル開発支援を提供し、さらに顧客開発やリーンスタートアッププロセスの指導も行う。

一方で社内インキュベーターでは、ラボ内のスペース、共用サービス、法務関連の助言、そのほか戦略やビジネスモデル開発に対する支援を行う。社内インキュベータープログラムを卒業したアイデアは、基本的には市場投入フェーズに入る準備ができているという意味だ。この段階か、状況によってはもっと早い段階で、成熟企業はアイデアを既存の中核事業に再統合するか、独立した新会社や事業部門を立ち上げる（つまり分離する）かを判断する。中核事業との類似性、相乗効果の可能性、衝突の可能性がこの判断の重要な基準となるだろう。**ここで留意すべき点は、新規ビジネスモデル案を必ず成功事業として発展させられるわけではない（むしろほとんどが失敗する）ことだ。**私たちが取材した成功を収めた成熟企業はみな、この点を十分に認識していた。だからこそ社内スタートアップを定期的に評価し、必要に応じてプロジェクトを却下したり終了させたりもしていた（図5.3）。

実例をさらに見ていこう。

図5.3　アイデア創造フェーズ、育成フェーズ、市場投入フェーズ

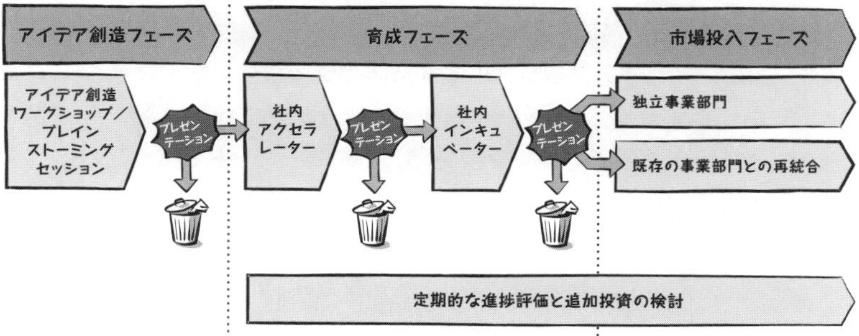

スイスコム社（Swisscom）

スイストップクラスの通信事業会社のスイスコム社は、3ステージからなる開発アプローチを新設して、イノベーションを探求する文化を育て、社内起業家と社外組織を結びつけようとしている。

社内起業部門責任者のデイヴィッド・ヘンガートナー氏が、スイスコム社でのキックボックス（Kickbox）のしくみを教えてくれた。「当社は、社外のパートナーや顧客と協力し合うという『社内起業活動の分散化』を目指し、3ステージからなる新しいアプローチを通して『イノベーションのイノベーション』に取り組んでいます。第1ステージは「レッドボックス」です。よいアイデアを持つ従業員なら誰でもレッドボックスに応募できます」。レッドボックスを獲得した申請者が得られるのは、事業資金1,000スイスフラン（訳注：約12万円）、2ヵ月のあいだ勤務時間の2割をベンチャー事業に充ててよいとする人事部からの正式な許可、イノベーションの専門家の連絡先、そのほかイノベーションプロセスに役立つヒントや戦略知識、ツールである。「デジタル事業部門の審査員か社内のほかのスポンサーの前でプレゼンテーションができるレベルになるまで、2ヵ月間でアイデアを磨き上げます。プレゼンテーションを行い、次の段階へ進めてよいと判断されるとブルーボックスがもらえます」とヘンガートナー氏は述べる。ブルーボックスとして得られるのは、追加資本1万～5万スイスフラン（訳注：約120万～600万円）、相談相手となる専門家／コーチ／メンター、チームのアイデアを洗練するためのワークショップへの参加、それから勤務時間の2割を充てられるルールの6ヵ月間の延長だ。このあいだに顧客と連携して実証実験を実施する。「実証実験の結果がよければ、最後のボックスとなるゴールドボックスがデジタル事業部門の資金提供者から授与されます。追加資金10万～50万スイスフラン（訳注：約1,200万～6,000万円）を獲得でき、勤務時間の100パーセントを費やして事業の規模拡大に取り組むことが許され、独立企業として分離する可能性もここで生まれます。当社としては、1年にゴールドボックス2つを贈呈することが目標です」と、ヘンガートナー氏は誇らしそうに話す。ゴールドボックスを授与されると、ビジネスエンジェル（訳

注：ベンチャー事業に投資する裕福な個人）やベンチャー投資家への紹介、海外のアクセラレーションプログラムへの参加など、追加支援も得られる[14]。

ビューラー社

スイスの総合テクノロジー企業ビューラー社のCTO、イアン・ロバーツ氏は、同社の主要な戦略目標を達成するソリューションを従業員チームが提案する社内プログラム、「イノベーションチャレンジ」の創始者だ。

「イノベーションチャレンジのおかげで、当社はほかの従来型の企業と比べてずっと、ネットワークを使って考えることができるようになりました」とロバーツ氏は語る。世界各地のさまざまな部門の従業員で混成チームを組み、当社の顧客の抱える問題に対処するアイデアを開発する。「昨年のテーマはエネルギー浪費に対するデジタルソリューションでした。それより前にも、持続可能性に関する当社のビジョンを実現するデジタルビジネスモデルを題材としたことがあります」。イノベーションチャレンジは、ビューラー社のトップリーダー100人が集まって毎年1月に開催するキックオフミーティングから始まる。そしてイノベーションチャレンジの対象範囲を詳しく伝える動画とウェブサイトが各部門に配信される。そこから6週間以内に各チームから最初の提案を提出する。「その後、われわれが全地域をそれぞれ1日ずつかけてまわり、代表者たちのプレゼンテーションを聞きます。そこから成功が見込めるアイデアをいくつか選抜します」とロバーツ氏。選ばれたアイデアは全社に向けてオンラインで発表され、世界中の従業員が内容を確認し、コメントを返してアイデアの改良に貢献する。もしくはアイデアを実現するチームに志願することもできる。最終候補となるアイデアは従業員の投票で決める。票数を多く得た上位数チームがビューラー社本社のあるウツヴィルに集まり、4日間のトレーニングを受けたあと、最終審査員の前で最終プレゼンテーションを実施する。ロバーツ氏も最終審査員の1人だ。最終的には毎回約8チームのプレゼンテーションを聞いて、資金を投入し、今後も支援を続けるプロジェクトを選定する[15]。

総合テクノロジー企業H社

H社のイノベーションサイクルは、デジタル部門で定期的に実施されるアイデア創造ワークショップから始まる。そこで出たアイデアを、「ステージゲートミーティング」でプレゼンテーションを発表する。最初のステージゲートでは、起案者が委員会の前でアイデア、市場環境、市場の将来性の評価結果を発表する。

最初のゲートを通過したら、アイデアを具体化する（図5.4）。製品の機能を具体化し、効果をより細かく予測して、ターゲット市場とポジショニングについて最初の仮説を立てる。2つ目のゲートを通過したアイデアは、実際のパイロット顧客を相手に最初のMVPを開発する開発フェーズ（前述の育成フェーズにあたる）に入る。3つ目のゲートを通過したアイデアは、プロダクトマーケットフィットの最適化と検証を実施する第2開発フェーズに入る。これを無事終えると、事業規模拡大と製品の本格開発に取り組む最後の2つのステージに進む。

各ステージゲートでは、次のフェーズで必要となる追加リソースを委員会が決定する。リソースには予算、人材、追加する期間、専門技術、デジタル技術などが含まれる。イノベーションの序盤では、中核事業部門のプロジェクト責任者は勤務時間の2割しか割くことができないため、デジタル部門がデジタルリソース（たとえばユーザーエクスペリエンス／ユーザーインターフェイスの開発者など）を提供してかなり深く関与する。だが、第3ステージゲートを越えると状況が変わり、チームは勤務時間の最低8割をプロジェクトに充てる。そこまでしなければ次のゲートを通過できず、プロジェクト中断となる。

当初はイノベーションの序盤から長時間従事するよう担当チームに要請したが、すでに通常業務で多忙なため、うまくいかなかった。メンバーの多くは中核事業に深く関与しているため、新規プロジェクトに100パーセント従事することは単純に不可能だったのだ。ステージゲートミーティングは社内YouTubeチャンネルで放映され、全従業員が視聴を推奨された。これで透明性を確保でき、全部署がプロジェクトを見守ることができたため、社内全体に受容する雰囲気が生まれ、既存事業との相乗効果の発見にも役立った[16]。

図5.4　ステージゲートアプローチ

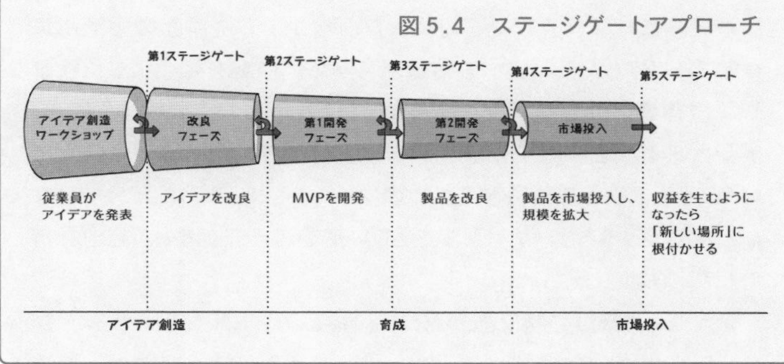

スイスで家電製品市場を牽引するV-ZUG社は、S2曲線のプロジェクトが最終ステージゲートを通過して承認を得るまでの波乱の旅路について語ってくれた。

V-ZUG社

V-ZUGサービス社の代表取締役ユリアン・シュベルト氏が、最初に独自のアイデアをCEOに発表したとき、自分がどれほどの汗と涙を流すことになるかなど想像してもいなかった。

新規デジタルビジネスモデルを構築するというシュベルト氏のアイデアは、中核事業にとっては深刻な脅威だった。それというのもB2Bモデルを部分的にB2Cモデルに変更する案だったからだ。中核事業は主要な流通パートナーに大きく依存していたこともあり、よくわからない新規ビジネスモデルと社内競合する可能性を懸念した。そして、数十年も市場のトップに君臨してきた企業が、なぜ利益になるかもわからない新案のために中核事業をリスクにさらさなければならないのだ、というもっともな疑問もあった。

こうした懸念を解消しないことには、新規ビジネスモデルが十分な支援も後ろ盾も得られないことは、シュベルト氏には明らかだった。「懐疑的な人は最高のサポーターです。その人の質問に答えられないなら、アイデアごと取り下げることも考えるべきでしょう」と語るように、シュベルト氏は懸念を投げてくる相手を敵と捉えるのではなく、疑念から生じる質問は不確かな部分を消していくよい機会だと捉えた。

挙げられた懸念点には一理あった。なかでも法律面の懸念点にはとりわけきちんと対処する必要があった。顧客を相手にした検証や、法律面の助言は、シュベルト氏がアイデアの実現性を判断し、需要があるかを評価する助けとなった。1つずつ懸念点をつぶしていくことが、役員を説得するためのマイルストンとなっただけではない。プロジェクトオーナーとして正しい道を進んでいると、自信を持つ材料にもなった。

シュベルト氏は当時を振り返って、枠組みとして整理されたアプローチ、生産的な議論、明確な計画という3点が、社内の人を説得する成功要因だったと語る。成熟企業は失うものが大きい。評判、顧客からの信頼、確立した流通チャネルなどを失うリスクを抱えている。何年もかけて（V-ZUG社の場合は107年）築き上げてきたたくさんの財産が、社内スタートアップの誤った判断のせいで損なわれるかもしれないのだ。シュベルト氏が会社を説得するには、明確な行動計画が必要だった。しかし、それはアジリティと本質的に両立不可能ではない。V-ZUG社のイノベーション部門には革新的なアイデアを探究するよう指示が出され、ラピッドプロトタイピングと検証のアプローチも取り入れたが、これは何よりも先に主要な仮説の検証と重要な懸念点の解消をしたからこそだったと言える[17]。

どちらのS字曲線が対象だとしても、中核事業の従業員が本業の傍らでデジタル計画に従事する場合は特に、アイデア開発と検証にはきちんと整理された開発アプローチを使うとうまくいきやすいと、イノベーションの専門家であるハラルド・ブロッドベック氏は話す[18]。共通言語の使用が推進され、どのように進めるべきかの相互理解が深まるというメリットがある。

DXを積極的に推進する

ここまで、1案件ごとの戦略プロジェクトの実行プロセスについて話をしてきた。ここからは、成熟企業がどうすればDX全体（DXに関連する取り組みすべて）をうまく運営できるのかを、管理体制、社内政治、資金投入判断などの重要な点を含めて説明する。

成熟企業は、まずはモデル事業プロジェクトから着手し、最初の一歩としてすばやく勢いをつけるべきである。よいスタートダッシュの大切さを侮ってはいけない。最初のプロジェクトは、その後続く計画すべての方向を定めるからだ。

> 最初のアイデアが大きく失敗すると、取締役会は今後のプロジェクト全部に対して懐疑的になります。扉を閉めるのではなく開けなければならないという点で、モデル事業プロジェクトの責任は重大です。
>
> ――V-ZUGサービス社代表取締役　ユリアン・シュベルト氏[19]

> 出だしが肝心だと、われわれは認識していました。だから序盤に時間を割いて、一番成功を見込めるシナリオ選びだけでなく、デジタル化計画を支援する意思とやる気のある人材選びも、注意深く進めました。
>
> ――BASF社デジタル事業促進部長　サミー・ジャンダリ氏[20]

> まずモデル事業プロジェクトを各事業部門で始めることが、成功を実証するためにも、事業の中身を可視化するためにも、重要だとわかりました。
>
> ――GEデジタル社（GE Digital）欧州法人前最高商務責任者
> デボラ・シェリー氏[21]

企業が早い段階で成功を社内に示すことができれば、熱意と刺激が社内に広がるだろう。意識を喚起し、受容と支援を得るためにも、最初の一歩は大切だ。短期間での成功は資金の節約になり、中核事業の重要な人材を早めに解放できるというメリットもある【22】。だからこそ、どのプロジェクトをモデル事業とするかを慎重に考えなければならない。また、資金の配分、高いスキルを持つデジタルチーム（トップにCDOを置くことが多い）、適切な組織環境、そして適切な管理体制についても考える必要がある【23】。このあたりを詳しく見ていこう。

モデル事業の選定

優先事項がまったく異なるため、どのプロジェクトをモデル事業にするかの選定基準は、DXが軌道に乗った段階でプロジェクトを選定する基準とは大きく異なる。BASF社の事例がこれをよく表している。

BASF社

BASF社がDXに着手した当初、同社の狙いは全社に広く刺激を与えることだった。プロセスが進むうちに、目標は従業員を刺激することから、影響を及ぼすことに変わった。しかし、モデル事業プロジェクトを選定する適切な基準を見つけるのが難題だった。プロジェクト運営チームは最適な選定基準についてじっくりと話し合った。潜在的な利益額や成長見込みなどを含む事業シナリオの妥当性は短期と長期のどちらを見るべきか？　すでにデジタル成熟度の高い事業部門で始めたほうがよいのだろうか？　むしろ、収益性の低い事業部門を選んでデジタルの成功事例が強烈なアピールとなるようにしたほうがよいのだろうか？

最終的に、これらの選定基準は明確な基準としても選択の指針としても使えなかった。「選定基準に正しいか間違っているかなどないことに気がついたんです。ほとんど宗教論争のようなものでした」と、デジタル事業促進部長のサミー・ジャンダリ氏は述べる。影響度の「正しい」基準を定めるのではなく、一番協力的でリーダーシップをとる意欲のある事業部門とプロジェクトを選ぶことにしたのだ。「意欲と結びついていること」が、BASF社全体に刺激と学びを創出するにあたっての一番大切な軸となった【24】。

DXの最前線で指揮を執ることに意欲的な事業部門長が複数いるという恵まれた状況ならば、もう少し厳格な方法でモデル事業を選定してもいいだろう。

スイスとスウェーデンを拠点とし、エネルギー、産業オートメーション、ロボティクスなどに主軸を置く総合テクノロジー企業のABB社がよい例だ。ABB社では、アイデアがモデル事業プロジェクトに適していると認められるまでに、いくつかの条件を達成しなければならない。まずアイデアが革新的で、実際の顧客からのフィードバックで検証可能であること。次に職務横断で、さまざまな部署の従業員でチームを組む取り組みであること。そして、市場提供可能なソリューションのMVPを6～9ヵ月で開発可能であること。最後に、デジタルテクノロジーの要素が含まれること（たとえばAI、AR、ブロックチェーン、そのほかABB社が関心を抱いているテクノロジー）。こうした選定基準があれば、モデル事業が単なるデジタルのモデル事業でなく、会社全体がアジャイルな体制に向かうための重要な一歩となることを担保できる【25】。

戦略プロジェクトをポートフォリオとして管理し、最も成功を見込めるアイデアから着手して、早い時期で成功させるのが重要だ。だが、ポートフォリオアプローチが役立つのは序盤だけではない。変革を成し遂げるまでの全工程を通してポートフォリオを維持する必要がある。ポートフォリオは、適切な利害関係者（特に取締役会）に進捗状況を伝えるツールとしても役に立つ【26】。

管理体制

成熟企業は意思決定を担うデジタル委員会などを設置して、両S字曲線の戦略プロジェクトのパイプラインについて、そしてどこでどのように実施するかについての決定権を持つ人物を集める必要がある。戦略プロジェクトの開発を完全に社内で実施するか、外部支援を得るかの決定もこの委員会で行う。

この委員会が監督機関、つまりDXの取締役会として、定期的に変革の全体的な進捗を確認し、評価する。デジタル活動が全社的なデジタル戦略から外れないよう、全社デジタル部門（名称は組織体制によって異なる）の活動を管理する。委員会はさらに、新興テクノロジーのトレンド、進行中のプロジェクトの進捗状況、今後の戦略プロジェクトのパイプラインについても常に報告を受ける。デジタル部門とともに定期的に戦略の見直しを行い、必要に応じて方向性や進行速度に変更を加える。動きの速い業界では、戦略と変革計画の両方を定期的に見直し、調整する必要があるだろう。戦略プロジェクトの実行だけではなく、計画策定もいっそう敏捷に、幾度も繰り返し行うようにする[27]。

V-ZUG社では、DXの序盤には、デジタルプロジェクトのパイプラインに関する決定を行う専任の意思決定機関が存在しなかった。同社にあったのは、真のデジタルイノベーションというよりは改善の決定を行う研究開発部門だけだった。そこでV-ZUG社は、研究開発部門とはまったく別分野の能力を持つ人材を集めた、デジタル活動を管理する運営委員会を新設した。委員会は全社のデジタルプロジェクトの分析、優先順位付け、管理を担った。V-ZUG社の代表取締役ユリアン・シュベルト氏は、この組織を編成する過程は困難の連続だったと述べる[28]。組織の人員入れ替えや必要な能力の再定義はもともと簡単ではないうえ、執行委員会と取締役会にも影響を及ぼすので、さらに作業が複雑化した。V-ZUG社のような歴史ある大手企業で新しく意思決定機関を立ち上げる際に要する時間と労力を、決してみくびってはいけない。

資金調達と予算配分

最初の時点では、予算に関する議論と中核事業部門からの拠出を避けるためにも、成熟企業のモデル事業の資金は全社共通予算から出すとよい。多国籍照明メーカーのオスラム社がDXをはじめたとき、各中核プロジェクトの資金調達を個々の事業部門の責任とした。しかし、これは終わりのない厄介な事業損益の議論を呼ぶばかりで、しくみとしてあまりうまく機能しなかった。そこでオスラム社は戦略プロジェクトへの資金拠出を徴収制にした。つまり、全体予算に毎年一定金額を供出することが各事業部門に義務付けられた。これはあとで、急を要するDXニーズや各部門に適したDX事業アイデアといった形で事業部門に還元される。イノベーショングループの前シニアバイスプレジデント、ソーステン・ミュラー氏はこう述べる。このアプローチに切り替えると、各部門は変革プロジェクトへの資金拠出をどうにか避けようとするのでなく、プロジェクト内容や全事業部門で変革を推進するための最善策について議論するようになり、当初よりもはるかにうまく機能した。資金集めの新方針は社内で好意的に受け止められ、見返りとなる変革もすぐに各部門内で効果をあげはじめた【29】。

初期のモデル事業プロジェクトが成功したら、今度は全体予算と各部門の予算からバランスよく資金調達する方法に変えてもよい。実施地域や目的に応じてプロジェクトを分けて考えると、議論を行いやすい。そのプロジェクトが中核事業と近い内容か、新規ビジネスモデルに的を絞ったものか、もしくは両S字曲線に役立つ一般的なデジタル能力への投資かによって、それぞれ異なる規定や指針を持つ企業がほとんどである。

1 **中核事業に近い戦略プロジェクト**：この類いの活動は事業部門固有のものであることが多く、通常は中核事業部門が後援組織となって資金やそのほかのリソースを提供する。中核事業部門のデジタル化への意欲をさらに高めるために、全社デジタル部門のサービスを無償提供する成熟企業もある。その場合、中核事業は自部門のリソースにのみ資金を投じればよく、全社デジタル部門からデジタルスキルを持つ人材を借りる費用は請求されない。

2 **中核事業とは大きく乖離した戦略プロジェクト**：新規（デジタル）ビジネスモデルはたいてい昔からある事業部門から大きな関心は得られない。資金提供を依頼してもよいが、承諾してもらえる可能性は低い。だからこの類いのプロジェクトには、全社予算から資金を拠出する。予算規模については、会社全体の戦略と優先度を反映し、デジタル委員会が決定する。

3 **一般的なデジタル能力とテクノロジー**：DXに着手したての頃に特に言えることだが、基本的なデジタル能力への投資も必要だ。具体的な投資の内容と規模は、現在のデジタル能力と自社のデジタル化目標との差異による。分析能力とデータ能力の構築に相当な投資を要する企業が多い。両方のS字曲線の目的達成に役立つ資産であり、全社予算からの資金拠出が理にかなっている。

利益を享受する組織が費用を負担するというのが基本的なルールだ。追加投資に関して言うと、S１曲線のプロジェクトに必要な額はたいてい事前に予測できる。たとえば、中核事業部門が顧客用インターフェイスをデジタル化するケースなら、デジタル部門に支援を依頼して必要となる工数を見積もってもらえるだろう。しかしS2曲線の場合は繰り返しのサイクルを経て開発するため、投資プロセスと開発プロセスを連動させる必要がある。つまり、**投資は少しずつに分けて、マイルストンを達成したときにのみに資金を投入する。**S2曲線の評価や投資の方法については、成熟企業はVCのやり方を取り入れるといい。投資の判断を、VCがスタートアップを評価する際の基準（つまりチーム編成、市場の将来性、ビジネスモデルの実現性など）に倣って行うのだ。成熟企業で新規（デジタル）事業を構築するには並々ならぬ忍耐力と根気が必要となる。その対策として、不明瞭な部分を早めにつぶし、市場での実現性が証明された場合のみ多額の投資を許可する、ステージゲートの開発（と投資）プロセスを実践する。

デジタルチームのサポート

よくある問題として、従来型の企業は起業家精神を求めながらも、いざというときには起業家精神のある行動を支援したがらない、というものがある。取締役会はリスクを伴う社内起業を報奨制度で奨励するべきだ（これについては**リーダーシップ**、**人材**、**文化**の章［Chapter 6 ～ Chapter 8］で詳しく説明する）。全社的な奨励がなければ、能力ある人材はリスクをとらず、デジタルチームにわざわざ参画しないだろう。

> デジタルテーマを『会社の未来』と呼ぶなら、そのテーマを尊重して適切な支援をするべきです。デジタルチームに十分な後ろ盾と自由が与えられなければ、どんなデジタル活動も『イノベーションごっこ』で終わってしまいます。
>
> ――エースクラップ社社内起業&共創部長
> ゾレン・ローインガー氏[30]

デジタル化が本当にこの先何年にもわたる最重要な戦略テーマなら、実行委員会は会社で一番実力のある人材を招集してテーマの重要性をしっかりとアピールし、出だしから活動に勢いをつけるべきです。能力のある人はそもそもリスクの高いキャリア変更を好まないので、委員会の後押しがなければなおさら参画してくれないでしょう。これを解決するには、委員会が信頼を得て、テーマの重要性について発信し、能力ある人材を集め、そして支援してあげなくては。

——大手ディスカウントストアI社　CDO[31]

経営上層部の後押しは絶対に欠かせません。後押しなしには企業のデジタル変革は無理です。上層部が理解してくれないので変革したくても予算が下りない、社内で協力も得られないと、くじけそうになって私のところに来る人が本当に多いんです。

——GEデジタル社欧州法人前CCO　デボラ・シェリー氏[32]

デジタルチームには何をどこまで許可するべきだろう？　どの程度の自由が必要だろうか？　そして基幹部門と異なる統制ルールがなぜそれほど重要なのだろう？　中核事業のプロセスに従うようデジタルチームに強制すると、生産性を下げるうえ、スピード感もすでに構築したはずのイノベーション力も損なわれてしまう。これを避けるには、さまざまな側面で自由と自律性を与える新しい規則をデジタルチーム用につくる必要がある。1つ目に、新しい財務規則が必要だ。短期間で収益をあげろという圧力は、社内ベンチャー事業の長期的な成功を妨げるような決断へと社内起業家を導くだけだ[33]。経営陣は、従来の事業とは異なるKPIと達成目標を用いなければならない（**Where**の章［Chapter 9］で詳しく解説する）。

2つ目に、デジタルチームに対してはコンプライアンスと統制プロセスを緩和する必要がある。従来の規則と手順すべてに従うよう要求しないこと。どうしても要求するなら、デジタル能力を持つ人材がパニックを起こしてついに逃げ出したとしても諦めることだ。これはＳ２曲線の序盤、つまり新規ベンチャー事業のために「最低限の統制要求」を敷くときに特に重要となる。

3つ目に、デジタルチームには新しい意思決定体制を取り入れる必要がある。敏捷性を活かすためにも、経営陣は開発チームに権限を委譲すること。興味深いアプローチを選んだ例として、BASF社が挙げられる。同社はアジャイルプロセスを社内に導入するとともに、特定の人や組織が——経営幹部でさえも——アイデアの良し悪しを評価してはいけないと決めた。アイデアが成果につながりうるかを評価してよいのは、市場からのフィードバックだけ。取り組みの最初から市場を直接見据えて、実際の顧客を相手に検証を行うことを全員が余儀なくされた[34]。

規則無しもよくない。別の規則を設けるのだ。成熟企業は、デジタルチームに与える規則と自由の程よいバランスを見つけ、デジタルチームと中核事業との衝突が起こらないようにしなければならない。

再統合と規模拡大

これも、DXのプロセスでありがちな悩みだ。ここでも同様に、2本のS字曲線でやり方が異なる。S2曲線のほうが悩みは深刻だ。S1曲線のプロジェクトは中核事業に近いことが多いため、プロジェクトが中核事業に引き継がれたあとの調整や変更は小さくて済むだろう。そもそも、S1曲線のプロジェクトは中核事業の従業員をしっかりと関与させ、緊密に協力し合って進める必要がある。のちに問題が発生するのを避けるためにも、できる限り序盤から協業することをおすすめする。中核事業の従業員を早めに関与させれば、プロジェクトの引き渡しや本社への統合がかなり楽になる。チームに参画する中核事業の従業員は、中核事業側に戻ったときにもプロジェクトを却下することなく支援し、推進してくれるだろう。プロジェクトが完了したら、中核部門は学んだことを活かして、全社デジタル部門からのサポートに頼りきりになることなく、自力で新しいしくみを動かしていくことができる。つまり長い目で見ると、**デジタル能力が中核部門に統合され、中核部門の従業員は自力で新しい活用シナリオを生み出せるようになる。**

S2曲線（と中核事業から切り離して開発されたS1曲線）のプロジェクトに関しては、問題は少し厄介だ。デジタルプロジェクトを成熟企業の中核部門に再統合するとなると（たとえば、ラボや独立したデジタル事業部門で開始されたＳ１曲線のプロジェクトを中核に戻す場合）、大きな課題が発生する。デジタルプロジェクトを新会社として独立させる段階に進んだときにも（たとえば、中核事業と共通点をほぼ持たないＳ２曲線のプロジェクトで市場が成熟したとき）同様の課題が発生する。私たちの調査から、２つに共通する課題があらわになった。

１つ目に、プロジェクトをラボやインキュベーターなどの安全な環境から別の場所に移すとなると、チームの体制が変わることが多い。製品責任部門が全社デジタル部門から中核事業へと変わったり、特定の業務の責任が、全社デジタル部門の専門家から中核部門の従業員へと引き継がれたりする。担当者の変更は勢いを殺し、チームの原動力にマイナスの影響を与えかねない。たとえ移行計画をよく練っていたとしても（担当者を重複させる期間を設けるなど）、チームの生産性が落ちる可能性はある。

２つ目に、デジタル活動が中核事業に再統合されると、活動の優先順位が下げられることが多い。予算と注目をほかのプロジェクトと取り合い、順番待ちの列に並ぶはめになる。意思決定サイクルは長くなり、プロセスに敏捷性はなくなって、進行速度が大きく落ちる。

３つ目に、プロジェクトが中核事業の旧型システムに紐付けられると、問題はさらに増える。中核部門への再統合に合わせて、プロジェクトは旧型システムへの準拠、または旧型システム上での運用を強いられることが多い。すると、成長や規模拡大ではなく、テクノロジーの統合と検証に膨大な時間を費やすことになる。さらに悪いことには、チームは突然全社共通のリリースサイクルに縛られることになり、それまでの日次や週次のアップデートがかなわなくなる、と資産運用のグローバル企業、アリアンツ・グローバル・インベスターズ社ＤＸ担当部長コンスタンティン・スパイデル氏は指摘する[35]。

４つ目に、新規ビジネスモデルの規模拡大に必要とされる能力は、スタートアップが持つ特徴とはそもそも合致しないものだ。規模拡大には効率的な実施が要求され、同じことを持続的かつ効率的に何度も何度も行わなければならない。これはスタートアップの特性とは異なる。事業拡大フェーズに入ったら、スタートアップはプロセスを一部調整して、もう少し大企業寄りの行動をとらなければならない。場合によっては経験豊富な従業員やマネージャーを新たに採用する必要も出てくる。S２曲線のプロジェクトを規模拡大するときには、企業は立証済みで信頼できるS１曲線のプロセスに立ち返り、活用する必要がある。

５つ目に、事業アイデアがラボの環境を離れた段階で、経済的支援はもう不要だと思われることが多い。事業立ち上げは長期的な投資であり、新しいビジネスモデルがインキュベーターを卒業しても支援を止めるべきでないことを、企業が忘れているのだ。ベンチャー事業を中核部門が引き継いだら、その事業部門が以降のコストを負担すべきである。BASF社では、育成フェーズ中は全社予算から資金拠出されている。しかしプロジェクトの将来性が証明された段階で、コストもメリットもすべて中核の事業部門に引き継がれる【36】。もしも、ベンチャー事業が独立型の事業部門や別会社としてスピンオフした場合、外部の投資家から資金を受け入れない限りは、全社予算からのさらなる出資が必要である。

最後となる６つ目の課題は、企業が本腰を入れて取り組まないことだ。事業アイデアがインキュベーターを無事に卒業したにもかかわらず、これ以上の投資も規模拡大もしないという決断が下される事態は、実はかなり頻繁に発生している。アイデア創造フェーズが全社戦略に沿っていなかった場合、あるいは育成フェーズで明確な境界線を設定しなかった場合には、確かに市場では生存できるだろうが、結局は全社戦略やビジョンにそぐわないベンチャー事業で終わってしまう。そうならないためには、アイデア創造フェーズや育成フェーズで全社の戦略にしっかりと従う必要がある。

イノベーション専門家、ハラルド・ブロッドベック氏はこう語る。「格好良いからという理由で社内アクセラレーター（起業支援組織）を設置する企業をよく見かけます。そのようなアクセラレーターを通過したアイデアは、うまくいきそうで企画書もよかったとしても、やがて頓挫する傾向にあります。アイデアが全社の戦略的な方向性に沿っていないことが理由です。ですから企業は、自社が重視する戦略的な重点領域に含まれていて、戦略とイノベーション活動とがしっかりと連結されているアイデアのみを採用するべきなのです」【37】。戦略方針とのずれ以外に、事業拡大に必要な投資規模を考えずに推進していることも、取り組みが中途半端に終わる要因の一つかもしれない。同じ領域への参入を試みる競合他社と戦うことになり、これが過剰な投資につながるケースもある。この状況に陥った成熟企業に与えられる選択肢は、おざなりな形で少額だけ投資するか、全力を尽くして頂点をとろうとするか、取り組みを中止して事業ごと売却するかだ。

デジタル活動の分離と再統合を首尾よくやり遂げた企業として、欧州最大手の写真サービス会社CEWE社の事例を挙げる。

このような移行期は非常に重要だが難しくもある。

CEWE社

CEWE社がイノベーションに着手した頃、世の中はデジタル写真と従来の印刷写真との転換点にあり、イノベーションに対する社内からの反対意見は大きかった。社内起業の文化をなんとか育んだものの、中核事業部門には疑念と恐怖心があり、デジタル事業の開拓メンバーにとって理想の環境ではなかった。

こうした理由から経営陣は、デジタル活動すべてを分離して安全な拠点を別につくることにした。それが「CEWEデジタル（CEWE Digital）」という自社の倉庫に立ち上げた独立組織だ。ここではデジタル事業の開拓メンバー（社内の人材と新たに採用した外部出身者）が、中核事業からほぼ干渉されることなくイノベーション活動に取り組むことができる。近年「社内インキュベーター」とも呼ばれる体制だと、CTO兼研究開発部門責任者のライナー・ファゲス氏は述べる。しかしCEWE社の戦略はこれだけではなかった。従来の中核事業と新規デジタル部門で生まれた新しいイノベーションのあいだに利益につながる相乗効果をいくつも見込めたため、同社は中核事業出身のメンバーに活躍の場を与えることにした。新たなデジタルイノベーションが完成すると、デジタル部門を本社に再統合し、主力製品／サービスとの融合を行った。このプロセスにより、新たなアイデアを中核事業の中で事業拡大できただけでなく、中核部門からの賛同も多く得られた。何よりも、中核部門からデジタルチームに参加したメンバーがそのイノベーションのメリットを直接感じて理解していたからである[38]。

S1曲線とS2曲線のプロセスの緊張関係に対処する

活動と意思決定プロセスで足並みをそろえておかないと、両S字曲線間に深刻な問題が生まれかねない。たとえば、社内スタートアップが、中核事業といずれ再統合する際に不都合となる決断を下すことも考えられる。しかし、両S字曲線に橋を架ける理由は、こうしたリスクの回避だけではない。強力なつながりと連携があって初めて、成熟企業は相乗効果を最大化でき、両方の世界で実力を発揮できる。プロセス面で役に立つ施策をいくつか紹介しよう。

統合マネージャー

成熟企業の本社から、社内で顔が広い経営幹部1名を、統合マネージャー（ゲートキーパー）に任命する。統合マネージャーは本社の代表として、また中核事業内でのS2曲線の促進者として活動する【39】。設立した独立組織が全社デジタル部門の直下にない場合に、この役職が特に重要になる。統合マネージャーの役割は2つ。1つ目は、2本のS字曲線の管理と衝突の阻止だ。これはつまり、新規（デジタル）事業の意思決定を見守り、将来もし再統合する場合に問題が起きないよう、管理するということだ。具体的に言うと、自社のブランド、データアーキテクチャ、ハードウェアの規格などに影響する意思決定は要注意だ。こうした面での確認や管理は、新しいベンチャー事業の進捗を遅らせるものでも、敏捷性を損なわせるものでもない。中核事業の方針からどうしても逸脱しなければならないときには、新規（デジタル）事業はそれを許されるべきではある。だが実際、**将来の再統合のことを考慮せずに決断を下してしまうケースが多い**のだ。S2曲線の意思決定が生む影響を評価するために、統合マネージャーには、中核事業のプロセスに関する深い知識が必須である。さらには、情報を集めてまとめあげる責任も担うことになるだろう。デジタル事業の重要な決断が中核部門に知らされなければ、衝突の阻止もできないからだ。統合マネージャーは、中核事業との調整の必要性の有無という観点から、常にデジタルチームの意思決定の重要度を判断する必要がある。

2つ目の重要な役割は、両S字曲線の相乗効果と重複部分の管理だ。両S字曲線のプロセスが連携できていれば、S2曲線は中核事業の資産を活用できる。逆も然りだ。統合マネージャーは、デジタルチームが活用すべき中核部門の資産の情報を伝え、適切に活用できるよう手助けをする。反対に、デジタルチームが取り組んでいる構想が全社に有用な（または将来有用と思われる）ときには、中核側との調整を行うのも有効だ。

あえて「統合マネージャー」の職をつくる必要がない場合、全社デジタル部門（または専任のCDO）がこの役割を担うことが多い。全社デジタル部門がない企業では、プロセス面の連携を確立するためにも誰かを任命したほうがよいだろう。中核事業と新規（デジタル）事業の両方の戦略をよく理解している人物を選ぶとよい。この役割を上手く果たすには、中核部門内の豊富な人脈、特に中核部門の経営トップや各事業部門長との強固なネットワークが必要となる。肝心なのは、統合マネージャーがビジネスエンジェルのようにしっかりとベンチャー事業のサポート役を果たすことだ。デジタル部門を支援し、懸念点を挙げ、落とし穴を避ける手助けをするのだ。

ボッシュ社のコーポレートIT部長であるフロリアン・バンコリー氏は、こうしたマネージャーを「越境者」と呼ぶ。常に両S字曲線のあいだを行ったり来たりする必要があるからだ。デジタル側の知識にのみ特化したデジタルチームのリーダーと比べて、統合マネージャーは中核事業の弱点や専門用語をよく理解しているため、必要に応じて協力関係を構築したり、効果的に衝突を回避または解決したりできる【40】。

BASF社のサミー・ジャンダリ氏も同様の主張をしている。各事業部門長と対等に議論のできる人物を参画させることが必須である。事業部門の管理者たちと同じ目線の高さで議論ができるからだ。一つひとつの業務の詳細を把握している必要はないが、事業部門長の懸念事項について指摘し、よい提案ができるよう、事業の抱える問題と事業部門長の要望をしっかりと理解している必要がある【41】。

加えて、こうした人材には十分なテクノロジー知識も必要であると、GEデジタル社欧州法人の前最高商務責任者、デボラ・シェリー氏は指摘する。「新しいアイデアを中核部門内で推進する意欲のある、デジタル知識に長けた人材を中核部門内で探す必要があります」【42】。

こうした人物はデジタル活動の大使や触媒としての役目を果たして、

両S字曲線のあいだの大切な連携体制を築くことができるだろう。

共有資産

これまでに述べてきたように、成熟企業が新規ビジネスモデルで成功していない大きな原因に、中核事業の資産を適切に活用できていないことがある。ところどころでこのテーマに触れたが、どの資産が最も有用かをまだ説明していない。新規（デジタル）事業を強化し、加速するために活用を図るべき成熟企業の強みを見ていこう。

- **市場とテクノロジー関連の専門知識**：多くの成熟企業は素晴らしい市場知識を有している。スタートアップにはそれほどの市場経験がないため、成熟企業からの（規制やライセンスなどについての）助言はとても役に立つ。成熟企業が数年間から数十年間をかけて築いてきた特定分野の技術ノウハウやスキルは、新規ベンチャー事業でも活かせるだろう。また、成熟企業が持つ（市場、顧客行動に関する）豊富なデータを新規事業部門が活用すれば、資金と時間の大幅な節約になるはずだ[43]。

- **既存の顧客基盤**：通常のスタートアップはゼロから顧客基盤を構築しなければならないが、社内スタートアップは親会社の既存の顧客情報を活用できる。これにより、S２曲線を迅速に規模拡大できる[44]。親会社の顧客基盤を利用するかどうかは、チャネルの競合があるか、また組み合わせ販売が可能かによる（ベンチャー事業が中核事業と乖離しすぎていたら、既存の顧客基盤は適切ではないだろう）。

- **流通チャネルの確立**：流通チャネルの確立には、莫大な時間と資金を要することもある。既存チャネルの活用は理にかなっており、特に顧客基盤が中核事業と似通っているときに有効だ。

- **ブランドの力**：確立されたブランドの信用力を過小評価すべきでない。顧客がブランドを見て製品の品質を信頼するような業界では特にそうだ。

手術機器市場で活躍するエースクラップ社のデジタルイノベーション部門、Werk_39は、顧客が親会社のブランドに寄せる信頼の恩恵を大いに受けている【45】。

● **マネジメント能力**：
スタートアップの事業が確立されていくにつれ、中核事業のマネジメントスキルと専門知識の重要性は増す。中核事業が何年もかけて構築し、磨き上げてきた安定性と効率性を、新規事業でも示していく必要があるからだ。中核事業のマネージャーが持つ組織、体制、プロセスの組み方や、事業アイデアの規模拡大方法などのノウハウは、スタートアップにとっては貴重な財産だ。

中核事業が持つ大切な財産をS2曲線の競争優位性に変換してこそ、新規（デジタル）事業の潜在能力を最大限発揮させられる。

取り残されないために

自社のDXプロセスの整備について考えるときには、次の項目を考慮してほしい。

● 戦略プロジェクトを実行する際には、リーンでアジャイルなプロセスを採用する。
- リーンスタートアップのアプローチを適用して、アイデアを実際の製品、サービス、新規ビジネスモデルへと成長させる。
- 戦略プロジェクトに取り組むアジャイルなチームを編成する（**文化**の章［Chapter 8］を参照）。
- 自社用にカスタマイズした複数ステージからなる構造化された開発アプローチをとる。
- プロジェクトの評価には、VC的なアプローチを取り入れる。

● 効果的な統制のしくみを確立して、変革を全体的に管理する。
- モデル事業プロジェクトを実行して熱意と刺激を社内に生み出

す。

- デジタル関連の意思決定を担う委員会を立ち上げる。具体的な任務は、一連の戦略プロジェクトを決定し、進捗状況を評価し、戦略と乖離していないかを確認することだ。
- S1曲線とS2曲線のプロジェクトへの投資について、明確なルールを定める。
- S2曲線のプロジェクトに関する新たな規則を整備する。新規アイデアに実現性があるかは、顧客／市場に基づいて決める。
- プロジェクトの再統合（S1曲線に多い）または分離（S2曲線に多い）の計画を策定する。

● S1曲線とS2曲線のへだたりを埋める。
- 両S字曲線の衝突を回避し、相乗効果を実現する、統合マネージャーまたはゲートキーパーを任命する。
- 新規ベンチャー事業が（とりわけ規模拡大のときに）潜在能力を最大限発揮できるよう、中核部門の資産を活用する。

参考事例（オランダ）

ING社

大手銀行をアジャイルな働き方のできる組織へとつくり変えるには、どうすればいいだろう？　オランダの銀行、ING社はこの移行を見事にやってのけ、今は複数の小規模な部署横断チームを中心に業務をまわしている。

ING社の革新的なアイデアは、「イノベーションブートキャンプ」で生み出されることが多い。年1回開催され、従業員がアイデアを寄せる。提案書は、PACEメソッドというING社オリジナルの手法を使って評価される。PACEとは、デザイン思考、リーンスタートアップやアジャイル、スクラムの要素を組み合わせたイノベーションの手法だ。PACEメソッド開発前にも、ING社はこうした進歩的な業務テクニックをすでにある程度取り入れていたが、中心となる包括的な開発アプローチは存在しなかった。PACE導入に合わせて、同社は共通のイノベーション基準と共通言語を決定した。これにより、開発プロセス全体の効率が上がり、国を越えた共同作業が楽になり、プロジェクトの透明性と相互比較性が改善された。ING社はPACEメソッド自体の開発でもアジャイルな方式、つまり設計、検証、再設計、改善、そして最終的に全社に展開という流れに沿った。PACEメソッドの特徴は、解決策ではなく問題から始まるところだ。プロセスの最初に必ず顧客が抱える問題や悩みを挙げる。このアプローチのメリットは2つあると、プラットフォーム・ビヨンドバンキング部門グローバル責任者のカタリーナ・ハーマン氏は述べる。1つ目は、一足飛びであわててソリューションへ進むのを防ぐこと。2つ目は、顧客の抱える問題に対して行動できることだ。

ING社のイノベーションプロセスは3つのフェーズで構成される。最初が「プロブレムフィット」フェーズで、現在顧客が抱えている悩みや問題の理解から始める。従業員は最初から顧客に直接話を聞き、仮説の検証と次のフェーズに向けた情報収集を行う。次の「ソリューションフィット」フェーズでは、チームで具体的なソリューションに取り組んで実際の顧客で検証する（A/Bテスト［訳注：インターネットマーケティングなどでウェブサイトやウェブ広告など2つを比較してどちらがよいかと判断するためのテスト］、観察試験など）。最後の「マーケットフィット」フェーズで、詳細な企画書をつくり、現場でソリューションの試験をして改善を行う。アジャイル方式に則り、次のフェーズに移る前に必ずチームで明確な目標を定める。目標の種類やテーマは各チームの目的によって決まり、チームの目的は必ず包括的な戦略と密接に結びついている。たとえば、ローンの借り換え率を上げる取り組みを行うチームもあれば、顧客満足度の向上に取り組むチームもある。

仮説を中心とした検証アプローチにより、チームには、新しく得た知見に基づいて都度方向修正をする柔軟性が生まれる。毎回の実験により、次のいずれかの結果が得られる。(1) 仮説が立証された場合、チームは検討中のソリューションに対する活動を続ける。(2) 新しい見方や代替案、より有望なソリューションが見つかった場合、チームは方針変更の決定をして、修正できる。(3) 仮説が根本的に間違っていて、今挙がっているソリューションでは無効だとわかった場合、活動をいったん停止する。これは失敗ではなく重要な学びと見なされ、学びを踏まえてチームは次に注力する仮説へと進む。ING社のアプローチでは、まず試験と仮説検証に注力したあとでアイデアの開発を進めるため、顧客ニーズがあり、実現可能で成功を見込めるイノベーションを確実に構築できる。

ING社の枠組みに基づいたイノベーションプロセスはロンドン、アムステルダム、シンガポールに設置された「INGラボ」でも使われている。ING社が破壊を試みる領域を事前に決め、ラボで集中的に取り組む。ラボでは外部パートナーと連携することもでき、新領域と新規ビジネスモデルを模索して、破壊的な世界規模のイノベーションを加速させる。外部パートナーには、スタートアップや新興企業、研究者、起業家、ときに他の大企業を選ぶこともある。パートナーシップの中心にある考え方は、必ず互いが利益を得られる形で提携し、協業でアイデアからMVPを生み出すことである。必要最小限の企業へと規模拡大する準備が整ったら、プロジェクトは中核事業に再統合するか、INGベンチャー社(訳注:ING社傘下のベンチャーキャピタル)から資金を得たり、投資家を募ったりするためのプレゼンピッチを行う。

多数のイノベーションプロジェクトの総合的なマネジメントに関しては、ING社はイノベーションを2種類に分けて考えている。現在の事業の延長線上にある漸進的なイノベーションの場合は、顧客の声や問題をよく知る地域チーム(スクワッドやトライブと呼ばれる)が担当する。破壊的イノベーションの場合は、全社統合チームが(INGラボを介して)舵取りをして、グローバル展開する。2本のS字曲線――ここでは既存事業に近い漸進的なイノベーションとS2曲線にあたる破壊的イノベーション――の連携は、複数の委員会やフォーラムが推進する。地域チームとグローバルチームが似たようなテーマを扱う場合は特に、テーマに対してどのように取り組むか、どのようにして全社で活動の足並みをそろえるかについて、経営陣と専門家が話し合って方針を決める[46]。

まとめ：

- **統一アプローチを開発する**——イノベーションプロセスの標準手順を決めることで、拠点を越えた効果的なコミュニケーションと協業が可能になった。

- **イノベーションの種類別にアプローチを変える**——破壊的なアイデアは全社部門（ラボなど）で扱い、社内のさまざまな取り組みの方向性をそろえる別組織（委員会やフォーラムなど）も編成する。

- **目的を明確化し、具体的な目標を設定する**——アジャイルなチームには、活動の推進力となる大きな目的、明瞭かつ具体的な目標が必要だ。収集した検証データに基づいて事業アイデアを修正したりプロジェクトを停止させたりするのを恐れないこと。

DXの「ソフト面」の要素の前に

ここからは、「適切な人材と思考様式を整える」ために考えるべき3つの異なる実施領域を、それぞれの違いに着目して紹介しよう。この次の**リーダーシップ**の章では、次の2つの疑問が軸となる。「DXに向いているリーダーとは？　そのようなリーダーを獲得する方法とは？」前者では、S1曲線とS2曲線でそれぞれ要求されるリーダーシップのスタイルと特徴を模索する。後者では、どうすれば社内のリーダーをデジタルリーダーに変身させられるか、どうすれば社外のリーダーにとって自社が魅力的になるかを追究する。**人材**の章（Chapter 7）でも似た疑問を扱うが、今度はリーダーではなく実働の従業員にフォーカスする。「DXに向いている従業員とは？　そのような従業員を獲得する方法とは？」　ここでも両S字曲線でそれぞれ要求されるスキルを模索するが、メンバーの大半を占めるであろう一般の従業員にフォーカスし、将来の人員体制の構築方法について考える。また、リーダーと従業員の両方において、両S字曲線のあいだのへだたりを橋渡しする方法についても触れる。**文化**の章（Chapter 8）では、文化の明確な定義——企業で働く人々（リーダーと従業員）の関わり合い方を決める価値観、思考、行動——をもとに話を進める。**文化とは、社内のあらゆる人々を結びつける接着剤だ。**よって、Chapter 8ではこのような問いを投げかける。「DXで最も有用な文化とは？　競争力を保つには、現状の思考や行動をどのように変えるべきなのだろう？」

上の3つの領域の違いにまだピンとこないなら、家を建てる場面を想像してほしい。まず、家の負荷を支えるレンガの耐力壁が要る。これがリーダーたちだ。耐力壁ではない普通のレンガの壁が、リーダーではない従業員たち（ここで言う「人材」）だ。リーダーと従業員は本質的には同じ成分を持ち、どちらも同じDNA（レンガ）でできている。また、「耐力壁」と表現したのは、リーダーの肩にのしかかる比喩的な重みを示すためである。普通の従業員は質的にリーダーに劣るという意味ではなく、単に人数の点でリーダーよりも多いことを示す。このすべてを1つに結合する（リーダーとそのグループのメンバー、リーダーとグループ外の従業員）には、モルタルでつなぐ必要がある。これが文化だ。家の基礎部分——つまり戦略——は当然、レンガとモルタルを積みはじめる前につくっておく必要がある（詳細は**What**の章［Chapter 2］を参照）。この基礎部分はコンクリート製なので、さらに耐久性が強い。これから上に築かれていく家を、文字通りそして比喩的にも、支える存在だ。

Chapter 6 リーダーシップ：何をリーダーに求め、どのようにリーダーを探すか？

Leadership: What to Look for in Leaders and How to Find Them

本章では、DXを進める企業の構造を支える耐力壁（建物を強化するための壁）、つまりDXを担うリーダーについて解説する。S 1曲線、S 2曲線でどのようなリーダーシップのスタイルや特性が求められるか、なぜそれぞれで異なるリーダーシップが必要かを考える。続いて、DXを主導するリーダーシップをどう構築するかについて、どのように中間層にDXを浸透させるかも含め説明する。S 1曲線のリーダーシップをS 2曲線のリーダーシップと共存させつつ維持し、この2つのあいだの交流を最適にするにはどうすればいいかについてもアドバイスしたい（図6.1）。

図6.1　How／リーダーシップの全体イメージ

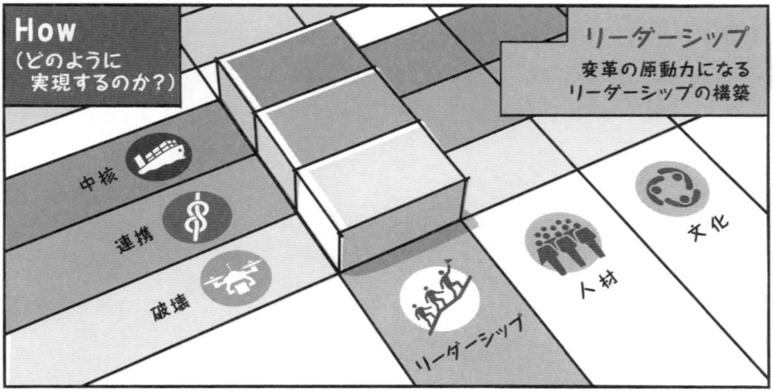

会社が抱えるリーダーシップの課題を認識する

本章で中心となる結論の1つ、そして最大の問題を明かしてしまおう。つまり、**異なるS字曲線で成功を収めるには異なるリーダーシップのスタイルが必要になる**ということだ。ここで疑問がわく。思考体系が大きく違う2つのリーダーシップを企業のなかでどう調和させればいいのだろうか？

話を少し戻して考えよう。2つのS字曲線で求められるリーダーシップのスタイルと特性はどういうものだろうか？　VUCAの激化という環境下で、何が求められているのだろう？　S1曲線について言われていること（そして自分自身の経験からわかっていること）から、S1曲線におけるリーダーは概して効率性と生産性に注力すると思うかもしれない。つまり、失敗がない完璧なソリューションという昔からの成功の方程式にこだわり、ヒエラルキー（階層）に基づく組織を信頼して、（事業を）非常に実際的に運営する。このようなリーダーたちは、DXという文脈のなかでどの程度変わる必要があるのだろうか？　一方、S２曲線におけるリーダーは、チームがベストを尽くし自ら率先して行動するよう働きかけ、ヒエラルキーよりネットワークに信頼を置く。特に最近のVUCAの状況下において、このような変革のリーダーシップのスタイルは、最高の人材の心をつかみチームに定着させる鍵となる。この新しいリーダーシップのスタイルを、S１曲線のリーダーたちを脇に追いやることなく組織に導入するにはどうすればいいのだろうか？

こうしたリーダーの供給源はどうすればよいだろう？　社内でこのようなリーダーを育成するにはどうすればよいのか？　外部のどんな場所を探せば、両方のS字曲線のそれぞれに合った話し方で、違和感なく的確にチームを導くことができるリーダーを見つけられるのだろうか？長期的な視点では、S1曲線のリーダーたちにS2曲線のリーダーを任せられるようにするには、どうすればよいのだろう？　そもそも、S１曲線のリーダーが、S2曲線を成功に導く変革的なリーダーに変われるのだろうか？

S１曲線とS２曲線にリーダーを配置したら、出発点に戻って考える必要がある。つまり、これほど異なるタイプのリーダーが1つの会社で共存できるかということだ。2つのタイプのリーダーの距離をどうとればいいのか？　彼らのあいだで実のあるコミュニケーションをとらせるにはどうすればよいか？　また、「旧体制派／時代遅れ」対「新世界／超進歩的」のように、リーダーシップの姿勢について否定的で二元論的な意味合いが出るのを避ける方法は？

DXの成否はリーダーで決まる

> 取り組みのなかでリーダーシップ、人材、文化が不可欠な要素だ。これが何より重要で、これ以外はプロセスにすぎない。
>
> ――ビューラー社CTO　イアン・ロバーツ氏[1]

> 私たちにとって重要なこと、注力したいことは、適切なリーダーシップ、人材、文化を根付かせることだ。
>
> ――ラファージュホルシム社（LafargeHolcim）CDO
> フィリップ・ルーティガー氏[2]

> リーダーが――そして一般社員も――DXに対するモチベーションを高めながら取り組むようにすることで、変革が成功するか失敗するかが決まる。
>
> ――自動車機器サプライヤー会社J社　自動車機器専門家[3]

> DXの重要な鍵は、資金やシステム構築ではない。リーダーシップと文化の問題だ。
>
> ――世界経済フォーラムDXリーダー
> クリスチャン・シトゥ氏[4]

私たちが実施した100件以上のインタビューで、これに似たコメントをよく耳にした。最良のリーダーシップを見いだし育成するのは、DX

を実際に成功させるうえで、最も決定的な要因になる。

なぜリーダーシップがこれほど重要なのだろうか。企業のデジタル化が成熟していくのに合わせ、リーダーも企業とともに進化しなければならない。MITスローン・マネジメント・レビュー（MIT Sloan Management Review）とデロイトデジタル社（Deloitte Digital）の報告によれば、デジタル化が進んだ企業では、従来の環境からデジタル化した環境への移行を円滑に行うための組織変革を実施している。それでも、特にリーダーシップ開発という点では、まだやるべきことが多い。デジタル化が進んだ企業の50パーセント以上が新しいリーダーが必要だと報告している[5]。こうしたリーダーの獲得と育成が、企業にとっての最優先事項だ。なぜなら**DXの成功を推進し、ゴールに向けてプロジェクトを先導し、社員のあいだに自分たちがこのプロセスの一部であるという意識を芽生えさせるのは、リーダーだからだ。**特にVUCAの状況下では、社員はいつも以上に助言を必要としており、またロールモデルとして社内をかけめぐり、DXへの承認を取り付けたり、DXへの恐れを取り除いたりしてくれる、強力なリーダーを求めている。企業が成功するか否かは、行く先が不透明なときにリーダーが組織を前に進められるかどうかにかかっていることが多い。最高のリーダーは、VUCAの状況下でも、着実で現実的な方向性をチームに示し、卓越したリーダーシップを発揮する[6]。

VUCAは、最近流行りの経営関連の略語だが、DXの文脈においてVUCAは本質をついている。DXのビジネスは不安定（Volatility）で、不規則な変化が予期せず起こり、企業は先回りして対応することが難しくなる。需要の不安定な動き、市場参入リードタイムの短期化、さらには産業を揺るがすさまざまな変化（スタートアップやテック企業が業界全体に革命を起こすような状況）を考えてみてほしい。そもそもDXを取り巻く環境は、「不確実（Uncertainty）」で、将来を予測しづらいのが特徴だ。どこからともなく予期せぬ競争相手が現れるため、業界や個々の企業の将来見通しを立てにくい。「複雑（Complexity）」とは、検討すべき要素が多いことを意味する。DXでは、状況を左右する要素の数が圧倒的に多く、さらにそれぞれの要素の相互関係も考慮しなくてはならないため、環境を完全に分析し正確な予測を立てることは不可能だ。「曖昧（Ambiguity）」とは、得られる情報や事象の因果関係が明瞭でないことを指している。DXに実際に携わっている人なら誰でも、DXの話題の中には、不完全で潜在的に矛盾した情報があると明言できるだろう[7]。

DXというもともと困難な現象が、VUCAという状況によってさらに深刻化していることを理解すれば、組織と人をたくみにかつ確実に舵取りして、険しい道のりを乗り切っていくリーダーを置くことがますます必要だとわかる。

リーダーについて徹底的に理解する

1人ですべてを備えた完璧なリーダーなどいない。リーダーシップとは聖杯のようなものではない。普遍的なリーダーという賢者の石があるわけではない。実際には、3つのタイプのリーダーがいる、あるいはいるはずだ(図6.2)。この3タイプは、姿勢、スキル、バックグラウンド、経歴などが大きく異なる。重要なのは、3タイプともそれぞれ存在意義があるということだ。いずれかのタイプに、より高い価値があるわけではない。優劣による評価はできないが、それは別としても、3つの異なるタイプのリーダーシップのスタイルが同じ程度に求められているのだ。

図6.2　リーダーシップのタイプ

従来のS1曲線のリーダー

このリーダーは、企業の中核事業の上層部だ。多くはその事業あるいは類似の事業で何十年も管理職を務めてきた。これまでの仕事の環境では(おそらく学校で学んだことも)、効率性、生産性、完璧な解決策を優先するのが普通だった。ヒエラルキーを重んじ、完璧を目指す方針で、必要なときには上層部に報告・連絡・相談する、という管理手法を固く信じている。創造力を促しながら部下を引っ張っていくというよりは、日々の業務を管理する傾向がある。不良品や故障を認めない方針によって、生産ラインのダウンタイムは最小限になり、従業員の効率性は最大になる。**目標を与えられ、あらかじめ決められた道筋によって目的を達成しようと管理するリーダー**だ。上の指示に従い下に指示を与え、時間と予算の範囲内で最大限を目指すことで、自分が率いるチームと自分自身が確実に目標を達成する、あるいは目標以上の成果をあげようとする。このタイプは「指揮・支配型」リーダーに最も近いと言える。これまでの仕事の経験から典型的な管理職になりがちで、権威主義・指令型のリーダーシップのスタイルをとる。

私たちは管理とリーダーシップは異なると認識しているが、多くの人たちと同じく、「管理職対リーダー」という厳格な二項対立には異議を唱えたい[8]。実際には、1人の人間が担える役割は1つしかない。最終的にこの2つの観点――管理かリーダーシップか――のどちらを強調するかは、当人に任される場合と職務記述書で規定される場合がある。ただし、職務記述書に「求めているのは、[管理職]／[リーダー]――いずれかを明記」などと書かれているわけではない。そのポストについている当人が「私は、[管理職]／[リーダー]」などと明確に意識しているとも考えられない。一部の役職（たとえば生産管理）では、より伝統的な管理能力が要求されており、これは従来のS1曲線での管理職に求められるものだ。

デジタル化S1曲線のリーダー

S1曲線にDXが強く求められるようになると、S1曲線の「言われた通りにする」というアプローチでは、最大限の成果を得ることができなくなる。S1曲線で従来の顧客体験のデジタル化の責任者となったリーダーは、S1曲線に典型的なバックグラウンドを持っているだろうが、新しい役割に適応しなくてはならない。中核事業の近代化を図りデジタル時代の事業に向けて軌道修正するためには、経営幹部はリーダーシップとその特性を身に着けることに集中する必要がある。具体的には、より相手の立場に立ったリーダーシップの実践に移行すること、リーダーと一般社員の双方向のルートをつくることなどがある。対話型のコミュニケーションで、チームメンバーがフィードバックを（ただ受けるだけでなく）発信するように、リーダーが促すことが有効かもしれない。同様に**デジタル化Ｓ１曲線のリーダーは、アイデアを生み出し問題を解決するために、厳格なヒエラルキーより人やチームのネットワークを重んじる。**

デジタル化Ｓ１曲線のリーダーは、このようなリーダーシップの新しい側面を取り入れるが、それだけではまだ変革に向けたリーダーとは言えない。ただ、部下とのコミュニケーションに関しては、交流を重視するリーダーシップのスタイルは、すでに従来のＳ１曲線のリーダーが心に描く姿の先を行っている。

（変革型の）リーダーシップへの移行をさらに進めることは、デジタル化Ｓ１曲線に向けて舵を切るために必要であり、また才能ある人材の心をつかみチームに留めておくためにも不可欠である。最近の新卒学生や若い専門人材、ミッドキャリアの転職希望者の心を動かすリーダーが必要なのはＳ２曲線だけだと考えているなら、それは誤りだ。Ｓ１曲線のデジタル化を進めるには、若い血が必要だ。若い人たちは、単に実行する任務を指示するだけの管理職でなく、尊敬できるリーダーを求めているのだ。

Ｓ２曲線のリーダー

このタイプのリーダーシップはこれまでとはまったく異なる。指揮も支配もしないし、管理職と部下という相互関係で関わるのでもない。同時に、部下はもはや部下ではなく、リーダーと同じ目線にいるチームメンバーだ。管理職はチームメンバーにとってコーチか助言者のような役割になる。従来のＳ１曲線のリーダーは、事業を主導することに注力し、デジタル化Ｓ１曲線のリーダーは、さらにほかの人たちを先導する役割が加わったが、**Ｓ２曲線のリーダーの主な役割は、自分がチームの最強のサポーターになれるように、自分自身を導くことだ。**

変革のリーダーは、積極的にリスクを引き受け、企業内起業家として行動し、知的失敗を奨励する。最大限の多様性に富むチームを求め、専門性や民族性、文化そのほかの特性をまたいだ、さまざまなバックグラウンドを持つ人材を集める。このようなリーダーのもとには、高度な技能を持つ多様な人たちが引き寄せられやすい。ほかにも利点がある。リーダーシップの役割の進化に伴い、DXで重視されるリーダーの資質が一般的なリーダーの資質としても重要になったため、経営幹部はこの資質をDX以外でも十分活用できるのだ。

S２曲線でのリーダーシップが、新しいデジタル事業のライフサイクル全体を通じて最適だと決めつけてはならない。新しいベンチャーが成熟し拡張の局面まで到達すると、S１曲線の管理とリーダーシップの要素がより重要になってくる。S１曲線のリーダーが変革に求められるリーダーシップのスキルを学ぶだけではなく、**S２曲線のリーダーがS１曲線のリーダーシップになじんでいくことも必要なのだ。**理想を言えば、両方のリーダーが両方のスタイルのリーダーシップを自在に発揮できるとよい。ただし、２つのタイプの事業の両方で「説明通りに実行する」のは、言うほどたやすくはない。だが、よい話がある。リーダーシップのスタイルは生まれつきのものではなく、どんなタイプのリーダーでも、異なるリーダーシップスタイルを身につけることができるのだ。従来型のリーダーがデジタル時代のリーダーになることもできるし、逆も可能だ。肝心なのは、どちらのS字曲線でも、環境に合わせながら確実にリーダーシップを発揮できなくてはならないということだ。リーダーたちのチーム（たとえば経営トップ層のチームや各事業部門のリーダーのチームなど）は、リーダーシップのスタイルに必要な多様性を、理想的には3つのタイプのすべてを網羅すべきだ。

組織コンサルティング会社のコーン・フェリー社（Korn Ferry）では、もともとデジタル（S２曲線）のリーダーだった人と、従来型のバックグラウンドを持ちながら社内のDXプロジェクトをきっかけに自分自身のリーダーシップを変革した人（デジタル化S１曲線のリーダー）との違いを認識している。この2つのタイプのリーダーは、行動のしかた、特にどのような経験や能力でチームに貢献するかが異なる。また、性格の特徴、個人的な原動力になっているものや価値観も異なっている。たとえば、S２曲線のリーダーは、他者を管理することより自分自身を管理することにより重点を置き、デジタル化S１曲線のリーダーより独立性を重視する。DXを成功に導くには、最終的に、同じ屋根の下に2つのタイプのリーダーシップを併せ持つ戦略が必要だ【9】。また、著者の１人マーカス（著述業の前は経営者）は次のように表現する。「振り返ってみると、

2つの帽子があればよかったと思う。ブルーとオレンジだ。ブルーはＳ１曲線用でオレンジはＳ２曲線用だ。Ｓ１曲線とＳ２曲線のどちらかの考え方が求められる状況で、それぞれの色の帽子をかぶればよかった。そうすれば、私のチームは状況をすぐさま把握できただろう」。

何度でも言いたいのだが、各リーダーは、これまで用いていない（その必要がない）としても、変革的なリーダーシップのスタイルを取り入れ、身につけなくてはならなくなるだろう。Ｓ２曲線のリーダーは、リーダーシップのスタイルに生じる変化が最も少なく、これまでの特性や考え方の大部分を引き続き活用することができる。デジタル化Ｓ１曲線のリーダーは、より大きな変化を経験することになり、将来の事業に対するリーダーシップの新しい規範となるＳ２曲線のリーダーにより近いスタイルをとることになるだろう。

さらに言えば、誰もがさまざまな色の帽子をかぶる（かぶれる）ことが必要になる。事業運営における変革的なリーダーへの依存度が高まるなかで、Ｓ１曲線のリーダーが自分の足場を固めるには、変革的なリーダーとしての言葉を使い、ほかのリーダーと関わり、自分自身とチームのために新しいリーダーとしての人格を示さなくてはならなくなる。これまでとほぼ同じように事業をまわしているリーダー（たとえば、引き続き生産ラインを主導する場合など）でも、変革的リーダーシップとは何かをしっかり自分のなかで理解しておく必要がある。**将来的には、リーダーシップの3つのタイプに厳密な区別はなくなるだろう。どのリーダーも、ほかのリーダーについて理解することが必要になる。**

本当に大変なのは、現在のリーダーが今後は異なるスタイルについて理解し、新しいリーダーシップを身に着ける必要がある、ということではない。簡単でないのは、スタイルを状況に合わせて変えながらも、周囲が納得し信頼するよう、すべての役割を等しく本音で実践しなくてはならないことだ。リーダーへの大切なメッセージは次のようなものだ。3つのタイプのリーダーはいずれも、互いに共感する能力を身に着け、少なくとも互いに理解し合うことを学び、程度の差はあれ新しいリーダーシップの形を取り入れなくてはならない。

望まれるリーダーシップの特性とは

DXに必要なさまざまな特性を備えたDXリーダーシップチームを構築することで、自社の変革の成功を確実にできる。自分の優れた面を仕事に活かし全体的な満足感を得ることができるので、リーダー本人にとっても有益だ。チームメンバーにとっても、刺激をくれて見習いたいと思うリーダーと仕事をすることで、モチベーションが高まり恩恵がある。ただし、必要な特性のチェックボックスすべてをチェックしたからと言って、リーダーの仕事が完了するわけではない。DXに関わるリーダーは、チームメンバーに求めるのと同じ資質を持っていなくてはならないので、いっそうのプレッシャーにさらされる。リーダーを選ぶにあたっては、一般的なリーダーのスキルに加え、DXのためのリーダーシップ（3タイプすべて）に特有の性質がある【10】。また、本書での「DXのリーダー」の定義は、リーダーの3つのタイプすべてを包含する。変革を成功に導くには、3つが同じように求められるからだ。

両方のS字曲線の言葉で話し本音で主導する

リーダーは、中核事業でも新しいデジタル事業でも信頼されるリーダーでなくてはならない。リーダーの仕事は、この2つの事業を切り離された別個の部門として運営するのではなく、統合していくことだ。2つの事業の橋渡しをし、関係をつくり、両方のチームから賛同を得ることが必要だ【11】。また、S1曲線は疲弊し時代遅れでS2曲線が時代の先端でかっこいい、とする神話を打破しなくてはならない。DXのリーダーは、どちらのS字曲線も同じように重要だというメッセージを伝えなくてはならないのだ。この点については、あとで臆測を呼んだり一方の事業がもう一方より優先されていると思われたりすることのないよう確実に、また苦慮している様子を見せずに行うことが求められている。

保険会社アクサ社（AXA）のスイス法人（AXA Switzerland）で変革&市場統括最高責任者（CTMO）だったカロラ・ウォール氏は、DXという環境で成功を収めようとするなら、リーダーは状況に応じたリーダーシップのスタイルを採用しなくてはならない、と強調する。アクサ社は、有効に機能している階層組織を含めて中核事業を維持する一方で、別の分野では機敏に対応している企業の例だ。「このようなモデルを選ぶなら、つまり両方の事業を並行して動かすなら、2つの世界のあいだのへだたりを橋渡しするリーダーが必要になる」と、ウォール氏は説明する[12]。

もう1人、このへだたりを埋めようと積極的に動いている経営幹部が、ABB社のデジタル担当最高執行責任者オットー・プリース氏だ。ABBデジタルはABB社の全社デジタルチームで、ABB社のCDOが率いており、プリース氏が代理として運営している。プリース氏は、自分は2つの世界の通訳だと言っている。彼自身と同僚の DXリーダーたちにとって鍵となる前提条件は、両方のS字曲線をしっかり理解していることだ。事実、プリース氏は新しいデジタル事業の方向性を把握しているだけでなく、中核組織に長期間関わり高い評価を得ていたため、信頼を確立できた。従来型の事業での経歴は、中核事業のメンバーから、ライバルでなく同志でありデジタル事業との橋渡しをすると思ってもらうために不可欠だった。プリース氏は、昔からある古い事業をデジタルS字曲線と結びつけるのが自分の重要な責任だと考えている。デジタル化におけるリーダーシップとは、メンバーを信頼し、関連する事業部門と同じ言葉で事業について語り、その影響を説明し、関係を築くことだと言う。2つのS字曲線のリーダーシップのあいだには常にへだたりがあるが、連帯をつくり出すことが成功の鍵だ。プリース氏は毎日これを実行している[13]。

新旧の多様なテクノロジーを保有することに関しても、成功へと導く方法は同じで、リーダーは旧来のIT世界の問題を具体的に把握する一方で、顧客中心主義に基づくラピッド開発など、新しい世界が提示するソリューションの可能性を理解する必要がある。先に紹介したABB社のCDOは、従来型のリーダーはどちらのS字曲線でもたくみに主導できるデジタルに関するノウハウを持ち合わせており、その点は新しい事業のリーダーも同じだと説明する。従来事業のリーダーはシリコンバレー、テルアビブ、そのほか革新とデジタル化のハブになっている地域に送り込まれて視察を行い、どのようにデジタル戦略が実践されているかを体験する。デジタル化がどんな勢いで進んでいるかを目のあたりにすれば、すぐ行動しなければならないと感じるだろう。同じようにデジタル化のリーダーも、従来事業について把握するように求められる。「旧世界の課題を知っているからこそ、新世界のやり方を従来事業にコピーするだけではだめだとわかるのです。だから、互いにコミュニケーションを図ってギャップを埋めることが非常に重要なのです」とCDOは語る【14】。

パートナーとして行動する

上司が一方的に指示を出し、部下が言われるままに従うというスタイルは、もう過去のものだ。DXで重要なのは上司と部下の対話で、それによりリーダーはチームメンバーの専門性の開拓を念頭に置きながらメンバーに課題を出せるし、そうすべきだ。定期的に一対一でフィードバックの場を持つことは、対話を促進する重要なツールになる。チームメンバーは、自分が重要だと思う議題を自由に取り上げ、それがプロジェクトにどう役立つかに関して、リーダーの意見を引き出す。リーダーはコーチのような役割を演じ、必要で有効な場合にアドバイスする。ただしアドバイスは、「ToDoリスト」のようにまとまった形でなく、「考え方のヒント」であるべきで、そのアドバイスを取り込むべきか、取り込むならどのようにするかという決定は、チームメンバーに委ねる。**リーダーは指針を提供するが、直接手助けをしてはいけない。目指すべきは、チームメンバーが持てる力を最大限発揮できるようスパーリング相手になることだ。**リーダーは脇にいてチームメンバーを応援し、メンバーの全員がそれぞれの任務を実行してゴール地点を越えることができれば成功なのだ。「『この場所を植民地のように支配する』という姿勢のリーダー像とは決別しなくてはならない」と、スイスを拠点とする、知る人ぞ知る傑出したテクノロジー企業、ビューラー社のCTO、イアン・ロバーツ氏は言う【15】。

アクサ社スイス法人の前CTMO（変革＆市場統括最高責任者）、カロラ・ウォール氏は、もはやリーダーはノウハウを持ち情報を伝達する専門職ではないと確信している。リーダーの仕事は人材開発であり、目標設定を通じてチームを率い、課題設定が不適切な場合にはコーチングで解決し、メンバーの潜在能力を最大限引き出すことを自らの使命とする。「私たちは今でも、リーダーの多くは効率性を向上させることが得意であり、またそこに注力するものだと思ってしまいます。どんな状況でもすべてに答えられる人だと。そうではなく、誰よりも気持ちを高めてくれ、考えさせる問いを投げかけ、答えがわからないときはそれを認めるのがリーダーだと、考えを変えなくてはならないのです」と、ウォール氏は強調する【16】。

アセリオン社（Asellion）のCEO、ソーステン・ランプ氏はさらに踏み込んで、「古典的なトップダウンによるリーダーシップのモデルは時代に合わない。リーダーとは、社員が安心して最高のパフォーマンスができる場所をつくってあげるサーバント（使用人）なのだ」とまで言う。アセリオン社は、オランダを拠点とする化学製品関連のEコマースプラットフォーム企業だ。以前の親会社である材料科学の総合企業コベストロ社（Covestro）の社内ベンチャーとして事業を始めたが、その後完全に独立した。ランプ氏は、従来の組織モデルに代わるホラクラシー（Holacracy）と呼ばれる先駆的なモデルまで試してみたと明かす。ホラクラシーは、自律的に運営する各チームに権限と意思決定を委ねるもので、これによりリーダーは不要になる【17】。

リーダーという地位を完全に廃止するところまで踏み込むにせよ、リーダーをスパーリングパートナーのような役割にするにせよ、DXのリーダーシップに関する重要なフィードバックを強調しすぎることはあり得ない。

社員を励まし力を持たせる

起業家のように行動する。オーナーのように考える。イニシアティブをとる。意思決定を分散する。徹底的に革新する。共通のビジョンを追う。共有された目的に向かって貢献する。共通の理念を追求する。

リーダーがチームメンバーにとってスパーリングパートナーであるなら、必要なときに必要な場面で指針を示すことだ。DXプロジェクトを進める際にチームを支配するのでなく、チームメンバーに安全地帯から思い切って飛び出そうというモチベーションを起こさせることができれば、あとの問題は解決する。**リーダーは意思決定の権限をチームメンバーに完全に委譲しなくてはならない。**権限移譲してこそ、チームメンバーが持てる能力を十分に発揮できる（スパーリングパートナーとしては、それが目指すところだ）。チームメンバーが自分のアイデアを実験したり探求したりでき、事前の承認がなくても決定を下し、DXの一連のタスクの実施権限を持てるよう、安心できる場をつくる。言ってみれば、リーダーはチームがミニ起業部隊（社内起業家部隊）となるようにするのであり、それに伴いリーダーの仕事は、事業の管理から人の管理へと移っていく。新しいデジタル事業を開発するのは、独立した事業をゼロから開拓するようなもので、スタートアップ創業と同じとも言える。メンバーのモチベーションを高めることは、デジタル化の将来ビジョンをつくりあげ、チームが取り組む行動の戦略的な道筋を説明することとも大いに関係する。リーダーは、メンバーを共通のビジョンに向かわせる能力を示すべきだ。

同時に、リーダーは自らに問わねばならない。なぜ起業家は新しいベンチャー事業にこれほど熱心に取り組むのだろう？　起業すれば多くのメリットが得られるのだ。DXの流れのなかで社員にミニ起業家になろうと思ってもらうには、リーダーは必要となる着想、そして成功報酬による動機を与えなくてはならない。着想は自分のアイデアを追求できる自由があるところから得られる。成功報酬による動機は多くの場合、もっと具体的な形、たとえば株式報奨、ボーナス、賞品などによって生まれる。まず、リーダーは着想を得やすい職場環境を用意しなければならない。**進むべき方向を示して、成功なり失敗なり自分自身のストーリーをつくるようメンバーのモチベーションを高める。**次に、これと同じくらい難しい局面が来る。最高の人材を引き寄せとどめておけるよう、しっかりとした成功報酬のしくみをつくらなくてはならない。「今月のデジタルトランスフォーマー」の表彰、DX事業が成功したチームの公表（イントラネットの紹介記事など）、DXのKPI達成と連動したボーナス、ベンチャー事業がスピンオフされた場合は資本参加、昇進とそれに伴う責任の拡大と昇給など、いろいろ考えてみよう。

マーカス・ストレカイゼン氏は、スイス連邦鉄道（SBB）の鉄道貨物専門の子会社、SBBカーゴ社（SBB Cargo）の最高変革責任者で営業部門責任者だ。DXに必要なのは、社員に力を与える方法を知っているリーダーだと確信している。「DXを進める経営幹部に求められる重要な要件は、人の気持ちを鼓舞し、制約や規則に従わせるのでなく自由に立ち回れる場を与えながら先導することだ」と言う【18】。

知的失敗を受け入れる

起業家（または社内起業家）が創業者として実際に経験する（ことが多い）ものは失敗だ。社員に権限を与えて、彼らのセーフティーネットをつくるのだ。セーフティーネットには、評価されることなく失敗ができるということも含まれる。どんな結果も、次はどう改善するかという視点で見る必要がある。

新しい事業の開拓が続く環境では、失敗は認められ、ある程度は奨励されるべきでもある。失敗すれば、また立ち上がりやり直せばいい（もちろん、次々と起業を繰り返すシリアルアントレプレナーにも受け入れるべき批判はあるが【19】、それで彼らがベンチャー事業をやめることはあまりない【20】）。すでに確立された企業では、失敗すると取り返すのが大変な場合もある。アップル社のCEOだったジョン・スカリー氏は、もともとスティーブ・ジョブズ氏に誘われCEOとしてジョブズ氏を配下に置いたが、やがてジョブズ氏を追放する。そのほかにも不適切な決定を数々行い、アップル社は1993年にスカリー氏を退任させ、それまでの決定の多くを覆した。その1つとしてジョブズ氏を呼び戻した。ケイ・ウィットモア氏は、イーストマン・コダック社（Eastman Kodak）の凋落と歩みをともにしている。サン・マイクロシステムズ社（Sun Microsystems）の元CEO、ジョナサン・シュワルツ氏は、オラクル社（Oracle）に買収されるしか道がないところまで、会社を追い込んでしまった。彼らはもともと不適格なリーダーだったのだろうか。おそらくそうではない。失敗したあともう一度チャンスを与えられただろうか。明らかにチャンスは与えられなかった。これに対し、リンクトイン社（LinkedIn）はリード・ホフマン氏の初めてのベンチャー事業だっただろうか。ツイッター社（Twitter）はエヴァン・ウィリアムズ氏が初めて立ち上げた事業だったか。アマゾン社はジェフ・ベゾス氏が初めて思いついたビジネスだったか。違う、そうではない。起業家の世界と同じように、確立された企業のなかでも失敗が受け入れられていたら、今でもジョナサン・シュワルツ氏と仲間たちがいたかもしれない。要は、DXにおける失敗から、悪いニュアンスを消す必要がある、ということだ。失敗が認められてこそ、社員はDX事業を追求する力を得られる。「失敗はプロセスの一環です。プロジェクトが頓挫したとしても、あなた自身が失敗したわけではない。次は違ったやり方でことを運ばなくてはならない、というだけのことです」とマーティン・ワツラウェック氏は言う。彼は、ドイツとスイスに本社を置くポリマー企業レーハウ社で戦略とイノベーションを担当している[21]。サミュエル・ベケットの「もう一度挑戦せよ。また失敗するといい。そして前より上手に失敗するのだ」という有名な言葉にうなずくことだろう。

ドイツの鉄鋼販売会社クロックナー社CEOのギスバート・ルール氏も同意する。リーダーも組織全体も失敗に対する対応を変える必要があるという立場をとる。失敗に寛容な文化を広め、リーダーはどのような場合に失敗が許されるかを示す必要がある。「この問題に切り込むのは大変です。特に伝統にどっぷりつかった企業では。キャリアを築くうえで一番大切だと信じられてきたのは、失敗を避けることですから。うまくやるより、ミスをしないほうが大事だったりします。9つのことをうまくやり遂げても1つ失敗すれば、10のことを適当に済ませるより反動が大きかったのです」と言う。クロックナー社では、リーダーたちのあいだで失敗することが新しい規範となるよう「失敗ナイト」を企画し、人気のイベントになっている。大勢の聴衆の前で取締役会のメンバーまでもが「今週、私はとんでもないヘマをした。それについてお話ししよう」と明かすのだ。これは、クロックナー社のリーダーに大きな変化をもたらした[22]。

エスティローダー社スイス法人の前ゼネラルマネージャー、オヌル・エルドアン氏も同じ意見だ。「チームメンバーに自由を与え成功するために必要なツールを提供するだけでなく、何を求めているかを示さなくてはなりません。リスクをいとわず冒険してほしいなら、冒険を奨励することです。失敗しても褒めることが必要です。『失敗は素晴らしいんだ。何を学んだか話してほしい。そしてまた進むんだ』とメンバーに伝えなくてはいけないのです」[23]。

実践的になる

繰り返し言われていることだが、**アイデアや戦略がないためにDXが失敗することはあまりない。たいてい、実施能力が欠けているために失敗する。**このなかには、リーダーが発揮する実行力があり、意思決定をするときの現実性やコミュニケーションの明瞭さが含まれる。

「人の気持ちを鼓舞することは重要だ。しかし、実際に行動を起こし着手したことを完了するよう仕向けることは、もっと重要だ」と、スイスの鉄道貨物会社SBBカーゴ社の最高変革責任者で営業部門責任者のマーカス・ストレカイゼン氏は語る[24]。さらに、レーハウ社のマーティン・ワツラウェック氏は、正しい判断を即座に下し、迷ったり時間を無駄にしたりしないリーダーが必要だと言う。あらゆる決定を委員会の協議にかける必要はない。その代わり、有能なリーダーが状況を判断し次にすべきことを決めるのだ[25]。ABB社のABBデジタルチームのオットー・プリース氏も同じ意見で、DXのリーダーは「何をするか」だけでなく、「どのようにするか」がわかっていなくてはならない、そして現実的なやり方で正しいことを追求しなければいけない、と言う[26]。

これは、リーダーがやみくもにすべての決定を下すという意味ではない。チームメンバーに権限を持たせるという原則を守ったうえで、必要なときは目的に合ったインプットをし、迅速に判断を下すのをためらってはならないのだ。

ネットワークの力を信頼する

この文脈で、「ネットワーク」には2つの意味がある。1つには、リーダーは階層組織による問題解決をやめなくてはならない。重要な問題は上にあげるという問題解決アプローチに頼っても、もはや目指す結果は得られない。

ドイツの大手電力会社、EnBW社のデジタルオフィス共同責任者のラファエル・ドルカー氏は、従来の階層組織型のリーダーシップが最も適している事業分野（S1曲線の事業）が今でもあると言う。「発電所や送電網の運用などです。これはわれわれにとって標準的な事業で、階層型組織が最適となる伝統的な事業プロセスを踏みます。しかし、各自が明日何をすべきかすら不透明という環境では、これとは異なるリーダーシップモデルが必要です。チームのネットワーク全体に責任を分散するものです。新しいベンチャー事業や製品開発では、ネットワークにこのような信頼がなくてはいけないのです」[27]。

2つ目の意味での「ネットワーク」は、外部とのパートナーシップも含むもので、企業はより広いエコシステムの一部になる。内向き志向は過去のもので、そこまでいかないとしても、危険な落とし穴になる。必要なのは、外からの刺激に対するオープンな姿勢だ。

「デジタルに関する最高のアイデアや、最も興味深く期待が持てそうなDXの企画は、組織の内側からでなく組織を取り巻くエコシステムから来ることが多いのです。社会人になってからずっと同じ会社に勤めているとか、同じようなことを30年続けているなどといったリーダーはいらない。イノベーションとDXを推し進めるには、違った会社や業界、外国での経験を持つリーダーが必要です。世界は1つの会社よりも広いとわかっているリーダーです。ネットワークを引き寄せネットワークから発想を得て、異なるやり方で問題を解決するリーダーです」と、レーハウ社のマーティン・ワツラウェック氏は説明する【28】。

感情知能を発揮する

感情知能（EQ）はIQに勝るということは多くの場面に当てはまると、私たちはずっと前から知っている。これは、DXに関わるリーダーシップについても同じだ。**チームメンバーから見習いたいと思われるリーダーになるには、共感を持ってしばし相手の立場に寄り添えることが鍵になる。**ある程度心のうちに入っていこうとする姿勢も必要だ。DXのリーダーは、話し相手自身の振り返りを道案内し、大局的な視点から過去と未来を見ることができなくてはならない。フォルクスワーゲン社DXオフィス、ディレクターのフォーク・ボース氏は、DXのリーダーは人の気持ちを感知し、紙に書かれたこと以上に行間の意味を理解できなくてはならない、と言っている【29】。

DXは複雑なテーマだ。しばしば不信や疑いの目で見られ、多くの人がDXで職を奪われるかもしれないと考える。DXのリーダーはこの状況を察知し、相手の気持ちを理解し、彼らの懸念に対して理性と感性を使って絶妙な対応をしなくてはならない。戦略的な同志になるべき人たちと敵対することを避けるには、「DX」とか「デジタル化」という言葉を聞いただけで駆り立てられる不安を取り除くことが重要だ。まさにこの点をインタビューした人たちの多くが強調していた。リーダーは親しみやすさを感じさせ、現場のスタッフに積極的に話しかけ、彼らの不安に向き合うべきだというのが、全員の共通見解だった。

適応力を発揮する

EQはIQを凌ぐ。ネットワークは階層組織より優れている。そして、これまで説明したあらゆる指標が新しい標準になる。こうしたことを具体的に示すため、リーダー自身が変わろうとする意志を見せなくてはならない。新しい標準を採用し、居心地がよかった場所から積極的に飛び出さなくてはならない。こういうことができなくては、DXの世界で、チームの成功と自身のリーダーシップの進歩は望めない。変化を柔軟に受け入れ、変化に適応できることが不可欠だ。

適応力とは、デジタルの最新の発展に遅れをとらず、必要なスキルや実際に使える専門性を身につけることに真摯な興味を持つということでもある。必ずしもC++言語のコーディングの専門家でなくてもいいが、こうした新しいトピックに関わり学んでいくことは必要だ。バンク・クレル銀行（Bank Cler）の取締役会前会長アンドレアス・シュトゥルム氏と、同僚で戦略＆DX前責任者のマティアス・ハーン氏の２人は、この考え方に賛同している。2018年の初め、バンク・クレル銀行は、スイス初のモバイルバンク、ザック（Zak）を立ち上げた。リーダーシップチームを結成するにあたり、シュトゥルム氏とハーン氏は、学ぶ意欲を必ず評価することとした。「それぞれのリーダーのポストに応じた具体的な知識を持っていることは、必須の条件です。ただ、そうしたスキルを持つ人材は数多くいます。DXの優れたリーダーがほかのリーダーと明らかに異なる点は、新しいリーダーシップという現実に適応しようとする意欲です。たとえば、思い切ってリスクを冒す、失敗を共有する、階層型組織から脱却する、指令と支配によるリーダーシップより協調的なスタイルのリーダーシップをとる、多岐にわたる専門分野からなるチームを機動的に主導する、などがあるでしょう。その分野でこれまで多くの経験がなかったとしても、このような適応能力を確実に示すことができなくてはならないのです」【30】。また、高級ホテルチェーンのハイアット・インターナショナル社（Hyatt International）の上級幹部、カート・ストラウブ氏は次のように語っている。「私たちが必要としているのは、テクノロジーを統括するリーダーです。理想を言えば、すでにテクノロジーに精通していることが望ましいのですが、そうでない場合でも、『了解。私はこのツールや方法になじんでないけれど、勉強しよう』と言えなくてはならないのです」【31】。

自ら範を示し言ったことを実行して先導する

ここまで述べたリーダーの資質は、実際の場面で発揮されなければ価値がない。DXを率いるリーダーは（3つのどのタイプのリーダーも）、チームメンバーに求めること（人材の章［Chapter 7］を参照）は、リーダー自身が基準としていることであると示さなければならない。たとえば、知的失敗を奨励するときは、メンバーが失敗してもいいというだけでなく、リーダーも失敗を受け入れることを意味している。理想的には、ギスバート・ルール氏の「失敗ナイト」のように失敗を共有し、失敗することが新しい標準になるといい。リーダーがチームメンバーに積極的に勉強するよう求めるなら、リーダー自身も変化を受け入れる度量を見せなければならない。リーダーは自らが模範となり、言ったことを実行しながらチームを導いていくのだ。

スイス最大の民間メディア総合企業TXグループ社（TX Group）の会長、ピエトロ・スピノ氏は、変化に対する柔軟性と学ぶ意欲に関しては、リーダーたちにも新規採用者と同じ基準を当てはめると言ってはばからない。リーダーには信頼できるロールモデルであることを期待しており、それができる者だけを昇進させる。このことを明確に示すエピソードがある。取締役会が最高クラスの幹部の後継者を検討していた際、社内で最もふさわしい候補者に、デジタル知識を高めるため、ニューヨークのコロンビア大学で実施している3ヵ月半のコーディングのコースに参加してもらおうとした。彼はこの機会を心から喜び意気込んでコースに参加し、昇進した。スピノ氏は、これこそ、リーダーがDXの環境で成功するために必要な姿勢、適応力、信頼感だと確信している【32】。

ここまで挙げたリーダーの特性を検討するときは、こうした特性が3つのタイプ、つまり、従来のS１曲線のリーダー、デジタル化S１曲線のリーダー、S２曲線のリーダーのそれぞれにどう当てはまるかを考えるといい。DXのリーダーは、事業と人と自分自身を動かしていかなくてはならない（図6.3）。ここまで述べた特性は、この点をすべてカバーしている。事業を動かすとは、何よりも、実際的な決定を行い、ネットワークを信頼し、よりよい結果に到達するため知的失敗を受け入れることだ。人を動かすとは、チームのスパーリングパートナーになり、両方のS字曲線の言葉で語り、チームメンバーが全力で仕事を進められるよう、気持ちをかきたて、力を与え、やる気にさせ、フィードバックを行うことだ。そして自分自身を動かすとは、自己を振り返り、適応力があり、自ら範を示し言ったことを実行する感情知能を持ったリーダーであることを意味する。

図6.3　事業、人、自分自身を動かす

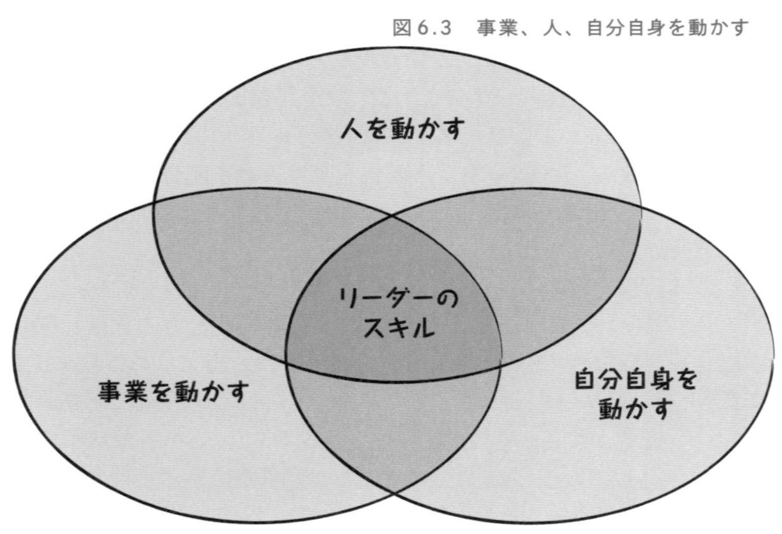

変革のリーダーとして成功しようとするなら、自分の意志で取り組むのが当然だが、ちょっとした刺激や励ましがあると助けになるだろう(リーダー自身が自分でちょっとした刺激を起こしてもよい)。フォルクスワーゲン社のフォーク・ボース氏がしているのは、学ぶための方法をクリエイティブに組み合わせることだ。「その1つとして、私たちは参加者がDXの体験をシミュレーションできる方法を開発しました。具体的には、自動車産業について、初期の生産ラインから現在の状況まで、その発展を体験します」と説明する。リーダーと一般社員をともにDXの世界へと誘うこのビジネスシミュレーションゲームに加え、ボース氏はさらに独特の方法を導入した。「最近、連続開催のセミナーを主催したのですが、特筆すべき経歴を持つ人をゲストに呼びました。ある日は、脳の研究者を招き、なぜ脳がこんなふうにつながっているか、私たちが習

性や嗜好を変えるにはどうすればいいかについて、話をしてもらいました。それから、マジシャンと催眠術師が来て、私たちに立ちはだかる障壁はメンタル面だけであり、心の持ち方で現実が決まるのだということを示してくれました。バイオリニストまで登場しましたが、戦略の立て方について非常に異なるアプローチをする人でした」と語る。このようなイベントは、参加者が安全地帯から踏み出せるような軽い刺激になることを狙って、企画されたものだった。ただし重要なのは、参加は自由ということだ。こうした方法は、もともと取り組む意欲を持っているリーダーにのみ有用だ。このようなイベントを提供し誰もが参加できるようにすることは肝要だが、少なくともリーダーは自分自身が意欲を持って参加しなくてはならない。「でなければ、そもそも参加する意味がない」とボーテ氏は結論付けている【33】。

望むリーダーを見つけるには

どういうリーダーを探すかがわかったら、問題は、どこでそういうリーダーを見つけるかということだ。選択肢は2つだ――社内で探すか、社外から採用するか。この選択肢については、またさらに多くの選択肢についても、Chapter 7で再度目にすることになる。**DXでは、リーダーを配置することと、チームメンバーを配置することが著しく異なる**のだが、それには少なくとも2つの理由がある。1つは、リーダーは負荷を支える壁だということだ。だから、DXの構造が安定するためには、各リーダーが「すべての要件を満たしている」ことが何より重要になる（そのため、人員を確保するための選択肢には、チームメンバーには当てはまるがリーダーには当てはまらないものがある）。2つ目は、DXに関わる人員の構成だが、社内で探す人材と社外から探す人材の割合は、リーダーと一般社員で異なるということだ。

リーダーに関しては、社外から来る人より社内で探す人のほうが多くなるだろうが、これは主に3つの理由による。1つ目は実際的な問題で、人材が少ないことだ。DXに必要とされるリーダーの数に比べると、現実に市場で得られる人材はかなり限られている。需要が供給をはるかに上回っているのだ。これは、競争の場として不均衡であり、雇用する側はしばしば選択が限られ不利になる。いわば、品薄だ。2つ目の理由も実際的な問題で、獲得までのスピードである。一般に、社内でリーダーを探したほうが新しく雇うより速い。外部の人間を雇う場合、前の会社との契約に独占条項が入っていることがあり、そうなると一定期間、多くの場合半年以上、競合他社で働けなくなる。独占条項がなかったとしても、たいてい通告期間が必要で、引っ越しに要する時間も発生するかもしれない。3つ目の理由は、モラルに関するもので、既存のリーダーに対する責任である。既存のリーダーがDXのリーダーに変わろうとするチャンスを与えられないまま宙に浮く、という事態を招いてはならない。多くの人が会社で長いあいだ仕事をしてきたのだから、会社も彼らが能力を発揮する機会を与えるのが公平と言えるだろう。

それでは、リーダーを社内で探す場合と外部から雇う場合について、最もよい方法を考えてみよう（図6.4）。

図6.4　DXのリーダーを探す場所

内部でリーダーを育成

既存のリーダーをDXのリーダーにするのは、簡単な話ではない。ここで、経営上層部はそれほど障壁にならない。有能なCDOや支援してくれるCEOについては、あまり心配しなくていい。本当に大変なのは、中間層の管理職にDXに参画してもらうことだ。

> 経営トップの同意が必要条件です。だが、それだけでは十分でない。
>
> ──EnBW社最高革新責任者　ウーリー・フエネル氏[34]

> 私たちのような階層型組織では最も激しい抵抗は中間管理職から来ます。この抵抗を突破するには、組織内で大使役を務める人を見つけなくてはなりません。変革を支援することに関心を持ち十分な能力がある中間管理職です。経営トップと話ができ変革の声となる大使役が不可欠です。
>
> ──ジェネリクス・グループ社取締役会会長
> ジャン=シャルル・デコニンク氏[35]

大手ディスカウントストアI社のCDOが指摘する。「DXの過程では、中間管理職と現場の管理職が最も大きな変化を経験するでしょう。経営上層部は仕事のやり方を急激に切り替える必要はなく、ごく限定的に変えるだけでいいでしょう。仕事が根本的に変わり、またこうした新しい現状に適応していかなければならないのは、中間管理職と現場の管理職です。このようなリーダーが新しいスタイルのリーダーシップをとれるように、適切に支援することが不可欠です」[36]。

中間管理職の研修の場をつくるのは、知識を伝える方法の1つだ。研修は2、3年にわたることもよくある。ボッシュ社では、取締役会メンバー、上級管理職、中間管理職を含む上層部の全員が、VUCAの環境のなかで変革のリーダーになるための研修を3年にわたり受ける。社外の専門家が多くのワークショップのモデレーターを務めるが、ワークショップは対話型で、参加者全員が意見を述べる。ワークショップのあと、参加者は自身で振り返りを行う。最後に、変革のリーダーシップについてあらためて考えるフィードバックのセッションが設けられ、上層部の参加者はあらゆる角度からフィードバックを受ける[37]。

知識だけでは十分でないことは、メルセデス・ベンツ社も認識している。「社内のリーダーが来たるDXの道のりに十分備えられるよう、経験に基づく学びに期待しています」と、メルセデス・ベンツ・バンク社

(Mercedes-Benz Bank) 経営委員会議長のベネディクト・シェル氏と最高変革責任者のトム・シュナイダー氏は言う。「スクラム会議(訳注:ソフトウェア開発手法のSCRUMで提唱された、毎日決まった時間に行う短時間の会議)に出席し、カンバン方式で業務をするチームとシャドーイング(訳注:経営陣に影のように同行しながら学ぶ)を行い、UX/UIの設計者と知り合いになる。こうしたことが、これからのDXのリーダーには極めて重要だと、私たちは考えます」【38】。

自動車部品サプライヤーのエルリングクリンガー社(ElringKlinger)は、もう1つ別のツールを信頼している。リバースシャドーイングだ。リーダーのほうが、デジタルにすばやく対応する若い同僚についてシャドーイングを行い、デジタルソリューションをどのように活用しているかを学ぶ。これは、リーダーがオプションで選ぶプログラムで、「もっとデジタルに」なろうと願うリーダーが活用している【39】。

わかったことは、従来の幹部教育がもはや機能しないことだ。幸いなことに、最高学習責任者が持つ社内研修予算を狙っているかのように、数多くのプログラムがある。一般公開のプログラムを提供するビジネススクール、顧客に合わせたプログラムを用意するビジネススクール、戦略コンサルティング、人材コンサルティング、企業内大学、オンラインで個別に学べるプラットフォームなどだ。MOOC(massive open online courses:大規模オープンオンラインコース)もあり、ユダシティ(Udacity)、コーセラ(Coursera)などのプログラムのなかにちょうどよいものがあるかもしれない。こうしたデジタルソリューションで、研修の成果を容易にあげられるようになり、その結果、さまざまなパーソナルラーニングのためのクラウドが増えている【40】。**DXのリーダーの育成方法を決める際には、双方向のコンテンツを提供するプラットフォームを、リバースシャドーイングやそれに類する方法などのOJTと組み合わせて検討するといい。**

外部からリーダーを採用

外部からリーダーを新しく採用する場合、売り手市場だ。つまり、才能ある最高の人材を求めて市場で競争しなくてはならない。特定の経歴を持つリーダーの需要は大きい。第一は、伝統的企業の上層部でDXを進めた実績があるリーダー。第二は、完全にデジタルの環境から来たリーダー。第三は起業家。特に第三のタイプの人は、探すのも来てもらうのも難しい。彼らの多くは、そもそも新しい地位を求めていないからだ（新しい地位を探していると公言することはほぼないし、積極的に探すこともめったにない）。そのため、ますます希少になる。3つのタイプの人材のいずれを求めるにしても、ベストを尽くさなくてはならない。

この3つのタイプのリーダーを求める競争は熾烈だ。そのうえ採用できる人材がさらに限られてきている。その理由について、コーン・フェリー社は次のように説明する。デジタル分野で10年以上の経験を持つ管理職には、早くから複数のポストを得られる機会があるという誘惑が増えている。すなわち、デジタル経験のある社外取締役が欲しいというあちこちからの要求に応えて、複数の社外取締役のポストにつくということだ【41】。

才能あるリーダーを確保できたら、相手にとって魅力ある条件をまとめなくてはならない。資本参加、譲渡制限付き株式ユニット、ストックオプション、契約金、移転手当または住宅補助、さらに場合によっては子どもの養育手当、そのほか業績に応じたボーナスやインセンティブなどの特典だ。ほかに可能性としては、（「シリコンバレー的」な感覚だが）食事の提供、ジムの利用などもある。ソフト的な面では、業務体制、たとえば（業務の時間や場所が）フレキシブルなスケジュールや適切な休暇日数（欧州以外では、年間20日か25日が標準、それ以上はあまりない）を考慮する。もちろん、こうした条件がどこまで必要かは、採用するリーダーのレベルによる【42】。ただし、どんなレベルのリーダーにも共通して言えることが1つある。報酬に応じた人材しか得られない。

S1曲線とS2曲線のリーダーの緊張関係に対処する

S2曲線のリーダーを確保できたら、S1曲線のリーダーとうまく連携できるようにしなければならない。なぜなら各部門が孤立する事態を避け、社内の全員から変革への賛同を得ることが重点目標だからだ。連帯して取り組むことが成功の鍵なのだ。**DXとは新しいデジタル事業を立ち上げつつ中核事業のデジタル化を図ることであり、これは両方のリーダーが協力し連帯して取り組まなければ達成できない。**

変革に向けた組織体制ではリーダーのあいだのへだたりを埋めることが効果的だと示す例を、以下に3つ紹介する。いずれの例も、S1

曲線とＳ２曲線のリーダーのあいだの橋渡しをするための異なる方法やアプローチを示している。

ABB社

スイスとスウェーデンの企業の合併により設立されたABB社は、S1曲線とS2曲線の両方で取り組みを続けている。S1曲線の商品には、非デジタル製品とデジタル対応製品がある（たとえば、モーターの駆動装置やロボットのような機械で、ハードウェア製品であるが、機能させるには中枢部にソフトウェアが必要なものなど）。S2曲線では、さまざまなソフトウェアソリューションがあり、設備管理、予知保全、製品の寿命延長ソリューションなど多岐にわたる。

新しいデジタルビジネスモデルは、S2曲線での取り組みだと見なされるが、それぞれの事業を行うのは担当の事業部門で、たいていS1曲線である。ただし、その事業部門を支援するのは全社デジタルチームで、これはすべてのデジタル関連の取り組みについて同様である。支援と推進力創出に関する事例の１つがデジタルモデル事業プロジェクトで、関連する事業部門が主導して開始し、事業部門がプロジェクトのスタッフを配置するが、費用は事業部門と全社デジタルチームとで負担する。各事業部門自身で全社デジタルチームをどのように活用するのが最も効果的か意見を出す（たとえば、ビジネスモデルの検討方法、戦略的な顧客との関係強化の実施方法など）。最終的には、事業を拡張するかしないかの意思決定がなされる。拡張する方向に決まれば、原則として全社チームは手を引き、当該事業部門が引き継いで、以後プロジェクトを通常のプロジェクトの管理とガバナンスによって運営する。

事業部門がデジタルチームと連携してベンチャーを進める体制であるため、S1曲線とS2曲線とのあいだで絶えずやりとりが行われる。それだけでなくリーダー同士の緊密な連携も交流促進に貢献している。モデル事業プロジェクトを開始する前に、各事業部門はデジタル戦略を策定しなくてはならなかった。これが全社チームとの緊密な連携につながったのだ。コミュニケーション継続のためのさまざまな仕組みが用意されたが、その１つが月例連携ミーティングで、全社デジタルリーダーシップチームが各事業部門の責任者やマネジメントチームの主要メンバーと、進捗について話し合い、フィードバックする。継続的にコミュニケーションをとることで、事業部門と全社チームの双方に恩恵がある。各事業部門の責任者は、障害を克服する方法について、全社チームからフィードバックを受けたり、一緒にアイデアを出し合ったりできる。全社デジタルチームにとっては、モデル事業プロジェクト以外についても、事業部門の進捗を継続的に把握できる点が特に有益だ[43]。

事業部門の責任者が各部門のデジタル戦略をCDOとともにつくることは、計画段階での透明性を確保する強力な手段になる。同様に、進捗の確認は、実施段階で透明性を維持するのに役立つ。もしあなたの会社でABB社のようなモデルを立ち上げるなら、戦略の策定や進捗の定期的確認を共同で行うなど、リーダー間の交流を図るしくみを検討するといい。

EnBW社

ドイツの電力会社EnBW社におけるDXの体制の特徴は、S1曲線とS2曲線の区分が明確なことで、2人のリーダーが常に連携をとりつつも、かなりの部分でそれぞれ取り組みを行う。

EnBW社の最高革新責任者のウーリー・フエネル氏は、複数の破壊的な新しい（デジタル）ビジネスモデルを統括している。これらのモデルは中核組織の一部としてでなく、比較的独立した場（「イノベーションキャンパス」）で開発され、物理的に組織から分離され、運営上も親会社から切り離されている。最終的にその多くがスピンオフをして完全に別会社になる。一方、ラファエル・ドルカー氏は、共同責任者としてデジタルオフィスを率いている。デジタルオフィスは、EnBW社の全社と従来の事業部門が、既存のビジネスモデルにどのようにデジタル化を統合し、便益を得るかについて、意識を高めるための包括的な取り組みを行う。デジタルオフィスは全社部門ではないが、中核事業のデジタル化促進を助ける役割を担っており、ABB社の全社デジタルチームと似ている。

フエネル氏とドルカー氏は、頻繁に交流を図り、ますます多くのイベントを共同で開催している(ハッカソンの共同開催など)。もともと、交流はイベントに伴って行うことが多かったが、次第に、交流を図ることが通常の進め方として定着している。意見交換を標準化することは好ましい展開だが、一方で、交流を迅速に行う妨げになるような官僚的なやり方を導入することは、意識して避けている[44]。

EnBW社のリーダーシップ交流のアプローチは、ABB社と機能的には似ているが異なるものだ。EnBW社では、両方のS字曲線で共同のイベントを開催して協力を図る。コベストロ社では、DXの体制が異なることから、また違ったアプローチを採用している。

コベストロ社

材料科学企業のコベストロ社は意図的に、S1曲線でもS2曲線でも、独立したデジタル部門を立ち上げないことにした。成果を統合し拡張しながら部門を継続することが難しくなるだろうと危惧したのだ。その代わり、従来事業のデジタル化は全社組織で直接実施される。また、新しいビジネスモデルは、少なくともインキュベーションの段階では、イノベーションマネジメント&コマーシャルサービス責任者のハーマン・バック氏のもと、全社の事業として開発される。コーポレートベンチャーを子会社化する準備が整い、そのビジネスモデルを本社から切り離すことが必要であれば、コベストロ社から分離する。その一例が、化学工業のEコマースプラットフォーム、アセリオン社だ。事業の構想は2016年にコベストロ社内で着手され、現在はオランダに本社を置く独立子会社になっている。

アセリオン社を率いるソーステン・ランプ氏が、親会社のコベストロ社との意思疎通とリーダーシップの交流をどのように調整したかについて語った。「コベストロ社から独立すると、『あの人たちはもうこっちの会社の人間でない。独自のことをやっているし、独自の社名まである』といった声を耳にしました。そうなると、コベストロ本社の商標担当とともに社名を作成したことも、コベストロ社が100パーセントの株式を保有していることも、関係ありませんでした。独立した直後は、本社のリーダーも含め、本社から『あれはうちの発案でない』という反発が起こったのを感じました。私たちの会社は本社の発案だったにもかかわらずです。これを克服したのが、本社のリーダーとの積極的なコミュニケーションです。私たちの取組みの透明性向上を図るために、プッシュ型のコミュニケーションをしたのではありません。そうでなく、できるだけ友好的で心地よい方法で手を差し伸べて、本社の課題と、私たちが本社を支援し、本社の価値を生み出す方法を理解することに努めたのです。私たちのプラットフォームは実際に多くの価値を生むので、コンテンツで説得することが、現在のような対話を確立するために必要な信頼を醸成する方法でした。さらに、可能な場合は交流のしくみをつくることにしました。たとえば、スラック（Slack）（訳注：詳細は文化の章［Chapter 8］を参照）のチャンネルをセットアップして、コベストロ社側の意思決定者と容易にコミュニケーションをとれるようにしました」。

アセリオン社のリーダーが本社との連携を強化するうえで役立ったのは、相手の立場に立った積極的な対話で、対話を通じて、Eコマースに対する不安を払拭し、新しく子会社となったデジタル事業によって中核事業に付加価値が生まれることを具体的に説明できたのだ[45]。

デジタルベンチャーがすでに分離され独立した組織体制では、「『うちの発案でない』シンドローム」が起こる可能性がある。分断を避けるには、共感と忍耐が鍵だ。**Ｓ２曲線のリーダーとＳ１曲線のリーダーとのあいだで対話が必要だろう。このようなコミュニケーションは、制度化するよりも、無理強いせず時間とともに成熟させていくほうが有用な場合がある。**目的は、Ｓ１曲線の疎外感をなくすことで、これは、ランプ氏が行った通り、Ｓ２曲線がＳ１曲線に与える付加価値について説明することで可能になる。

取り残されないために

DXのリーダーシップチームを立ち上げる際には、以下のような成功事例を頭に入れておくとよい。

- DXのリーダーは主に社内で確保する。
  - 内部で探したリーダーに対しては、十分な研修や（リバース）メンタリングの機会を提供する。制度化されたリーダーシップ研修の一環として行うことも考えられる。
  - 外部からリーダーを探す場合は、魅力的な報酬パッケージを組み立てる。成功報酬、資本参加、契約金、引っ越し費用などが含まれる。

- DXのリーダーをどこで探すにせよ、リーダーシップの重要な特性を備えているか、事業、人、自分自身を動かす力があるかを確かめる。
  - 両方のS字曲線で確実にリーダーシップを発揮することができるか、示してもらう（たとえば、企業が成功を続けるためにはなぜ両方のS字曲線が必要か、自分の言葉で説明してもらう）。
  - チームをどのように主導しようと考えているか説明してもらう。解決すべき課題について仮定のシナリオを提示し、どのようなスタイルのリーダーシップをとろうとしているか確認する（指令型／上司タイプか、権限移譲型／コーチタイプか）。
  - チームが起業家のように行動するよう、刺激と力とやる気を与えるためにどうするつもりか、詳細な案を示してもらう。
  - 自分自身が誤りを認め環境に適応し学ぼうとするオープンな姿勢を示した例を挙げてもらい、可能であればチームメンバーにとってリスクがない環境をどうつくるつもりか尋ねる。

- S１曲線とS２曲線のデジタルリーダーの定期的な交流を企画し、それぞれ相手側のリーダーの活動内容について最大限の透明性で情報を得られるようにする。具体的な手順は、各企業の組織体制による。
- 企業の組織体制にかかわらず、リーダーの交流では協調を促進し批判しない環境を整える（「S1曲線対S2曲線」のような意識を避け、双方に実のある交流ができるよう注力する）。

参考事例（タイヤ製造販売業）

ミシュラン社

タイヤはおなじみだろう。レストランガイドも。きっと、丸っこくて愛嬌のあるキャラクター「ミシュランマン」も。だが、エリック・チャニオット氏については知らないかもしれない。フランスのタイヤメーカー、ミシュラン社の名高い最高デジタル責任者（CDO）だ。

チャニオット氏は、DXチームをつくるという任務を引き受けたとき、できる限り無駄がなく機動力に富んだデジタルチームにすることが何より重要だと考えた。自身がCDOとしてチームを引っ張る。彼に直接報告するのは、DXのリーダーのレベルだけだ。その先には1つのレベルしかない。DXのチームメンバーだ。これで、形式的な手続きは最小限になり機動力が最大になる。

「私に直接報告することになっている部下の60パーセントから70パーセントはミシュラン社内から集めた人たちでした。もちろん、例外はあります。デジタルアーキテクト責任者はセールスフォース社（Salesforce）から採用しましたし、最高データ責任者はゼネラル・エレクトリック社（General Electric）からです。ただ、大半はミシュランで長い経験を持つ人たちです。私の直接の部下たちは、このチームに来る前にとても高い地位についていました。経営幹部のすぐ下のレベルです」とチャニオット氏は説明する。ミシュラン社内部での優れたネットワークと高い評判によって、事業の立ち上げに関わる人たちの橋渡しをし、DXチームが行うことに関して中核事業からの賛同を得ることができたと信じている。「彼らは非常に優れたリーダーでしたが、私たちのやり方に照らし、新しいリーダーシップのスタイルを取り入れる必要があったと言えるでしょう。彼らは今、新しい時代の仕事をしているのです。そこに至るために、研修を受け助言を得ました。ですが、もっと重要なこととして、彼らと私とのあいだで常にオープンな対話を続けていました。このことも、目的を達成するため大変役に立ったと思います。私には、外部からの新しい考え方とデジタル事業の構築に関する専門性と経験がありますし、リーダーたちは、ミシュランのことをよく知っていて素晴らしいネットワークを持っています。私たちは、とてもうまい具合に補完し合っているのです」。

とはいえ、チーム全体では、60パーセントから70パーセントもの人が外部から採用された。特にチャニオット氏の直接の部下よりさらに下のレベルに多い。こうした人たちは、実用的な知識と経験を新しい方法で提供するデジタルネイティブだ。「彼らは大きな組織の複雑さに目を向けることはない。あるいはあえて無視している。これこそまさに、われわれのDXに必要なマインドセットなのです」とチャニオット氏は言う。

つまり、チャニオット氏のチームは、持ち株会社から来て影響力を持ち緊密に連携する幹部、社外から採用された経験豊かな実務家、そして求められる実用的な知識をもたらす専門家から構成されているのだ。最適だと考えられる人材を自由に配置できることは、同氏にとって考えうる最高のチームをつくりあげるために重要だった。

チャニオット氏は組織体制の役割を明確に指摘する。「適切なリーダーを必要なだけ採用しあるいは集めたとしても、体制のせいで失敗することがあります。その体制では、あなたとチームに十分な権限がないからです。そうなると、あなたが優秀か、あるいはDXのリーダーとしてふさわしいかという問題ではないことがわかるでしょう。体制をどうつくるかという問題なのです。だから私はグローバルCEOに直接報告することが好きなのです。『そんなの無理だよ』と言われることがありませんから」[46]。

まとめ：

●リーダーシップの役職には内部から人材を配置することに注力
　――すでに確立された、リーダーとしての評判とネットワークが、驚異的な成果をもたらす可能性がある。経験豊富な実務家、専門家、そして、かつて起業家だった人たちの混成チームをつくるといい。

●**リーダーたちの関係を緊密に**――（リーダーを社内から登用する場合は特に）過度の組織階層を排除し、2つのS字曲線にまたがるさまざまなタイプのDXのリーダーのあいだでのオープンな対話を確保する。

●**組織体制が鍵**―― DXのリーダーはできる限りCEOに直接報告できるようにする。

Chapter 7 人材：何を人材に求め、未来の戦力をどう構築するか？

People: What to Look for in Talent and How to Develop the Workforce of the Future

本章では、DXという家を支える非耐力壁（通常の壁）について考える。重要でない資産という意味では決してない。人材は、間違いなくDXの成功を握る鍵だ。リーダーシップという重荷は、前章で述べたリーダーが負っているというだけのことだ。本章では、DXのチームメンバーのタイプとメンバーが持つべき特性について述べる。どのように人材を獲得するか、あるいは育成するかについても触れる。最後に、2つのS字曲線の連携を最適にするためにそれぞれのS字曲線のチームメンバーがどのように連帯すればよいかについて詳しく述べる（図7.1）。

図7.1　How／人材の全体イメージ

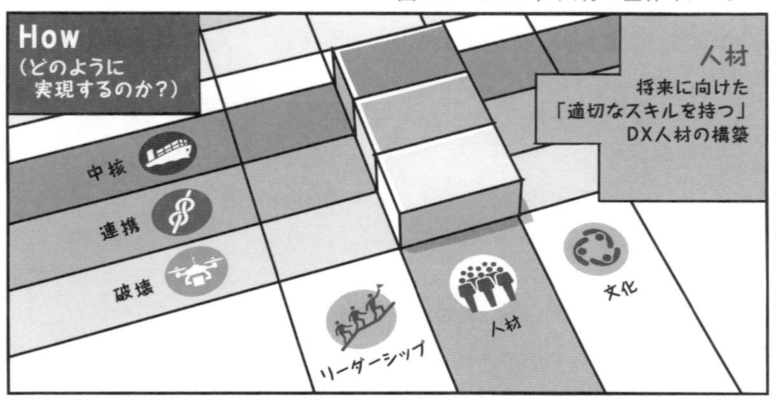

会社が抱える人材の課題を認識する

DXチームの大半は、リーダーの役割を担わない実務家だ。DXチームを構成するのは簡単な仕事ではない。いくつかの疑問が頭に浮かぶだろう。

第一に、どのようなタイプの人材がS1曲線とS2曲線で必要か？ S1曲線とS2曲線それぞれの事業により、異なる特性が重要になる。2つのタイプの二項対立、特に勝者対敗者という二項対立が長く続くのを回避するには、どのようにすればいいのか？ 「勝者」とは、DX（S1曲線のデジタル化やS2曲線の構築）に適した人で、「敗者」は従来のS1曲線に必要な能力しか備えていない人なのか？

第二に、外部から採用する人材と内部で配置する人材の最適な組み合わせがあるとすれば、どういうものだろうか？ 今いる人材が将来のDXに向けた能力を身につけるには、どのような社内研修プログラムが最適だろう？ DXに必要な能力が備わっていない人材を変えるにはどうすればいいだろう？ 新しい慣行を導入する際、DXの取り組みに向けどのようにS１曲線の社員のモチベーションを高めるのだろう？

第三に、外部からの優れた人材は、どのように見つけ、採用し（引き抜きになる可能性もある）、契約するのだろうか？ 才能ある人材を探し出し、彼らの心をつかむには、どのような新しいアプローチが必要なのか？ いずれS２曲線がS１曲線に変容すると、当初刺激的だった事業は、立ち上げ段階を卒業し定着段階に入る。新しい人材をやめさせずに、そういう事業に引き続き携わってもらうには、どうすればいいのだろう？

第四に、才能ある人材を集めたあと、どのように維持するのか？ これに関しては、外部出身の人材でも内部の人材でも、発展性のある長期的なキャリアの選択肢を社員に示すことが鍵である。このメッセージをうまく伝えるには、両S字曲線からの魅力的なキャリアのさまざまな選択肢を目に見える形で公開することが必要だ。

最後に、両方のS字曲線のあいだ、あるいは両S字曲線メンバー間の緊密な連携を保ち、孤立させないためには、交流が適切に促進されなくてはならない。双方の人材が互いを信頼し尊重できるようにするには、どのようにすればいいだろう?

DXの成否は人材にも左右される

人的要素は、DXの成否を握る鍵だ。チームをまとめるリーダーは、しくみを構成する一部にすぎない。チーム全体となるとまったく別の話になる。リーダーがすべて正しくやり遂げたとしても、それで成功が保証されはしない。**意欲と能力がある社員がいなくては、企業は、テクノロジーの最新の進歩と新しいアプローチによる恩恵を得るのに苦労する**だろう。

企業は最高の人材を競って求めるようになった。優れたデジタル人材の不足が、世界中で深刻になると予測されている[1]。となると問題は、どうすればこの事態を避けられるのか、企業はこういう事態に陥らないために具体的に何をすればいいのか、ということだ。

その答えの大部分(率直に言えば根本原因でもある)が、スキルにあることはほぼ間違いない。DXを阻む障壁の上位に、必要なスキルの不足が挙げられている。実践的な専門性の不足が最も深刻なのは、AI、ブロックチェーン、IoT、ビッグデータ解析などだ。今日のDXに必要なスキルを備えたスタッフが十分いる、と答える企業は15パーセントにすぎない[2]。

OECDも同意する。OECDのレポート『Skills for a Digital World(デジタル世界に向けたスキル)』では、デジタルテクノロジーとデジタル化がもたらす機会を捉えるには、まずこうしたテクノロジーを有意義に活用できるスキルを開発する必要がある、と強調している[3]。有用なテクノロジーは、事業の差し迫ったニーズに対応するためにある。要件を満たした人がテクノロジーを扱って初めて、テクノロジーで実際に事業価値を生み出せる。OECDは、3つの分野のスキルが最も重要だと考えている。専門的なデジタルスキル(たとえば、新しいアプリを開発しプログラミングするスキルなど)、汎用的なデジタルスキル(新しいテクノロジーを専門的な目的に利用するスキルなど)、そして補完的なデジタルスキル(新しいテクノロジーに伴う新たな作業を行うスキルなど)である。こうしたデジタルスキルが、より高いレベルでの思考能力や、社会的、感情的スキル、そのほか特定のスキルとともに必要であり、それによって、社員、企業、ひいては国家までもが、デジタルテクノロジーから実際に価値を引き出せるようになる。この結論は、マッキンゼー・グローバル・インスティテュートの研究結果とも合致している。研究によれば、2030年まで需要の伸びが最も大きいのはテクノロジーに関するスキルで、社会的、感情的スキルや高い認知スキルがこれに続くという。結論として、**企業が行動を起こすことを呼びかけており、来たるべき変化に順応できるよう、企業は企業自体と従業員を変革する必要がある**としている。同時に、将来的な労働力を提供する役割を担う、企業以外の関係者にも同様の呼びかけをしている【4】。

人材について徹底的に理解する

リーダーと同じように、DXに関する能力には3つのタイプがある（図7.2）。3つすべてが必要であり、勝者対敗者という二項対立は何としても避けなければならない。アイスバーでもかじりながらクールに仕事をこなす今風の人だけで、企業のDXを実現できる、というのは誤った神話だ。会社をまわすには、デジタル事業の構築に関わる人たちがいる一方で、地に足がついた経験豊かなスタッフも必要なのだ。

図7.2　人材のタイプ

従来のS1曲線の人材

S1曲線での大変な業務に携わる同僚が、この人たちだ。中核事業の効率性を最後の一滴まで搾り出し、生産性を改善することが、彼らの仕事だ。彼らは管理職と相談しつつ業務遂行している。というより現実的には、**管理職の示す目標と指針に沿った成果を達成することが業務**だ。キャリアアップの主な基準は、確実な業務遂行の実績だ。つまり上司が設定した目標を達成したか、あるいは超えたかであり、ほぼ完全に中核事業の業績と連動している。

彼らは従来のS1曲線を担っているが、現場の業務内容がそのまま変わらずに続くわけではない。最高クラスのスキルを中核事業で確実に維持していくため、たえずスキルの向上を図らなくてはならない。そして、ほかの人との連携方法を含む、仕事の進め方もデジタル化の影響を受ける（**文化**の章［Chapter 8］を参照）。

デジタル化S1曲線の人材

この人たちは、**従来のS1曲線からデジタル化S1曲線へと移行中の人材、またはS1曲線のデジタル化支援のために外部採用されたり契約雇用されたりした人材**である。後者は社内に、少なくとも業務を行う事業部門に、必ず新しい視点をもたらすだろう。前者の場合は、日々の仕事自体が劇的に変わる。したがって、その仕事に活用するスキルも根本的に変化し、すばやく適応する必要がある。

会社のDXを自分自身の成長の機会として、またキャリアアップの足がかりとして活用するように、従来のS1曲線の従業員の意識を高めることは、言うほど簡単ではない。メルセデス・ベンツ・バンク社の経営幹部ベネディクト・シェル氏とトム・シュナイダー氏は、仮定の状況やデジタル化の不安について熟慮するよりも、デジタル化による恩恵や機会、前向きで明確なビジョンを示す必要があると気づいた。同様の考え方で、ダイムラー社とメルセデス・ベンツ・バンク社は、過去何度も変革を遂行し、そのたびに前より強力な企業になった。だから、今回のDXを克服できないはずがない。また自社だけでなく、社会、経済のあらゆるところで変化が起きていることにも、全社員が気づく必要がある。「自分にとってどんなメリットがあるのか」と問いかけてみれば、DXによる社員の成長の機会や、新たな面白い職務のメリットに気づくだろう[5]。

恩恵の1つは、研修を通じて新しいテクノロジーに関するスキルを高め、自動化が進む世界に備えられることだ。研修に参加する資格を得るために、各社員は自分の主担当業務で優れた業績を示さなければならない。最も顕著な変化は、カスタマーサービス担当者でなく、IT部門と研究開発部門で見られるだろう。これらの部門の役割は、周辺から中枢へと根本的に変わるのだ。

S2曲線の人材

この部署の相当な割合の人材は社内から配置されるので、**新しいスキルと能力を身につけること**が鍵である。必要な新しいスキルを積極的に学んで、最終的には使いこなせるようになり、そのうえで慣れ親しんだ業務と異なるデジタル事業構築という環境で成功せよとは、社員にとって多大な要求だ。リスクは高いが、得るものも大きい。上層部の目にとまりキャリアアップが一気に進む可能性も高い。

変化を起こすには、**多くの新しい人材を社外から採用する必要がある。**新しい個性や特徴が交じり合った集団にするのだ。こうした人材には、S２曲線のさまざまな取り組み全体を通じて魅力あるキャリア形成の機会を与え、確実に成長する環境を提供するべきだ。

このような仕事の特徴は、S1曲線より「華やか」だと思われるかもしれないが、「S1曲線とS2曲線で必要とされる能力の価値に違いはない」と、ボッシュイーバイクシステムズ社のCEO、クラウス・フライシャー氏は言う。同社は自転車業界をリードするEバイクシステムの製造業者で、ボッシュ・グループ傘下の独立会社として2009年に設立された。ボッシュ・グループは、従業員40万人以上を擁する車両機器の大手サプライヤーである。フライシャー氏は次のように考えている。「2つのS字曲線で仕事の現場は大きく異なります。2つのS字曲線は、『市場化』に至る時間が違い、顧客の応対方法が異なります。もちろんテクノロジーも異なりますが、それ以上に、ビジネスモデル、マーケティング、販売などが大きく違ってくる。こうした違いから、最も適切に対応できる人材も異なってくると考えられます。お互いを尊重できるよう、両方の集団で理解を醸成することが必要です。組み込み装置の世界がデジタルの世界を求めるのと同様に、デジタルの世界にも組み込み装置の世界が必要なのです。どんな企業でも、S２曲線のチームと同様に、S１曲線のチームが必要なのです」【6】。

3つの人材グループは大きく異なっているが、3つのいずれにも重要な要素がある。キャリア開発がその1つだ。組織を取り巻く変化のペースがますます速くなるにつれ、社員もさらに進歩しなくてはならないが、「横方向に守備範囲を広げる」(新しいスキルを学ぶ)だけでなく、「階層を積み上げる」(より多くの責任を負う)ことが必要になる。たとえネットワーク型の(アジャイル型の)組織であっても、DXの影響を最も多く受ける人材は特に、キャリアアップしたいと思うだろう(またキャリアアップしなければならない)。S2曲線の事業で階層組織が緩いといっても、社員が進歩を望まないわけではない。多くの人にとって、将来の機会が開かれていることが、その会社に入る理由なのだ。キャリア開発の重視や、具体的な選択肢、キャリアパス、支援制度を、企業は明確に示す必要がある。

昇進は多くの人々、特にY世代(訳注:1980年代から1990年代半ば頃に生まれた世代)やZ世代(訳注:1990年代後半から2000年代初めに生まれた世代)にとって最優先事項だが、S1曲線からS2曲線への転換を含む横方向への移動も関心を集めている。したがって、**自社が長期雇用を志向していることや、新しい役割で新しいスキルを学ぶ機会がふんだんにあることを、企業は広く紹介しなければならない。**昇進にしても横方向の移動にしても、実際の社員の声を紹介すれば、自社の主張の信憑性を示す助けになるだろう。

このことは、社員全体、特に若い世代が期待することとも合致している。雇用主が若い世代の心をつかみたいなら、長期的なキャリア設計、新しいスキルの習得支援、勤務形態の自由度(たとえばリモートワークやフリーランス)の充実が鍵だ[7]。こうしたことすべてが、DXを進める企業で必要だ。

このようなことが企業側に求められているが、DXに必要な人材には、どのような特性、態度、スキル、能力が要求されるのだろうか。

望まれる人材の特性とは

組織のDXを実現するためには、メンバーとリーダーは、うまく連携しなければならない。DXで成功するために(そしてチームのなかでうまくやっていくためにも)、メンバーはリーダーが提供する業務環境を受け入れなくてはならない（リーダーシップの章［Chapter 6］を参照）。かなりの人たちは、キャリアの大半を似たような業務環境で過ごしているので、喜んで受け入れるだろう（特に、外部から採用されたS 2曲線の人材はそうだ）。一方、DXの業務環境にあまりなじんでいない人も、新しい業務環境を同じように受け入れる必要があるという事実を心にとどめておくことが重要だ（このことは、内部で登用された［従来の］S 1曲線出身の人材にとって参考になるだろう）。DXチームのメンバーは、2つの要素を併せ持っているのが理想的だ。中核事業に長くいた経験、そしてデジタル事業を立ち上げるために必要な姿勢やスキルだ。このようなメンバーが多くいるほど幸運だと思ってよい。やがて、DXチームのメンバー全員が、日々の仕事を含め、リーダーが提供する業務環境に意欲的になるだろう。

S 1曲線での（望ましい）経験を魔法のようにつくり出すことはできないが、DX実践者がすぐにでも獲得し、発揮できる特徴を見ていこう。

勇気を持つ

リーダーが与える課題を受け入れる。課題を与えられたら自分で考え取り組む。失敗する勇気を持つ。

この意味は、メンバーはリーダーが提供する業務環境に従わなくてはならないという前提を受け入れるなら、直観的に理解できるだろう。チームメンバーに権限を与え知的な失敗を支持するスパーリングパートナーとしてのリーダーが機能するのは、次のようなケースだけだ。メンバーが与えられた難しい仕事に対して積極的に取り組み、リーダーに自分のアイデアを問いただされてもきちんと説明でき、そして失敗を敗北と考えずに学ぶための踏み台として利用しようとする場合である。

ポリマー製造業のレーハウ社のマーティン・ワツラウェック氏は、この特徴を「反逆の遺伝子」と表現する。「思い切って違った考え方をして違ったことをやる人が必要だ」と言う。物事を見通す力があり、失敗しそうだとわかるとすばやく手放し、事業アイデアに固執せず資金の注入をやめるタイミングを認識できる、という能力を持った人たちを望んでいる。レーハウ社のイノベーション推進部門「アンリミティッドX（UnlimitedX）」のスタッフは、外部から採用されることが多い。「新事業立ち上げの経験者を探そうと意図的に取り組んできました。また、まったく異なる業種からの人材も受け入れます。どんな業種にも思い切って物事をやれる人はいます。ですから、ほかの会社でできたなら、ここでもできるでしょう」。特に「アンリミティッドX」はチームのかなりの部分が社外から採用されているので、社内で相応の評価を得られるよう、部門リーダーはレーハウ社から登用した[8]。

未知の領域に乗り出す勇気は、保険会社アクサ社のスイス法人前変革＆市場統括最高責任者、カロラ・ウォール氏も重要視している。「企業の変革はそれ自体新しく、これまでなかったことをやる活動です。ですから、そこに伴う不確実性を受け入れ、どのように進展するかはっきりわからないときでも正しい決断を下せる人材が求められています。曖昧な状況を自分のものにする勇気が必要なのです。そして、失敗したらまた立ち上がるのです」[9]。

自発的に動く

まず、率先して動く。そして、自分でアイデアを出して物事を進める。着想から実施まで全体を見据える。現状維持から踏み出し、新たな状況下でルールを把握し、絶えず変化する環境に適応する。また、最小限の監督下で自立して仕事をする。

こうした要件自体が両刃の剣だ、と北欧の銀行K社の元幹部はインタビューで語った。「こういうタイプはまさに私たちが必要とする人材ですが、私たちの伝統的なDNAから最も遠いところにいます。率先して現場に立ちその場で恐れずに決定を下せる人が必要です」と言う。「その例が、社内のITスタッフです。こうした開発者はかつて、求められるアウトプットは何か、はっきり伝えられていました。詳しい指示を与えられ、要求事項は非常に明確でした。しかし、新しい状況では、ソリューションを見つけるために自分自身が積極的な役割を果たすことが期待されます。ところが、最終的にどのような機能を実現するかを自分自身で想定しながら業務を進めることに、これまでまったく慣れていませんでした」と元銀行幹部は説明する。結局のところ、問題を自分のこととして受け入れ、その責任を引き受けられる性質の人もいるが、適応に苦労する人もいるのだ。「関係者全員にとって学びのプロセスでした。生まれつき自ら率先して立つ意欲がある人ばかりなら、初めからばら色だったでしょう」[10]。

ノバルティス社

ノバルティス社では、DX人材として求められる、自ら率先して着手し、自立して仕事をする姿勢を「上司不要」と表現する。CEOのヴァス・ナラシムハン氏が取り入れた言葉だ。スイスのバーゼルにあるノバルティス社の本社に私たちが入っていくと、社名を映した巨大なディスプレイが光った。「私たちは、起業家のように行動する勇気を持つ生まれつき好奇心の強い勉強家を求めています」。ライン川を見下ろす会議室でCDOのバートランド・ボドソン氏が語る。「チームメンバーには、自由に自分の裁量で物事をはじめ、自分が最適だと思う働き方で、自分の直感に従って変革を引っ張ってもらいます。もちろん、若干の決まりはありますが。そして、DXの重荷は、1人のチームメンバーだけにかかるものではありません。組織全体が成果に責任を負うのです。とはいえ、私はチームメンバーに権限を与え自発的に行動してほしかったので、その点を重視してメンバーを採用しました」。

ノバルティス社は多くの製薬会社と同じく、広範にわたる医薬品の開発サイクルを知り尽くしているが、医薬品の開発サイクルはアジャイルとは正反対だ。「薬品を市場に出すには、今でも平均12年、約25億米ドルがかかり、使用総資本利益率は、10パーセントだったのが3パーセント未満にまで下がっています。これは懸念材料です。普通のやり方ではもう通用しないということです。したがって、根本から革新する必要があるのです」とボドソン氏は語り、このような環境で必要になる人材について示唆した[11]。

2018年、ノバルティス社はグラクソ・スミスクライン社（Glaxo SmithKline）とのジョイントベンチャーによる一般消費者向け薬品部門の36.5パーセントの株式を売却し、画期的な医薬品での業績拡大に注力し、デジタル製薬企業のリーダーを目指すことを決めた[12]。2019年10月、マイクロソフト社と複数年にわたる提携を開始すると発表し、この動きがさらに強化される。具体的には、新たな医薬品の発見、開発、市場導入の全過程を、データとAIを活用して変革するために、マイクロソフト社との提携によりノバルティスAIイノベーション研究所（Novartis AI Innovation Lab）を新たに設立した[13]。「DXは私たちにとって極めて重要なテーマです。慢性疾患やがんの医薬品を除けば、当社の医薬品の多くでアドヒアランス（注：患者が処方された医薬品の摂取を順守する度合い）は50パーセントです。テクノロジーには、こういったことをよい方向に変化させる力が間違いなくあります。それはわかっているのですが、実際に変化を起こし顧客体験を新たなレベルに引き上げるには、それを実行する人材が必要なのです」とボドソン氏は指摘する。「われわれが『上司不要』と呼んでいる、ソリューションを中心に考える起業家を求めています。ここでは権限と裁量を与えられます。組織全体をもっと『上司不要』にしようと取り組んでいるのです」[14]。

顧客ファーストで考える

デジタル戦略とデジタルビジネスモデルでは、顧客が最優先される。コンセプトを構想するうえでも社員が何か考えるときでも、顧客を第一にしなければならない。DXの文脈では顧客の関心を第一におくことが不可欠だ。究極的には、顧客ニーズをより満足させる（または期待を持たせる）ようにデジタルの変革を行う。さもなければ変革すべてが無駄になる。

アクサ社スイス法人にいたカロラ・ウォール氏は、顧客ファーストの姿勢にかけて断言する。「高いNPS（注：ネットプロモータースコア／顧客がその企業の商品などをほかの人に勧めるかどうかを測る指標）を達成しようとするコミットメントが非常に重要です。私たちは、DXの一環として高いNPSという顧客中心の軸を導入しましたが、これは私たちにとって未知の世界でした。この考え方をすでに自分のものとして持っている人を集められるかが成功の鍵でした。このような人材を保険と関連のないほかの業界で探すことにためらいはありませんでした」[15]。

BTPN銀行

デジタル銀行のジーニアス社は、金融以外の業種から来た人材が、業界内部にいる人よりもDXに必要な顧客志向の考え方をしている、という見解に完全に同意する。ジーニアス社は、インドネシアのBTPN銀行の100パーセント子会社で、同国初のデジタル銀行だ。BTPN銀行の歴史は年金事業に始まるが、2010年代初めにリテールバンキングに業務を広げた。

DXチームを立ち上げるとき、経営の上層部は業種にこだわらないアプローチをとった。リーダーチームには、金融サービスで何らかの経験があることが重要だった。しかし、DXのスタッフについては、この要件を適用しなかった。事実、ジーニアス社の社員の70パーセントは、同社に入る前、金融サービスのバックグラウンドがほとんどなかった。上層部は、伝統的に顧客に対する経験が最重要になっている業種から、意図的に人材を採用した。たとえば、ホスピタリティ産業や小売業など、顧客に休暇やショッピングなど満足いく経験をしてもらうことが主な目的になっている業種である。

デジタル銀行にとって、顧客体験はアプリ使用時のUXに相当する。顧客に「ジーニアスって何?」と尋ねれば、「アプリだ」と答える。つまり、徹底的に考えて、顧客にとって最も便利で使いやすい操作の流れを設計しなくてはならないのだ。顧客中心が一般的な慣行になっている業種、あるいは少なくとも銀行業よりは広く行われている業種の経験者であれば、あらゆる業務で顧客中心主義をとる施策を導入しやすい。おそらく多くの国で、銀行の支店に行くのはホテルやお気に入りの衣料品店にいくほど楽しいものではないだろう。ジーニアス社では、銀行も同じレベルであってほしいと考えている。だから、顧客体験を最適にしたいなら、顧客中心の業種から採用する必要がある、と語った[16]。

高級ジュエリー小売業L社のCCOも、顧客ファーストの考え方を導入した事例について語った。「有名ブランドのなかでも、ナイキ社(Nike)とポルシェ社(Porsche)は、商品開発の初期段階に顧客に関わってもらうことで、顧客中心主義を徹底しました。この姿勢、そして常に顧客に目を向ける人材こそが、私たちに必要なのです」[17]。

適切な(実用的な)スキルを備える

最後になるが、「できる」という前向きな姿勢、起業家マインド、失敗からすぐ立ち直る回復力、あえてリスクを冒す意欲、顧客ファーストの考え方などのソフト的な要素のほか、ハード的なスキル（実用的な専門性）がなければならない。

「ソフト的な要素は、変えるのが難しい面があり、また入社後に社員とチームの双方が幸せになるかどうかを大きく左右します。そして同時に、各人の実用的な専門性も求めて人材を採用します。というより、DXのプロジェクトがその時点で必要とする実用的な専門性、と言えばいいでしょうか」とモビリティベンチャーのコリブリ社の前プロジェクトマネージャー、ミルコ・マーダー氏が説明する。「同じような資格要件を持つ候補者が2人いれば、私なら考え方が合う方を選びます。ただし、資格要件はまず専門的なノウハウに基づいていなければなりません」[18]。

インタビューを通じ、どのような専門的なノウハウが求められるかについて、さまざまな意見が聞かれた。いくつか例を挙げると、アジャイル開発、機械学習、AI、UX/UIの設計、デザイン思考などだ。最終的に何が求められるかは、DXの具体的な内容によるだろう。これまでの研究のなかには、どのようなスキルがより求められているかについてきめ細かい分析をしているものがあったが、そのほとんどが、インタビューで聞いたことと一致している。基本的なものも高度なものも含め、さまざまな言語によるプログラミングスキルなどのデジタルスキルが今日求められており、その需要は今後も劇的に高まるだろう。そのほか需要が伸びているテクノロジー関連のスキルは、（ビッグ）データ分析、テクノロジーデザインスキル（エンジニアリングスキルを含む）である。大規模なデータセットを容易に分析できる環境では、データに意味を持たせるために必要な能力が求められる。具体的には、複雑な情報を処理し解釈するために、クリティカル（かつクリエイティブ）な思考、問題解決能力、意思決定、分析などのスキルが必要とされる。このようなハード面、ソフト面でのスキルの役割がますます重要になっていることが報告されている。

DXの人材を見つけるには

リーダーは社内と社外の両方から採用するが、チームメンバーになる人材も同じだ。ただし、選択の幅がもっと大きくなる。図7.3に、DX人材の整備を進める際の4つのオプションを、2列2行のマトリックスの形でまとめた。

図7.3　DXの人材を集める

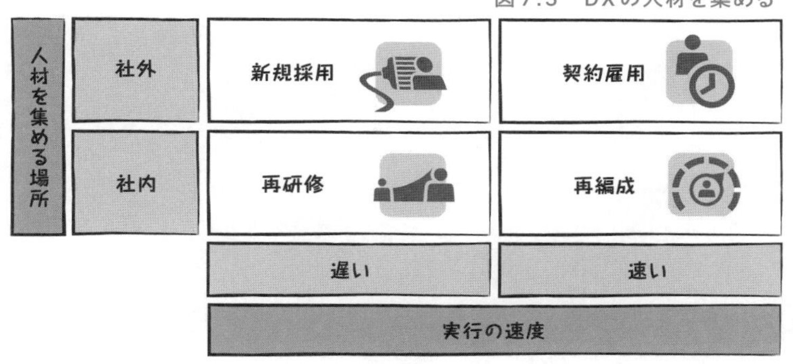

DXには多数のメンバーが必要になるので、DXに関わる人材をそろえる際には、独特の困難が伴う。たとえば、何千人、何万人、何十万人（ということもあるのだ！）という規模の社員に対しどのようにスキルの向上を図ればいいのか。1つずつ見ていこう。

再研修

再研修とは、**現在の社員がすでに持っているスキルを発展させ、新スキルあるいは高度なスキルとして、DXで活用できるようにするための研修**である。これまでの役割がDXで変わることもある（図7.4）。このような研修は、対象者がこれまでの経歴のなかで身につけた類似のスキルをベースに展開してもいい。たとえば、これまでオフラインのマーケティングを担当してきた人がデジタルマーケティングのキャンペーンを運営できるように、オンラインマーケティングのスキル習得を支援するなどが考えられる。オフラインのマーケティング担当者がスキルの幅を広げデジタルマーケティングを学ぶのは、それほど大変ではない。ただし、再研修プログラムの一環として教えるスキルは、その人がこれまでの仕事でなじんできたものとかなり異なっているかもしれない。オフラインでのマーケターにPythonのコーディングを教え、ウェブサイト開発者と一緒にカスタマージャーニーのデジタル化に取り組んでもらうというのは、スキルを向上させる方法として想像しづらい。とはいえ、どのようなスキルを教えるにしても、DX人材の体制構築には、まず再研修を考えることだ。

図7.4　再研修

現在、企業は総合的な経歴よりもスキルに基づいて人員を配置する傾向になっている。つまり、ソフト面、ハード面で適切なスキルを持っている方が、立派な紹介状や成績、大企業のブランドなどよりも、プロジェクトに採用されやすい。このような観点から、現在の社員のスキル向上の重要性を考えなくてはならない。

大規模な再研修プログラムは、社員に対する大きな投資だ。雇用者の費用負担という意味でも、社員への象徴的な意義という意味でもだ。私たちが話を聞いた企業の多くは、再研修プログラムを実施しており、社員にも企業にとっても価値があると認識していた。

ネスレ社

スイスのブベイ（訳注：西部の都市）に本拠を置くネスレ社は、ネスプレッソ（Nespresso）、キットカット（KitKat）、ヴィッテル（Vittel）など多数のブランドで知られており、全世界で30万人以上の従業員を擁する。この規模の企業にDXが及ぼす影響を考えてみよう。

実は、これが、セバスチャン・セパニアック氏の仕事だ。セパニアック氏は、以前アマゾン社とプロクター・アンド・ギャンブル社（Procter & Gamble）で取締役を務め、現在はネスレ社のEビジネス部長である。ネスレ社の中核事業の変革を通じてどのように新しいビジネスモデルを形づくるかを考えるのが仕事だ。こうした戦略の決定により、当然ながら業務内容や仕事のしかたが変わるので、ネスレ社では「デジタルで成功するための15の基本能力」に関するOJTを行っている。OJTでは、1日では教えられず、また業務の一環として上司が教えられる範囲を超えた新しいスキルを扱う。「上司が手助けできず、しかも1日研修で不十分なら、もっと総合的なアプローチが必要です」とセパニアック氏は論じる。同社で行っているのは、市場に基づいたスキルの評価である。各ブランドについて、市場の成熟度と現在持っているスキルの水準とを査定する。たとえば、ペットフードのブランド、ピュリナ(Purina)の米国担当部門の人材は、アルゼンチンで同じブランドを担当する部門の人材よりも、担当する市場のデジタル成熟度が高い。したがって要求されるスキルと研修も異なっている。たいていは、15の基本能力のうちチームが向上すべきものを各市場で5つから7つ指定し、的を絞って実施する。

これに関連して、ネスレ社では6万人以上の社員に学習の機会を提供するプラットフォーム、デジタルアカデミーを開設した。社員は、基本的なデジタルスキルを学び、あるいは特定の専門分野の研修を受講して知識を身につけ、最後に修了証を取得する。

「それから、DAT (Digital Acceleration Team) と呼ばれるデジタル推進チームもあります」とセパニアック氏は続ける。DATは、全世界のネスレ社員を対象にした8ヵ月の研修プログラムで1回に20人が参加する。ネスレ社本拠地のブベイに集まりDXに必要なスキルを学び、すぐ実際に活用する。ネスレ社のDXは、Eコマースとソーシャルメディアにとどまらない。IoTなどの分野も網羅しているが、これは同社が、IoTによって未来のキッチンがどのように変わり、同社はどのように対応していくべきかを把握しようとしているためである。DATのメンバーは必要なスキルを習得し、まさにこうした課題について検討している。

デジタルアカデミーのプラットフォームとOJTは、ネスレ社の大人数の社員を対象に計画されており、DATはより限られた集団を対象としている。ネスレ社には、ローマに通じる道が少なくとも2つあるのだ[19]。

クロックナー社

鉄鋼と聞いて、デジタルに精通した従業員を思い浮かべることはあまりないかもしれないが、考えをあらためよう。クロックナー社のCEO、ギスバート・ルール氏は、デジタル化によって、DXを主導する幹部だけでなくスタッフ全体が影響を受けるだろうと、早くから認識しており、デジタル関連のテーマについて全社員を教育するプログラムを導入した。

クロックナー社のデジタルアカデミーは、社会人になってからずっと伝統的な中核事業に関わってきた人も含めた社員全体がデジタル化によって影響を受ける、という考えに基づいている。スタッフが事業のデジタル化と各自の仕事や仕事環境に求められる変化に対応できるようにするのは、会社の責任だとルール氏は考えている。行動に向けたメッセージは明確で（「今すぐあなたのスキルアップを」）、提供されるプログラムは魅力的だ——勤務時間中に制限なく無料の再研修プログラムを受けられる。デジタルアカデミーは、短期間のプロトタイピングに対応するため開設され、当初はMVPの研修を実施するだけだったが、次第に拡大しさまざまな学習コースを提供している。コース全体を修了し最後に試験に合格したことを認定する修了証書を出すプログラムもある[20]。

ドイツ鉄道

ドイツ鉄道は、「デジタルスキル構築優良企業」のタイトルを狙える意外な候補だ。一般社員とリーダーの両方に対するさまざまな研修形式を導入している。

まず、社員のスキルの現時点での熟練度を査定する。「デジタルセルフチェック」で、社員が優れている点と改善の余地がある点を確認する。しかし、それだけでは終わらない。このテストはプラットフォームであり、社内の求人情報とその業務に必要なスキル要件が取り込まれているのだ。社員の入力した情報とテストの成績に基づき、その社員に合った社内のおすすめ求人情報の一覧が表示される。

同社で提供されている学習機会の1つが企業内起業家プログラムで、起業家になりたい社員に向けたものだ。起業を目指して社員が退職しないよう、ビジネスモデルの設計、市場アセスメント、製品デザインなど起業に関連した分野の研修を受けてもらう。こうして、組織を離れることなく社内で自分の理想を追求することができる。

また、「デジタルトレイニープログラム」というプログラムもある。これはデジタル関連の能力を持つ人材をS1曲線に引きつけるための試みである。中核事業のデジタル化プロジェクトに携わる大学卒業後まもない社員を対象としており、デジタル化を推進し、デジタルの精神を伝統的な事業の内部から巻き起こすものだ。このプログラムを通じて、卒業したばかりの社員の新鮮な発想から中核事業部門が学びを得られる。また卒業してまもない社員にとっても学習の機会となり、同時に中核事業における自身の評価を高めることができる。

最後になるが、管理職と一般社員の両方に対する「デジタルベースキャンプ」がある(ただし出席が義務づけられるのは管理職だけである)。このプログラムはデジタル企業と連携して実施し、参加者は、AI、デザインスプリント、そのほかデジタル関連の業務がどんなものかを自分の目で見ることができる。CDOのステファン・ストロー氏は言う。「管理職も一般社員も、アジャイル方式、デジタルツールなどが実際の場面でどう使われるかを実体験します。研修室で行う昔ながらのやり方でなく、実際のラボで体験するのです。単に理論だけでなく、実践を経験することが大切です」[21]。

これほど大規模な再研修プログラムを導入する際には、対象となる人の数や提供する研修の規模をどのように試算するのだろうか。包括的で戦略的な人員計画が最も優れたツールになる、と経営コンサルティング会社、ボストンコンサルティンググループ社(Boston Consulting Group:BCG)は提案する。まず中核になるデジタル事業の内容を特定し、各事業に必要なスキルを明確にしなくてはならない。そのうえで、自社のデジタル人材の現状と将来を分析し、さらに自社のDXの取り組みに必要な人員数と能力を推定する。これらをもとに、各事業におけるスキルごとの需要と供給、およびその差を予測するモデルをつくる。人材の不足が最も顕著な部分に、早急かつ強い対策が必要である。DXの成功を確実にするには、迅速にアクションをとる必要がある[22]。

新規採用

新規採用（図7.5）とは、**長期にわたり雇用する人材を外部から採用する**という意味だ。外部には、一般の人材採用市場や競合他社が含まれる。アクハイヤー（acqui-hire）、つまり人材を獲得するために企業を買収することもある。新規採用は、DXの人材を集めるための確実な手段だ。再研修も同じだが、必要な人材が大人数の場合、非常に有用だ。

図7.5　新規採用

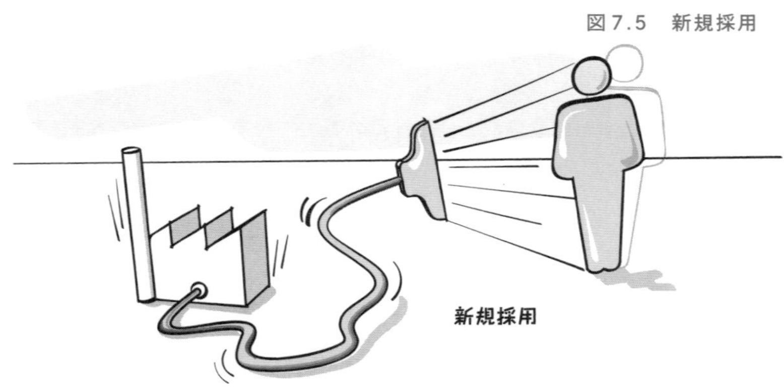

長期にわたり雇用する人材を外部から採用するには、大変な労力を伴う。うまくやり遂げるには、時間と投資が必要だ。時間に関しては、募集広告を出してから、採用された人が実際に仕事を始められるまでに何ヵ月もかかることが多い。これは、募集広告を幅広く出し、応募者の予備選考を行い、（場合によっては何度も）面接をし、契約の詳細を決定し入社日を交渉する、というプロセスに長い時間を要するためだ。さらに、多くの場合1ヵ月の通告期間があるので、入社日はさらに遅くなる。

プロセス全体の管理に伴い発生するコストが、投資となる。募集広告、応募者の宿泊費などのほか、こうしたプロセスすべてを人事担当者が管理するための社内費用がかかることは言うまでもない。何百人、何千人もの人材を採用するなら、人事のスペシャリストが何人も必要になる。さらに、多人数を採用する場合には大きな課題がある。需要を満たすだけの十分な供給がないかもしれないのだ。人材を探す必要に迫られると、見る目が甘くなってしまい、新しく採用した人の仕事ぶりにがっかりする結果になりかねない。

しかしうまくやり遂げれば、見返りも期待できる。新しい人を雇うことで、社外の潜在的な応募者に、真剣に拡大計画を検討しているという前向きなメッセージを送ることができる。また、長期間雇用する社員を採用することで社内に新しい視点が入り、企業文化を活性化させる可能性がある。DX下において、このような活性化の必要性は大きい。

うまくやり遂げるのは、たやすいことではない。本当に求める人材を採用するには、工夫が必要だ。たとえば、今いる社員を巻き込んで適切な新しい人材を探す手助けをしてもらう。そのために、社員に人材を推薦するよう、報奨金を設定して奨励する。社員が空席のポストに推薦するということは、その人はふさわしい人材である可能性が高い。社員は、推薦した人が採用されたときのみ見返りを得られるので、見込みがあると思う人しか推薦しないからだ。加えて、応募者は知り合いから紹介されたことで自然と、仕事にいっそうの熱意を持つ。雇用主としてさらに積極的に人材——特に開発に関わる人材——を探したいなら、プログラマーが投稿するコミュニティサイトのソースコードレポジトリをあたってみるといい。また、自社が候補者に求めるスキルを事前に学習してもらえるように、自社のウェブサイトで研修教材を提供してはどうだろう。たとえば、サイバーセキュリティの専門家を求めているなら、ウェブサイトにサイバーセキュリティに関する研修教材を掲載する。知識がある実務家を引き寄せておいて、静かにアプローチすれば、人材を確保できるチャンスが高まる。さらに、採用されたときにはすでに多くのスキルを持っていることになる[23]。

DX人材の採用には、採用プロセスを支援する数多くのデジタルツールを活用するとよい。ゲーム感覚で使えるオンライン評価システム、使うほど改善する機械学習アルゴリズム、最適な採用ルートと募集対象者の特性を特定する新たなデータ解析などが考えられる。また、書類選考を自動化すれば、人材紹介会社を使うコストを省き、直感に頼らず分析プロセスを経ることで不適切な採用を防ぎ、時間を節約し、また採用に無意識のバイアスがかかるのを避け、多様性を促進できる。これらのテクノロジーは、通常の採用プロセスの最適化に使えるツールだが、DXの人材の採用にも同様に適用できる。

DXに必要な人材の採用について事例を見てみよう。

アイスマン社

アイスマン社は、昔の面影を残すドイツの村、バード・ウーラッハに本社を置いている。スワビアンアルプスの静かな谷間を運転していると、この温泉町で最も有名な企業が自動車備品サプライヤーであり、同社の経営陣が、全世界で約5千人に上る従業員に影響するDXに対応しようと尽力しているとは、思いもよらないだろう。

前CFOのノーマン・ウィリチ氏とIT&ビジネスサービス部門ディレクターのアレクサンダー・マウタ氏が、人材戦略について説明する。「社員の多くは我が社で10年、20年、ときには30年も勤めています。こうした人たちが望むこと、また優れている点は、私たちが若い世代に求めるものとは根本的に異なります。長年勤めている社員の力を借りることがある一方、生き残るためには、若い世代と彼らの新しいアイデアが頼りです。前からいる社員と外部から新しく採用する人材の両方が必要なのです。外部から人材を採用しなければ壊滅するでしょう」。

同社がこうした人材を探すときに信頼しているのは、大学とのパートナーシップだ。「地域にある大学で教えている社員が何人かいます」とマウタ氏は言う。これによりアイスマン社は、教育機関と協力し若い専門人材や実習生とつながりができる。大学を通さずに直接採用することもよくある[24]。

上記以外にも、大規模な採用に関する参考事例を本章の終わりで紹介するので、ご興味のある方は参照してほしい。

デジタルに関する人材を採用するときは、人材を狙う2つのS字曲線のあいだで競争が起きるかもしれない。S２曲線の取り組みに注力してデジタルを扱う独立した部門や子会社があると、新しいデジタル人材を集めやすくなるだろう。どんな人材であれ中核事業で採用に苦労している場合は、S２曲線の事業を採用ルートとして利用するのも有望な選択肢かもしれない。いったん応募者が来れば、中核事業を紹介するのはゼロから探すより簡単だ。応募者がS２曲線にはふさわしくないが、中核事業には向いているケースを想像してみよう。中核事業で人材を探すのに苦労しているというのに、そういう応募者を断るのは怠慢というものだろう。当然ながら、中核事業でまったく人材を集められない場合は、両方のS字曲線をまたいで人材を活用することが理にかなっている。ただし、よく注意してほしいのは、これはあくまで時限措置にとどめるべきということだ。たとえば、短期間の職場異動や共同プロジェクトがあり得る。

DXの体制構築において、新規採用は２つの最重要施策の１つであり（もう１つは再研修）、必要な新規採用者数を見積もらなければならない。**戦略的な人員計画を立て、再研修する人材と新しく採用する人材の必要人数を明らかにする。**加えて、次に説明する２つの方法、契約雇用と再編成についても検討すべきである。ただし、この２つの方法で確保する人員の数は少ないことに留意する。

契約雇用

契約雇用（図7.6）は、新規採用の弟分のようなものだ。より正確には、期間限定の弟だ。一般には、**限定された期間だけ、または合意のもと、業務の範囲とその業務の中で具体的に期待される成果を定めて、契約を結び仕事をする。**言ってみれば、期間限定で新しい血を注ぎ込むということだ。「ギグエコノミー」（訳注：インターネットを活用して単発の仕事を請け負う働き方）、「フリーランス」、「派遣社員」といった言葉が頭に浮かんだなら正解だ。

利点は、速やかに採用できることと配置を柔軟に行えることである。しばしば、人材紹介会社、人材派遣会社、雇用センターが候補者を手早く用意してくれ、労力と時間がかかる採用プロセスを省くことができる。会社に加わってもらうのが容易なことが多く、特に業務がプロジェクトベースの場合はそうだ。業務全体をアウトソーシングすることも可能だが、契約雇用を新規採用や再研修と同等だと考えるのは落とし穴だ。スタッフの一部を契約雇用にしてもいいが、少数にとどめておく。

図7.6　契約雇用

契約雇用が将来的な体制構築の補完的な手段であることには、いくつか理由がある。社員の多くを契約雇用にすると、長期的な継続性に疑問が生じる。企業が短期的なニーズに対応したいなら、派遣社員やフリーランサーは、すばやく確保でき活用しやすい。一方で、長期的に将来を見据え、持続的なソリューションを構築したいなら、社内で人材を確保するほうが理にかなっている。契約雇用を大幅に増やす方向へシフトする戦略をとれば、社員のモチベーションも下がるかもしれない。数少なくなったフルタイム雇用の社員のやる気がどうなるか、考えてみるといい。企業の評判が落ちる可能性もある。契約雇用の社員を中心とする人事戦略を取った場合、採用市場や新規採用の候補者にマイナスのイメージを与え、こういう会社は応募を検討する価値がないと思われる可能性がある。知識の維持・継承にも影響があるだろう。業務従事者の大部分が外部企業に雇用されている組織で、組織としての知識をまともに構築し、継承できるのだろうか。同様に、継続的な人事計画が立てられなくなるのも、懸念される副作用だ。社員の大半が外部企業から給料を受け取っているとしたら、あるいはその会社から給料が支払われるとしても、それが保証されるのはわずか数ヵ月だとしたら、将来リーダーになるかもしれない人はどうやって準備すればいいのだろう。企業文化も影響を受けるだろう。会社に限

定的にしか所属せずあまり忠誠心もない人が大部分を占めていれば、企業文化に悪影響を及ぼすのは当然だ。

契約雇用は現実的な案でない、と言っているのではない。その逆で、高い技能を持つ人材と企業とを結ぶプラットフォーム（Upworkやフリーランサー［Freelancer.com］）によるマッチングがより効率的になって、契約ベースの仕事の需要はますます高まり、急成長中の社会現象と化している。すでに、米国とEU諸国の労働年齢人口の30パーセントまでもが何らかの形態で契約ベースの仕事をしている。その大部分は伝統的な仕事でなく契約による仕事を好むのであり、近い将来ギグエコノミーがさらに進むと予想される【25】。しかしながら、DX人材を組織するためには、契約雇用だけに頼るわけにはいかない。契約雇用は、将来的な体制構築の補助的な手段として活用すべきだ。以下の企業がよい例である。

食品メーカーM社

世界有数の食品メーカーM社のCDOは、どのような場合にモノ、人、能力を社内で保持し、どのような場合に社外やアウトソーシングを使うのか、戦略的に考えることを推奨している。「求めている能力がすぐ不要になる可能性があるときは、外部契約で探す方が合理的です。たとえば事業成果の予測モデルを構築したいのであれば、サービス事業者のコミュニティ、特にデータサイエンス系の仲介業者を活用します。ただし、社内でノウハウを蓄積することが不可欠な技能もあります。事業の中枢に関する分野は特にそうです。たとえば、商品の需要予測、調達、サプライチェーン管理は、私たちにとって非常に重要なので、こうした分野で外部の人材に頼ることはしません」。

このCDOは、外部に委託できるスキルと内部で確保すべきスキルを詳細にまとめたロードマップを策定することを推奨する。ただし、最終的には現実性チェックが必要だ。「結局のところ、人材獲得手段の選択肢を多く持っておくべきです。最終的に人材をどこから得るかは、状況を見て判断します」と説明する。「業務によっては、業務内容が新たなものに発展します。必要なときに社外から採用したり契約を結んだりする業務もあります。社内で人材を確保できればば望ましいのですが、十分な能力のある人がいないこともよくあります。ときには再研修を受ける意思のある人さえ足りない場合もあります。そういうときには、外部から採用したり、契約雇用、フリーランス、専門の仲介業者を活用したりします。結局、『必要は発明の母』というわけです」【26】。

EnBW社

ドイツの電力会社EnBW社は、学生人材を大学以外の場で探すことに注力しており、社員としての採用も契約雇用も行っている。人材を集めるため、同社はちょっとした工夫をこらしている。具体的には、ハッカソンで若い人たちの知恵を革新的な方法で活用する試みだ。

「特に需要が高く供給が限られているときは、能力ある人材に多様なキャリアの道が開かれています。したがって彼らの心をつかむために、革新的な方法を考えなくてはなりません」と、EnBW社でS1曲線のデジタル化の共同責任者をしているラファエル・ドルカー氏は説明する。「データサイエンスの専門家、UXの専門家、ブロックチェーンの専門性を持つ開発者は非常に不足しています。ブロックチェーンの専門家数名を自社コミュニティで探し出し、UXの専門家を公募でない形で何人か採用しましたが、そのほかは外部パートナーとの協業で有能な開発者を見つけ、業務委託で作業してもらっています。具体的には、カールスルーエ工科大学（注：エリート工科大学）がマイクロソフト社と開催する一連のハッカソンに関わりました。出遅れることなくわれわれもハッカソンの課題を出し、優勝チームとそのあとも連絡をとりつづけました。やがて彼らは自分たちで会社を立ち上げたのですが、フリーランスで私たちの仕事をしてもらっています」【27】。

ビューラー社

「もちろん、契約雇用者や仲介業者を活用しています。経験豊富な人材なので、初日から価値貢献してくれます」と、スイスを本拠に多角的な技術を展開するビューラー社のCTO、イアン・ロバーツ氏は説明する。重要な経理的側面も指摘する。「これは変動費なのです」と。会社で雇用する人材は固定費だと示唆しているのだ。

ただし、慎重になる必要がある。ロバーツ氏は、契約雇用は確固たる戦略がある場合しかうまくいかないと警告する。つまり、役割や役職、能力のうち、社内で確保する中枢的なものと、アウトソーシングできる周辺的なものとを明示した戦略だ。「企業にとって適切なスキルを戦略的に獲得するという問題です」とロバーツ氏は断言する【28】。

再編成

これは多くの企業にとって、すぐイメージがわくものではないだろう。再編成（図7.7）とは、**企業のなかで社員の配置を変えることを指しており、2つのS字曲線のあいだでの異動も含む。**

図7.7　再編成

再編成とはまず、業務内容を分解し、組み直して新たな業務内容を作成することを指している。次のように考えてみよう。どんな仕事にも、役割と責任、求められる資格やそのほかの要件を明示した職務記述書がある。さまざまな仕事について、それぞれに必要な要件をすべて洗い出し、デジタル時代に合うようにつくり直すことを想像してほしい。保険会社であれば、電話を使わずに保険金請求をするアプリを開発する責任は、今ではIT部門ではなく、以前は開発に携わっていなかった部門に割り振られるだろう。顧客のことを最もよくわかっているマーケティング部門かもしれないし、請求を処理するプロセスに詳しいカスタマーサービス部門、あるいは支払い処理のしくみに通じている経理部門などかもしれない。このようにまったく新しい責務になると、スタッフの日々の業務も劇的に変わり、職務記述書で示される業務内容も新しくなる。これが再編成だ。伝統的に完全なS1曲線だった業務にS2曲線の要素が加わることでもある。

第二に、再編成とは、もっと人材が必要な部署（別の場所）に従業員を再配置（re-placement）するという意味でもある（人員交代［replacement］ではない）。米国を本拠とする組織が、米国市場で成功が見込まれる新しいデジタル事業を構想するためにDXの担当部門を立ち上げたなら、それで終わりにするだろうか。欧州にある子会社でも、顧客や優先度は異なるだろうが、米国の親会社と同じようにビジネスモデルのデジタル化を求められる。DX部門を拡張するにはまず、求められている経験ある人材を米国から海外に送り込むのがベストだろう。

第三に、再編成は、社員の仕事のプロセスを設計し直すことも意味する。社員はこれまでの仕事の一環として、新しいビジネスモデルの一部である業務を追加的に行う。これにより社員には、通常のS1曲線の業務を越え、S2曲線の要素も網羅する責任が加わる。ドイツ周辺では、ガソリンスタンドが宅配便の取次店を兼ねることがよくある。営業時間が長いので「顧客にやさしい」と言える。また、従業員の活用効率が向上し、多くのガソリンスタンドで対応可能だ。DXの環境で業務プロセスを再設計し拡張するという意味で、再編成には多様な活用事例がある。

さまざまな形はあるが、いずれも企業で新しい人材を必要とするものではなく、内部の人材を見込んでいるという意味では、再研修に似ている。実際には、社員が配置された部署にスムーズに移行できるよう、再編成はしばしば再研修と併せて行われる。

再編成を早くから行ってきたのがIBM社だ。1911年創立の巨大IT企業で、数々のイノベーションを行ってきた歴史を持ち、1社としては米国で最多の特許を取得している。IBM社では、業務の再編成を表す独自の用語「ニューカラージョブ」（訳注：ブルーカラーでなくニューカラーの仕事という意味）を導入した。技能レベルが異なる労働者層に業務が再配分され、まったく新しい体系の仕事が生まれる、という意味である。新しい業務は、サイバーセキュリティ、クラウドコンピューティング、デジタル設計など、テクノロジーの成長分野の仕事である。こうした業務を大学で養成されたエンジニア用にとっておくのでなく、ニューカラージョブとして、学位はないがIBM社で提供する研修でスキル向上した人々が担当する。再編成により、それまで忘れられていた労働者層に力を与えると同時に、大学で養成された労働者層に時間の余裕を生むことがわかるだろう。また再編成は、再研修と併せて実施すると最も効果的であることも示している【29】。

ここまで挙げたDXの体制構築における4つの選択肢をバランスよく実施することが必要である。最終的にどういう組み合わせが最適かは、社内の人材、研修や再編成された業務に対する社員の受け入れ意欲、外部の労働市場における人材供給のひっぱく状況（短期・長期の雇用を問わず）による。組み合わせは地域によっても影響を受ける。年商1億米ドル以上の民間企業を対象にした調査によれば、スキル問題（必要なスキルと社内スキルの食い違い）の解決方法に地域差があることがわかった。欧州企業は、再研修、または再研修と新規採用の組み合わせを活用する傾向があり、米国企業では新規採用がはるかに好まれている【30】。大ざっぱに言えば、リーダーに比べて、一般社員の人材を探すときの方が、外部雇用の傾向が強い。**DXをうまく実施するには、新しい血がかなり必要だ**ということがわかるだろう。

削減

ここまで、マトリックスの4つの選択肢を紹介してきた。そうするとDXの体制開発にもう1つの選択肢を挙げるのはどういうことだ、と思うに違いない。実は労働（力）の削減だ（図7.8）。

　これは、先のマトリックスには意図的に含めなかったのだが、再研修、新規採用、契約雇用、再編成の4つと異なり、労働力を縮小する方法に着目するものだからだ。パイを大きくする過程では、削る部分も出てくる可能性があることを否定できない。だが、インタビューしたなかに、**業務や従業員の削減が望ましい、最良の選択肢であるなどと強調した人はいなかった。**ただし、変革のあと必要でなくなった業務あるいは従業員については、ほかに方法がないときは削減を検討することを、誰も否定しなかった。インタビューした人の多くは、社員に対する責任を強調する一方で、ある種の業務は特に、削減という選択肢の対象になりやすいと指摘した（自動化やプロセスのデジタル化が大幅に進む製造部門など）。しかし、パニックは避けたい。削減の対象になる従業員は、必ずしも解雇されるとは限らない。通常起こる自然減のあと欠員を補充しないという対応もできる。同様に、定年退職者が出たときに、その人が担当していた業務に新しい人材を配置しないことも可能だ。従来ほど必要とされなくなった業務については、業務時間を短くすることもできる。フルタイムからパートタイムにするのだ。こうした方法により、

図7.8　削減

必要なときは、貴重な社員を手放すことなく削減を実施できる。

S1曲線とS2曲線の人材の緊張関係に対処する

S1曲線とS2曲線の人材のあいだに生じるへだたりを埋めるのに、どんなケースにも当てはまる万能の戦略は存在しない。リーダーについても同じだが、企業の組織体制、とりわけ人材そのものに左右されるところが大きい（たとえば、懐疑的な姿勢と受容的な姿勢の程度など）。とはいえ、どういうことが機能しそうか、またうまく機能してきたかについて、いくつかの企業事例がある。こうした事例を参考に、へだたりを埋める、あるいは小さくする工夫をしよう。

S1曲線とS2曲線のへだたりを埋めることで、DXチーム（S２曲線）は、社内サービス部門のような役割を果たし、従来の事業部門（S１曲線）で必要だが、S１曲線ではすぐに探せない専門的スキルを必要に応じて提供できるようになる。このような取り組み自体が、人材の交流を生み出す。まず、S２曲線の人材を探しDX部門に採用する必要があるが、採用できれば、これらの人材の豊富な知識は多くの従来部門でも活用できる。各事業部門が全社デジタル部門から支援を受けられるよう、緊密に連携したDXを計画することが、S１曲線とS２曲線の人材の交流を促す優れた方法だ。

このようなモデルを提唱する企業を先にいくつか紹介したが、ABB社はその１つだ。ABB社では、顧客に提供するサービスに影響するDXの取り組みの多くを、モデル事業プロジェクトとして開始する。事業部門が企画し、全社デジタルチームが支援する形態だ。全社チームのうちコンサルティングとカスタマーサクセス（顧客支援）のチームには、さまざまなデジタル関連分野の専門家が所属する。これらの専門家は、ビジネスモデルのデジタル化、デジタルによる顧客応対、多様なテクノロジー（AR/VRなど）、業務実施手法（アジャイル開発など）などの専門知識を持つ。これらのS２曲線の専門家たちは、IoTプラットフォームの開発やデジタルエコシステム、ビジネスモデル、市場開拓イノベーションなど、多数のDXプロジェクトを支援する。彼らは一定の期間——たいてい拡大局面に達するまで——モデル事業プロジェクトに配属され、その後は、専門性を必要とされる次のプロジェクトに移る。このような形でS１曲線の各部署をまわり、S１曲線の多様な人材と会って、意見交換や相互学習を主導する。「両方のS字曲線の人材が集まり、力を合わせて顧客の問題を解決し、実際の顧客向けのプロジェクトに一緒に取り組む。そうして初めて、従来部門とデジタル部門のメンバーが互いに理解しはじめる」とオットー・プリース氏は言う。自分のチームを見ていてわかったのは、DXについて言葉や理屈でいくら説明しても人々の心に決して届かないことだった。「それよりも、DXチームと顧客とともに実際にプロジェクトを経験することが必要です。そうすれば従来事業もデジタルチームも、自分たちの付加価値がどこから生まれ、それを事業部門に役立てるためにどう活用するかを、実際に見ることができます」。「理論的、概念的な枠組みのなかで仕事をしている限り、世界観があまりに異なるので折り合うことはほぼ不可能です。異なるIT要件、異なる想定、いや、用語までも異なる。社員のあいだで話がかみ合わない。でも、従来型事業部門の社員が新たな提供価値を見いだしたとき、共同で何か価値のあることをできると、互いに気づくのです。たとえば、顧客と共同で製品設計する方法や、顧客の視点を製品設計に取り入れる方法など、どんな提案でもよいのです」と、プリース氏は説明する。**「言葉」でなく「行動」が鍵**で、それによって、それぞれのS字曲線が互いの価値に気づくのだ【31】。

前の章でドイツの大手電力会社EnBW社を取り上げ、S１曲線のデジタル化を支援するデジタルオフィスを紹介した。ABB社のデジタルオフィスも同様のアプローチを採用しており、社内DXプロジェクトのコーチとして、従来事業とデジタル化された世界の橋渡しをする。具体的には、3つの柱でDXプロジェクトを支援している。製品とプロセス（ビジネスモデルの観点を含む）、テクノロジー、そして人材と組織である。デジタルオフィスは、これらの分野で膨大な知識を蓄積しているが、標準化された手順をやみくもに指示するのでなく、**各プロジェクトで妥当だと思うことを決めるよう、チームの主体性を重んじながら協力して進める。**こうして信頼が醸成され、デジタルオフィスは物知り顔で偉そうにしているという偏見が起こらなくなる。大きなプロジェクトになるほど、各部門から多くの専門家が関わる。専門性は、データサイエンス、アジャイル開発、IoT、ユーザーエクスペリエンス、AI、ブロックチェーンなどの分野にわたる。「コンサルティングとは呼びたくないです。結局は社内の1部門ですから。社内コンサルティング部門でもありません。それが合理的であれば、ときどきコンサルタントやアドバイザーの役割を引き受けますが、それ以外のときはチャレンジャーとしてふるまいます。たとえば将来目標のレベルや事業の対象範囲を適切に調整するときに、事業推進者の設定の妥当性についてさまざまな視点から挑戦する役割です。一般的な意味で、私のチームはデジタル事業の構築に必要な能力をすべて備えています。ですので、意義があると思われる場合は、プロジェクトに手を貸します」。デジタルオフィスの共同責任者、ラファエル・ドルカー氏は説明する。プロジェクトにどの専門家を配置するかを決めるには、2つのアプローチがある、と続ける。「プロジェクトがかなり進展していて、『データを処理するデータサイエンスの専門家が必要だ』など、何が必要かわかっている場合は、その人を送り込みます。または、こちらの方が多いのですが、プロジェクトを構想する非常に早い段階からわれわれが関わる場合は、多くの局面でプロジェクトに寄り添い、それぞれの局面で必要な人材とスキルを提供します」。後者がより頻繁に用いられるアプローチで、S1曲線とS2曲線の人材を緊密に結びつける標準的な方法である【32】。

こうした事例は、組織体制の構築のしかたにより、2つのS字曲線をまたいだ社員の交流が促進されることを示している。しかし、どのような組織設計であっても、2つのまったく異なる集団の人材を結びつけるために必ず使われるツールがいくつかある。

コミュニケーションの役割だけでも考えてみるといい。実際の体験を完全に代替することは難しいが、コミュニケーションは透明性とともに、DXに最低限必要なものである。「なぜ」DXを行うのかを伝えることで、新しいS字曲線に対する理解が醸成され、従来事業の人材が疎外されないようにし、交流の道が開かれる。このようなコミュニケーションは、頻繁に繰り返されること、伝える内容に一貫性があること、全社員がアクセスでき、できる限り多様なメディアやルートで伝えられることが必要で、さらに対面での会話によって強化される。こんなふうに言うと、釈迦に説法だと思われるかもしれない。すでに多くの企業は、さまざまなルートを通じて常にコミュニケーションをとることの重要性を認識しているのだから。

メルセデス・ベンツ・バンク社は、トップが適切に主導する一貫したコミュニケーションの力を信じている。同社では、DXに関するメッセージを着実に伝えるため、さまざまな社内、社外のルートを活用している。イントラネット、主な動向を伝える毎週発行の社内ニュースレター、ランチタイムの勉強会に加え、社員がアイパッド（iPad）を使って匿名で質問できるタウンホールミーティングがある。そのほか取締役会メンバーの朝食会、スタンドアップ・ミーティング（訳注：アジャイル手法の一環で立ったまま15分程度で行うミーティング）、ソーシャルメディアなど多々ある[33]。社員同士で活発に交流するよう、リーダーは社員に働きかけなければならない。**リーダーは、チームメンバーと雑談するときでも、公式に伝えるときと同じメッセージを送る必要がある。**伝えられるメッセージに一貫性があると定着する。不信感が治まり、かつてDXに懐疑的だったところに、受け入れる気運が生まれ、メンバーもそれを後押しする。

スイスのバンク・クレル銀行も効果的なツールを使って、新しいデジタル銀行のザックに関するニュースを広め、また既存の行員のあいだに信頼を醸成して新しいソリューションに関与するようにした。毎月プロジェクトのニュースレターを発行して組織の全員に進捗を知らせ、先端を行く新ビジネスが始まるという雰囲気を盛り上げた。さらに実店舗を持つ支店をまわり社員からの賛同を得ようとした。ザックが初期の成功を収めたあと、バンク・クレル銀行も、スイスのデジタルバンキングをリードする企業という評判を得た。次のステップは、デジタルの熱気をS２曲線からS１曲線にも広め、中核事業に関わる人材を、外部の顧客やメディアと同じように活気づけることだった。支店を次々に訪問してザックとその成功について紹介した。その結果、S1曲線の社員たちも誇りを持つようになった。同時に、新しい商品に対する社内の慎重な姿勢が薄れていった。「それから、うまくいった要素がもう１つあります」と戦略・DX前責任者のマティアス・ハーン氏は言う。「実店舗を持つ各支店で、スーパーユーザーと呼ばれる、商品に精通した専門家を指名したのです。この専門家が『拡散者』として、商品の知識を支店内に広めました」[34]。S1曲線の社員をS2曲線の取り組みに関与させ、組織上は別々だったチームの橋渡しをした見本のような事例だ。

さまざまなアプローチを調和させ、社員それぞれに応じたコミュニケーションを通じて社員との関わりを促進することが、フィリップ・ローティガー氏の選択だった。ローティガー氏は、建築材料製造業ラファージュホルシム社のCDOで、社員がDXに関与するよう、3つの方法を活用している。「まず、DXチームがあります。本社にある私のチーム、米国やインドにある子会社の主要チーム、コートジボワールなどでデジタルの取り組みをしている現地のチームなどです。第二に、全社（主にS1曲線の部門）から250人が参加するオンラインコミュニティを立ち上げ、毎月ウェブ会議を開いています。実際には彼らは別の業務に携わっているのですが、ウェブ会議に参加して質問をしたり、DXを取り巻く課題に関わったりできます。私は彼らのことを『デジタルに向かう人（"Going Digital"）』と呼んでいます。第三に、組織全体としてもDXの船に乗り込まなければなりません。全員とつながりを持ち、われわれがしていることやDXがわれわれにもたらす恩恵について広めるため、リンクトインや講演を通じて積極的にコミュニケーションを図っています」と、ローティガー氏は語る。最初の方法は、S2曲線の社員に関するものだが、第二、第三の方法は、これがなければDXに触れなかったかもしれない人たちに幅広く向けたものだ。幅広くコミュニケーションをとり、この話題に対するハードルを下げ、KPIだけでなく事例やエピソードを通じてDXを手の届くものにする。こういうことが、組織全体の人々の意欲をかき立てるには最も効果的だと、ローティガー氏は考えている【35】。

クロックナー社では、「デジタル体験」と称する新しいプログラムを導入した。S1曲線とS2曲線の人たちのあいだにある壁を崩すには、コミュニケーションだけでなく実際の体験が必要だという考えに基づいている。先に紹介したABB社とEnBW社のように、こうした体験の機会が組織設計としてあらかじめ組み込まれていない場合は、そのために特化したプログラムを導入するのもよい方法だ。「もっともなことですが、S1曲線の社員は、常にS2曲線やデジタル人材を警戒しており、たがいにもっとよく理解し合わない限り『ベルリンで勝手にやってるデジタルのこと』と思ってしまいます」とCEOのギスバート・ルール氏は言う。不安を和らげ偏見をなくすために、同社では管理職にも一般社員にもベルリンにあるデジタルラボで行われていることを実際に見せて、S2曲線チームがどういうもので日々何をしているか、なぜそれがクロックナー社にとって、そしてS1曲線にとっても価値があるのかを理解させている。このプログラムによって、従来の事業分野の人材とベルリンのデジタルラボの人材の交流が促進される。また、デジタルラボの社員も中核事業部門に一定期間在籍でき、そこでどのような業務が行われ、どんな課題があり、顧客とどのように関わるかを見て、そして最後に重要な点として、鉄鋼製品が実際の生活でどう扱われるかを理解する。両方のS字曲線の人材の連携をつくり出し、双方向の知識の交流を促進するお手本のような事例だ。将来、相互理解に基づき中核事業とデジタルラボがより効率的に協力できるだろう。デジタルラボの人材は中核事業について学び、中核事業の製品とプロセスに関する知識を新しい製品とサービスの構想に容易に活用できる。また、中核事業にデジタルの知識を投入することもできる。たとえば、プログラムに参加した中核事業の人材がもとの部署に戻り、通常の業務で知識を活用したりアジャイル手法を適用したりする【36】。

このモデルをさらに進めれば、正式に社員の人事異動に組み入れて、交流と相互理解を促進する方法にできる。1ヵ月から6ヵ月のプログラムとして実施し、社員がまったく新しい部署に入れるようにする。この方法は、S1曲線とS2曲線の社員の交流を発展させるもので、究極の社員交流である。正式なしくみにすること、部署が地理的に離れている可能性があること、ほかの部署にいるあいだにもとの仕事を担当する人を探す必要があることなどを考えると、すぐ実施できるものではない。しかし、間違いなく効果は長続きする。

取り残されないために

DXチームをつくろうとするなら、人材についての成功事例を覚えておくといい。

- DXの困難を受け入れる勇気を持ったDX実践者を見つける。

- 人材を集めDXの体制構築をするために、再研修、新規採用、契約雇用、再編成の組み合わせを慎重に調整する。
  - 戦略的な人員計画を立て、DXの人材が全体でどれくらい必要か、またそれぞれの方法でどれくらい集めるかを、数量化する。
- 再研修については、OJTと座学による研修を組み合わせた総合的な再研修プログラムを計画する。研修の構想を社内で立案するか外部の機関に依頼するか決める。研修プログラムの最後には新しく学んだスキルを証明するために認定証の発行を検討する。
- 新規採用にあたっては、社員による紹介制度を奨励し、開発人材はソースコードレポジトリを探し、研修教材をオンライン提供して人材を引き寄せ、デジタルツールで採用プロセスを支援する。
- 契約雇用は、求める技能が短期間で使われなくなる可能性がある場合や企業にとって主要でない技術の場合に利用する。新人を獲得するには大学と協力する。
- 再編成については、次の3つの方法から適切なものを選ぶ。各業務を分解し再度組み合わせて新しい業務に再構成する。新しい部署や役割に、社員を（地理的に）移す。業務プロセスを再設定する。
- 特定の分野で業務や人員の削減をする可能性も考えておく。削減は、退職者や自然減のあとの補充の凍結、業務時間の短縮という形で行う。

●どのようにしてS1曲線とS2曲線の社員のあいだのへだたりを埋めるかは、企業の組織体制と関係していることに留意する。
- DXチームを活用して、適切なノウハウを中核事業部門に伝える（企業の組織体制で可能な場合）。
- 情報を広めDXに対するハードルを下げる。さまざまなルートを使ってこうしたメッセージを伝える。拡散する役割を担う社員に協力してもらい従来のS1曲線にノウハウを伝える。
- S1曲線とS2曲線のチームメンバーのあいだで交流を図るためのしくみとして、社員の定期的異動を検討する。

参考事例（アパレル業界）

ザランド社（Zalando）

ロケットインターネット社（Rocket Internet）が立ち上げたザランド社は、S2曲線に特化した企業で、欧州では、米国のザッポス社のような存在だ、と多くの人は考えるかもしれない。大半の顧客は、ベルリンを本拠とするこの企業について聞かれると、Eコマースの小売業だと答える。その通りだ――ある程度は。2014年にファッション小売業からファッションプラットフォームへと根本的な変革を始めるまでは、そうだった。今でもオンラインショップを運営しているが、それはもはや戦略の中心でない。変革の鍵となったのは人材戦略だった。イノベーション担当の前責任者でザランド社のテックイノベーションラボの創設者、バスティアン・ガーハード氏が、同社の変遷とそのなかでの人材の役割について語った。

「ザランド社が2014年にIPO（新規株式公開）を行うまで、主な目標は採算水準に持っていくことでした。それから、プラットフォームにする構想が始動しました。すでに靴のオンライン小売業からファッション全般のオンライン小売業になっていましたが、さらに、多くの市場関係者を結びつけるプラットフォームへと転換しようとしていました」と回想する。ザランド社の発想は、デザイナーと工場、工場と消費者、またはスタイリストと消費者をつなぐことだった。IPOは、この変革を実現するのに必要な多額の資金が得られるという、願ってもない結果になったが、足かせにもなった。短期間で成長を証明しなくてはならなかったからだ。

成長を実現するため、人材の大規模な採用が必要になった。「2015年時点で、技術チームに800人のエンジニアがいましたが、1年で1,000人増員する必要がありました」と言う。このときまでに、ザランド社はわずか6年で従業員を12,000人まで増やしていた。このような展開は、創立されたばかりの企業が急激に拡大するときの典型である。ただし、伝統ある企業も採用にあたってこの事例から学べることがいろいろある。

「1年で1,000人のエンジニアを採用するには、大きな困難が3つありました」とガーハード氏は言う。1つ目は、人数だった。技能を持つ人材をベルリンだけでこれほど見つけるのは難しいとわかった。2つ目は知名度だ。当時ザランド社は、ソリューションをすべて社内で構築していたが、特にエンジニアのあいだでは、テック企業として知られていなかった。3つ目はビジョンが不鮮明になったことだった。ザランド社がオンラインショップだけを運営していたときは、方向性がかなり明確で、やるべきことが実行されていた。未知の領域に踏み出すとなると、方向がそれまでほど的確に定まらなくなり、必要な対応も明確でなくなった。

こうした困難に対応するためいくつかの決定が行われた。採用の対象をダブリンとヘルシンキに広げた。かなりの数のエンジニア人材がいるとわかっていたからだ。「魅力ある雇用主」になると決め、エンジニアに入社する意欲を持ってもらおうとした。そのために、さらには技術系の企業ではないという評判を変えるために、技術ブログを独自に立ち上げ、テックカンファレンスに参加し、ハッカソンを開催した。会社のブランド戦略に多額の資金を投入し、就職フェアへの参加を始めた。社員による紹介制度を奨励し、人材獲得を目的とした買収(アクハイヤー)でもかなりの人数を採用した。魅力的な雇用主になる取り組みはまだ続く。才能ある人材を呼び込むため、ダニエル・ピンク氏の『Drive』(邦題『モチベーション3.0』ダニエル・ピンク著、大前研一訳、講談社、2015)[37]で紹介されている、社員のあいだでモチベーションを植えつける3つの方法を採用した。1つ目は目的で、ザランド社は、オンラインでファッション商品を販売するという以外の目的を必要としていた。各チームが自分たちでそれぞれの目的を明確にした。2つ目は自律性で、テックチームを製品会社として運営することを決めた。テックチームがKPI について全責任を負い、全プロセスで完全な決定権を持った(このモデルは「過激なアジリティ」と呼ばれた)。3つ目は、熟達だ。ザランド社の人材には、魅力ある長期的なキャリアパスと社内での能力開発の機会が提供された。OJTに多額の資金を注ぎ込み、社員が利用できる研修を総合的に整備した。社員はその見返りに研修後2年間は勤めることとされた。これは、ザランド社にとっても社員にとっても恩恵になった[38]。

まとめ：

- **未来の社員が求めるものを理解し提供する**——エンジニアの人材は、技術的な評判が高い企業で働きたがるので、そういう評判を積極的に打ち立てる。別の土地に行きたがらない人材もいるので、そのような人を採用するために足を延ばす。

- **採用のルートを工夫する**——思いつく限りの選択肢を利用する。就職フェアやカンファレンスでの採用、社員による紹介制度の奨励（金銭的なインセンティブも考慮）、人材を獲得するための企業買収など。

- **社内に魅力的なキャリアパスがあることを示す**——能力開発の機会が用意され、より責任ある地位を目指したキャリアの発展が奨励されていると示すことで、雇用者としての企業のブランドが高まる。人材獲得の戦場では重要な特色になる。

Chapter 8 文化：どのように組織を活気づけ、団結を促進するか？

Culture: How to Galvanize an Organization and Help Your People Pull Together

組織の文化とは、あらゆるものを結びつける接着剤のようなものだ。本章では、多くの人がわかりにくいと感じているこの言葉について、詳しく述べる。文化とは企業に属する人の相互関係に影響を及ぼす価値観、思考、行動様式を指す。DXの一環として、文化にどのような変化を起こすことが必要か、どのような変化が必要でないかを検討する。続いて、DX時代の組織を推進するためには思考と行動様式にどのような変化が必要かについて述べる。最後に、孤立した2つの文化ができるのを避けるにはどうしたらよいかを指摘して締めくくりとしたい（図8.1）。

図8.1　How／文化の全体イメージ

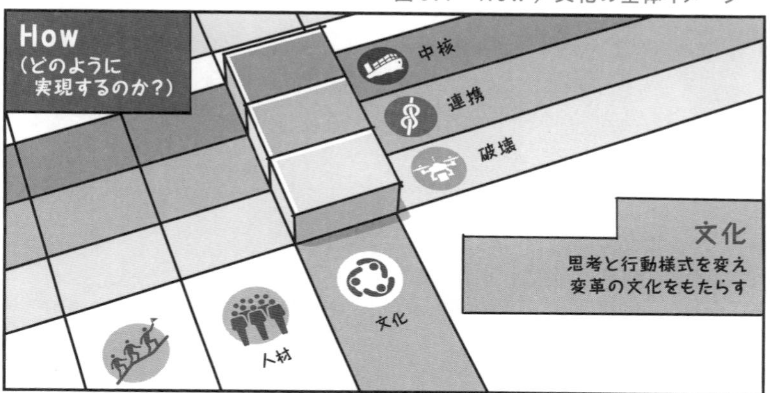

会社が抱える文化の課題を認識する

まず、文化に関する難しい問題は、捉えどころがないということだ。こう言うと、文化とはわけがわからないものだと考える人がいる。一方、その曖昧さを利用して、文化の名のもとに多くの話を詰め込む人もいる。どちらも方向が間違っている。この2つのあいだに妥協点を見いだすにはどうすればいいのか？　どうすれば、文化が自分自身にとっても組織全体にとっても容易に理解できるものになるだろう？　文化とは具体的な取り組みができるものか、あるいは広範にわたる意味合いを包含するものか、という2つの問いのあいだに折衷案を見いだそうと、多くの企業が奮闘している。

DXで成功したいなら、間違いなく文化の変革が必要だ。これは、組織に浸透し長く根付いている文化と価値観を完全に放棄するという意味だろうか？　文化を再定義する動きのなかで、伝統的な価値観はどの程度存続するのか、逆に促進されることすらあるのか？　別の言い方をすれば、古い文化と新しい文化は共存できるのだろうか？　それとも、どちらかがもう一方に取って代わるのだろうか？

中核事業が現在成功しているのは、文化的DNAに深く根差した偉大な遺産の結果である。このような企業文化は、DXがなかったとしたら、引き続き企業の業績の重要な成功要因であり続けたかもしれない。では、なぜわざわざ変えなければならないのか？　よく言われる言葉があるではないか。「勝っている『文化』を変えてはならない」と（訳注：よく使われる言い回し「never change a winning team［勝ちつづけているチームはメンバーなどを変えてはならない］」から）。

中核事業をデジタル化する効果は無視できない。ここでも、取り上げるべき問いが続く。デジタル化した中核事業の文化における、テクノロジーの影響を説明できるだろうか？　根本的な変化が必要なのだろうか？　もっと小さな変化で組織の歴史文化を近代化するだけで、十分ではないか？　近代化した企業はどのような役割を果たそうと思い描いているのだろう？　それに対する評判はどんな効果をもたらすだろう？

S2曲線では文化はどうなるのだろう？　当然だが、新しいデジタル事業は伝統的文化をコピーアンドペーストするだけではない。そもそもコピーする必要があるのか？　企業全体の文化的遺産をどの程度守るべきなのか？　それとも、既存の文化を守るのはDXを阻害するので、企業の中核事業とは異質になっても独自の文化を確立すべきか？　別の文化を追求するなら、それぞれのS字曲線で生まれた2つの文化が互いに孤立しないようにするには、どうしたらいいのか？

求められる文化の変革は、どこから始めるのだろう？　草の根的な動きがより効果的か、それともトップからの明確な指示が求められるのか？　社内の政治的な駆け引きが文化の変化にどのような影響をもたらすか？　変化を定着させるには何をすべきか？　変化に対して起こる抵抗とどのように向き合って治めればよいのか？　中核事業の業績が引き続き好調なときに、それでも文化を変えなくてはならないと社員に説明するにはどうすればよいのか？　変革に社員を巻き込むためには、どんな人（利害関係者）を呼べばよいのか？　最後になるが、文化を変えるには大変なコストを伴う。しかし、そのリターンを数値化したり価値を見積もったりするのは面倒だ。そもそも、見積もれるのだろうか？　だとすると、どのようにするのか？

疑問は山積みだが、答えを考えてみよう。

先入観を捨て、文化の意味するところをつかむ

文化とはどういう意味か、特にDXの枠組みでどういう意味を持つかをつかむため、文化を定義し、DXにおける重要性を検証しよう。次に、DXを進めるにあたり、どの程度文化を変えることが必要かを考える。最後に、DXの推進に最も有用な文化の変化とは具体的にどんなものかを明確な概念にすることが必要だ。

文化は決して捉えにくいものではなく、かなり明快なものだ。確かに複雑ではあるが、曖昧ではない。本書では文化を、**一般社員も幹部も含めた企業にいる個人の相互関係に影響を与える価値観、思考、行動様式**、と定義する。これは、私たちの友人である研究者、実務家の多くが文化に含まれると考えることを合体させ凝縮した定義だ[1]。DXの旅を始めるにあたり、文化に関して具体的に何をし、何を変える必要があるのかを分析する使いやすいツールでもある。

DXの成功と継続には文化の変化が欠かせないし、また多少なりとも、文化の変化に根差していなくてはならない。コンサルティング会社のBCG社が、DXにおける文化の重要性について、「デジタル文化がなければDXでない」という、目を引くタイトルがついた記事のなかで述べている[2]。私たちはこれに同意する。本書の定義と似ているが、企業でどのように物事を進めるかを決定する価値観と行動様式を、文化だと定義している。記事のなかでDXに文化が欠かせない主な理由を3つ挙げている。

第一に、DXの成功と文化には相関性がある。DXについて数々の事例を調査した多数のDX事例のなかで、DXの文化的な側面に注力した企業は、短期的にも長期的にも財務実績が良好なケースが多かった。DXにおいて文化的側面を重視していなかったと答えた企業で業績が大きく伸びたところは1社もなかった。

第二に、DXの実態に適応した文化のなかでしか、DXリーダーもDX人材もよい結果を出せない。さまざまなスキルを持っていても、各自の特性を活かして行動するためには、DXに適応した文化が必要なのだ。知的失敗を考えてみるといい。リーダーも一般社員もミスを犯すことをためらわないしミスを犯しても大丈夫、という文化がDXの鍵だ。ただし、企業文化全体が失敗に寛容な姿勢を反映し「最悪の失敗談の共有」を奨励するのが前提である。

第三に、デジタル文化は、DX人材が能力を最大限発揮するための必要条件であるだけでなく、DX人材を組織に引き寄せるものでもある。デジタル界のリーダーという評判は、人材を引きつける磁石だ。Y世代は、そしておそらくZ世代も、就職先を探す際には、大きな裁量と自由度が約束され、考え方の近い人たちと一緒に仕事をできる職場環境を持つ有名デジタルブランドに強く引かれる。MBAをとった人が投資銀行を志望することは少なくなってきた[3]。グーグルが新たなゴールドマン・サックスなのだ。

文化はどこから生まれるのか、文化を調整する必要があると決めるのは誰なのか、またどんな要因により決まるのか。これらについて述べたい。健全な企業文化とは一人ひとりがどのように行動するかを示す指針のようなものである。だから、文化は企業の戦略と完全に整合していなければならない。ときには、企業文化から決別すること――

望むなら新たな揺籃期に入ること——が戦略になり得る[4]。つまり、**DXの文脈では、デジタル文化は戦略策定から生まれる**ということだ。思い当たるだろうが、戦略には、将来に向けたビジョンや大きな目標など多くの事項が必ず盛り込まれる。これらは、全体的な戦略策定のプロセスや、DX戦略の一部である。DX戦略に記載した目標に照らし、現在の企業文化がDX戦略に向けた取り組みをどの程度支持しているか、企業文化をどの程度変えることが必要かを評価しなければならない。

企業の核になっている文化について語るには、2つのレベルの文化を区別することが重要だ。上位文化と下位文化である（図8.2）。上位文化とはまず、組織のなかで最も重要だと定義される価値観だ。この価値観は、多くの企業でこれまで成功を収めるために有用な役割を果たしてきた。業務遂行の誠実さや倫理、高い水準を目指すコミットメント、結果に対する説明責任など、崇高な志が込められていた。このような、企業の根底にある価値観を変える必要があると言うつもりは毛頭ない。こういう価値観が、これまでの成功に寄与してきたのであり、これをなくしてしまうと、長くいる社員も新しく加わった社員も混乱するだろう。

図8.2　上位文化と下位文化

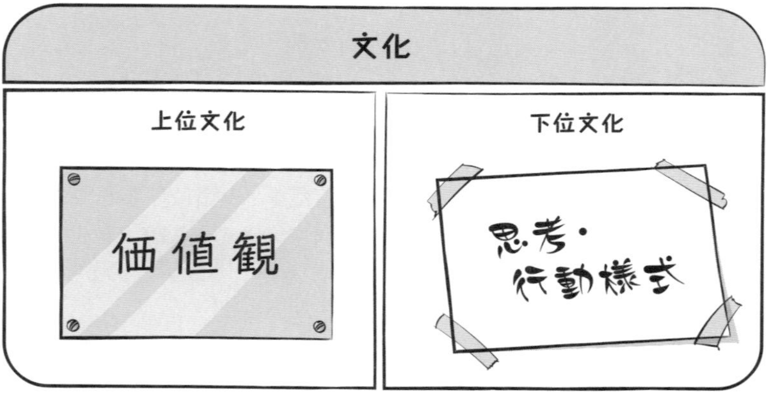

何と言っても、企業の名声を生み出すのは多くの場合、歴史を通じて培ってきたこのような価値観なのだ。シンガポールの郵便事業会社シングポスト社でも同じように考えている。「社員の団結を生むには共

通の価値観が必要です」と、同社の郵便局ネットワーク&デジタルサービス前責任者、バーナード・レオン氏は言う[5]。人を結びつける力がある基本理念としての価値観の重要性を指摘している。つまり、**文化の上位に位置する価値観は、DXを前にしても壊す必要がない**のだ。

壊す必要があるのは、下位に現れる文化、つまり価値観を実践に移すときの思考と行動様式だ。その意味で、下位文化とは、働き方やマインドセットなど、仕事の進め方に深く関係する側面を指しており、一般社員と上層部の相互活動に反映される日々の業務のやり方を特徴づけている。これらについては更新する必要がある。たとえば、高い水準を目指すという上位の価値観について考えてみよう。これは長いあいだ、完璧なソリューションを考案すること、新製品を出すたびに何週間も何ヵ月も費やして、製品に求められる具体的な特徴や技術仕様を計画することを意味していたかもしれない。別の言い方をするなら、高い水準へのコミットメントという上位の価値観が、下位では完璧主義を実践し具体的なソリューションを提示するという形に置き換えられたのだ。これは、DXの時代には古びてしまう。

上位の価値は依然として有効だが、下位についてはDXに役立つように更新する必要がある。常に顧客を中心に置きつつラピッドプロトタイピングを行う、という形になるかもしれない。基本理念は「高い水準へのコミットメント」の定義そのままだが、下位は戦略に合うように改訂され、戦略達成への有効性が格段に高まる。これを可能にしているのが文化だ。どのようなサイクルで回っているか、おわかりいただけただろうか。重要なのは、新しい文化は企業の中心をなしてきた価値観と共存できるということだ。ただし、伝統的な組織構造と共存できるものではない、ということが肝心な点だ。次のようにも言われている。

> 「伝統的」企業でのDXの取り組みの95パーセントは、文化に注力すべきです。テクノロジーは5パーセントでいい。人がすべてです。
>
> ――ミシュラン社CDO　エリック・チャニオット氏[6]

家の構造のたとえに戻って言うなら、耐力壁と非耐力壁のレンガを接合する接着剤が必要だ。モルタルをどう練るか、どの成分をどんな割合で混ぜるかを、再度決めなければならない。

価値観、思考、行動様式など、「接着剤」に入れるものはすべて、広い意味を持つ言葉だ。文化とは、特に本書の定義では、**How（どのように実現するのか?）**に関する章で扱った数々のテーマをすべて包括する象徴的な言葉だ。**プロセス**の章（Chapter 5）で詳しく述べた新しいプロセスとガバナンスのしくみは、全員が新しい行動様式の標準として受け入れてこそ実を結ぶ。**人材**の章（Chapter 7）で書いた、失敗を受け入れる文化と変化に対する適応力は、誰もがこういう思考を受け入れて初めて活かされる。**リーダーシップ**の章（Chapter 6）で詳しく述べた通り、リーダーが変革のリーダーシップを新しい規範として受け入れれば、VUCAの状況のなかを進んでいくことができる。同じことが、アジャイルソフトウェア開発の新しい基準（**テクノロジー**の章［Chapter 4］）と新しい組織の形（**組織**の章［Chapter 3］）についても言える。DXを進める家が全天候型であるなら、文化の変革は、これらの要素で構成される組織全体を包み込むものでなければならない。

DXのなかで文化の変革を成功させるための鍵となる要素がいくつかある。これらの要素は特にS2曲線の成功要因として重要であり、多くの場合、S2曲線ではこうした要素が標準として実践されている。一方、S1曲線では、より伝統的な思考や行動様式に信頼を置いている。2つのS字曲線が相反する価値観の文化陣営とならないように、S1曲線が時間をかけて慎重に変化を進めるとよい。変化のプロセスに必要だと割り当てられた期間のなかで、新たな思考と行動様式を1つずつ取り入れ反動を抑える。文化はまばたきするあいだにゼロから100に変わるわけではない。そんなことをしようとすれば、変化に対する抵抗が激しくなる。そうではなく、長い時間をかけ段階を踏んでいくプロセスなのだ。

S1曲線は、この騒ぎが何なのか感触をつかむために、まず新しい仕事の進め方をいくつか選んで、中核事業に導入してみるとよい。それから成熟して次の段階へと進み、DXの文化を次第に取り入れていく。ゆっくり時間をかけて、2つのS字曲線の文化が混ざり合っていくが、適切な理由があるときは、S1曲線がS2曲線の思考をすべて取り入れる必要はない（生産ラインはリスクを冒す場所でないので、障害ゼロという厳格な文化を守った方がいい）。ただし、それぞれが孤立する状態は避ける。2つのS字曲線を結ぶ共通点は十分あるのだから。S1曲線にすべて取り入れるよう強要してはいけない。特に、今すぐにというのは禁物だ。

正直に言うと、本章で取り上げる文化の変革の議論は、株式上場企業など大企業によく当てはまり、家族経営企業や中小企業にはそれほど当てはまらない。多くの場合、株主は、家族経営の会社とは異なる文化の変革を求めている。家族経営の場合は上場企業以上に、経営トップが示す行動様式によって文化の変革が推進される。とはいえ、企業の規模にかかわらず、文化の変革をどう行うかを把握することが必要である。

新しいマインドセットに向け思考を変える――文化の方程式その1

思考とは、リーダーと一般社員が自分のものとして取り入れ広まっていくものである。デジタル化に向け変わりゆく組織のなかで、考え方や新しいマインドセットが共有され、文化の規範が実践に移される（図8.3）。変革を推進するリーダーやメンバーの特性に新たな思考が色濃く反映されたのち、その特性が文化として確立される。こうして生まれる文化は、ふさわしい人材がいて適切に支援する構造（インフラを含む）があることの結果であり、そのときの現実が映し出される。

図8.3　思考を変える――新しいマインドセットに向けた変化

考え方の基礎をつくる新しい文化が必要だ、と電動スクーターのシェアサービスで市場をリードするゴヴェックス社のCEOトマス・グルーベル氏は同意する。「技術面のスキルは重要ですが、私たちは、一般社員でもリーダーでも個人の特性とマインドセットをより重視します。もちろん、応募者に立派なエンジニアリング技術の実績があれば素晴らしい。でも、そのことと、会社が将来成功を収めるどうかは、また別の話です。応募者が私たちや会社の文化にふさわしいかどうか見るため、技術だけでなくその人の性格を非常に重視します」[7]。

顧客中心の革新を民主的に進める

まず、イノベーションはもはや研究開発部門の仕事ではない。誰もがイノベーションに関わらなくてはならない。うまく機能させるには、チームメンバーに自分のアイデアを追求するよう力と刺激を与えるリーダーが必要だ。**リーダーはすべての行動を監視するのでなく、一歩下がって、チームにオーナーシップを持たせる。**「支配するのでなく委任する」が、リーダーが守るべきモットーだ[8]。社内の政治は脇に追いやり、誰もがチャンスを与えられイノベーションのプロセスで積極的に責任を担えるようにする。また、DXに必要な能力を持つ人材――勇気を持ってこの難題を受け入れ自ら進んで実際に取り組む姿勢を見せる人材も必要になる。チームメンバーは、行動は計画に勝る[9]ということを理解し、リーダーは現実主義を第一とする――これも重要な特性だ。さらに、権限移譲を通じたイノベーションを促進するプロセスには、それを支えるインフラ構造が必要だ。

この方程式の２つ目の要素は、**常に顧客を中心に置くこと**だ。イノベーションは顧客が抱える問題から出発する。製品でなく顧客を第一に考えイノベーションに着手すべきだ。これは、馬車（製品）か馬（顧客）かという問題でもある。本末転倒にならないように気をつける。顧客に提供する新しいデジタル製品を考えるのでなく、アナログ製品を使っている現在の顧客の状況を考え、顧客ニーズに対応するためには、デジタルソリューションをどこに適用するのが最適かを検討するのだ。

コベストロ社から独立し化学製品のＥコマースプラットフォームを提供するアセリオン社は、顧客を中心に考え立ち上げられた。当初から、顧客の働き方、日々の仕事のなかでの物事の進め方を観察し、顧客と面談をしてさらに調べた。「仕事の役に立ちそうで、あったらいいなと思うソリューションは何ですか？　これをどう思いますか？　競合他社に比べコベストロ社に足りないものは何ですか？」といった自由回答形式の質問をして顧客の意見を聞く。集まった有用な意見をもとに、アセリオン社で新製品の構想を練った。ほかにもアイデアがあると見本をつくって顧客の反応を試したが、利点がなく顧客があまり関心を示さないときは取り下げた[10]。

イノベーションと顧客中心に関するあらゆる側面を混ぜ合わせると、新たな文化になる。組織の隅々に意思決定の権限を移譲し、必要なスピードを担保し、社員が外に目を向け新しいソリューションを生み出すよう奨励する、という文化だ[11]。その結果生まれた革新的な文化は、対外的にも強く訴えかける力を持っている[12]。

スイスコム社

もともと米国のソフトウェア会社アドビ社（Adobe）が開発したキックボックスは大西洋をわたり、スイスの大手通信事業者スイスコム社の関心を引きつけた。**プロセス**の章で紹介したキックボックスのコンセプトは、リーンスタートアップ方式に基づいた企業内のイノベーションアプローチで[13]、多くの社員から幅広く求めた新規事業のアイデアをプロセスのさまざまな段階でとりまとめていく。このプロセスでは、外部のパートナーや顧客の協力のもと、企業内起業家は3 段階のアプローチで開発を進める。オープンイノベーションのプロセスであり、協力者のネットワークを活用し、新しいアイデアと製品を共同で開発する。昔からの閉鎖的なイノベーションや研究開発部門とは対照的だ。

キックボックスのアプローチは、スイスコム社のDXにおける文化面の変革に大いに役立った。社員がDXに侵略されていると感じないよう、社内起業部門責任者のデイヴィッド・ヘンガートナー氏は、社員をできるだけ巻き込もうと考えた。すべての社員に企業内起業家になる機会を与えることで、社員がDXに積極的に関わるようになり、推進者として変革のメッセージを会社全体に伝えるようになる。このプログラムのしくみとして、社員が最大限の自主性を発揮して自分のアイデアを追求できるようになっている。さらに、組織の階層構造を放棄すれば限られた金銭的投資でも高い成果をあげられることがわかった[14]。

ビューラー社

イアン・ロバーツ氏も、文化はDXという機械になくてはならない歯車の歯だと主張する。同氏はテクノロジー複合企業ビューラー社のCTOであり、**プロセス**の章でも紹介した同社のイノベーションチャレンジの主導者の1人だ。

イノベーションチャレンジの開始時には毎回、世界各国から幹部クラスのリーダーが100人集まって対象とする課題について詳しく説明するが、必ずビューラー社の顧客のニーズに対応する課題を選定している。続いて各国のチームがそれぞれのアイデアを発表し売り込む。高い評価を受けた提案はチャレンジウェブサイトに掲載され、誰でも参加して提案をさらに発展させたり、気に入った案に投票したりできる。最も高得点の提案をしたチームは、さらなる研修と支援を受けるため本社に招かれ、最終的には経営幹部による審査会がどの提案に資金を出し実際に進めるかを決定する。イノベーションチャレンジはボトムアップによるイノベーションの優れた例で、組織全体から人材を引き寄せ、「一緒に取り組もう、顧客を中心にしよう」という考え方を広める。上級幹部だけでは思いつかないような革新的なアイデアが出るのを促すだけではない。地域と役割を越えて社員を団結させ、協力して顧客の課題に注力できるようにする。このような側面を併せ持つイノベーションチャレンジは、確固たるDXの文化に不可欠な、民主的な革新を起こす力強い原動力になっている。「イノベーションチャレンジで最も重要だったのは、事業に関することを除けば、文化の変革だと思います。イノベーションチャレンジやそのほかの文化的な戦略がなかったら、DXが成功する見込みはなかったでしょう」とロバーツ氏は語る[15]。

変化を受け入れる姿勢を植えつけ 生涯学習の文化を根付かせる

テクノロジーとは本質的に歩みを止めないものであり、大変な速度で発展するので、すでに制定済みの標準にいつまでもこだわり続けるのは、自ら墓穴を掘るようなものだ。適応力が鍵であり、変化をオープンに受け入れる（さらには変化に備える）ことで、変わりゆくテクノロジーの現実のなかで組織が成功に向け準備できる。変化を受け入れる能力は、DXリーダーの重要な要件だ。長い歴史のなかで確立された規範から踏み出してこそ、リーダーはDXによる変化を主導する資格があると言える。ザ・ドルダー・グランド（The Dolder Grand）をはじめとする高級ホテルブランド、ドルダーホテル（Dolder Hotel）の全事業を統括する代表取締役のマーク・ジェイコブ氏が言う。「変化そのものがニューノーマルである文化でなくてはならない。変化のあとでまた新たな変化が来るのではなく、変化し続けるのだ」【16】。

適応力を発揮しなくてはならないのはリーダーだけでない。典型的なS2曲線の社員はDX文化の必須要件である変化を受け入れるというマインドセットをすでに備えているが、社内のほかの人たちも同じ考え方をしなくてはならない。そのためには、絶えず変わりゆくDXの環境下で必要な技能を習得するためのリソースを社員に提供する必要がある。技能の向上は、社員の多くがぶつかる現実だ。生涯学習を推進する文化を醸成し、併せて学習の機会を提供し日々学びを実践できるようにすることで、変化を受け入れる姿勢を定着させることができる。**組織内で生涯学習に対する意欲を盛り上げるには、社員が業務時間のなかで学習に専念できる時間をつくる。**社員は決まって、時間と場所がないことを研修プログラムに参加しない理由にする。社員が自分の仕事をしながら学習できる機会を得られるような体制をつくるのだ【17】。

もっと堅苦しくない形で好奇心と学びを育むこともできる。学習する動機付けになるような報奨制度のしくみをつくって、継続学習に見返りを提供するのだ。たとえば、学習し進歩しようという努力を見せた人を表彰したり昇進させたりする。もっと広い意味で言うと、生涯学習の精神を醸成することは、批判的な思考（クリティカルシンキング）を奨励し支配的な力に立ち向かう風土も生む。たとえ不協和音を巻き起こすとしても意見をはっきり述べることは、学習する文化をつくるもう1つの強力な手段になる。強みに対しても難点に対しても、建設的で意義のある助言をすれば各社員の実績の改善につながる。新しいスキルを習得する適応力も含め、人に勧めることを自ら実行するリーダーを採用することも有効な手段だ。チームや部署全体を物事に迎合しない文化にするには、命令や規則に執着するリーダーではいけない。最後になるが、**学ぶ意欲を全体的に引き上げるには、もともと好奇心旺盛なリーダーやメンバーを採用するといい。**好奇心が強い人はもともと新しいスキルを習得しやすいので、こういう人が組織にいると制度として再研修を行う必要性が低くなる。また制度化された研修を受けたときにも定着がよく、全体的に効率的になる。チームの学習能力が高く、ハングリー精神に富んだリーダーがいると、学習の意欲が旺盛な文化をはぐくみやすい【18】。

企業のDNAに学びの文化を植えつける必要がない企業などない。こうした文化の先駆者だと考えられているテック企業でも同じだ。

2019年7月アマゾン社は、7億米ドルを投資して2025年までに米国の社員の3分の1にあたる約10万人を再研修すると発表した。技能向上の公約は、社員に幅広いプログラムを提供するための投資であり、データサイエンスなど需要が伸びている職種に異動する社員だけでなく、全社員向けにさまざまな学習形式を導入することで、学びの文化の定着を促進しようとしている。アマゾン技術大学（Amazon Technical University）では、技術的なバックグラウンドを持たない社員がソフトウェアエンジニアリングの職種に移行するためのスキルを習得する。機械学習大学（Machine Learning University）では、アマゾンの技術系社員が機械学習に関する技術を習得する。アソシエート2テック（Associate2Tech）は、費用を会社が全額負担する90日間のプログラムで、配送センターのスタッフが技術職に移行できるよう機会を提供する。シアトルに本拠を置くこの巨大テック企業は、配送センターのスタッフが需要の大きい職種に移動できるよう、あらかじめ会社で費用を払い込んだうえ参加できるキャリア選択プログラムを、さらに拡大する予定だ。学びの文化を植えつけようとする方法はほかにも多々あり、学ぶことを全社的な標準とする取り組みが強調されている。さまざまな学習をしっかり体験することによって、ここ数年間ですでに何百人ものアマゾン社のスタッフが新しい職種への道を切り拓き、生涯学習に取り組む企業文化が推進されている【19】。

グーグル社は、S2曲線だけを運営しているテック企業が、多くの社員の適応力を高め、学びの文化を定着させなければならないと考えているもう一つの例だ。AIがコンピューターサイエンスの将来だと認識し、機械学習コースへの参加を奨励し、社員がこのパラダイムシフトに対応できるようあらゆる努力を払っている。具体的には社内のエンジニアリング教育チームが、短期間で学べる実践的な「機械学習クラッシュコース」を開発した。2018年までに、1万8千人のグーグル社員が登録し、学んだことを日々の業務に活用している。この人数は、同エンジニアリング関連社員のほぼ3分の1と、かなりの部分を占めるので、社員が変化を受け入れる意識を高めたに違いない。この事例は、もともと急激な展開への対応に慣れている業種でも、研修によって継続学習の文化が強化されることを示している【20】。

SAP社のビジネスサービス部門は、2017年に社員のスキル向上に着手した。クラウドベースのソリューションとデジタル革新をさらに目指した方向性に、同社の製品ラインアップを変えていくため、複数年にわたる研修戦略が策定されている。革新的な一連の学習プログラムには、ブートキャンプ、コーチング、OJTでのシャドーイング、オンライン学習などがある。こうした研修を策定し、多くの社員の役割が変わるなか、新しい職務に移行するのを支援している【21】。

ここで取り上げた3つの事例が示すように、継続的な学習には、変化を受け入れるという企業文化が表れている。デジタル化の先頭を走っていると考えられる企業であっても、**研修プログラムは、社員の適応力を引き出し変化を積極的に受け入れる精神を生み出すのに役立っている**のだ。

完璧主義でなく、リスクを想定して賢く失敗する文化を広める

「デジタルの世界で最も大きなリスクは、リスクを冒さないこと」【22】というのは、DX実践者が実感している常識だ。残念ながら、これを成熟企業に根付かせるのは大変難しい。多くの場合、必要な文化が構築されていないからだ。調査をしたうち4人に1人が、デジタル化成功の最大の障壁はリスクと実験を嫌う文化だと回答しており、5人に

1人が、企業文化に対する共通の理解がないことが主な問題だと考えている[23]。リスクを嫌うことがDXの大きな障害になると認識することは望ましい一歩だが、問題はそれをどう克服するかだ。**リスクをいとわないということは、やみくもに行動するという意味ではない。想定されるリスクを引き受けることだ。** S2曲線の開発に関する組織トップレベルの戦略決定で、予測なしに手当たり次第にリスクを冒すのは適切と言えない。一方、中間層や現場レベルの賭けであれば、規模として十分に制御可能だ。デジタル化によって、比較的小さい規模の実験(たとえばA/Bテスト)を行いやすくなり、その結果、コスト面の障壁が小さくなる一方、学習と知見獲得の面で価値ある恩恵が得られるようになった。このような小規模な実験を活用して、試行錯誤する文化を自社の標準にするのだ。実験を高速で繰り返してデータから知見を得る手法を新たな行動規範として確立し、いつまでも――製品発表前から――製品の細かな修正に執着し続けた過去をあらためる。

アリアンツ・グローバル・インベスターズ社のDX担当部長、コンスタンティン・スパイデル氏は、計算のうえでリスクを負うことを提唱する。「大きな組織では、試しにやってみるということが難しいのです。試すことに消極的です。『とにかくやってみる』という姿勢を促すことが大切なのですが、本当に難しい。自身が範を示すと同時に、チームがチェックを受けずにすばやく意思決定できる、安全な場所をつくらなければなりません。大きな組織では難しいですが、それでもリスクを冒す気風を醸成することが不可欠です」[24]。

ビューラー社のCTOイアン・ロバーツ氏は、自分の失敗を披露しほかの社員が学べる場として夜の会合を導入した。クロックナー社の「失敗ナイト」と同じようなものだ。安心して失敗できることは、リーダーと一般社員だけでなく文化そのものとして必要で、こうして会社全体がDXに適応していく、と指摘する。「失敗とリスクをもっと受け入れられるようにと、この会合を導入しました」と言う。ロバーツ氏は、リーンスタートアップ方式に基づき「早いうちに失敗しよう、安く済むうちに失敗しよう」というアプローチを支持している[25]。「罰則の文化にしないよう最善を尽くしています。失敗は実験だと言っています。実験しなければ、決して前に進めません」と断言する[26]。

取材した多くの企業が、リスクと失敗、短時間での試作品作成と実験を受け入れるよう支援していると明言した。しかしその多くが、このことは完璧なソリューションに根差した、企業の伝統的考え方に真っ向から対立している、と認識している。GEデジタル社欧州法人の前CCO、デボラ・シェリー氏は、次のように言う。「これは文化の衝突なのです。まったく違ったマインドセットです。時間をかけ慎重に安全にそして完璧に進める製造業にありがちな考え方と、職務の枠を越え短期間で試行錯誤を繰り返し、失敗しても大丈夫という考え方との対立です。とにかく変化に適応しなければなりません」【27】。両者の考え方は根本から異なっているが、どちらの考え方も受け入れることが重要だ。長いあいだ守られてきた思考を変えるには時間と努力が必要だと、心にとどめておかなくてはならない。

業務のしくみとやり方を変更し行動様式を変える——文化の方程式その2

DXにふさわしい思考を植えつけることに加え、そういう姿勢を業務のしくみと働き方に定着させることも必要だ（図8.4）。思考を新しい協働モデルとDXにふさわしい働き方に反映すれば、マインドセットを日々の業務で実践しやすくなる。人間は習性に従う生き物なので、文化の変化を定着させるには、新しい行動規範を習慣にする必要がある【28】。行動規範が深く根付いてこそ、持続的な文化の変化につながるのだ。難しい状況下でも変化を定着させる方法については、チップ・ハース氏とダン・ハース氏のハース兄弟による『Switch』（邦題『スイッチ！』千葉敏生訳、早川書房、2013）が参考になる。組織全体が変わるよう盛り立てる方法について、また一人ひとりが大きな変化のなかで役割を持てるよう感情系と反射系に訴える方法について、さまざまな話が紹介されている。このような行動心理学からくる教訓はDXの文脈にも非常によく当てはまるが、ここでは、より具体的な方法に絞って述べる。

図8.4　行動様式を変える── 仕事のしくみと働き方を変える

アジャイル組織をつくる

文化の面において、リーダーと人材をまとめる組織としてＤＸに最も役立つのは、「アジャイルな」組織だ（アジャイル開発と混同しないように）。アジャイルとは、組織体制の新しいパラダイムである。現在の組織体制、業種、主な営業地域などにかかわらず、ほぼどんな組織にも適用できる。さまざまな利点があり、多面的な特色を持つ。

アジャイル組織は、チーム単位で仕事を進める。割り当てられたプロジェクトについてチームが初めから終わりまで責任を持ち、組織階層間の責任分担は最小限になる。高速モーターボートのように動くことができ、社内の官僚的慣行のせいで身動きがとれなくなったりはしない。また、モーターボートが一団となって、複数チームのネットワークを形成する。各チームは（機能横断型の）混成チームで、多様な経歴を持つメンバーで構成される。考え方が多様になり、各部門が孤立化するのを防ぐ。管理職の細かな指示でなく、リーダーの助言で動くため、各チームの自律性が大きく、迅速な変更や柔軟な行動が可能になる。したがって**アジャイル組織とは、単なる組織構造でなく、新しい協働モデルでもある**【29】。

アジャイルな体制を採用するのは、それ自体が目的ではない。採用の主な目的は、**アジャイルな体制によりリソースをより効率的に使い進捗と実績の透明性を高めることができる**からだ【30】。何層にもなった組織で何週間もかけて意思決定をするのでなく、すばやく効果的な調整を行うことができ、意思決定と開発にかかる時間が劇的に削減できる。

結果として生まれる文化では、意思決定は広く分散され、独自作業より協働が重んじられる。従来部門や部門別の組織体制の枠を越えて協働と情報共有を行うため、動きの早いデジタル業務に適している。従来組織に比べ、透明性と相互活動に高い価値が置かれる。

組織を変革し、完全にアジャイル型の強力なモデルを追求した企業が、中国の家電メーカーのハイアール社（Haier）だ。CEOの張瑞敏（チャンルエミン）氏が主導した一連の変革によって、倒産寸前だったほとんど無名の冷蔵庫メーカーは、世界をリードする白物家電の総合家電メーカーへと躍進した。変革を目指した最近の取り組みに、「マイクロ企業」の推進がある。会社全体を何百ものスタートアップ企業のような組織に再編成した。基本的に各チーム８名で構成され、独自に運営される。アジャイル組織に向けた変革の過程で、すべての（文字通りすべての）中間管理職をなくした。その数は約１万２千人に上る（ご安心あれ――解雇されたのでなくハイアールで社内起業家になるよう勧められた）。その際、単に独自運営のチームに任せるのでなく、さらに一歩踏み込んだ。顧客の声に耳を傾け、市場の反応にすばやく対応するように、社内スタートアップのエコシステムに依頼したのだ。こうした抜本的な見直しは、ハイアール社の信念に基づくものである。具体的には、誰もがCEOになることができ、人材の選定や報酬プラン、（マイクロ事業のメンバー間での）利益の配分など、自分で（重要な）決定を下す権限を持つことを許される、というものだ。署名も形式的な承認プロセスも必要ない。ただし裏を返せば、マイクロ企業とそのCEOは成功とともに失敗に対しても同じように責任を負う、ということだ。

失敗を避けるには、マイクロ企業間での交流が鍵だと考えられている。マイクロ企業同士が連携して「マイクロコミュニティ」を形成するための、全社プラットフォームが提供されており、ハイアール社の世界的ネットワークの必要なリソースと連携できる。また、このプラットフォームを使ってマイクロ企業間で緊密に連携し、お互いの経験や専門性を活用したり、開発や生産プロセスを共有したりできる。相互連携しつつも自律性を持つマイクロ組織のネットワークのもと、各組織が全責任を持って事業を追求する。このしくみを構築したハイアール社は、アジャイルな組織体制が最も進んだ先駆的企業である。この事業変革を通じて、ハイアール社は顧客のニーズに柔軟かつ迅速に対応できるようになり、顧客に対する理解を深め、顧客の役に立つ組織へと変わった。マスプロダクション企業から、マスカスタマイゼーションに注力する企業へと移行したのだ。

その結果、世界市場でのシェアは8パーセントから30パーセントに拡大した。この成功について、CEOの張瑞敏氏が強調する重要な点がある。マイクロ事業の命運を決めるのはハイアール社でなく、顧客だ【31】。

アジャイル組織は、スタートアップの世界と大企業の世界とをうまく両立させる。アジャイル組織は、スピードや柔軟性と、安定や回復力を兼ね備える。アジャイル組織が機能するには、しっかりとした骨格がなければならないが、自由に動ける部分があることで、新しい課題にすばやく適応できるのだ【32】。

さらに一歩進んで、アジャイルモデルをホラクラシー組織として試してみることを検討してみよう。ホラクラシーとは分権的な経営方式で、意思決定の権限がすべて「リーダーがいない」チームに委ねられる。インタビューしたなかにも実行した人がおり、たとえば、電力会社EnBW社の最高革新責任者のウーリー・フエネル氏【33】とアセリオン社のCEOソーステン・ランプ氏【34】だ。

ホラクラシーは極端な例で、大規模に採用する企業は比較的少ないかもしれないが、組織をよりアジャイルにすることは、インタビューでの各社共通のテーマだった。インタビューしたほぼすべての人が、全社や複数部門への幅広い導入でないにせよ、何らかの形で過去にアジャイルなチーム体制を試していた。

インタビューでわかったのは、4ステップで進めるのが最良ということだ。第一に、戦略プロジェクトをいくつか選定し、そこでこの新しい協働モデルを先行導入する。第二に、実際の事例をもとに経営幹部にこのモデルが機能することを示す。チームの執務室を案内し、さまざまな職種のスタッフが同じ部屋でともに仕事をしているところを見せるなどし、経営幹部に具体的な体験をしてもらう。第三に、選定した戦略プロジェクトでこのモデルが機能することを確認したら、これをあらゆる新プロジェクトの標準として確立する。第四に、このモデルを標準として組織全体で展開する。適用できる場合は、S1曲線の事業についてもだ。ここで重要なのはそれが理にかなう場合には、アジャイル組織の原理に加えて、そのほかの思考や行動様式の変化を併せて取り入れることだ。

S1曲線の事業すべてをアジャイル組織に変更した企業はあまりない。妥当でないときは控えた方がいい。理にかなうことを確認できたら、着実な移行計画に基づき時間をかけて徐々に、S1曲線を変えていく。アジャイル組織に移行するのは、社員にとっては大きな変化であるので、社員ができるだけ円滑に適応できるようにしなければならない。

アジャイル組織（ホラクラシーなど極端な形も含む）の好ましい副次的効果は、社内の政治問題を芽が小さいうちに摘み取れることだ。誰もが同じようにものが言えるのは、この組織体制が本来持つ利点だ。チームの成功に向け意思決定を分権化しすべての人材に権限を持たせる（そして責任を持たせる）ことで、より公平な組織になり、その結果社内の政治関係に支配されることがなくなる。えこひいきはアジャイル組織より階層型組織にはびこることが多い。**階層型組織では、特定の人を引き立て意見を通すことが容易にできるが、そもそも分権化されているアジャイル組織の体制では、特定グループが組織に対して大きな影響力を持てない。**これが、アジャイル組織のもう1つの利点だ。

仕事を進めるための新しい手法を駆使する

チームのオフィスに会社の経営幹部が訪ねてきたところを想像してみよう。さまざまなバックグラウンドを持つスタッフがDXの課題を解決しようと取り組んでいる。アジャイルがどういうものかを経営幹部に見せたかったら、チームの体制を説明するだけでは不十分で、もう一歩踏み込んでもらい、チームがどのように仕事をしているかを見せる。五感を使って経験してもらうことで、数多くの新しい仕事のしかたをうまく説明できるのだ。

アジャイルは、イノベーションと仕事の進め方にも関わるテーマであり、その一部については**プロセス**の章（Chapter 5）で紹介した。アジャイル方式はもともと製品開発に使われたもので、1950年代に極超音速ジェット機の反復型開発で活用された。スクラムは、複雑なプロジェクトや製品に関しチームで効果的に共同作業を行うプロセスの枠組みで、「スプリント」と呼ぶ作業サイクルを繰り返しながら実施する。スクラムは、体系化されたのち1995年に初めて発表された。

同様に「リーン思考」も広まっている。当初は日本の製造業、特にトヨタ生産方式で研究されたもので、「リーン」は、無駄を排除することで生産性を上げる方法を表す語として編み出された。2000年代には、ソフトウェアの開発手法としてリーン開発とカンバン方式が確立された。一方で、リーン方式、カンバン方式、またその複合方式（スクラムバン、リーンスクラムなど）は、アジャイルの応用方法として、ソフトウェア開発以外の領域でも広く認知されている【35】。急速に普及しつつあるもう1つのアプローチがデザイン思考だ。人間を中心に置いて複雑な問題を解決するプロセスで、ユーザーのニーズを中心に据えたラピッドプロトタイピングと実用的な成果を重視する【36】。

さらに、こうした新しい手法と協働モデルを支援するための多様なツールがある。たとえば、チームで仕事をするための、クラウドを活用したオンライン協業ツールにスラックがあり、チーム内のコミュニケーションや協業を整理できる。また、競合製品としてマイクロソフト社のチームズ（Teams）というツールもある。マイクロソフト社は、企業内ソーシャルネットワーキングサービスのヤンマー（Yammer）を社内コミュニケーション用に提供している。こうしたツールは、それ自体が新しい問題に対するソリューションになりうるが、ほかのツールを統合する役割も持っており、1つのインターフェイスに複数の専門的なツールを組み込むことができる。たとえばトレロ（Trello）やアサナ（Asana）といった共同作業のためのツールで、プロジェクトやタスクをオンラインで調整する【37】。

ここで挙げたものがすべてではないが、ここではDXを進めるなかで検討するとよい手法や支援ツールの一部を、ざっと紹介した。さまざまな新しい仕事のしかたを検討し職場のDXに役立つものを採用するきっかけになれば幸いである。

このような仕事の進め方を信用しない人に説明するためのアプローチやツールも数多くある。**新しい仕事の進め方の手法をわかりやすく示すことで、その手法を取り入れるにあたってのハードルをかなり低くできる。**経営幹部に社内を案内するときは、採用している手法とツールを見せるとよい。そのような手法やツールにどういう意味があり、どこから効果が生まれるかを実際に見れば、経営のトップにいる人たちも納得するだろう。

アジャイルは、創造的思考や繰り返し型の検証といった手法の一種ではない。アジャイルは働き方に関する総合的な取り組みであり、企業が従来手法よりも速く、効率的に、よい結果を達成できるよう工夫されている[38]。「検証と学習」アプローチを用いれば、企業はデジタル化の取り組みに伴う失敗のリスクを下げることができる。統制力を失うことを恐れ、あらゆることが混乱に陥るのではないかと懸念する経営幹部も多い。しかし実際には、定期的な状況確認と作業の優先順位付けをすれば、戦略に沿った全体目的に向かって、チームは自主運営で取り組みを続けられる[39]。

アジャイル型の仕事の進め方の大きな利点は、顧客にとって本当に重要な課題により注力でき、しかもほかの方法より早く効率的にソリューションを提供できることだ[40]。その土台となるのが、**繰り返し型プロセスの適切な実行で、これにより欠陥や誤りをプロセスの極めて早い段階で見つけ、新たな学びに基づいて改善できる**[41]。アジャイルでは、長い計画サイクル、多階層の意思決定、顧客と開発者をへだてる多数の中間層が解消され、代わりにすばやい見直しと決定が定期的に実施される。また計画と想定は、事実データと顧客からのフィードバックに置き換えられる[42]。このような環境下で、各種機能を持つ小規模チームがプロトタイプによる実験を行い、初期の顧客や市場テストから迅速に学び、最終的にイノベーションを実現するのだ——何か月や何年ではなく——数日か数週間で。ここで、よい話がある。調査によれば、アジャイル型の業務方法を標準として導入した企業では、多くの面でかなりの改善が見られる。たとえば、デジタル投資のリターンと顧客満足度が3 倍から4倍上がり、開発コストが15パーセントから20パーセント削減された。また、社員の自社への評価も向上した[43]。

アジャイル型の業務方法は、どこにでも適用できる。一例として、ドイツの鉄鋼販売会社クロックナー社がある。

古くからあるウォーターフォールモデルでは、開発に何年もかかり、コストが非常に高くつき複雑な製品ができていました。アイデア出しプロセス、ラピッドプロトタイピング、顧客テストなどの新しいアプローチは、即座に納得できるものでした。それ以来、DXに関することはすべて、MVPなどのアプローチを使って行っています。

――クロックナー社CEO　ギスバート・ルール氏[44]

インタビューした多くの人が、DXを進めるには、こうした新しい仕事の進め方が不可欠だと同意する。レーハウ社では、スクラムやデザイン思考、さまざまなアジャイル手法を活用している[45]。ビューラー社では、誰もがリーンスタートアップ方式を口にする[46]。アセリオン社では、スクラム会議、カンバンボード、スプリントバックログが普通に行われている[47]。スクラム、デザイン思考、リーンスタートアップ方式は、バンク・クレル銀行がザックを設立した際の主なプロセスだ[48]。オスラム社のイノベーション部門はスラックを利用している[49]。CEWE社はリーンマネジメントを信頼している[50]。ウェイストボックスは、スプリントサイクルによって開発された[51]。おわかりいただけるだろう。しかも、ここに挙げたのはわずかな例で、まだまだある。実際には、私たちが面会したほぼ全員が、新しい業務手法を少なくとも1種類は組織に導入し、デジタルの文化、ひいてはDX全体のなかでその大きな重要性を実証していた。

コンテクスタ社（Contexta）

広告代理店コンテクスタ社のような創造的な「放浪者集団」を考えてみよう。同社は50年ほど前に設立され、現在30人ほどの社員がいる。だから、巨大化した動きの鈍い企業ではない。面談をした大部分の会社より小規模だが、規模が小さいだけに柔軟性に富む。だがそれ以上に、ここで紹介する話は自社を外からの視点で考えることの意味について教えてくれるだろう。自社からはるか離れて見れば、自社は点みたいに小さく見える。

コンテクスタ社は、スイスの首都ベルンにある立派なオフィスを手放すことにした。その代わりに手に入れたものは――ない。いや、何もないわけではない。代わりに、従来考えられてきたようなオフィスではない場所になった。2019年8月以来、コンテクスタ社は一定した住所を持たなくなった。現在は、オフィスよりも社員が緊密に働きやすい場所で業務を行う。数ヵ月ごとに場所を変える。動物園、カフェ、プールサイド、慈善団体など――さすがに空では無理だが。スイスは比較的狭いので、どこにオフィスがあっても社員は毎日通える。必要最小限がルールで、たいていの企業にある物理的なものは捨て去り、絶対に不可欠なことだけに注力する。どうしても必要なオフィス機器（デスクなど）は、組み立て式パレットを使い、数時間ほどですべてセットアップし解体できる。結果として、誰とでもコミュニケーションをとり、より親密な関係をつくることができるようになった。また、この新しい構造により自然と階層がなくなる。クリエイティブディレクターと新人のあいだに、目に見える区別やそのほかの違いは何もない。評判もよくなっている。「家族経営の会社」という評判は過去のものになり、革新的なコミュニケーションの思想リーダーというイメージを構築した。こうしたことはすべて、顧客にとってもっと戦略的なパートナーになりたいというコンテクスタ社の熱意の現れで、単に業務を行うだけでなく、高い見識を提供し戦略の推進を手助けしようとするものだ[52]。

コンテクスタ社の事例は、戦略と文化を適合させようとするプロセスの、非常に優れた例でもある。文化の変革を決定づける最初の一歩は、戦略を決め、戦略が現在の思考と行動様式に合致しているかを見ることだ。コンテクスタ社では、戦略上目指していたこと（顧客に対する思想リーダーになる）とそれを支えるインフラストラクチャー（伝統的なオフィス）が、明らかに合致していなかった。コンテクスタ社は、標準的なインフラストラクチャーについて長い間信じられていた常識を切り捨てた。

思考と行動様式における特徴は、DXを成功に導くために必要な企業文化の根本的な変革の実現手段として機能する。変化を受け入れる新しい文化は、企業の評判にも大いに波及効果をもたらし、さらには人材とリーダーを引き寄せ投資家の信頼も高める。イノベーションを奨励する文化を広めるには、社員の支えとなるような、失敗してもいいとする風土を職場に根付かせ、生涯学習の機会を提供しなければならない。体制と業務方法を変えることが必要であり、縦割りで官僚的な階層構造と長期の開発サイクルから脱却し、代わりに機能横断チームを基本とした新しい協働モデルに向け始動する。ただし、難題は変化に対する内部から、特に中間管理層からの抵抗で、上層部のリーダーが文化の変革を確実に先導し上手に方向づけをしなければならない。**文化の変化があらゆるレベル、機能、場所に浸透したとき、その文化が新しい規範として確立される見込みが出てくる**のだ。

S1曲線とS2曲線の文化面の緊張関係に対処する

S1曲線とS2曲線は、当面は日々の業務慣行を異なる方法で続けるが、やがて変化を遂げた思考と行動様式が組織全体に浸透するようになる。これまで紹介したような考え方や慣行はおそらく、S2曲線ではすでに標準になっているだろうが、S1曲線では導入をためらい、時間をかけてゆっくり少しずつ取り入れ、いずれは追いついていく。もう一度強調するが、S1曲線は新しい考え方や慣行のうち、自分達の状況に適したものを選んで導入し、共通の思考と行動様式を介して、S2曲線との交流を徐々に深めるべきだ。

S1曲線とS2曲線の文化は、共有する価値観で引き続きつながっている。**価値観は、変化の時期を経ても受け継がれるもので、DXが進んでも維持されていく。**だから、新しい戦略にとって明らかに有害でない限り、価値観はそのまま残る。つまり、**S1曲線とS2曲線の文化は、大きな意義がある共通の基盤に基づいているのだ。**思考と行動様式に現れる段になって初めて違いが出る。とはいえ、これまで述べた通り、最終的に両者を結びつけるには、DXになじむ新しい思考と行動様式をS1曲線にゆっくりと導入していくことが最善の戦略だ。成功するための要因をいくつか見ていこう。

経営上層部の支援

文化の変革には、組織の長い歴史を理解し将来に向けた展望を持った経営トップレベルによる支援が必要だ。経営上層部が好ましい雰囲気をつくり出し、社員全員がモチベーションを持てるようにしなければならない。効果は中間管理職に浸透しいずれは社員全員に行き渡るだろうが、中間管理職に浸透させる部分に、最も時間がかかる。

面談した上層部のリーダーたちは、以下のような論理に従っている。

> DXは権限移譲できるものではありません。経営幹部の最優先事項です。そうしなければ、大企業では本当の効果を得られないでしょう。
>
> ――AMAG社イノベーション＆ベンチャーラボ代表者　フィリップ・ヴェツェル氏[53]

何人かのリーダーがコミュニケーションの重要性と、文化の変革を先導するための鍵として、自分自身が社員から信頼され社員に話しかけることが大切だと指摘した。

> 経営トップレベルのチームが組織全体に課題の優先度をはっきり示すことが、絶対にまた確実に、決定的要素となります。Eメールやニュースレター、小ぎれいにつくったスライドだけでは十分ではありません。組織全体に毎日メッセージを広めなくてはなりません。疑問を持つ人一人ひとりに話す必要があります。上層部のリーダーは、社員と頻繁に直接対話をして彼らの質問に答え不安に向き合う。そんなことをする必要がないほど自分が偉いと思ってはなりません。
>
> ――大手ディスカウントストアI社　CDO[54]

> つまり、コミュニケーションです。どのようにコミュニケーションをとるか？　ほかの人が近寄りやすいか？　私自身は、ドアを常に開けておく方針にしています。誰もが来て話をし、質問をしてよいのです。私たちの会社では、専用フォームも作成しました。毎月1度社員が登録し、思っていることを何でも質問できます。プライベートなことでも、仕事のことでも市場に関することでも、何でも構いません。私がすべてに答えられるとは思っていませんが、とにかく積極的に対話し壁をなくすためです。文化の変革を進めようとするなら、これは絶対に重要です。
>
> ――消費財・化学製品会社N社　前CDO[55]

変化には時間がかかると明言した人もいた。根気強く取り組まなくてはならない。

> 変革を起こすのは、一夜にしてできることではありません。新しい文化を受け入れるよう社員に納得してもらいたいなら、常にコミュニケーションをとり穏やかに進めなくてはなりませんが、これは大変なことです。当初思い描いていたより時間がかかるでしょう。「なぜもっと早く進まないのか。FAXで注文するのは時代遅れだと、誰もがわかっているのに」と思うかもしれません。ほかの人たちもわかっているのです。だからといって、すぐに新しい船に飛び乗りすべてをオンラインで行う、ということにはならないのです。
>
> ――クロックナー社CEO　ギスバート・ルール氏[56]

希望の光もある。特に、組織全体にDXを広めるには、拡散機能を果たす人が見つかるといい。

> 普通の人はこう思います。「すべてがうまくいっているなら、なぜ変わらなければいけないんだろう?」。一般的には「毎日新しい経験がしたい」とは思いません。ですから、社員に文化の変革に関わってほしいなら、変わることの価値を説明しなくてはなりません。「なぜ必要か」「自分にとってどういう意味があるのか」ということです。そして、意欲を見せている人を見つけ、その人にほかの人のモチベーションを高めるための拡散機能のような役割を担ってもらうのです。あらゆるレベルに拡散機能を持つ人がいてみなの賛同を得ることが必要です。でないと、うまくいきません。
>
> ――ING社プラットフォーム＆ビヨンドバンキング部門
> グローバル責任者　カタリーナ・ハーマン氏[57]

要は、上層部のリーダーが文化の変革を主導しその理由を説明しなくてはならないのだ。コミュニケーションを優先し、社内のどんな質問でも懸念事項でも対応しなくてはならない。理想としては、同志を何人かつくって文化の変革の触媒として活動してもらえるよう組織全体に配置するといい。文化の変革はマラソンであって短距離離走ではないのだ。

ボトムアップの動き

最大の効果を狙うなら、**トップからのコミュニケーションをボトムアップのアプローチと組み合わせるのが最適だ。**新しい文化を取り込もうとする草の根の動きが、トップが主導する変化と並行して出てきたとき、新しい文化は組織全体にいっそう早く浸透する可能性がある。新しく採用したS2曲線の人材が、必要な専門性と信頼に加え新しい精神をもたらし組織に新しいDNAを根付かせれば、変化を推進する助けになる。しかし長くいる社員も、S2曲線に積極的であれば変化を牽引できる。

アクサ社スイス法人では、2016年からアジャイル方式を業務に取り入れましたが、これはまさにIT部門から始まった草の根運動でした。これが成功のきっかけとなって、我が社の変革が継続しており、デジタルとデータに関する取り組みが進みました。基本的に、私は成功したと思っていますが、それは、CEOが着想し幹部の会議でアジャイル方式で行こうと指示するといった、トップダウンで突然もたらされる「ビッグバン」のような変化でなかったからです。イノベーションとは、扱いにくい植物のようなものです。成長する時間と場所を与えることが鍵です。私たちのチームではアジャイル方式について、そのように進めました。物事が進展して重要案件になったとき、必要以上に注意が集中し、大騒ぎして益より害になりがちです。厄介な赤ん坊のようなもので、そこら中をかき回し、ひっきりなしに世話を求め、一晩中寝かせてくれない。そして、何か意味があるものに成長するまでに長い時間がかかる。そのあいだ、これをかわいいと思えるのは親だけです。私たちはこういう面倒な子どもは避け、水面下で文化の変革を起こしたかったのです。

——アクサ社スイス法人（前）変革&市場統括最高責任者
カロラ・ウォール氏[58]

アウトサイドインアプローチ

文化を確立するためのもう1つの強力な方法は、アウトサイドインアプローチだ。**ほかの会社や業種の人材を招くことは、社内の管理職がひとしきりメッセージを繰り返すよりも価値がある。**社外で打ち立てられた信用を持ち込むことで、文化の変革に対する意欲が引き上げられるだろう。

> DXに関する新しい事業をするときはいつも、ほかの業界で私たちの先を行く人がいないか調べます。その人から学ぶためです。特に、銀行、保険、旅行の業界は、DXに成功していなければ、今頃はつぶれているでしょう。そこで、これらの業種の人に会い、成功したことと失敗したことについて話を聞きます。シュナイダーエレクトリック社(Shneider Electric)、ヴェオリア社、トタル社(Total)の経営幹部の方に来てもらいました。私がずっと伝えようとしてきたメッセージを、はるかに効果的に届けてくれました。このようなアウトサイドインの視点によって、文化の変革を強力に推し進めることができます。
>
> ――ミシュラン社CDO　エリック・チャニオット氏[59]

取り残されないために

DXにおける文化の変革を考えているなら、以下のことを心にとどめておくようお薦めする。

- 会社の戦略とその内容(野心的な目標、ビジョンなど)を再確認し、それが現在の文化(価値観、思考、行動様式)とどの程度合致しているかを分析する。
  - 会社の戦略と真っ向から対立していない限り、会社の伝統である価値観を壊すことは控える。

- 3つの方法で考え方を変える。
  - 顧客中心の変革を民主的に行う――イノベーションを研究開発部門から組織全体に開放する。顧客を優先する。
  - 組織全体に変化を受け入れる姿勢を定着させ生涯学習の文化を根付かせる。リーダーと人材が適応力を発揮できるようにし、学習と研修が恒常的に行われるようにする。
  - 完璧主義でなく、想定されるリスクと賢い失敗を受け入れる文化を広める。完璧な解決策より高速プロトタイプ作成と短期間での繰り返し実施に価値を置く。失敗しても問題ないとする。

- 組織の構造と協働モデルを変え、新しい業務の進め方と支援ツールを導入することで行動様式を変える。
  - （機能横断の）チームが集まったネットワークによるアジャイル組織をつくる。社内の複雑な手続きは最小限にし、組織階層でなくネットワークを信頼する。
  - 新しい業務の進め方を導入する。併せて新しいツールを導入することも忘れずに。

- 1つの文化のもとに組織を統一する。
  - 経営幹部レベルが文化の変革の方向性を決める。
  - 組織全体に、文化の変革を起こす触媒の役割を果たす支持者をつくる。
  - 草の根レベルからDXを支持する文化が広がるようにする。
  - 他社の人に、その会社でDXと文化の変革をどのように行ったかを共有してもらう。

参考事例（郵便事業）

シングポスト社

シングポスト社は、シンガポールの公共郵便事業を行っている。

DXに着手したとき、当時郵便局ネットワーク＆デジタルサービス部門の責任者だったバーナード・レオン氏は、変革全体のなかで文化の役割を最優先した。「DXで最も難しいのは、文化の変革です。文化の変化を起こし維持するのは非常に困難なのです」。人は変革という考えは好むが自分が変わるのは望まない、とレオン氏は気づいたのだった。しばしば、人は変わることを拒み、力を込めて反対する。

文化の変革を定着させるため、レオン氏は自分なりの選択肢を考えた。彼自身は、文化の変革を起こす手順は通常トップダウンで、上層部が対話を主導する形で上から下へと流れていく、と認識していた。しかしシングポスト社で、このアプローチでは時間がかかりすぎると考え反対していた。そこで、複合的なアプローチを選択した。経営幹部がトップダウンでメッセージを発信するが、同時に第一線のスタッフを教育しデジタルに関する能力を活用できるようにする。こうして、ボトムアップでDXを受け入れる種を植える。

レオン氏は、重要なことを2つ学んだと振り返る。1つ目は、CEOの賛同が必須ということだ。CEOと経営幹部は、新しいデジタルソリューションの真の推進者でなければならない。デジタル化は経営課題の最優先事項であるはずだ。2つ目は、社員からも賛同を得ようとするなら、社員の話に耳を傾け、彼らの意見や不安を真剣に受け止めることが何より重要だ。「本当のところ、顧客からの声だけでなく、社内の人の声を求めなくてはなりません。顧客は神様かもしれませんが、社員ももちろん大切なのです」とレオン氏は説明する。

リーダーは、第一線の現場の痛みを理解する必要があった。社員が日々直面する問題をしっかりと目にできるよう、経営幹部らは郵便局で何日か「サービス大使」として仕事をした。こうして業務のプロセスと人材について新たに理解したことが役立ち、経営幹部は郵便局の業務を再設計し、郵便局は適切なデジタルツールを備え、サービスを提供するようになった。

「言うなれば、DXでは、文化の方がテクノロジーより重要なのです。テクノロジーはいつでもそこにあります。でもDXを成功させるには、新しい文化に移るよう人を引っ張っていかなくてはなりません」とレオン氏は結論付けた[60]。

まとめ：

- **トップダウンとボトムアップの二重アプローチを検討する**――CEOの支援は不可欠だが、草の根の動きと一緒になったとき最も効果的になる。

- **リーダーが、社員にとって文化の変革を受け入れる障害になっている原因を理解できるようにする**――リーダーが現場のスタッフの立場になって考えると、理解が進みよりよい解決策を生み出す役に立つ。

- **社員の声を真剣に受け止める**――顧客の声だけでなく、社員からの声も貴重だ。

PART 4

WHERE TO SEE RESULTS

どこで結果を見るか？

Chapter 9

楽しむためではなく、結果を求めて実行する

Because you're not doing this for fun but for results

おめでとう。あと少しだ(「DXは」と言いたいところだが、「この本は」あと少し、という意味だ)。最後の章では、適切なKPIを定義する方法を学ぶ。つまり、どの時点でどちらのS字曲線にどのパラメーターが有効かを決め、さらに各パラメーターの目標値を設定する方法、そして、適切なKPIと目標値を踏まえた事業計画の作成方法だ(どのパラメーターを適切と見なすか[適切なKPI]と、各パラメーターに望むレベル[目標値]とは異なることを念頭に置く)。そのうえで、透明性を確保し確実に文書化する方法、誰が説明責任を負うのか、についても突っ込んで検討する。最後に、S1曲線とS2曲線の相乗効果と、DXから会社組織と広く社会一般が得る利益についてまとめて本書を締めくくる(図9.1)。

図9.1 Whereの全体イメージ

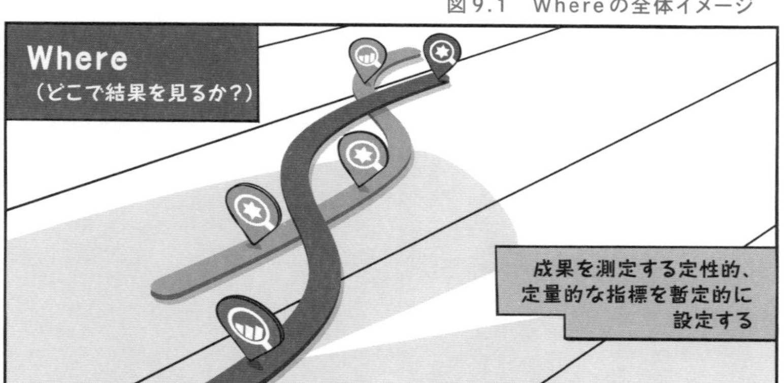

会社が抱える「Where」の課題を認識する

企業がDXのWhy、What、Howへの取り組みを進めたら、次に求めるのは結果である。

ところが、いざDXの成功を測ろうとすると、難題や疑問が山積みだ。そもそもどうやって成功を測るのか？　これが、最も根本的な最初の疑問点かもしれない。**DXとは、2つのS字曲線を通して事業を根本的に見直すこと**だと論じてきた。であれば、変革の効果は両方のS字曲線の業績に反映されるので、両方のS字曲線の帳簿を見るのが当然だろう。そうすると、管理職は自らに問わなくてはいけない。S1曲線の成功を示す重要なパラメーターは何か？　S2曲線には何が適切か？　それらにはどのような違いがあるのだろうか？　これらのパラメーターはいずれ1つに収束するのだろうか？　2つのS字曲線には、相乗効果があるのだろうか？　つまり、S2曲線の取り組みがS1曲線の業績に反映される可能性はあるのか？　もしそうであれば、これをどのように説明できるのか？

あらかじめ1つ注意点がある。S1曲線とS2曲線では、重要になるKPI（及び目標値）が異なることだ。伝統にのっとり経営してきた企業にとって、従来のS1曲線のKPIからS2曲線で重要なKPIに切り替えることは容易でないはずだ。切り替えが最も難しいKPIは、どれだろうか？　切り替えをできるだけスムーズに行うには、どうすればよいだろう？　S2曲線の革新的な事業アイデアの高い失敗率を受け入れるのは特に厳しいだろう（結局、10件のうち9件の新規事業は失敗に終わる[1]）。それならば伝統的な企業は、これほどまで低いS2曲線の成功率を前にして、どう対処するのだろう？

また時間とともに、DXの進捗段階ごとの成功要因はどう変わるのだろう？　定量的KPIに比べ、定性的KPIの妥当性はどの程度か？目標値はどのように設定するのか？　あるいは根本的な問題として、そもそも目標を設定すべきなのか？　もしそうなら、目標達成の説明責任を負うのは誰か？　最終的な業績指標でなく、各種KPI、成行き予測、その他の先行指標の最新状況を把握しておくべきなのは誰か？

本書の構成では、DXフレームワークの最後が「どこで結果を見るか（Where）」だが、決して最後に考えるべきことではない。実際には、期待する成果のレベルは、プロセスの初期に設定すべきだ。少し想像力を働かせてほしい。まともな人や企業が、自社の利益にプラスの影響を期待できないのに、DXのような、根本的に破壊的な行程に乗り出そうとするだろうか。だから、（漠然としたものであれ具体的なものであれ）最終目標を念頭にDXに着手するのが当然なのだ。もう1つの理由は、古くから言われている警句がDXによく当てはまるからだ。「成果を測れることだけが成し遂げられる」。

KPIに基づいて事業をまわさなくてはならないという事実は、デジタル化によっても変わらない。むしろデジタル化により、これまで見えにくかったKPIの必要性が明確になり、そしてずっと容易にもなる。どんな活動であってもデジタルで表せば、効果測定用の多様なパラメーターをリアルタイムで容易に取得できるのだ。ただし、デジタル化によってこうしたことが可能になるからといって、どこに着目すべきかが即座にわかるわけではない。膨大なデータの海のなかから適切なKPIを把握するという頭脳労働も、DXの実践の一部なのだ。戦略によって、どのように目標を達成するかが決まる。目標により、測定するパラメーターが決まる。パラメーターによって、ビジョンを達成できたかどうかがわかる。つまり、**戦略を策定するときに早い段階でどのような結果を求めるかを考えなくてはならない**のだ。さもないと、DXの取り組みが誤った方向に行き、求める結果を生むことができず、あるいは取り組みがすべて無駄になることさえあるだろう。**DXによって何を達成したいのかを考えることで、それに関連する指標で表される便益を得ることができる**のだ。

KPI品目リストから戦略的なKPI設定へ

「3つの地平線」と聞いて、頭に浮かぶのは次のような絵だろうか（図9.2）。

図9.2　3つの地平線

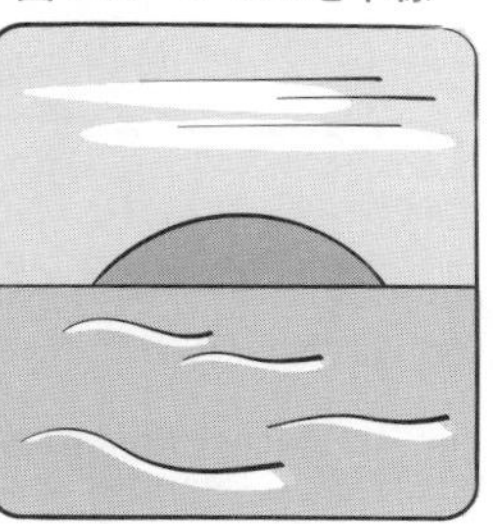

あるいはもしかして、リヴィエラ海岸、サントリーニ島、そしてイパネマ海岸の荘厳な夕日を背景にした心なごませる素晴らしい3つの風景だろうか。いずれかを思い描いたとしたら、残念ながらがっかりするだろう。ここで言う「3つの地平線」とは、そういう意味ではない。もし、現在の事業による業績を管理しながら将来の成長機会を最大限にするためのアプローチを思い浮かべたなら、あなたはビジネススクールに行ったか、経営に関する2000年頃の文献を読んだかに違いない[2]。

「3つの地平線」モデルでは、イノベーションを実現時期に応じて異なる3つの地平線上に分類する。漸進的なイノベーション、現行のビジネスモデルの拡張、そして新しいデジタルなビジネスモデルの創造だ。3つの地平線モデルは時代を超えて今日にも当てはまる考え方だとする見方がある一方で[3]、3つの地平線にこれまで紐付けていた実現時期は、もう現実にそぐわないという批判もある[4]。しかし依然として妥当であり、そして「3つの地平線」と「2つのS字曲線」には類似する点がある。それは、異なる地平線やS字曲線には異なる成果測定基準が必要であり、測定基準がそれぞれの目指す異なる目標を適切に説明することだ。第一の地平線では、利益、投下資本利益率、キャッシュフローなど、以前からある財務面の測定基準に着目する。第二の地平線では、顧客中心の起業家的な測定基準、たとえば売上や正味現在価値など、販売額という形に反映される顧客の意思に重点を置く。最後に第三の地平線では、市場に目を向けマイルストンの達成に基づいた測定基準に重点を置き、取り組みの商業化の進捗を評価する。S字曲線に基づき異なる測定基準を用いるというロジックは、DXの文脈にも当てはまる。

図9.3　「KPIの作業リスト」

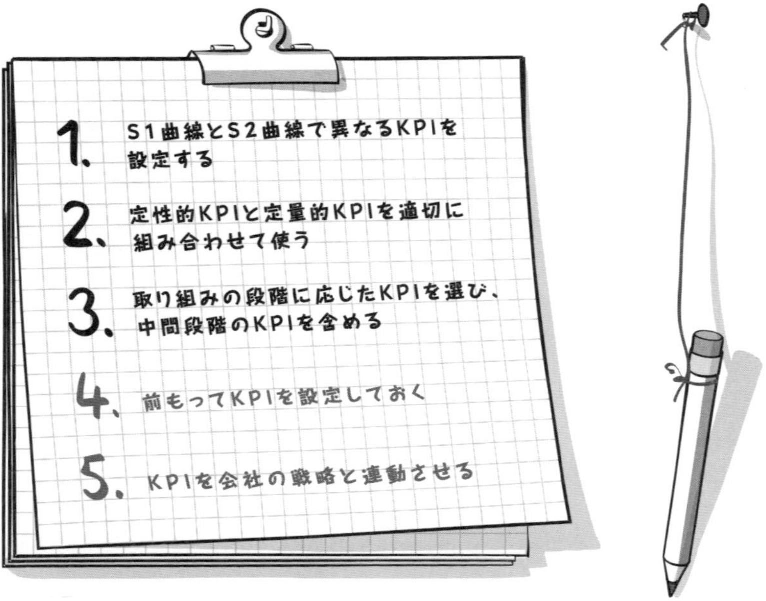

1. S1曲線とS2曲線で異なるKPIを設定する
2. 定性的KPIと定量的KPIを適切に組み合わせて使う
3. 取り組みの段階に応じたKPIを選び、中間段階のKPIを含める
4. 前もってKPIを設定しておく
5. KPIを会社の戦略と連動させる

ここまで長々と説明してきたが、つまり**「正しいKPI」はS字曲線によって異なる**のだ。また、さまざまな業種の多数の経営幹部から成果測定について話を聞いた結果、KPIを決めるときに検討すべきポイントがわかった。図9.3は「KPIの作業リスト」だ。

上記リストの1、2、3は、図9.4の早見表を使うとわかりやすいだろう。

図9.4 KPI設定早見表

	S1曲線	S2曲線
原則	目指す利益率の達成または企業価値の最大化に関連する従来のKPIを使う（たとえばコスト削減または効率性向上に関連するもの）	戦略目標に沿った各段階に特有のKPIを使う。コスト削減より潜在的な成長可能性に関連するもの
例	定量的KPI ・ROA（総資産利益率） ・ROI（投資利益率） ・ROIC（投下資本利益率） ・EBIT（利払前・税引前利益） ・キャッシュフロー	- 初期段階 （アイデア出しフェーズ・育成フェーズ） 中間段階の定性的KPI（または「成功を示す要件」） ・ユニコーン企業になる可能性 ・説得力あるストーリー ・顧客の重要な問題に注力 ・カスタマージャーニーに沿って難問を解決 - 発展段階 （市場投入フェーズ） 定量的KPI ・顧客満足度の測定基準（たとえばNPS） ・市場シェア

従来のS1曲線のKPIは、S2曲線の業績を説明するには適切でない。したがって、S2曲線では、異なる評価基準が必要だ（「KPIの作業リスト」の項目1）。これを実行しているのが、スイスの自動車輸入販売業者のAMAG社だ。

AMAG社

S2曲線の取り組みには、異なる評価規定が必要だろうか。もしそうなら、どういうものだろう。AMAG社イノベーション＆ベンチャーラボ代表者のフィリップ・ヴェツェル氏は、同ラボで取り組み中の各プロジェクトを振り返り自問した。プロジェクトは、3つに分けられる。「現行」の取り組み（すぐすべきこと）、「新規」の取り組み（通常3年から5年以内を視野に入れた投資）、そして「将来」の取り組み（5年から10年のあいだに収益化が見込まれるもの）だ。現行と新規の取り組みは、安定した発展が見込まれるS1曲線に相当し、30

年続いてきた事業を基盤に築かれている。将来の取り組みはS2曲線に相当し、売上と利益が不安定だと予想される。

ヴェツェル氏は、将来の取り組みの進展を以前からあるKPIに沿って記録しようと決めた。ただし、測定基準として追跡してきたものの、これらのKPIを基準に事業の最適化を図っているわけでなく、事業の実態を表す指標としても適切でないと明言する。EBITでなく、代替的な成功の指標（たとえば、新分野でAMAGブランドの評判を確立するなど）を追求する方が意味があると思われた。それというのも「最初の数年でラボはかなりの資金を使ったが、全社に重要な貢献をした。そのことは定量化しにくいかもしれないが、定性的なインパクトは同じように重要である」と、ヴェツェル氏が気づいたからだ。ラボの価値はイノベーションを発掘して新しい事業アイデアを生むところにあり、ラボの取り組む各種プロジェクトには外部に対するメッセージの発信という重要な効果があった。S2曲線の成功を示すもう1つの重要な定性的な測定基準は、文化の変革に対する貢献だ。事実、S2曲線で新しい考え方や仕事のしかたが推し進められ、その波及効果は中核事業にも及んだが、これは価値ある副次的効果であり、記録に値する[5]。

ここで紹介したAMAG社の事例は、「KPIの作業リスト」の、項目1に対する取り組みだ。項目1に関する基本的な指針として、S1曲線については、自社で通常使われる事業管理用のKPIを用いても構わない。一方、S2曲線では、効果を測るのにそれほど厳格なやり方でなく、ベンチャーキャピタルのようなやり方でKPIを選択する。具体的には、戦略に沿った長期的な成功要因の地ならしとなる中間段階のKPIを用いる。

「KPIの作業リスト」のほかの項目が実際にどのように実施されているかを見てみよう。ドイツの自動車会社、フォルクスワーゲン社は、定性的要素と定量的要素を組み合わせ（「KPIの作業リスト」の項目2）、取り組みの各段階に応じて個別のKPIを取り入れる（項目3）ことに成功した。これは、あらかじめ設定していたものであり（項目4）、会社の戦略と直接的に結びつくよう考えられていた（項目5）。

フォルクスワーゲン社

DXオフィスディレクターのフォーク・ボース氏にとって究極のKPIであり、究極の問いは、「我が社は自動車の販売で、変革の費用を賄うのに十分な資金を稼いでいるだろうか」だった。その次に浮かんでくる問いには、次のようなものがある。どの顧客に車を売ろうとしているのか？ どのディーラーで？ どこで？ どのモデルを？ どういうパーツ構成か（パノラマウィンドウ、エアコンなど）？ ありがたいことに、こうした全社標準のKPIは、明確で定量的で測定が容易だ。しかし、「DXのKPIはその性質から言って、定性的であるべきだ」とボーテ氏は論じる。次のような問いも必要になる。そもそも我が社にデジタルビジネスモデルというものがあるのだろうか？ どのようにしてそのモデルを実現する計画なのか？ 最終的に何を顧客に提供しようとしているのか？ さらに言うと、このようなビジネスモデルを実現するために、どのように社内のスキル向上を図るかも考えなくてはならない。

関連するKPIとして、次のようなものも考えられる。社員のスキル向上のため、どのような研修プログラムを提供するのか？ 最終的に、これらの定性的な問いはすべて定量的KPIに変換されるべきなのか（たとえば、移動のための新しいソリューションをユーザーは平均何マイル利用するか［1日/1年あたり］、研修プログラムは社員のスキル向上にどの程度効果的だったか）？

昔からある定量的KPIは、DXの定性的KPIとはかなり異なるようだが、二重の報告で混乱することは、何としても避けたい。それよりも、いつもの報告方法を変えるか、報告範囲を広げるべきだ。異なる種類の報告を並行して行うのでは負担が大きすぎ、複雑になって間違いを起こしやすいため、DXのKPIの重要性を正当化できない[6]。

一般に、成功を測るパラメーターはS字曲線ごとに変えるべきだ（「KPIの作業リスト」の項目1）。2つのS字曲線で最も適切な定量的KPIと定性的KPIを具体的に考えてみよう（項目2）。

まず、第一ステップ、定量的KPIだ。

S1曲線のプロジェクトでは、定量的な成果の測定は古典的なKPIに基づき、ROA、ROI、ROIC、EBITなどになるだろう。おなじみの指標で新しいものは何もない。

S2曲線のプロジェクトは、短期的な定量的基準よりも、S2曲線の長期的な戦略目標に関連する定量的KPIに基づいて評価すべきだ（項目5）。こういうKPIは、利益率の目標よりも成長の可能性に紐付く。たとえば、NPSなど顧客満足度を測る指標や、リーンスタートアップ手法の各種KPIがある（具体的な行動を目に見える成果と結びつける、行動に基づく基準で、ファネルに沿って設定した基準［ユーザー数など］、あるいはSEM［サーチエンジンマーケティング］の指標など［訳注：ファネル型（じょうご型）の図で、多数の見込み客から実際に購入した顧客まで絞り込まれていく状態を示す］）[7]。これに関連し、可能な限り市場に基づく基準に集中することをお勧めする（たとえば、新製品を宣伝するバナーのクリック数でなく、新製品を買いたいと思う顧客の数）。市場に基づく適切な定量的KPIを、S2曲線のプロジェクトに設定する際に役立つ概念に、いわゆる「デジタルトラクション（牽引力）指標」（訳注：事業立ち上げを牽引する十分な顧客数の獲得状況を見る指標）がある。この指標で、自社の製品やサービスに顧客が実際に関心を持っているかを検証できる。ユーザー行動に基づく測定指標（ユニークユーザー数［訳注：特定のウェブサイトを訪問したユーザーの数］、ユーザーエンゲージメント［訳注：継続率やアプリ使用時間などユーザーの利用状況を見る指標］、コンバージョン率［訳注：バナー広告の表示回数に対するクリック率など、見込み客のうち実際に行動を起こす顧客の比率］）と組み合わせれば、人気だけでなく、新しい製品やサービスが市場に受け入れられる見込みも測ることができる[8]。

定量的KPIを設定する際に気をつけておくことがある。それは、**S2曲線のプロジェクトが市場に出る段階まで成熟したら（たとえば、商品やサービスの提供を本格的に開始するなど）、S1曲線のKPI（たとえば収益性）に移行すること**だ（「KPIの作業リスト」の項目3）。

では、ステップ2、定性的KPIに移ろう。

定量的KPIは時間とともに変わり、S2曲線のKPIはS1曲線のKPIと同じものになっていく。定性的KPIについても考え方は同じだ。S2曲線の初期段階では定性的指標が主流である。なぜなら定性的指標は、S2曲線の事業を適切かつ公平に評価するために必要な、長期的な成長性をよく反映するからだ。実際問題として、プロジェクトの初期段階（特にアイデア出しフェーズと育成フェーズ）では、S2曲線には定性的KPIが最適である。厳密なKPIの設定はいったんやめて、成功要件のチェックリストに専念してもよいくらいだ。たとえば、ユニコーン企業になる可能性があるか、事業シナリオに説得力があるか、顧客の具体的な問題に取り組み、カスタマージャーニーに沿ってその問題を解決しているか、重点事項に焦点を絞り込んでいるか、取締役会の支援など環境が整っているかなどで、すべてイエスかノーで答え、数字で測らない。加えて、S2曲線の初期段階での定性的KPIには、スケジュール上のマイルストン（プロトタイプの完成、アルファ版／ベータ版のリリースなど）を含めてもよい。S2曲線で従来型KPIの利用に移行して意味があるのはもっとあとで、特に市場投入／拡大の段階だ。KPIを決めるときに、気をつけなくてはならないことがある。**S2曲線のKPIからS1曲線のKPIに移行する時期も含め、あらかじめすべてのKPIを決めておくこと**だ（「KPI作業リスト」の項目4）。さらに、透明性と目標に関する合意形成が最大限確保されるよう、すべてのステークホルダーにKPIを明確に伝えるのだ。絶対に間違えないでほしいのは、S2曲線も含めたすべてのプロジェクトは、いずれは会社の損益にプラスに貢献し、より従来的な意味での価値をもたらす必要があることだ。

「KPIの作業リスト」の項目1と3の組み合わせ、つまり各S字曲線のプロジェクトの各段階に特有のKPIを選ぶ意味は、従来型KPIを初めから使えないことだ。初期段階から使うと、すべてのS2曲線の取り組みが、始まったばかりのところで挫折してしまうのだ。

項目3の重要性について中間段階のKPIも含めてさらに考えるため、取材したドイツのテクノロジー企業O社を見てみよう。O社では、S2曲線の取り組みの初期段階での評価として、収益関連の厳密なKPIではなく、より間接的な中間目標を用いた。たとえば、全社に占めるデジタル事業の売上割合でなく、年間の接続マシン数を目標に活動することにした。当面のあいだ、中核事業に比べたデジタル事業の売上は微々たるものなので、売上で測ってもやる気が出ないからだ。だから、デジタル事業で収益が出るまでの時期を乗り切るため、より間接的な中間段階のKPIが必要なのだ。なぜこのアプローチをとるのか。唯一最大の問題は、まだ市場が存在しないことだ。この事業機会の潜在価値は十分大きく、新たな成長機会を追い求めるに値すると、（おそらく戦略構築のプロセスで）見込まれている。当面は、接続されたマシンの数が中間段階のKPIとして役立ち、時期が来たらほかのKPIを（売上と利益も含め）使えるだろう[9]。

KPIのタイプ（S1曲線かS2曲線か、定性的か定量的か、中間段階か最終的か）にかかわらず、すべての成功要件をあらかじめ設定し、いつどのように評価を行うか、どのような結果が予想されるか（事業を中止する可能性も含め）を、初めから明確にするよう留意してほしい。

S2曲線に対してずいぶん甘いと思われるかもしれない。「より定性的なKPIを使う。さらに通常は使わない定性的KPIまで使う。定量的KPIを使いはじめるのは、あとになってから。プロセスのずっと最後になって、初めて会社の実際の業績に貢献する」。異なる取り組みに異なる成果指標を使うのだから、確かにダブルスタンダードだと認めよう。しかし、それでよいのだ。率直に言って、もっと多くの企業がこのやり方を始める必要がある。投資家を見れば長いあいだ、伝統的企業とデジタル企業をダブルスタンダードで扱い続けている。

ツイッター社を見てみよう。2013年11月のIPOの前に、7,900万米ドルの損失を出したにもかかわらず、IPO当日の時価総額は240億米ドルに到達した。フェイスブックは2014年、当時収益も利益も出ていなかったワッツアップ社（WhatsApp）を、190億米ドルで買収し、マイクロソフト社は2016年、損失を計上していたリンクトイン社を262億米ドルで買収した。対照的に、2017年に工業コングロマリットのGE社が50年ぶりの赤字で98億米ドルの損失を出すと、株価は44パーセント下落した。投資家は、GE社のような従来型企業の財務状況が悪いと厳しい扱いをするのに、デジタル企業に対してはそういう情報をたくみに無視するようで、ずいぶん驚く。それとも驚くべき話ではないのだろうか。昔からある財務報告や会計上の利益ではデジタル事業の価値創造の主要素を表現できないのだから、デジタル企業の評価にはほとんど意味がない、ということに気づけば驚くような話ではないことがわかる。**デジタル企業の価値を測るのは、無形資産への投資規模に対する収穫逓増なのだ。**

一般的には貸借対照表から生産設備と商品に関する現状を適正に把握できるが、デジタル企業には、これがほとんど当てはまらない。同様に、従来の会計報告書は過去を振り返るものだが、デジタル企業は将来を見るためのKPIを報告する。貸借対照表では、資産は物的なもので会社が所有するものだ。しかし、エアビーアンドビー社は、サイトに載せている不動産を所有していないし、ウーバー社はドライバーの運転する車両を所有していない。だから、報告すべき物的な資産も棚卸し資産もない。デジタル企業で重要なのは、研究開発、エコシステムのパートナー、データ、人的資本などだ。これらは成功を示す要件であるが形がなく、使用することで価値が増すが（物的資産は使用すると価値が下がるのと対照的だ）、それに対する投資は利益計算上、資産にならず経費として扱われる。したがって、**将来に対する投資が増えるほど、損失が計上される。**

多くのデジタル企業が強く望んでいるのは、ネットワーク効果を創出することだ（たとえば、フェイスブックに登録するユーザーの数が増えるほど、ユーザー一人ひとりにとってプラットフォーム全体の価値が上がる）。そして、ひとたび市場でトップの地位を確立すれば、（フェイスブックのように）「一人勝ち」できる利益構造になっている。ところが、伝統的な財務諸表には、ネットワーク効果や使用に伴う資産価値の増加といった概念を記載する欄はない。それどころか、それらは減価償却費と見なされるかもしれない。したがって、多くのデジタル企業にとって成功の裏づけとなる基本的な構造、つまり規模に対する収穫逓増は、伝統的に会計の基本だった原則——使用に伴う資産価値の低下——に反しているのだ。その結果、投資家は投資について決定を下す際に、伝統的な財務面のKPIの意味を割り引いて考えざるを得なくなる【10】。手慣れた投資家がデジタル企業については意図的に、従来の業績評価基準に目をつぶっているのだから、企業でS2曲線の事業を評価する意思決定者はこれに倣い、少なくとも初期段階では、よくあるEBITとは異なる適切な評価基準を用いるべきなのだ。

目標と事業計画書はもう古い ——目標と事業計画書は永遠に

KPIを適切に定義したら、次の難題は、どのように目標を設定するかだ。収支計画を含む事業計画書をどのように策定するかについても、同じ文脈で考えられる。課題を明確にするために、KPIと目標の違いを思い出そう。KPIは効果を測るときに参照する指標だ。一方、目標はその指標で目指すレベルを指す。

まず、S2曲線から見ていこう。フォルクスワーゲン社のフォーク・ボース氏によれば、目標設定のアプローチは実は2つしかない。同氏は次のように指摘した。「1つは、S2曲線の目標を設定する場合です。これは、ある時点で期待される、全体の売上に占めるデジタル事業の割合（たとえば2030年までにデジタル事業から得られる売上が全体の40パーセントになる）で表現することが多いです。もう1つは、状況を予測できないため目標を設定しないというアプローチです。その場合は、具体的な目標を設定するのでなく、設定したKPIに従ってデジタル事業のモニタリングをするだけです。KPIがどう進展しているか、新しいデジタル事業が成功する見込みがあるかを見ます」【11】。

同じ考え方が、事業計画書の作成にも当てはまる。作成しない理由が同じで、つまり市場が予測不可能なので、目標や事業計画書の数値化が難しく、あまり意味がないのだ。多くの流動的な事項（予測できないテクノロジーの進歩、競争の推移、規制の動き、顧客への普及）を、もしもリアルタイムで適切に説明できたとして、それをもとに（それほど離れていない）異なる2つの時点の売上や利益の数字を計算したら、結果はまったく異なるかもしれない。

引き続き自動車業界を例に考えてみよう。自動運転に関連する確実な事業計画書をつくるにあたり、先に挙げたような制限がどう影響するかを想像する。まずテクノロジーの進歩について。10年先に自動運転技術がどういう状況になっているか、本当に予測できるだろうか。イエスと思うなら、正直にもう一度考えてみよう。無人自動車がピッツバーグの道路を走るのをよく見かけるようになると、10年前に予測できただろうか【12】。競争の推移について、10年先に自分の会社がどういう位置にいるかもわからないのに、（新規参入企業も含む）競合他社の状況を予測できるだろうか。たとえ産業スパイをしていたとしても（もちろんそんなことを認めているわけではない）、10年後までに他社が何を成し遂げるかなど知る由もなく、自社と同じく競合各社についても予見できない点が多々ある。規制の動きはどうだろう。レベル4（特定の条件の下での完全自動運転）やレベル5（完全自動運転）【13】の自動運転を、政府がどの程度まで認めて奨励するかを見通せるほど、自分の予知能力に自信を持てるだろうか。そのうえ、まだ解決できていない倫理上の問題もある。そして顧客への普及はどうか。今後10年で、16歳から100歳までのあらゆる年齢層で無人運転車がどのように受け入れられるかを予測する手法を確立済みだろうか。たとえそれがわかっても、圧倒的多数の人々はその時点で普通の車を持っているだろう。その時点で、車の販売価格や顧客の可処分所得がどうなっているか予測できるだろうか。さらに、古い車を新しく買い替えようと思い、それができるか、などを予測する方法があるだろうか。確かに、これらすべてについて何らかの想定をして、もっともらしいモデルをつくることはできる。しかし、決して信ぴょう性が高いとは言えない想定が1つでも変わったら、結果として得られるモデルがまったく違ってしまうだろう。

これらすべての情報が欠如し、曖昧な仮説に基づいている状況で、S2曲線のプロジェクトに対する定量的な目標や事業計画書を策定することは、現実的で役に立つのだろうか。未来を占う水晶玉をしまい、詳細な事業計画書をつくるのはやめて家に帰った方がよいのではないか。

AMAG社は、肯定的に捉えている。同社は、S2曲線について信頼できる事業計画を見積もるのは幻想だと気づいた。しかし、それでも事業計画書を策定するのは役に立つというのが結論だ。少なくとも、新しいベンチャー事業の結果を左右する全ての想定条件と向き合うことができ、それが学びになり、さらに検証フェーズの実行中に、これらの想定条件をもとに事業性の粗い試算を実施できる。AMAG社にとって重要なのは、事業計画書の繰り返し修正を広く認めて積極的に取り入れ、その事業計画書を使って、ビジネスモデルとその根底にある売上とコスト要因の理解を深め、さらにはストレステストまで行うことだった。事業計画書を繰り返し作成する過程で得られた知見のおかげで事業の不確実性が減少し、さらにこうした知見は最終的に商業化フェーズで活用された。

S2曲線のプロジェクトに関して覚えておく大事な点として、事業計画書をつくるための収支計算はできるし、するべきだろうが、あまり深刻に受け止めないことだ。新規事業の商業的実現性に影響する要因をすべて特定し、その要因を定量化するのは、確かに有用な作業だ。あなたも実際に、戦略の一環として事業の潜在的な市場規模を考えてみるべきだろう。それは、事業計画の想定を積み上げる基礎数値になる。ただし、ここでも留意すべきなのは、こうしたモデルに投入する要素は曖昧な想定が多く、想定のわずかな変化で根本的に結果が変わることだ。自社の能力も外部環境の今後の発達も予測不能な状況で、収支計画を伴う事業計画書をどう捉えるべきか——有益な作業で、必要な場合もあるが、事業成功の予測手段としての信頼性は低い。

もちろん、事業計画書が必要な状況もある。たとえば、役員会にベンチャー事業を売り込み、多くの事業からどれを進めるか決めるときだ。役員たちは事業計画書を見たがるだろうが、これはいかにももっともだ。計画は予測にすぎないと認識しつつ、数字をはじくのだ。同じ論理は目標設定にも当てはまる。ベンチャー事業の達成目標を聞かれるだろうが、これもまっとうな質問だ。答えを用意しておくと、少なくとも懸念を和らげられるだろう。だから、事業計画書に沿った目標値を設定する。変化を受け入れ、最新の情報を反映して、事業計画、その前提となる想定、目標値を継続的に修正し続けるのだ。このように考えるプロセスを踏むだけでも、新規事業に対する自分自身の理解をさらに研ぎ澄ます助けになるだろう。

目標設定と事業計画書作成について、このように「流動的な」やり方を実際の業務で採用している企業がいくつかある。スイスのエネルギー関連サービス会社アルピック社は、段階的なアプローチを採用している。同社における初期段階の目標は、ある時点で到達する中間的なマイルストンにすぎない。また、初期段階は情報をできるだけ集める時期としても位置づけられている。その後の工程で作成する比較的確度の高い事業計画書は、地に足のついた想定に基づくもので、目標値の設定に利用される。

ここまでの議論はすべて、S2曲線の戦略的、長期的なプロジェクトの話であり、その多くはAI、IoT関連など将来をにらんだ試みだ。短期的に採算は合わないが、それでも投資に値することが、企業にとって明確でなければならない。

ここで、対極にあるS1曲線のより短期的、中期的な取り組みに話を移そう。中核事業のデジタル化に関する取り組みは多くの場合、効率改善か顧客体験向上を目指している。特に効率改善では、(意欲的な)目標設定と、明確な収支計算が必要だ。通常の利益予測が求められ、実績ある管理手法がプロジェクトを成功に導く。数多く実践されてきた普通の手順だ。顧客体験向上でも、目標値の設定と事業計画の策定が必要だ。ただし、効率改善とはまったく異なる目標値とKPIを設定する必要がある。顧客体験では、市場に基づく測定指標を決め、顧客の実際の購入意思を確認できる意欲的な目標値を設定する。初期段階で目標達成できなければ、思い切って事業転換するか中止する。

またしても、S2曲線については、目標も事業計画書もほとんどいらないという甘い扱いで、S1曲線には要求がはるかに厳しい、と思うかもしれない。しかし、忘れないでほしい。**S2曲線も、最終的には目標を達成しなければならないのだ。単に、S1曲線に近い形に成長して目標達成の準備が整い、プロセス後半に到達するまでに時間がかかるということだ。**このような甘い待遇は永遠に続くのではなく、一時的な救済措置だ。多くの一流企業が、S2曲線の目標についていくぶん大目に見ている。

目標設定、そして特に事業計画書に関連する大きな課題がもう1つある。1970年代に人気があったスウェーデンのバンド、ABBA（アバ）の曲の歌詞を借りれば、（すべては）マネー、マネーだ。本書の目的に沿って、これを現実的な問いの形にしよう。そもそもS2曲線のプロジェクトを始めるのにどれだけの資金を注ぎ込めばいいのか？　ここまで主に、収益が予測できないという話をしてきた（さまざまな要因が不安定ななかで、売上など現実的な目標を設定できるのか？自社の商品やサービスが市場で受け入れられるかまったく予測できないのに、収支予測を計算する意味があるのか？）。しかし、問題の、というか事業計画書のもう1つの側面を見なければならない。経費である。会計上、収入と同じくらい重要な質問が支出だ。どれくらいの資金をS2曲線に投入する必要があるのか？　事業計画書上の経費はどれくらいが妥当か？　経費予測をつくる必要があるか？

大まかに言うと、（S1曲線の）売上の1パーセントから2パーセントを革新的な新規事業に割り当てる。1、2パーセントは決して小さくはない。相当な額の追加出費を賄うために、成熟企業はどう対応すればよいのか。いくつか方法がある。選択肢の1つは、直接の競合先かテック企業と連携し、1社の負担を軽くして複数社でリスク分散することだ。しかし、多くの企業が好む選択肢は、社内のS1曲線の事業を加速させ、もっと収益を生むことだ。そうすれば、S2曲線が当面赤字だとしても、S1曲線で増えた利益がS2曲線の事業資金になる。この方法で、（両方のS字曲線を合わせた）全体のEBITはほぼ一定の水準に保たれる。この2つの方法のどちらも使えないときは、最後の手段、そして（特に株主に）最も人気がない手段に出る。このシナリオでは、通常外のS2曲線の費用を相殺する追加収入を生み出せず、（両方のS字曲線を合わせた）全体のEBITは下がる。この場合の最善策は、**早めに状況を察知し、先回りして（後手に回るのでなく）前向きな言い方で取締役会に状況を伝えることだ。**そうすれば取締役会は、この状況を把握し準備をする態勢を整えられる。ただし、それでも株主の反発は起こるだろう。

デジタル化やDXにおけるこのような現実は、なぜ伝統ある企業がスタートアップ企業とは異なる障壁にぶつかるのか、を表している。スタートアップ企業は、S2曲線の事業（歴史が浅いので、多くはこれが唯一の事業だ）にベンチャーキャピタル企業から出資を受けるが、これがかなりの額に上る。実は、こうした資金調達はしばしば相当な額になるので、企業内ベンチャーにはとても太刀打ちできない（そもそもベンチャーキャピタルによる資金調達は成熟企業にとって現実的なオプションでない）。多くの大企業は、相当規模の売上を上げるため長年たゆまぬ努力をしてきた。想像してほしい。新しいベンチャー事業で資金が必要なので、突然どこからか5,000万米ドル調達しなくてはならない。しかも、追加調達した資金はすぐ別の何かに投入され、そのお金から利益は得られない。伝統ある企業（のS1曲線の事業）が、いらいらするのも無理はない。一方で、ベンチャーキャピタルから5,000万米ドルの出資を受けるのはどの程度大変か？　奇妙にも、大した問題なく集められることが多いのだ。

失敗、また失敗、そしてよくなる

あらゆることを入念にしてきたのに、まだうまくいかない。KPIを適切に設定し、「KPIの作業リスト」の5項目を着実に実行した。妥当な目標を設定し、しっかりした事業計画の見積もり（さらに再見積もり）もした。それでも、DXに関するすべての取り組みが実を結ぶわけでないのが厳しい現実で、成果の達成度を見ればわかるだろう。当然ながら、これは企業にとって受け入れがたいが、起こりうる事態に備えておくしかない。期待する成果を生むDXの事業もあるが、残りは成果がないか、わずかしかないため、中止しなければならない。つまり、デジタル関連の事業全体の成功率は、理想的な100パーセントより相当低い。この困難に立ち向かった企業の1つが、再保険の世界的企業ミュンヘン再保険会社だ。

ミュンヘン再保険会社

成功する事業は非常に少数と知りつつ、いくつかの事業に投資しなければならない状況を想像する――これは、ミュンヘン再保険会社ビジネステクノロジー部門責任者のオラフ・フランク氏が、同社で何ヵ月か取り組んできたデジタル事業の評価をするよう言われたときにやってみたことだ。

ほかの従来型企業も同様だが、特に難しいのは、成果を出せない事業をなかなか中止できないことだった。「難しかったのにはいくつか理由があります」とフランク氏は説明する。「第一に、ミュンヘン再保険会社では（注：従来型の企業では一般に）、誰もが失敗を避けようとします。事業に資金を投入し、さまざまなリソースを注ぎ込めば、よい結果を出して利益を得たいと思うでしょう。失敗したら、というのは受け入れがたいのです。第二に、研究開発費を損失として会計処理するのは一般的ではありません。第三に、意欲がある社員をがっかりさせたくないからです。デジタルの取り組みに関わっている人は、非常にやる気があり、水をさしてはいけないと思うでしょう。第四に、必要以上に批判的になってしまい、もっと時間がかかり少しばかり苦労があるからといって取り組みを中止させる、ということはしたくないのです。第五に、今中止しようかと考えている構想は当初将来性があると考えていたものだったので、それを捨てるというのは精神的にもつらく、踏み切れません。第六に、事業アイデアへの初期投資としてリソース（財務面でもそのほかの面でも）を投入したので、目的を達成する前にやめると埋没費用となり単純につらいのです。そして最後に、続けるかやめるかは、たいてい大勢が参加する会議（おそらく意思決定機関）で決定します。判断の基準が明確に決まっていないので、なかなかすんなりといきません。意思決定機関のメンバーのさまざまな意見に基づき議論が続いてしまいます。結局、結論はいつもはっきりしないのです[14]」。

新事業に大きな望みを持っていたのに、途中でやめるのは難しい。それでも、中止すべきだと悟ることは企業にとって重要だ。その助けになるのが、**開始時に明確な評価基準を設定しておくこと**だ（「KPIの作業リスト」の項目4）。ここでの評価基準は、先に述べたことと同じようなものだ。その際に、成功の定義を広げ、より楽観的な経済面以外の基準を含めてもよい。たとえば、この新事業で新たな知見を得られたか、新分野での経験や市場アクセスを獲得したか、といった基準だ。希望の光を見いだすことが、社員の士気を高める重要なきっかけになるかもしれない。

S2曲線の成果を評価する測定方法と基準について語るなら、この取り組みにつきものの不確実性と高いリスクについても言っておかなくてはならない。既存企業では、S2曲線は新領域の開拓を意味することが多い。現在の事業から離れれば必ず不確実性とリスクが伴うことを、すべての関係者が深く認識する必要がある。リスクの程度は、その取り組みが中核事業からどれくらい離れるかによる。海図のない、見通しがきかない海上では、すぐに従来の業績成果基準に貢献できないかもしれないので、社内のあらゆる部署から理解と賛同を得ることが不可欠だ。もちろん、デジタル部門は全力を尽くして利益を生み出し投資を成功させようとするだろうが、特に初期段階ではある程度のリスクが残る。まず、このリスクを小さくするため、意思決定機関は、算定済みのリスクのみを引き受ける（たとえば、事業ごとに最大200万ドルとするなど。当然ながらこの数字は企業によって変わる）。また、事業に着手する前に、見込みを明確にする。事業が失敗に終わった場合、200万ドルを使い果たしたところで打ち切りとなる。肝心なのは、200万ドルの埋没費用を生む可能性に勝る意欲を持って、この事業をやり遂げたいかである。第二に、ステージゲート法による開発プロセスは、初期段階でさらにコストを削減し不確実性を減らすのに役立つ。なぜなら、小さな開発チームで高速プロトタイプ作成をしても、多額の費用はかからないからだ。さらに、各ステージの定義を明確にすれば、コストを確実に見積もり、投資と見返りを容易に追跡できる。第三に、初期段階で顧客に事業アイデアの検証をくり返し実施すれば、不確実性をさらに排除しやすくなる。事業拡大の局面で多額の投資が必要なときには、すでに顧客の反応が読め、業績の見込みを把握できるだろう。これが、なによりの投資の保証だ。

透明性は伝言ゲームに勝る

伝えたいメッセージは明確だ。最大限の透明性確保が、DXのKPIの重要性確立と、DX全体の成功に極めて重要なのだ。

DXのリーダーには、これをほぼそのまま実行しようとしている人がいる。

> 私だったら、ビルの玄関に最も重要なKPIを表示したディスプレイを置き、日々自分たちがどの位置にいるか、誰もがわかるようにするでしょう。さらによいのは、カフェテリアでKPIを表示することです。役員会のメンバーも一般社員も、営業、財務などあらゆる部署の人たちが毎日食事しますから。このディスプレイは、情報が集まったインフォテイメント・センターとして、車両部門からの最新情報をエンターテイメント情報と一緒に発信する場にします。社員が最新の動きから遅れないようにする、優れた方法です。さらに意識を高めるために、極端な手段をとるなら、バスの停留所で待っている人たちをリアルタイムで映し出すのです。そうすれば、代替移動手段のソリューションの開発に携わる人たちは、もっとよい成果を出しもっと早くソリューションを市場に提供しようという責任感を持つようになるでしょう。
>
> ——フォルクスワーゲン社DXオフィスディレクター
> フォーク・ボース氏[15]

ディスプレイに何を映すか。わかりやすいのは、ダッシュボードをつくることで、おそらくすでに社内で用いている事業分析と可視化ツール（パワーBI［PowerBI］やタブロー［Tableau］など）で、KPIを表示する。ダッシュボードはディスプレイだけでなく会社の中枢部門でも見られるようにする（イントラネットで接続する）。

自分自身でKPIを決定したり、独自のダッシュボードをつくったりするのを避けたいなら、フランスの金融グループBNPパリバ社が行ったようにするとよい。

BNPパリバ・アセットマネジメント社
（BNP Paribas Asset Management）

「リテールバンキング業務以外では、効果測定は難しいでしょう。B2Cの銀行業務では、カスタマージャーニーに沿って自然にDXの成果を測定でき、測定指標は顧客と直結します。リテールバンキングでのDXは、顧客との関係をデジタルなものに変革することだからです。一方、BNPパリバ・アセットマネジメント社のようなB2Bの銀行業務では、成果を測る最適な方法を見極めるのが難しいのです」と、アルノー・ゼトゥン氏は語る。

ゼトゥン氏は現在、BNPパリバのスイス法人で変革を担当するCEO代理で、その前はBNPパリバ・アセットマネジメント社の変革担当グローバル責任者として変革マネジメントグループを率い、DXにも関わっていた。変革マネジメントグループは、3年間のプログラムとして立ち上げられた。DXの取り組みの初期に、成果を測るのはなかなか面倒だと気づいた。市場調査会社のガートナー社と協力し、同社のデジタル事業ベンチマークと成熟度評価を利用した。この標準フレームワークを使い、DXチームは12軸のモデルでデジタル対応への準備状況を評価し、ほかの資産管理会社とベンチマーク比較した。このモデルには、定性的な側面と定量的な側面があり、本書で述べた多くの事項（たとえば、リーダーシップ、デジタル文化）が含まれている。フレームワーク自体の信頼性に加え、重要なポイントに関して外部から公平な見解を得られたことが特に有益だった、とゼトゥン氏は評価している。

同時に、このような社外でつくられた枠組みにDXの戦略全体を委ねてはならないと警告する。基本的な軸として有用で、戦略実施に向けた指針になるが、戦略そのものではない。

KPIをどこで定義するかはさておき、透明性は常に重要だ。ガートナー社のレポートは毎月DXのコミュニティで共有されている。ゼトゥン氏が指摘する通り、「秘密にしないことが大切」[16]だからだ。

当然ながら、情報共有と透明性をどの程度望むかは、状況により異なる。しかし、DXの文脈でとるべき方法は、すべての人を対象にすることだ。DXに関わる全員が、DXがどんなKPIを目指し、どんな状況かを知る必要がある。営業上の秘密を漏らす必要はないが、できるだけ情報公開につとめても害はない。少なくとも、S2曲線が自分たちの定めたKPIに沿って順調に進展しているとわかれば、S1曲線から懐疑的な声が湧き上がるのを抑えられるだろう。

そして何かがうまくいかなくなったとき——必然的にうまくいかなくなるものだが——打ち切りになった取り組みをどのように記録するか。そのための隠語がある。検視だ（あるいは、総合化学品企業のワッカー社のデジタルプログラム、ワッカーデジタルでは「墓場」と呼ばれる）。もう少しきれいな言い方だと、「遺書」だろうか。

この文脈での検視とは、**終結したDXの取り組みからの教訓を書き留めておくこと**だ。次のような記録があれば、次は「もっと上手に失敗できる」だろう。何が起きて、どんな要因で取り組みが失敗したと考えられるか。どのような問題を軽減、あるいは解決できる可能性があったか。いくら投資し、どんな効果（関連するKPIも含め）を生み、どんな教訓を得られたか、などを記録に残す。まず、これは必要なときに振り返って参照する貴重な文献になる。動きの速いDXの環境では、文書化は見過ごされがちで、もっともなことではある。しかし検視はレジリエンスを高め、ほかの戦略プロジェクトで発生する問題に備えるためにも有用だ。さらに、文化の構築という観点でもよい効果がある。失敗をオープンに共有し、悪影響を恐れず、次回をよくするために共同で建設的な対話を続けることが、DXを成功させる文化を確立する鍵だ[17]。

当然だが、現状に関する透明性の確保も、過去の結果の文書化も、何らかの形で情報を整理し、分類（たとえば地域で区分するなど）する必要がある。あまり細かく分類すべきでない。労働組合が強い力を持つ国では、労働者を保護するため、細かすぎる情報を残すことはできないだろう。いずれにせよ、どんな場合でも、責任を誰かに押しつけることがないようにする。

責任の押しつけ合いをやめ説明責任を明確にする

DXに関して設定したKPIとそのほかの目標について誰が説明責任を負うかは一般に、DXあるいは組織全体のガバナンス構造によって決まる。

チームの誰もが、設定した目標の達成に責任があると認識するべきだが（とりわけS1曲線の人）、設定したKPIに関する報告責任は、できるだけ上の経営レベルの人に負ってもらうのが望ましい。理想的にはCEO直下の、最高デジタル責任者、最高変革責任者、最高革新責任者、最高技術責任者、または、DXの技術と経験を持ちCEOに（可能な限り）直接報告できる人だ。

CEOと緊密な関係を持つことで、DXの重要性が強調され、上層部が関心を持っている、組織全体の根本的な改革だということを、会社全体にはっきり示すことができる。

説明責任は経営幹部が負うが、KPI達成の責任はDXチームにあり、チーム全体で責任を持つ。同じ論理が、透明性と文書化にも当てはまる。目標に対する最大の賛同とコミットメントを全員から得るには、どのように共同して進めていくのかを全員が知っておく必要がある。ただし、責任の押しつけ合いは何としても避ける。KPIのどれかが思わしくなければ、誰か1人で対処するのでなく、チームみんなで知恵を出し合うべきだ。

チーム全体でKPIの責任を共有するもう1つの理由は、DXを進めるなかでは、チームメンバーの交代がよく起こるからだ。チームメンバーがよくやめるという意味ではない。業務範囲が変わりプロジェクトが進展するのに伴い、担当業務の入れ替えが頻繁に起こる、ということだ。あるKPIの達成について責任を負うのが1人だけだと、チームメンバーの入れ替えが難しくなるし、新しくチームメンバーになった人の負担が大きくなりかねない。

「ブーメラン効果」に目をつける

S2曲線でDXに取り組む利点は、特に中核事業にポジティブな波及効果（連動効果、あるいはブーメラン効果）があるかもしれないということだ。これには2種類ある。質的なものと量的なものだ。

こんなふうに考えてみよう。あなたの会社でS2曲線での取り組みがうまくいっている。メディアでも前向きに評価する記事が数多く紹介されている。「先見の明」と「熱意と根気」で進めてきたデジタル事業のおかげで、会社全体の評価が上がり、ルネサンスを謳歌している。ビジネス雑誌で、このデジタル事業は「アップルをも揺るがす」と書かれた。大学の新卒者が本社に殺到し、入り口の前で「この会社に仕事人生を捧げます」と書いた旗を持って並んでいる。明らかに、S2曲線での取り組みが連動効果を生み、会社全体が勢いを増し、S1曲線にも恩恵をもたらしている。

メディアで好意的な報道がされ社内に積極的な空気が生まれたことで、やがてあなたの会社は投資家から信頼を得る。投資家の信頼はたいてい株価に反映されるので、にわかに会社は量的な意味での転換点を迎える。会社でDCF（割引キャッシュフロー）モデルをつくっていないなら、時価総額を見るのが会社の市場価値を知る近道だ。メディアで企業の長期的な成長見込みが期待されると報道されたあとは、株価が急騰することが多い。ナイキ社のCEOマーク・パーカー氏は、同社の2019年会計年度第3四半期の収益と株価の上昇のかなりの部分は、デジタル事業を重視しDXが成功したことによるとしており、同四半期のデジタル部門の成長率は36パーセントだった。SNKRSなどナイキ社のアプリによって明らかに実店舗の売上が奪われたものの、驚くことに、デジタル事業により投資家の信頼が増したことで、中核事業にも利益がもたらされた【18】。市場で優位になったことで、女性向け商品のポートフォリオを強化するなど、中核事業にまた投資できるようになった【19】。

株価は宣伝的な要素に影響されがちとしても、公平に見て継続的で安定的な連動効果が期待でき、中核事業にも便益があると考えられる。これは、新しいデジタル事業による連れ買いで全体の売上が伸びたこと、また中核事業のセールススタッフがS2曲線の顧客にも対応するようになり、人材の活用が進んだことなどによる。

S1曲線とS2曲線のあいだで敵対意識が生まれるのは理解できる。特にS1曲線からS2曲線に対して生まれやすい。**しかし、S1曲線は、与えるだけでなく恩恵を受ける側にもなれるのだ。S1曲線がS2曲線から受けるポジティブな効果を過小評価してはいけない。**これは声を大にして訴えるべきだ。

このような効果についてしっかり調べて実態を把握してから、わかったことを中核事業に反映させよう。会社の入り口に並んでいる新卒の応募者に面接して志望動機を尋ねれば、「革新的な企業文化があるという評判が高い」という答えが返ってくるだろう。同じように、投資家にもなぜ投資するのかを聞いてみる。こうして意見を集めS1曲線の部署に伝えれば、技能を持ったスタッフと意欲的な投資家のおかげで、S2曲線だけでなくS1曲線も恩恵を受けていることを示せるだろう。理想を言えば、中核事業に対する再投資計画を作成し、具体的にS1曲線のどの分野に投資するのかを説明できるといい。常に、（S1曲線の）従業員と（S2曲線の）ベンチャー起業家たちが協調して仕事ができるようにし、会社を成功に導く。ギブアンドテイクは当たり前のことで、双方に恩恵があるのだ。

結びに、少し哲学的な話をつけ加えたい。S1曲線とS2曲線のあいだで起きる連動効果の概念を、DXが企業にもたらす利益と公共にもたらす利益に広げてみる。このような視点をこの最終章で紹介し、本書を完結させることにしよう。

本書では、伝統的企業がどのようにDXに対応するかに意図的に焦点を当てている。しかし、特に効果に関しては、もっと広い社会的な観点を取り上げないのは怠慢というものだろう。営利企業のDXは、単に企業そのものや、企業の存続と継続的な財務リターンの正当な追求というだけでない、本質的な影響をもたらす。それは産業への影響にとどまらず、消費者や社会全体、さらには環境に対しても影響を及ぼしている。DXをこのような面から理解することに尽力している組織の1つが、世界経済フォーラムである。

世界経済フォーラム

2015年に始まった世界経済フォーラムのDXイニシアティブは、人々の生活への影響、社会一般に生み出す便益、企業に与える価値など、DXにどのような可能性があるかを探ることを目的としている。また、企業活動と社会のデジタル化の最新の展開に関する議論の場となることも狙っていた。

DXイニシアティブでは、効果の測定に関して大きな進展が見られ、DXによる産業と社会への便益の定量化に重要な貢献をした。世界経済フォーラムのDXリーダーのクリスチャン・シトゥ氏によれば、デジタル化による価値は2016年から2025年の10年間で100兆米ドルに上ると見積もられているという。これは2年にわたる研究から得られた結果で、そのあいだにDXイニシアティブでは、産業と社会に対するテクノロジーのインパクトを測るための経済価値モデルを独自に開発した。このフレームワークで、11業種の130以上のデジタル・プロジェクト（AI、ビッグデータ解析、クラウドコンピューティングなど数多くの革新的なデジタルテクノロジーの組み合わせ）の影響を分析できる。個別のプロジェクトにより見込まれるインパクトは、2つの要素を併せ持つとシトゥ氏は言う。産業に対するデジタルの価値と社会に対するデジタルの価値だ。産業に対するデジタルの価値は、ある業種の営業利益（新しい商品とサービスによる付加価値）と業種のなかで移動する営業利益（利益を生む事業が変わることによる価値の移動）とからなる。社会に対するデジタルの価値は、消費者の便益（コストと時間が節約できることによる消費者の利益）、社会に対する効果（金銭面の利益、生産性の向上や救われる命、平均寿命の向上、雇用創出など、金銭面以外の利益）、環境に対する効果（二酸化炭素［CO_2］そのほかのガス排出の削減）がある。

たとえば旅行観光業界で見ると、2025年までに3,800億米ドルの価値が生み出されると考えられている。これは、旅行業界のエコシステムのなかで資産の共有と交換ができるアクセスベースのプラットフォームビジネスモデル（訳注：宿泊施設などの資産を所有することよりも利用［アクセス］できるかどうかを重視する）が広まったおかげだ。このような新しいビジネスモデルによって、資産の所有者側の保有コストが削減され(1,820億米ドル)、借り手側もコストを削減できる(1,930億米ドル)。また民間航空業界で新しい航空機シェアのモデルを採用すれば、1億700万トンの二酸化炭素排出量(50億米ドル相当)が削減されると見込まれている[20]。

こうしたことは、デジタル化とDXによって、個別の業種に付加価値が生まれるのに加え、社会と環境にもポジティブな効果が生まれることを示している。

取り残されないために

自社に成功をもたらす効果測定の戦略を策定するために、必ず以下のベストプラクティスに沿って進める。

- それぞれのS字曲線とDXの進展の段階に応じたKPIを設定する。
  - S1曲線では、利益目標や企業価値の最大化に関する基準(たとえばROA、ROI、EBIT)など以前から用いられているKPIを使う。
  - S2曲線では、経費削減などよりも、成長に向けた戦略目標に関連したKPI(たとえば、NPSなど顧客満足度を示す基準)を使う。
  - S2曲線では、初期段階は定性的なKPIを中心に選ぶ。または単純に、成功要件(たとえば、説得力ある事業ストーリー、ユニコーン企業になれる可能性など)のチェックリスト、想定マイルストンの達成スケジュール管理なども考えられる。
  - 後半の工程では、S2曲線でも古典的なKPI(たとえば市場シェア)を使う。

- S2曲線の事業計画書を作成し目標を設定する(そのように求められるだろうから)。想定をテストし、最新の学びに基づいて目標と事業計画書を継続的に修正する。S1曲線については入念な事業計画書を作成し、野心的な達成目標に対する実施結果を追っていく。

- S2曲線が成功する確率は、S1曲線の「安全な賭け」よりはるかに低いことに注意する。「経済的成果」以外の代替的な基準を含めておく（たとえば、学習面の効果、新しい市場へのアクセスなど）。

- 設定したKPIについては、経営幹部レベルが説明責任を負うものとし、KPIの正当性に対する幹部レベルの完全なコミットメントを得る。設定したKPIの達成に関する説明責任はチームレベルが負うものとし、チーム全体の賛同を得ておく。

- KPIについては最大限の透明性を確保する（同時に適切な記録を残す）。ただし、特定の個人に責任が押しつけられないよう、チームなど集団を単位として情報をまとめる。

- チームメンバーに、最新の数字を把握するよう促し、最終的にS2曲線が従来のS1曲線のKPI（たとえばEBITなど）にもたらすであろう（もたらすはずである）ポジティブな影響に関して説明責任を持ってもらう。可能な限り、S1曲線のKPIに対するS1 曲線とS2 曲線の貢献を切り分けて追跡する。

参考事例（銀行業界）

北欧のP銀行

スカンジナビア地域のこの金融機関が2018年に、アナログ中心だった貸付と住宅ローンの事業をデジタル化すると決定したとき、真っ先に考えたのがKPIだった。「以前の手続きでも、仕組みとしては顧客は消費者向け融資にオンラインで申し込みできましたが、実はそのあと、申し込みは地元の銀行の支店で依然として手作業で処理されていました。時間がかかる面倒な手続きで、快適とはほど遠いものでした」。銀行の元幹部は語った。「申し込み処理時間は平均2日半でした。今は、これをリアルタイムで行うデジタル処理を導入し、処理時間がゼロになりました」と説明した。さて、KPIの話だ。

「3ヵ月でゼロを100にするのは無理です。KPIを活用して課題を細分化しました」と話し、中間段階のKPIの重要性を示唆した。経営幹部に予測レベルを示すツールにもなる。経営陣も、ローマは1日にしてならずということを理解しなくてはならない。そして、ローマの建設にあたっては、指針となるKPIとして、市の建設完了でなく、段階を踏んだアプローチが採用された（通りをつくる、建物をつくる、など）。現代の企業も変わりはない。この銀行では、初期段階でのKPIには、新しいデジタルソリューションを活用している支店の数と、そのソリューションの技術で支援される範囲が含まれた。

「わずか数ヵ所の支店から始め、20ヵ所近くまで拡大し、さらに増やしていきました。また、対象とする申し込みは1種類だけとしましたが、これは申し込み全体のほぼ10パーセントでした」と語った。支店の数、申し込み件数の10パーセント、といった指標を明確にすることが、期待するレベルを設定するのに重要だった。同様に、その年の年末までにデジタル処理の対象を100パーセントにするという目標レベルを強調することも重要だった。

この変革の先にある究極のKPIは、費用収益比率、NPS、市場シェアだった。これらはすべて中間段階KPIの影響を受ける。このため、中間段階KPIは業績を示す有効な手段と見なされ、その推移を把握し積極的に報告を行った。

貸付とローンの事業を見直し根本的にデジタル化することは、総じて大きな関心を集めていた。銀行の全般的な変革の一部として、常に進捗を透明にしなければならなかった。KPIの説明責任があるのは、「トライブ（tribe）」だった。アジャイル組織に関する特殊な用語で、小規模なチーム（スクワッド）の集まりを指す（プロダクトオーナーが率いる組織構造のなかで最小単位のグループ）。書類に関する要件は厳しかった。住宅ローンと消費者向け融資はもともと規制が厳しい分野で、国や国際監督機関の規制に従っている。それでも、目標設定は多少柔軟にできた。そこで、ボトムアップアプローチを採用し、変革は野心的であっても、業績の指標は現実的な達成レベルを設定するようにした[21]。

まとめ：

- **中間段階のKPIを使って期待値を設定する**——最終目標が達成されるまでには時間差があり、現在の業績を表すには中間段階KPIの方が適していると、経営幹部にはっきり説明することが必要だ。

- **中間段階のKPIを設定する**——イシューツリーで考えてみよう。最終的な目標は、その下にあるいくつもの要因により決定される。これら下位の要因には影響を与えやすく、変化による効果がすぐに現れる。

- **ボトムアップで目標を設定することで意欲を高め現実的になれる**——トップダウンで目標設定すると、期待が大きくなりすぎることがある。民主的なアプローチによって目標を設定する。

CONCLUSION

すべてを組み込んで
企業は生まれ変わる

数百ページを経て、最終目的地にたどり着いた。ここに聖杯はない。金塊を発見できるわけでもない。ここまで伝えてきたことをまとめるだけだ。この事例や、本書で紹介したすべての事例が変貌の契機となり、あなたの会社が、中核事業の継続的な繁栄とデジタル事業の立ち上げのバランス感覚に長けた、DX企業に変わることを願っている。

事例を使って本書で紹介した考え方を整理しよう。

BTPN銀行

Why（なぜ行動するのか?）──インドネシア大手の金融機関であるBTPN銀行は、さらなる成長と、長年にわたり注力してきた年金事業を超えた新事業分野（具体的には個人向け銀行業務）の開拓に向け、変革プロジェクトを開始した。そしてほどなく、これまでのような実店舗では、新事業の実現は不可能だと気づいた。理由はいくつかあったが、その1つが、国内市場の特殊な地理的条件だった。インドネシアは17,000以上の島からなる世界最大の島国で、国土と領海を合わせた面積は世界第7位、人口は第4位だ。そのため、デジタルな手段で拡大することが、新事業分野への展開を実現する唯一の方法だと考えられた。こうした要因に加え、複数の競合の急な参入もあり、遅れをとらないためには、長期的な変革の一環として伝統的な中核事業も含め広く見直すことが必要だと、経営陣も気づいたのだった。

What（何をするのか?）──まず、デジタル専業のビジネスモデルに根差した最高のデジタル銀行をつくろうというミッションが打ち立てられた。実際のデジタル戦略策定では、変革チームは目の前にある具体的な事業機会に絞って将来の方向性を定めた。また、達成したい目標、最も有望な対象顧客層、収益が見込める分野など、戦略策定のプロセスに必要なすべての項目を詳細化した。今回のデジタル戦略は2つの要素が通常の戦略と異なっていた。1つは、人材育成の重要性で、通常の戦略策定では実施上の些細な問題と見なされるが、ここでは中心に置かれた。もう1つは、徹底した顧客と提供価値への集中だ。通常の戦略策定では軽視されがちだが、これこそが新事業の戦略的な方向性を決めた。

How（どのように実現するのか?）——**テクノロジー**については、非常に高い目標を自ら掲げた。デジタルは単に手段でなく事業の核だからだ（デジタルITが商品の一部でもあった）。顧客とのインターフェイスになるデジタルコンポーネントの大半は、社内でゼロから構築された。これは、親会社の既存システムでは、顧客への提供サービスを実現できないからでもある。最近のテクノロジー関連スタートアップ企業と同様に、同社のデジタル事業は最先端テクノロジーを積み上げた基盤上に、マイクロサービス技法で構築されている。また、システムの一部を引き続き中核になる銀行と共有し、APIで連携している。

組織の体制は、当初からスタートアップ企業と同様の形態とし、理事会が初期の投資家のような役割を果たした。

プロセスの観点から見ると、ほぼすべてがゼロから設計され（わずかな例外はある）、製品投入に関しても完全にデジタル銀行のコントロール下にあった。段階を踏んだアプローチをとり、まず、ブランド名なしのMVPのアプリを試験的に公開し、段階的に機能をつけ加えた完成版を数ヵ月後に提供開始した。

リーダーシップについては、3つの要件を併せ持つ人材を探した。デジタルの領域での経験、金融サービスの知識、そしてリーダーシップを発揮したという実際の経験である。最終的に、リーダーシップの経験が最も重要で、かつ探しにくい要素だとわかった。その結果、ほかの2つの要件は多少緩和された。

デジタル銀行に参画するリーダー以外の**人員**についても、デジタルに対する熱意をデジタル分野の経験の代替として認め、特に若手については、他業種の経験者も受け入れた。徹底した顧客中心の要素を踏まえ、顧客体験を重視する業種（ホスピタリティ産業や小売業）にいた人材を積極的に探した。そのような業種の出身者が、必要な顧客中心の姿勢を持ち込むことを期待したのだ。リーダーとほかの社員を集めるにあたっては、ほぼ全面的に外部から採用し、現在、全社員の約95パーセントが外部からの採用である。

新事業で実りある**文化**を確立するのは容易だった。それというのも、デジタル銀行の文化は「スタートアップ企業の感覚」そのもので、Tシャツを着てくるのもよしとされていたからだ。仕事の進め方は、スクワッドとチャプター（訳注：専門チーム）によるアジャイル型組織で、部門横断の複数チームが協力する。こうした仕事のしかたを伝統的な銀行と調和させるのは、大変な困難だった。両組織とも顧客中心という指針に賛同し、その実現に尽力していたので、最終的にこの指針が助けとなって、両方の組織を結びつけることができた。

Where（どこで結果を見るか?）──デジタル銀行はこれまでとは完全に別の新しい事業として創設され、新しい領域に踏み出そうという意識が原動力になっていた。したがって、KPIは具体的な数字で表されるもの（顧客数、顧客の残高、顧客獲得コストなど）でなく、基本的に事業そのものに焦点を当てた。また、デジタル銀行の効果測定は、一般的な事業と同じ形で行った。当然ながら、従来の店舗モデルとの重要な違いは、カスタマージャーニーとそれに伴う離脱率の分析だ（たとえば、アプリのダウンロード、ユーザー登録、顧客の身元確認プロセス）。データ追跡は完全に自動化され、タブローのダッシュボードでグラフ表示される。どのように新しいKPIを追跡するか（たとえば、どのように必要なデータをデータレイク［訳注：データを格納するレポジトリ］に取り込むか）を、常に考えなくてはならない。このような定量的KPIに加え、今後はよりソフト的、定性的な評価を掘り下げていく。たとえば、顧客中心の優れた事例を毎月表彰するようになった[1]。

大きく異なる2つの組織のバランスをとることは、今もこれからもBTPN銀行の中心的な課題であり続ける。そして、すべての企業が同じ課題を持つはずだ。**企業規模にかかわらず、DXのジレンマを避けることはできない。**本書で述べたことは、社員5人の企業にも、500人の企業にも、50,000人の企業にも、同じように当てはまる。確かに、社員5人の企業では、社外のパートナーの役割はより大きくなるだろう。単純に社内で保有する能力に限界があり、社員の全員がさまざまな役割を担わなければならないからだ。それでも、**変革の実施**

方法についてのロジックは、同じだ。社員500人の企業にも、本書で描いた現実が同じように当てはまる。 500人の企業がDXを実現するためには、取引先に依存しなくてはならない部分が大きい。自社単独ではバリューチェーンの小さな一部分を担うだけで、協力者が手を取り合って初めて、共通のバリューチェーンに変化を起こすことができるからだ。私たちのインタビューでは、小規模な企業は、S2曲線の可能性（と能力）に気づかないままS1曲線に注力する傾向があった。このような違いが多少あるとはいえ、DXとDX実践者のジレンマは、家族経営の商店でもフォーチュン500社でも同じなのだ。

NOTES

Introduction 中核事業のデジタル化は必要だが、会社の命運を握るのは真新しい破壊的なビジネスだ

1. BBC; https://www.bbc.com/news/business-47332805
2. *The New Yorker*; https://www.newyorker.com/business/currency/where-nokia-went-wrong
3. *Harvard Business Review*; https://hbr.org/2016/07/kodaks-downfall-wasnt-about-technology
4. *Harvard Business Review*; https://hbr.org/2018/03/why-so-many-high-profile-digital-transformations-fail
5. McKinsey & Company; https://www.mckinsey.com/featured-insights/future-of-work/jobs-lost-jobs-gained-what-the-future-of-work-will-mean-for-jobs-skills-and-wages
6. Schwab, Klaus. *The Fourth Industrial Revolution*. New York: Crown Business, 2017（邦題『第四次産業革命 ダボス会議が予測する未来』シュワブ・クラウス著、世界経済フォーラム訳、日本経済新聞出版、2016）
7. Iansiti, Marco and Lakhani, Karim. *Competing in the Age of AI: Strategy and Leadership When Algorithms and Networks Run the World*. Cambridge, MA: Harvard Business Review Press, 2020
8. Forbes; https://www.forbes.com/sites/shephyken/2018/08/19/uber-your-business-before-it-gets-kodak-ed/
9. Fortune; https://fortune.com/2020/03/23/coronavirus-economic-impact-predictions-great-recession-2020-markets-imf/
10. Forbes; https://www.forbes.com/sites/alexkonrad/2020/03/13/zoom-video-coronavirus-eric-yuanschools/#754d19204e71
11. CNBC; https://www.cnbc.com/2020/03/19/dominos-expects-to-hire-10000-workers.html
12. *Washington Post*; https://www.washingtonpost.com/business/2020/03/26/unemployment-claims-coronavirus-3-million/
13. *Business Today*; https://www.businesstoday.in/current/corporate/coronavirus-dominos-switches-to-contactlessdelivery-heres-how-it-works/story/398381.html
14. *New York Times*; https://www.nytimes.com/2020/03/23/technology/coronavirus-surveillance-tracking-privacy.html
15. *New York Times*; https://www.nytimes.com/2020/03/19/us/coronavirus-location-tracking.html
16. GovTech Singapore; https://www.tech.gov.sg/digital-government-transformation/
17. *Wall Street Journal*; https://www.wsj.com/articles/airbnb-bookings-plunge-amid-coronavirus-pandemic-11584032412
18. Robinhood; https://snacks.robinhood.com/newsletters/3GrDekUbeSUHNRq33vbDag/articles/3rC0C91lB3jKOjyrZfutDP/
19. *The Guardian*; https://www.theguardian.com/commentisfree/2020/mar/03/overhyped-overvalued-tech-startups
20. Bloomberg; https://www.bloomberg.com/news/articles/2020-01-02/private-equity-is-starting-2020-with-more-cash-than-ever-before
21. EY; https://www.ey.com/en_gl/news/2020/03/ey-report-reveals-private-equity-industry-is-well-prepared-to-endurethe-next-downturn

22. *The Independent*; https://www.independent.co.uk/life-style/health-and-families/coronavirus-home-workout-exerciseclass-yoga-dance-kids-elderly-joe-wicks-a9421126.html
23. McKinsey & Company; https://www.mckinsey.com/industries/financial-services/our-insights/leading-a-consumer-bank-through-the-coronavirus-pandemic
24. *Wall Street Journal*; https://www.wsj.com/articles/nyse-to-temporarily-close-trading-floor-to-slow-coronavirus-11584568565
25. CNN; https://www.cnn.com/2020/03/09/us/coronavirus-university-college-classes/index.html
26. Fortune; http://fortune.com/2013/05/17/ginni-rometty-reveals-the-future-of-watson/
27. ビジネスモデルを9つの要素に沿って開発し、記録するためのテンプレート。出典：Osterwalder, Alexander and Pigneur, Yves. Business Model Generation: *A Handbook for Visionaries, Game Changers and Challengers*. Hoboken: Wiley, 2010
28. Courtesy of Andreas Opelt, Saubermacher, personal communication, 23/10/2018; Courtesy of Christof Stromberger, Denovo, personal communication, 14/11/2018

Chapter 1　行動か倒産か、決断のときがきた

1. McKinsey & Company; https://www.mckinsey.com/business-functions/digital-mckinsey/our-insights/how-digitalreinventors-are-pulling-away-from-the-pack
2. Courtesy of Onur Erdogan, formerly Estée Lauder, personal communication, 14/03/2019
3. McKinsey & Company; https://www.mckinsey.com/business-functions/digital-mckinsey/our-insights/the-case-fordigital-reinvention, https://www.mckinsey.com/~/media/McKinsey/Business%20Functions/McKinsey%20Digital/Our%20Insights/Digital%20McKinsey%20Insights%20Number%203/Digital-McKinsey-Insights-Issue-3-revised.ashx
4. Courtesy of Gieri Cathomas, Swisspath Health, personal communication, 16/08/2019
5. Courtesy of Urs Kissling, Embassy Jewel, personal communication, 09/01/2019
6. Courtesy of Jean-Charles Deconninck, Generix Group, personal communication, 22/03/2019
7. Courtesy of Dirk Linzmeier, OSRAM Continental, personal communication, 17/12/2018
8. Courtesy of Andreas Opelt, Saubermacher, personal communication, 23/10/2018
9. Courtesy of Safer Mourad, Saurer Group, personal communication, 14/01/2019
10. Courtesy of Patrick Koller, Faurecia, personal communication, 28/02/2019
11. Forbes; https://www.forbes.com/sites/mckinsey/2017/02/15/now-new-next-how-growth-champions-create-newvalue/#f234ce61a81b
12. Courtesy of Bernd Reck, Sören Lauinger, Aesculap, personal communication, 19/12/2018
13. Courtesy of Harald Brodbeck, Horváth & Partners, personal communication, 17/01/0219

14. World Economic Forum; http://reports.weforum.org/digital-transformation/understanding-the-impact-of-digitalizationon-society/
15. World Economic Forum; http://reports.weforum.org/digital-transformation/understanding-the-impact-of-digitalizationon-society/
16. World Economic Forum; http://reports.weforum.org/digital-transformation/understanding-the-impact-of-digitalizationon-society/
17. Courtesy of Samy Jandali, BASF, personal communication, 23/01/2019
18. Courtesy of former executive manager, multinational conglomerate, personal communication, 23/01/2019
19. McKinsey & Company; https://www.mckinsey.com/mgi/overview/in-the-news/what-successful-digital-transformationshave-in-common
20. Courtesy of Jan Mrosik, Siemens, personal communication, 4/02/2019
21. McKinsey & Company; https://www.mckinsey.com/business-functions/digital-mckinsey/our-insights/how-digitalreinventors-are-pulling-away-from-the-pack
22. Courtesy of Julian Schubert, V-ZUG, personal communication, 22/03/2019
23. Forbes; https://www.forbes.com/sites/mckinsey/2017/09/25/the-three-biggest-misconceptions-about-a-digitaltransformation-and-what-to-do-about-them/#2225d34f3278
24. Courtesy of Julian Schubert, V-ZUG, personal communication, 22/03/2019
25. Courtesy of senior manager (former), European bank, personal communication, 21/01/2019
26. McKinsey & Company; https://www.mckinsey.com/business-functions/digital-mckinsey/our-insights/how-digitalreinventors-are-pulling-away-from-the-pack
27. Rob Llewellyn; https://robllewellyn.com/great-digital-illusion/
28. Courtesy of Max Costantini, Mibelle Group, personal communication, 28/03/2019
29. Courtesy of Reiner Fageth, CEWE, personal communication, 20/11/2018

Chapter 2　戦略、ビジネスモデル、各種デジタル施策の対立を止め、結束させる方法

1. Gassmann, Oliver, Frankenberger, Karolin, and Csik, Michaela. *The Business Model Navigator: 55 Models That Will Revolutionise Your Business*. Harlow: Pearson, 2014 (邦題『ビジネスモデル・ナビゲーター』オリヴァー・ガスマン、カロリン・フランケンバーガー、ミハエラ・チック著、渡邊哲、森田寿訳、翔泳社、2016)
2. Deloitte; https://www2.deloitte.com/content/dam/Deloitte/fr/Documents/strategy/dup_strategy-not-technology-drivesdigital-transformation.pdf
3. Courtesy of Thomas Pirlein, Müller Group, personal communication, 5/03/2019
4. Crainer, Stuart, and Dearlove, Des. "In search for strategy." In *Strategy@Work: From Design to Delivery*, Brightline Initiative and Thinkers50, 29 – 34. 2017. https://www.brightline.org/resources/thinkers50-strategy-at-work-book/
5. The Boston Consulting Group; https://www.bcg.com/publications/2015/double-game-of-digital-strategy.aspx, https://www.bcg.com/de-de/publications/2019/five-rules-digital-strategy.aspx
6. McKinsey & Company; https://www.mckinsey.com/business-functions/digital-mckinsey/our-insights/facing-up-todigital-disruption-reinventing-the-core-with-bold-business-strategy
7. McKinsey & Company; https://www.mckinsey.com/business-functions/

digital-mckinsey/our-insights/from-disrupted-todisruptor-reinventing-your-business-by-transforming-the-core
8. Crainer, Stuart and Dearlove, Des. "In search for strategy." In *Strategy@ Work: From Design to Delivery*, Brightline Initiative and Thinkers50, 29 – 34. 2017. https://www.brightline.org/resources/thinkers50-strategy-at-work-book/
9. The Boston Consulting Group; https://www.bcg.com/de-de/publications/2019/five-rules-digital-strategy.aspx
10. Courtesy of Safer Mourad, Saurer Group, personal communication, 14/01/2019
11. Vargas, Ricardo Vargas and Conforto, Edivandro. "Ten questions to help you turn strategy into reality." In *The Chief Strategy Officer Playbook*, Brightline Initiative and Thinkers50, 34 – 37, 2018; https://www.brightline.org/resources/thinkers50-cso-playbook/
12. The Boston Consulting Group; https://www.bcg.com/de-de/publications/2019/five-rules-digital-strategy.aspx
13. Vargas, Ricardo Vargas and Conforto, Edivandro. "Ten questions to help you turn strategy into reality." In *The Chief Strategy Officer Playbook*, Brightline Initiative and Thinkers50, 34-37, 2018; https://www.brightline.org/resources/thinkers50-cso-playbook/
14. McKinsey & Company; https://www.mckinsey.com/business-functions/digital-mckinsey/our-insights/facing-up-todigital-disruption-reinventing-the-core-with-bold-business-strategy
15. Courtesy of Christian Schulz, Schindler, personal communication, 16/04/2019
16. Courtesy of Axel Schmidt and Dirk Ramhorst, WACKER Chemie AG, personal communication, 13/02/2019
17. Courtesy of Bernd Reck, Sören Lauinger, Aesculap, personal communication, 19/12/2018
18. Courtesy of senior executive, health care industry, personal communication, 19/12/2018
19. McKinsey & Company; https://www.mckinsey.com/business-functions/strategy-and-corporate-finance/our-insights/an-incumbents-guide-to-digital-disruption
20. Courtesy of Gisbert Rühl, Klöckner & Co, personal communication, 31/01/2019
21. McKinsey & Company; https://www.mckinsey.com/business-functions/strategy-and-corporate-finance/our-insights/an-incumbents-guide-to-digital-disruption
22. Courtesy of Thomas Gutzwiller, Platform Expert, personal communication, 3/05/2019 & 25/06/2019
23. Courtesy of Samy Jandali, BASF, personal communication, 23/01/2019
24. Courtesy of Markus Brokhof, formerly Alpiq, personal communication, 15/02/2019
25. Courtesy of Bernard Leong, formerly SingPost / now Amazon Web Services, personal communication, 8/02/2019
26. Courtesy of Markus Brokhof, formerly Alpiq, personal communication, 15/02/2019
27. Courtesy of Olaf Frank, Munich Re, personal communication, 11/02/2019
28. Courtesy of Stefan Stroh, Deutsche Bahn, personal communication, 28/01/2019
29. BASF社は、「デジタイゼーション(デジタル化)」を「アナログをデジタルにするプロセス」、

「デジタライゼーション」を「デジタル技術を使用してデジタルビジネスに移行する活動」という定義で使用している。

30. Courtesy of Samy Jandali, BASF, personal communication, 23/01/2019
31. Courtesy of Michael Spiegel and Anna Neumeier, Deutsche Pfandbriefbank, personal communication, 18/01/2019
32. Carucci, Ron. "Why executives struggle to execute strategy." In *The Chief Strategy Officer Playbook*, Brightline Initiative and Thinkers50, 60－63, 2018; https://www.brightline.org/resources/thinkers50-cso-playbook/
33. *Harvard Business Review*; https://hbr.org/2012/05/managing-your-innovation-portfolio
34. *Harvard Business Review*; https://hbr.org/2012/05/managing-your-innovation-portfolio
35. The Boston Consulting Group; https://www.bcg.com/de-de/publications/2019/five-rules-digital-strategy.aspx
36. Courtesy of Olaf Frank, Munich Re, personal communication, 11/02/2019
37. Courtesy of senior executive, technology company, personal communication, 18/02/2019
38. Courtesy of Harald Brodbeck, Horváth & Partners, personal communication, 17/01/0219
39. ビジネスモデルに関する部分は、次の書籍の内容をもとに執筆している。
Gassmann, Oliver, Frankenberger, Karolin, and Csik, Michaela. *The Business Model Navigator: 55 Models That Will Revolutionise Your Business*. Harlow: Pearson, 2014（邦題『ビジネスモデル・ナビゲーター』オリヴァー・ガスマン、カロリン・フランケンバーガー、ミハエラ・チック著、渡邊哲、森田寿訳、翔泳社、2016）
40. *Harvard Business Review*; https://hbr.org/2002/05/why-business-models-matter
41. Demil, Benoit, and Lecocq, Xavier. "Business Model Evolution: In Search of Dynamic Consistency." *Long Range Planning* 43, (2010): 227－246; Osterwalder, Alexander, and Pigneur, Yves. *Business Model Generation: A Handbook for Visionaries, Game Changers and Challengers*. Hoboken: Wiley, 2010（邦題『ビジネスモデル・ジェネレーション ビジネスモデル設計書』アレックス・オスターワルダー、イヴ・ピニュール著、小山龍介訳、翔泳社、2012）; Gassmann, Oliver, Frankenberger, Karolin, and Csik, Michaela. *The Business Model Navigator: 55 Models That Will Revolutionise Your Business*. Harlow: Pearson, 2014（邦題『ビジネスモデル・ナビゲーター』オリヴァー・ガスマン、カロリン・フランケンバーガー、ミハエラ・チック著、渡邊哲、森田寿訳、翔泳社、2016）
42. Gassmann, Oliver, Frankenberger, Karolin, and Csik, Michaela. *The Business Model Navigator: 55 Models That Will Revolutionise Your Business*. Harlow: Pearson, 2014（邦題『ビジネスモデル・ナビゲーター』オリヴァー・ガスマン、カロリン・フランケンバーガー、ミハエラ・チック著、渡邊哲、森田寿訳、翔泳社、2016）
43. The Boston Consulting Group; https://www.bcg.com/documents/file36456.pdf
44. Courtesy of Patrick Koller, Faurecia, personal communication, 28/02/2019
45. Gassmann, Oliver, Frankenberger, Karolin, and Csik, Michaela. *The Business Model Navigator: 55 Models That Will Revolutionise Your Business*. Harlow: Pearson, 2014（邦題『ビジネスモデル・ナビゲーター』オリヴァー・ガスマン、カロリン・フランケンバーガー、ミハエラ・チック著、渡邊哲、森田寿訳、翔泳社、2016）
46. Osterwalder, Alexander, and Pigneur, Yves. *Business Model Generation: A Handbook for Visionaries, Game Changers and Challengers*. Hoboken: Wiley, 2010（邦題『ビジネスモデル・ジェネレーション ビジネスモデル設計書』アレックス・オスターワルダー、イヴ・ピニュール著、小山龍介訳、翔泳社、2012）
47. Kim, W. Chan and Mauborgne, Renée. *Blue Ocean Strategy: How to Create*

Uncontested Market Space and Make the Competition Irrelevant. Boston: Harvard Business School Press, 2015（邦題『[新版]ブルー・オーシャン戦略 ―― 競争のない世界を創造する』W・チャン・キム、レネ・モボルニュ著、入山章栄、有賀裕子訳、ダイヤモンド社、2015）

48. Gassmann, Oliver, Frankenberger, Karolin, and Csik, Michaela. *The Business Model Navigator: 55 Models That Will Revolutionise Your Business*. Harlow: Pearson, 2014（邦題『ビジネスモデル・ナビゲーター』オリヴァー・ガスマン、カロリン・フランケンバーガー、ミハエラ・チック著、渡邊哲、森田寿訳、翔泳社、2016）
49. Gassmann, Oliver, Frankenberger, Karolin, and Csik, Michaela. *The Business Model Navigator: 55 Models That Will Revolutionise Your Business*. Harlow: Pearson, 2014（邦題『ビジネスモデル・ナビゲーター』リヴァー・ガスマン、カロリン・フランケンバーガー、ミハエラ・チック著、渡邊哲、森田寿訳、翔泳社、2016）
50. Courtesy of Norman Willich and Alexander Maute, Eissmann, personal communication, 20/02/2019
51. Courtesy of Thorsten Müller, formerly Osram, personal communication, 27/11/2019
52. Gassmann, Oliver, Frankenberger, Karolin, and Csik, Michaela. *The Business Model Navigator: 55 Models That Will Revolutionise Your Business*. Harlow: Pearson, 2014（邦題『ビジネスモデル・ナビゲーター』オリヴァー・ガスマン、カロリン・フランケンバーガー、ミハエラ・チック著、渡邊哲、森田寿訳、翔泳社、2016）
53. Gassmann, Oliver, Frankenberger, Karolin, and Csik, Michaela. *The Business Model Navigator: 55 Models That Will Revolutionise Your Business*. Harlow: Pearson, 2014（邦題『ビジネスモデル・ナビゲーター』オリヴァー・ガスマン、カロリン・フランケンバーガー、ミハエラ・チック著、渡邊哲、森田寿訳、翔泳社、2016）
54. Courtesy of Gisbert Rühl, Klöckner & Co, personal communication, 31/01/2019
55. McKinsey & Company; https://www.mckinsey.com/business-functions/strategy-and-corporate-finance/our-insights/theeconomic-essentials-of-digital-strategy
56. The Boston Consulting Group; https://www.bcg.com/publications/2015/double-game-of-digital-strategy.aspx
57. McKinsey & Company; https://www.mckinsey.com/business-functions/strategy-and-corporate-finance/our-insights/theeconomic-essentials-of-digital-strategy
58. McKinsey & Company; https://www.mckinsey.com/business-functions/strategy-and-corporate-finance/our-insights/theeconomic-essentials-of-digital-strategy
59. Courtesy of Christian Schulz, Schindler, personal communication, 16/04/2019
60. Courtesy of Eric Chaniot, Michelin, personal communication, 27/02/2019
61. Gassmann, Oliver, Frankenberger, Karolin, and Csik, Michaela. *The Business Model Navigator: 55 Models That Will Revolutionise Your Business*. Harlow: Pearson, 2014（邦題『ビジネスモデル・ナビゲーター』オリヴァー・ガスマン、カロリン・フランケンバーガー、ミハエラ・チック著、渡邊哲、森田寿訳、翔泳社、2016）
62. Courtesy of Julian Schubert, V-ZUG, personal communication, 22/03/2019
63. Courtesy of Martin Watzlawek, REHAU Automotive, personal communication, 24/01/2019
64. Gassmann, Oliver, Frankenberger, Karolin, and Csik, Michaela. *The Business Model Navigator: 55 Models That Will Revolutionise Your Business*. Harlow: Pearson, 2014（邦題『ビジネスモデル・ナビゲーター』オリヴァー・ガスマン、カロリン・フランケンバーガー、ミハエラ・チック著、渡邊哲、森田寿訳、翔泳社、2016）
65. BMI Lab; https://bmilab.com/resources

66. Gassmann, Oliver, Frankenberger, Karolin, and Csik, Michaela. *The Business Model Navigator: 55 Models That Will Revolutionise Your Business*. Harlow: Pearson, 2014（邦題『ビジネスモデル・ナビゲーター』オリヴァー・ガスマン、カロリン・フランケンバーガー、ミハエラ・チック著、渡邊哲、森田寿訳、翔泳社、2016）
67. Courtesy of Ulrich Hermann, Heidelberger Druckmaschinen, personal communication, 07/12/2018

Part 3　HOW TO DO IT　どのように実現するのか？

1. McKinsey & Company; https://www.mckinsey.com/business-functions/organization/our-insights/unlocking-success-indigital-transformations

Chapter 3　組織：柔軟な組織を構築するには？

1. Courtesy of Mirco Mäder, Kollibri / PostAuto, personal communication, 7/12/2018
2. Courtesy of Reiner Thede and Wolfgang Werz, Erbe, personal communication, 15/01/2019
3. Deloitte; https://www2.deloitte.com/content/dam/Deloitte/lu/Documents/about-deloitte/Inside/lu_inside12-full.pdf
4. *Harvard Business Review*; https://hbr.org/2019/03/digital-transformation-is-not-about-technology
5. McKinsey & Company; https://www.mckinsey.com/industries/electric-power-and-natural-gas/our-insights/traditionalcompany-new-businesses-the-pairing-that-can-ensure-an-incumbents-survival
6. Courtesy of Chief Digital Officer (former), chemical and consumer goods company, personal communication, 14/01/2019
7. Courtesy of Gisbert Rühl, Klöckner & Co, personal communication, 31/01/2019
8. Courtesy of Markus Brokhof, formerly Alpiq, personal communication, 15/02/2019
9. Courtesy of former CIO, fashion retailer, personal communication, 5/03/2019
10. アプローチ方法の分類は、取材結果と第三者機関が発表した類型（Wharton; https://knowledge.wharton.upenn.edu/article/do-you-need-a-chief-digital-officer/）に基づく。
11. Wharton; https://knowledge.wharton.upenn.edu/article/do-you-need-a-chief-digital-officer/
12. Deloitte; https://www2.deloitte.com/content/dam/Deloitte/de/Documents/technology/Corporate_Accelerator_EN.pdf
13. Kohler, Thomas. "Corporate Accelerators: Building Bridges between Corporations and Startups." Business Horizons 59 (2016): 347 – 357
14. McKinsey & Company; https://www.mckinsey.com/business-functions/digital-mckinsey/our-insights/a-blueprint-forsuccessful-digital-transformations-for-automotive-suppliers
15. McKinsey & Company; https://www.mckinsey.com/industries/electric-power-and-natural-gas/our-insights/traditionalcompany-new-businesses-the-pairing-that-can-ensure-an-incumbents-survival
16. NESTA; https://media.nesta.org.uk/documents/incubation_for_growth_CqYbxVG.pdf; http://www.nesta.org.uk/publications/ good-incubation
17. Weiblein, Tobias and Chesbrough, Henry W. "Enganging with Startups to

Enhance Corporate Innovation." California Management Review 57, No 2 (2014): 66 – 90
18. Courtesy of Stefan Stroh, Deutsche Bahn, personal communication, 28/01/2019
19. CIO; https://www.cio.com.au/article/626946/organisationalstructures-digital-transformation-4-archetypes-emerge/; The Boston Consulting Group; https://www.bcg.com/publications/2017/technology-organizing-for-digital-future.aspx
20. Deloitte; https://www2.deloitte.com/content/dam/Deloitte/lu/Documents/about-deloitte/Inside/lu_inside12-full.pdf
21. CIO; https://www.cio.com.au/article/626946/organisational-structures-digital-transformation-4-archetypes-emerge/
22. The Boston Consulting Group; https://www.bcg.com/publications/2017/technology-organizing-for-digital-future.aspx
23. The Boston Consulting Group; https://www.bcg.com/publications/2017/technology-organizing-for-digital-future.aspx
24. Courtesy of automotive expert, automotive supplier, personal communication, 06/12/2018
25. McKinsey & Company; https://www.mckinsey.com/business-functions/digital-mckinsey/our-insights/a-blueprint-forsuccessful-digital-transformations-for-automotive-suppliers
26. The Boston Consulting Group; https://www.bcg.com/publications/2017/technology-organizing-for-digital-future.aspx
27. Courtesy of Michael Spiegel and Anna Neumeier, Deutsche Pfandbriefbank, personal communication, 18/01/2019
28. CIO; https://www.cio.com.au/article/626946/organisational-structures-digital-transformation-4-archetypes-emerge/
29. The Boston Consulting Group; https://www.bcg.com/publications/2017/technology-organizing-for-digital-future.aspx
30. Courtesy of executive manager, multinational conglomerate, personal communication, 23/01/2019
31. CIO; https://www.cio.com.au/article/626946/organisational-structures-digital-transformation-4-archetypes-emerge/
32. The Boston Consulting Group; https://www.bcg.com/publications/2017/technology-organizing-for-digital-future.aspx
33. Inc.; https://www.inc.com/bryan-adams/12-ways-to-encourage-more-free-thinking-and-innovation-into-any-business.html
34. The Boston Consulting Group; https://www.bcg.com/publications/2017/technology-organizing-for-digital-future.aspx
35. BASF社は、「デジタイゼーション(デジタル化)」を「アナログをデジタルにするプロセス」、「デジタライゼーション」を「デジタル技術を使用してデジタルビジネスに移行する活動」という定義で使用している。
36. Courtesy of Samy Jandali, BASF, personal communication, 23/01/2019
37. Rüdiger Mannherz, Michael Hepp, Walter, personal communication, 22/02/2019
38. Arthur D. Little; https://www.adlittle.com/sites/default/files/viewpoints/ADL_Definingthedigitalorganization_01.pdf
39. Bain & Company; https://www.bain.com/insights/digitalisierung-ist-chefsache-2018/
40. Courtesy of former executive manager, multinational conglomerate, personal communication, 23/01/2019
41. Courtesy of Philipp Wetzel, AMAG, personal communication, 6/05/2019

42. McKinsey & Company; https://www.mckinsey.com/business-functions/organization/our-insights/transformer-in-chiefthe-new-chief-digital-officer
43. The Boston Consulting Group; https://www.bcg.com/publications/2017/technology-organizing-for-digital-future.aspx
44. The Boston Consulting Group; https://www.bcg.com/publications/2017/technology-organizing-for-digital-future.aspx
45. Daimler; https://www.daimler-mobility.com/en/company/news/joint-venture-closing/
46. Courtesy of Thomas Grübel, Govecs, personal communication, 28/01/2019
47. Courtesy of Chief Digital Officer (former), chemical and consumer goods company, personal communication, 14/01/2019
48. Courtesy of Olaf Frank, Munich Re, personal communication, 11/02/2019
49. Integrative Innovation; https://integrative-innovation.net/?p=2148
50. Courtesy of Bernd Reck and Sören Lauinger, Aesculap, personal communication, 19/12/2018
51. Harvard Business Review; https://hbr.org/2002/05/disruptive-change-when-trying-harder-is-part-of-the-problem
52. Harvard Business Review; https://hbr.org/2004/04/the-ambidextrous-organization
53. Courtesy of Florian Bankoley, Bosch, personal communication, 15/02/2019
54. Markides, Constantinos and Charitou, Constantinos D. "Competing with Dual Business Models: A Contingency Approach." Academy of Management Executive 18, No. 3 (2004): 22 − 36
55. Markides, Constantinos and Charitou, Constantinos D. "Competing with Dual Business Models: A Contingency Approach." Academy of Management Executive 18, No. 3 (2004): 22 − 36
56. Courtesy of Michael Spiegel and Anna Neumeier, Deutsche Pfandbriefbank, personal communication, 18/01/2019
57. Courtesy of Samy Jandali, BASF, personal communication, 23/01/2019
58. Courtesy of Markus Brokhof, formerly Alpiq, personal communication, 15/02/2019

Chapter 4　テクノロジー：変革の推進力としてテクノロジーを活用するには？

1. Netflix; https://media.netflix.com/en/company-blog/completing-the-netflix-cloud-migration
2. Courtesy of Fabian Stenger, FlixMobility, personal communication, 20/02/2019
3. McKinsey & Company; https://www.mckinsey.com/featured-insights/future-of-work/tech-for-good-using-technologyto-smooth-disruption-and-improve-well-being, https://www.mckinsey.com/business-functions/digital-mckinsey/ourinsights/disruptive-technologies
4. McKinsey & Company; https://www.mckinsey.com/business-functions/digital-mckinsey/our-insights/disruptive-technologies
5. Courtesy of Edouard Meylan, H. Moser & Cie., personal communication, 25/01/2019
6. Courtesy of Nicolas Verschelden, Anheuser-Busch InBev, personal communication, 18/12/2018
7. BBC; https://www.bbc.com/news/business-44871448
8. Verizon; https://www.verizon.com/about/our-company/5g/what-5g
9. McKinsey & Company; https://www.mckinsey.com/business-functions/

digital-mckinsey/our-insights/disruptive-technologies
10. Managing Director, European bank, personal communication, 28/02/2019
11. McKinsey & Company; https://www.mckinsey.com/business-functions/digital-mckinsey/our-insights/disruptive-technologies
12. Courtesy of Christian Schulz, Schindler, personal communication, 16/04/2019
13. McKinsey & Company; https://www.mckinsey.com/business-functions/digital-mckinsey/our-insights/disruptive-technologies
14. The Boston Consulting Group; https://www.bcg.com/publications/2019/enterprise-applications-cloud-ready-prime-time.aspx; McKinsey & Company; https://www.mckinsey.com/business-functions/digital-mckinsey/our-insights/cloudadoption-to-accelerate-it-modernization
15. Networkworld; https://www.networkworld.com/article/3224893/what-is-edge-computing-and-how-it-s-changing-thenetwork.html
16. McKinsey & Company; https://www.mckinsey.com/business-functions/digital-mckinsey/our-insights/disruptive-technologies
17. Siemens; https://www.plm.automation.siemens.com/global/de/products/manufacturing-planning/robotic-automation.html; https://new.siemens.com/global/en/markets/machinebuilding/robotics.html
18. Courtesy of Riccardo Giacometti, Hotel Atlantis by Giardino, personal communication 19/01/2019
19. Forbes; https://www.forbes.com/sites/robtoews/2019/11/04/questioning-the-long-term-importance-of-big-datain-ai/#231724182177
20. Courtesy of Christian Schulz, Schindler, personal communication, 16/04/2019
21. Courtesy of Katharina Herrmann, ING, personal communication, 10/01/2019
22. McKinsey & Company; https://www.mckinsey.com/business-functions/digital-mckinsey/our-insights/disruptivetechnologies
23. Courtesy of Patrick Koller, Faurecia, personal communication, 28/02/2019
24. McKinsey & Company; https://www.mckinsey.com/business-functions/operations/our-insights/digital-transformationraising-supply-chain-performance-to-new-levels
25. McKinsey & Company; https://www.mckinsey.com/business-functions/operations/our-insights/digital-transformationraising-supply-chain-performance-to-new-levels
26. McKinsey & Company; https://www.mckinsey.com/business-functions/marketing-and-sales/how-we-help-clients/digital-marketing
27. McKinsey & Company; https://www.mckinsey.com/~/media/McKinsey/Business%20Functions/McKinsey%20Digital/Our%20Insights/Digital%20McKinsey%20Insights%20Number%203/Digital-McKinsey-Insights-Issue-3-revised.ashx
28. KaaIoT Technologies; https://www.kaaproject.org/what-is-iot-platform; McKinsey & Company; https://www.mckinsey.com/business-functions/mckinsey-digital/our-insights/the-platform-play-how-to-operate-like-a-tech-company
29. Courtesy of Thomas Pirlein, Müller Group, personal communication, 5/03/2019
30. Courtesy of Bernd Reck and Sören Lauinger, Aesculap, personal communication, 19/12/2019
31. The Boston Consulting Group; https://www.bcg.com/publications/2019/next-frontier-digital-ai-transformations.aspx
32. Courtesy of Michael Spiegel and Anna Neumeier, Deutsche Pfandbriefbank,

personal communication, 18/01/2019
33. Courtesy of Christian Schulz, Schindler, personal communication, 16/04/2019
34. Courtesy of Jan Mrosik, Siemens, personal communication, 4/02/2019
35. Courtesy of former senior executive, Jelmoli, personal communication, 09/01/2019
36. Arthur D. Little; https://www.adlittle.com/sites/default/files/viewpoints/ADL_Definingthedigitalorganization_01.pdf
37. ワッカー社は、「デジタイゼーション（デジタル化）」を「アナログをデジタルにするプロセス」、「デジタライゼーション」を「デジタル技術を使用してデジタルビジネスに移行する活動」という定義で使用している。
38. Courtesy of Axel Schmidt and Dirk Ramhorst, WACKER Chemie AG, personal communication, 13/02/2019
39. The Boston Consulting Group; https://www.bcg.com/publications/2016/software-agile-digital-transformation-end-oftwo-speed-it.aspx
40. McKinsey & Company; https://www.mckinsey.com/business-functions/digital-mckinsey/our-insights/a-two-speed-itarchitecture-for-the-digital-enterprise
41. Meffert, Jürgen, and Swaminathan, Anand. *Digital @ Scale: The Playbook You Need to Transform Your Company*. Hoboken: Wiley, 2017（邦題『デジタルの未来 事業の存続をかけた変革戦略』ユルゲン・メフェルト、野中賢治著、アンドレ・アンドニアン序文、小川敏子訳、日本経済新聞出版、2018）
42. McKinsey & Company; https://www.mckinsey.com/business-functions/digital-mckinsey/our-insights/deploying-a-twospeed-architecture-at-scale
43. Courtesy of Bernard Leong, formerly SingPost / now Amazon Web Services, personal communication, 8/02/2019
44. The Boston Consulting Group; https://www.bcg.com/publications/2016/software-agile-digital-transformation-end-of-two-speed-it.aspx
45. The Boston Consulting Group; https://www.bcg.com/publications/2016/software-agile-digital-transformation-end-of-two-speed-it.aspx
46. Bain & Company; https://www.bain.com/insights/vishy-padmanabhan-why-two-speed-it-is-off-track-video/
47. The Boston Consulting Group; https://www.bcg.com/publications/2016/software-agile-digital-transformation-end-of-two-speed-it.aspx; Bain & Company; https://www.bain.com/insights/fast-and-faster-why-a-two-speed-it-model-is-offtrack/
48. Courtesy of Fabian Stenger, FlixMobility, personal communication, 20/02/2019
49. Courtesy of Konstantin Speidel, Allianz Global Investors, personal communication, 1/02/2019
50. Courtesy of Gisbert Rühl, Klöckner & Co, personal communication, 31/01/2019
51. Courtesy of Thomas Gutzwiller, Platform Expert, personal communication, 3/05/2019 & 25/06/2019
52. McKinsey & Company; https://www.mckinsey.com/business-functions/mckinsey-digital/our-insights/beyond-agilereorganizing-it-for-faster-software-delivery
53. McKinsey & Company; https://www.mckinsey.com/business-functions/mckinsey-digital/our-insights/beyond-agilereorganizing-it-for-faster-software-delivery
54. McKinsey & Company; https://www.mckinsey.com/business-functions/digital-mckinsey/our-insights/deploying-a-twospeed-architecture-at-scale;

https://www.mckinsey.com/business-functions/digital-mckinsey/our-insights/bringingagile-to-it-infrastructure-ing-netherlands-agile-transformation
55. Courtesy of Claus Fleischer, Bosch eBike Systems, personal communication, 12/11/2018
56. Courtesy of Michael Spiegel and Anna Neumeier, Deutsche Pfandbriefbank, personal communication, 18/01/2019
57. The People Space; https://www.thepeoplespace.com/ideas/articles/ability-adapt-new-technology-critical-futurecareer-success
58. McKinsey & Company; https://www.mckinsey.com/business-functions/mckinsey-digital/our-insights/the-cornerstonesof-large-scale-technology-transformation
59. Courtesy of former senior executive, BTPN / Jenius, personal communication, 13/11/2018

Chapter 5　プロセス：どのように目的を達成するか？

1. Interaction Design Foundation; https://www.interaction-design.org/literature/topics/design-thinking; Gartner; https://www.gartner.com/en/documents/3941917/enterprise-architects-combine-design-thinking-lean-start
2. The Lean Startup; www.theleanstartup.com; Digitale Neuordnung; www.digitaleneuordnung.de
3. The Lean Startup; www.theleanstartup.com
4. The Lean Startup; www.thelearnstartup.com
5. twproject; https://twproject.com/blog/lean-agile-differences-similarities/
6. Bain & Company; https://www.bain.com/insights/agile-innovation
7. Bain & Company; https://www.bain.com/insights/agile-innovation
8. Digitale Neuordnung; www.digitaleneuordnung.de; Gartner; https://www.gartner.com/en/documents/3941917/enterprisearchitects-combine-design-thinking-lean-start
9. Gregory Schmidt; http://www.gregoryschmidt.ca/writing/design-thinking-lean-startup-agile
10. Courtesy of Dirk Linzmeier, OSRAM Continental, personal communication, 17/12/2018
11. Courtesy of Luigi Pedrocchi, Mibelle Group, personal communication, 25/10/2018
12. Courtesy of Markus Brokhof, formerly Alpiq, personal communication, 15/02/2019
13. Integrative Innovation; https://integrative-innovation.net/?p=2148
14. Courtesy of David Hengartner, Swisscom, personal communication, 10/12/2018
15. Courtesy of Ian Roberts, Bühler, personal communication, 08/01/2018
16. Courtesy of senior executive, technology company, personal communication, 18/02/2019
17. Courtesy of Julian Schubert, V-ZUG, personal communication, 22/03/2019
18. Courtesy of Harald Brodbeck, Horváth & Partners, personal communication, 17/01/0219
19. Courtesy of Julian Schubert, V-ZUG, personal communication, 22/03/2019
20. Courtesy of Samy Jandali, BASF, personal communication, 23/01/2019
21. Courtesy of Deborah Sherry, formerly GE Digital / now AWS, personal

communication, 23/01/2019

22. The Boston Consulting Group; https://www.bcg.com/de-de/publications/2019/five-rules-digital-strategy.aspx
23. The Boston Consulting Group; https://www.mckinsey.com/industries/financial-services/our-insights/a-roadmap-for-adigital-transformation
24. Courtesy of Samy Jandali, BASF, personal communication, 23/01/2019
25. Courtesy of Otto Preiss, ABB, personal communication, 28/02/2019
26. The Boston Consulting Group; https://www.bcg.com/de-de/publications/2019/five-rules-digital-strategy.aspx
27. The Boston Consulting Group; https://www.bcg.com/de-de/publications/2019/five-rules-digital-strategy.aspx
28. Courtesy of Julian Schubert, V-ZUG, personal communication, 22/03/2019
29. Courtesy of Thorsten Müller, formerly Osram, personal communication, 27/11/2018
30. Courtesy of Bernd Reck and Sören Lauinger, Aesculap, personal communication, 19/12/2019
31. Courtesy of Chief Digital Officer, discount retailer, personal communication, 28/03/2019
32. Courtesy of Deborah Sherry, formerly GE Digital / now AWS, personal communication, 23/01/2019
33. McKinsey & Company; https://www.mckinsey.com/industries/electric-power-and-natural-gas/our-insights/traditionalcompany-new-businesses-the-pairing-that-can-ensure-an-incumbents-survival
34. Courtesy of Samy Jandali, BASF, personal communication, 23/01/2019
35. Courtesy of Konstantin Speidel, Allianz Global Investors, personal communication, 1/02/2019
36. Courtesy of Samy Jandali, BASF, personal communication, 23/01/2019
37. Courtesy of Harald Brodbeck, Horváth & Partners, personal communication, 17/01/0219
38. Courtesy of Reiner Fageth, CEWE, personal communication, 20/11/2018; Welt; https://www.welt.de/wirtschaft/article165098369/Das-Fotobuch-hat-uns-das-Ueberleben-gesichert.html; Com-Magazin; https://www.com-magazin.de/praxis/digitalisierung/erfolgsgeschichten-digitalisierung-1528949.html?page=5_im-gespraech-mit-dr.-reiner-fagethcto-bei-cewe
39. McKinsey & Company; https://www.mckinsey.com/industries/electric-power-and-natural-gas/our-insights/traditionalcompany-new-businesses-the-pairing-that-can-ensure-an-incumbents-survival
40. Courtesy of Florian Bankoley, Bosch, personal communication, 15/02/2019
41. Courtesy of Samy Jandali, BASF, personal communication, 23/01/2019
42. Courtesy of Deborah Sherry, formerly GE Digital / now AWS, personal communication, 23/01/2019
43. McKinsey & Company; https://www.mckinsey.com/industries/electric-power-and-natural-gas/our-insights/traditionalcompany-new-businesses-the-pairing-that-can-ensure-an-incumbents-survival
44. McKinsey & Company; https://www.mckinsey.com/industries/electric-power-and-natural-gas/our-insights/traditionalcompany-new-businesses-the-pairing-that-can-ensure-an-incumbents-survival
45. Courtesy of Bernd Reck and Sören Lauinger, Aesculap, personal communication, 19/12/2019
46. Courtesy of Katharina Herrmann, ING, personal communication, 10/01/2019

Chapter 6　リーダーシップ：何をリーダーに求め、どのようにリーダーを探すか？

1. Courtesy of Ian Roberts, Bühler, personal communication, 08/01/2018
2. Courtesy of Philipp Leutiger, LafargeHolcim, personal communication, 22/10/2018
3. Courtesy of automotive expert, automotive supplier, personal communication, 06/12/2018
4. Courtesy of Cristian Citu, World Economic Forum, personal communication, 21/12/2018
5. *MIT Sloan Management Review*; https://sloanreview.mit.edu/projects/coming-of-age-digitally
6. *Harvard Business Review*; https://hbr.org/2019/01/managing-when-the-future-is-unclear
7. *Harvard Business Review*; https://hbr.org/2014/01/what-vuca-really-means-for-you; Forbes; https://www.forbes.com/sites/jeroenkraaijenbrink/2018/12/19/what-does-vuca-really-mean/#77a547ca17d6
8. *Harvard Business Review*; https://hbr.org/2016/06/do-managers-and-leaders-really-do-different-things
9. Korn Ferry Institute; https://www.kornferry.com/institute/leaders-for-a-digital-transformation
10. *Harvard Business Review*; https://hbr.org/2016/03/the-most-important-leadership-competencies-according-to-leaders-around-the-world, https://hbr.org/2018/10/the-6-fundamental-skills-every-leader-should-practice
11. Kohler, Thomas. "Corporate accelerators: Building bridges between corporations and startups." *Business Horizons 59* (2016): 347 – 357
12. Courtesy of Carola Wahl, formerly AXA, personal communication, 14/12/2018
13. Courtesy of Otto Preiss, ABB, personal communication, 28/02/2019
14. Courtesy of senior executive, technology company, personal communication, 18/02/2019
15. Courtesy of Ian Roberts, Bühler, personal communication, 08/01/2019
16. Courtesy of Carola Wahl, formerly AXA, personal communication, 14/12/2018
17. Courtesy of Thorsten Lampe, Asellion, personal communication, 19/12/2019
18. Courtesy of Markus Streckeisen, SBB Cargo, personal communication, 10/12/2018
19. *Harvard Business Review*; https://hbr.org/2011/04/why-serial-entrepreneurs-dont-learn-from-failure; Egger, J.P. and Song, Lin. "Dealing with Failure: Serial Entrepreneurs and the Costs of Changing Industries Between Ventures." *Academy of Management Journal* 58, No 6. (2014): 1785 – 1803
20. Shaw, Kathryn and Lafontaine, Francine. "Serial Entrepreneurship: Learning by Doing?" *Journal of Labor Economics 34*, No. 2 (2016): 217 – 254
21. Courtesy of Martin Watzlawek, REHAU Automotive, personal communication, 24/01/2019
22. Courtesy of Gisbert Rühl, Klöckner & Co, personal communication, 31/01/2019
23. Courtesy of Onur Erdogan, formerly Estée Lauder, personal communication, 14/03/2019
24. Courtesy of Markus Streckeisen, SBB Cargo, personal communication,

10/12/2018
25. Courtesy of Martin Watzlawek, REHAU Automotive, personal communication, 24/01/2019
26. Courtesy of Otto Preiss, ABB, personal communication, 28/02/2019
27. Courtesy of Raphael Dölker, EnBW, personal communication, 05/12/2018
28. Courtesy of Martin Watzlawek, REHAU Automotive, personal communication, 24/01/2019
29. Courtesy of Falk Bothe, Volkswagen, personal communication, 14/11/2018
30. Courtesy of Andreas Sturm and Matthias Häne, Bank Cler, personal communication, 29/11/2018
31. Courtesy of Kurt Straub, Hyatt International, personal communication, 12/01/2019
32. Courtesy of Pietro Supino, TX Group, personal communication, 28/02/2019
33. Courtesy of Falk Bothe, Volkswagen, personal communication, 14/11/2018
34. Courtesy of Uli Huener, EnBW, personal communication, 05/12/2018
35. Courtesy of Jean-Charles Deconninck; Generix Group, personal communication, 22/03/2019
36. Courtesy of Chief Digital Officer, discount retailer, personal communication, 28/03/2019
37. Courtesy of Markus Schmidt, formerly at Bosch Automotive Electronics, 02/12/2019
38. Courtesy of Benedikt Schell and Tom Schneider, Mercedes-Benz Bank; personal communication, 25/02/2019
39. Courtesy of Stefan Wolf, ElringKlinger, personal communication, 21/01/2019
40. *Harvard Business Review*; https://hbr.org/2019/03/educating-the-next-generation-of-leaders
41. Korn Ferry Institute; https://www.kornferry.com/institute/leaders-for-a-digital-transformation
42. Korn Ferry Institute; https://www.kornferry.com/institute/leaders-for-a-digital-transformation
43. Courtesy of Otto Preiss, ABB, personal communication, 28/02/2019
44. Courtesy of Uli Huener and Raphael Dölker, EnBW, personal communication, 05/12/2018
45. Courtesy of Hermann Bach, Covestro, personal communication, 26/11/2018; Courtesy of Thorsten Lampe, Asellion, personal communication, 19/12/2019
46. Courtesy of Eric Chaniot, Michelin, personal communication, 27/02/2019

Chapter 7　人材:何を人材に求め、未来の戦力をどう構築するか?

1. The Boston Consulting Group; https://www.bcg.com/publications/2017/people-organization-technology-how-gain-develop-digital-talent-skills.aspx
2. Technical University of Munich and SAP. "Initiative for Digital Transformation Survey," 2017.
3. Organization for Economic Co-operation and Development; http://www.oecd.org/officialdocuments/publicdisplaydocumentpdf/?cote=DSTI%2FICCP%2FIIS(2015)10%2FFINAL&docLanguage=En
4. McKinsey & Company; https://www.mckinsey.com/featured-insights/future-of-work/skill-shift-automation-and-the-future-of-the-workforce
5. Courtesy of Benedikt Schell and Tom Schneider, Mercedes-Benz Bank; personal communication, 25/02/2019

6. Courtesy of Claus Fleischer, Bosch eBike Systems, personal communication, 12/11/2018
7. CNBC; https://www.cnbc.com/2019/03/05/how-millennials-and-gen-z-are-reshaping-the-future-of-the-workforce.html
8. Courtesy of Martin Watzlawek, REHAU Automotive, personal communication, 24/01/2019
9. Courtesy of Carola Wahl, formerly AXA, personal communication, 14/12/2018
10. Courtesy of former executive, Scandinavian bank, 22/01/2019
11. Courtesy of Bertrand Bodson, Novartis, personal communication, 18/01/2019
12. *Financial Times*; https://www.ft.com/content/7e25ed88-317f-11e8-b5bf-23cb17fd1498
13. Novartis; https://www.novartis.com/news/novartis-and-microsoft-announce-collaboration-transform-medicine-artificial-intelligence; Microsoft; https://news.microsoft.com/2019/10/01/novartis-and-microsoft-announce-collaboration-to-transform-medicine-with-artificial-intelligence
14. Courtesy of Bertrand Bodson, Novartis, personal communication, 18/01/2019
15. Courtesy of Carola Wahl, formerly AXA, personal communication, 14/12/2018
16. Courtesy of former senior executive, BTPN / Jenius, personal communication, 19/11/2018
17. Courtesy of Patrick Marc Graf, luxury watches and jewelry retailer, personal communication, 10/01/2019
18. Courtesy of Mirco Mäder, Kollibri / PostAuto, personal communication, 07/12/2018
19. Courtesy of Sebastien Szczepaniak, Nestlé, personal communication, 01/02/2019
20. Courtesy of Gisbert Rühl, Klöckner & Co, personal communication, 31/01/2019
21. Courtesy of Stefan Stroh, Deutsche Bahn, personal communication, 28/01/2019
22. The Boston Consulting Group; https://www.bcg.com/publications/2017/people-organization-technology-how-gain-develop-digital-talent-skills.aspx
23. Samantha McLaren; https://business.linkedin.com/talent-solutions/blog/recruiting-tips/2018/5-innovative-ways-to-find-digitally-savvy-talent-when-its-in-short-supply
24. Courtesy of Norman Willich and Alexander Maute, Eissmann, personal communication
25. McKinsey & Company; https://www.mckinsey.com/featured-insights/employment-and-growth/independent-work-choice-necessity-and-the-gig-economy
26. Courtesy of Chief Digital Officer, globally leading food product corporation, personal communication, 07/11/2018
27. Courtesy of Raphael Dölker, EnBW, personal communication, 05/12/2018
28. Courtesy of Ian Roberts, Bühler, personal communication, 08/01/2019
29. IBM; https://www.ibm.com/services/learning/ites.wss/zz-en?pageType=page&c=N807151X80720G91; https://www.ibm.com/blogs/ibm-training/ibm-is-building-the-future-of-new-collar-jobs-with-digital-badges-published-in-evolllution

30. McKinsey & Company; https://www.mckinsey.com/featured-insights/future-of-work/retraining-and-reskilling-workers-in-the-age-of-automation
31. Courtesy of Otto Preiss, ABB, personal communication, 28/02/2019
32. Courtesy of Raphael Dölker, EnBW, personal communication, 05/12/2018
33. Courtesy of Benedikt Schell and Tom Schneider, Mercedes-Benz Bank; personal communication, 25/02/2019
34. Courtesy of Andreas Sturm and Matthias Häne, Bank Cler, personal communication, 29/11/2018
35. Courtesy of Philipp Leutiger, LafargeHolcim, personal communication, 22/10/2018
36. Courtesy of Gisbert Rühl, Klöckner & Co, personal communication, 31/01/2019
37. Daniel H. Pink; https://www.danpink.com/drive
38. Courtesy of Bastian Gerhard, formerly Zalando / now Alpiq, personal communication, 02/05/2019

Chapter 8　文化：どのように組織を活気づけ、団結を促進するか？

1. Cameron, Kim S., Quinn, Robert. E. *Diagnosing and Changing Organizational Culture: Based on the Competing Values Framework*. San Francisco: Jossey-Bass, 2011; Gontard, Maximilian. *Unternehmenskultur und Organisationsklima*. München: Hampp, 2002; Hofstede, Geert. *Culture's Consequences: Comparing Values, Behaviors, Institutions, and Organizations Across Nations*. Thousand Oaks: Sage, 2001; Holleis, Wilfried. *Unternehmenskultur und moderne Psyche*. Frankfurt am Mein/New York: Campus, 1987; Sackmann, Sonja. *Unternehmenskultur: Erkennen – Entwickeln – Verändern*. Wiesbaden: Springer Fachmedien, 2017; Schein, Edgar H. *Organizational Culture and Leadership*. Hoboken: Wiley, 2017
2. The Boston Consulting Group; https://www.bcg.com/de-de/publications/2018/not-digital-transformation-without-digital-culture.aspx
3. *Financial Times*; https://www.ft.com/content/f5f79cfc-8228-11e5-a01c-8650859a4767
4. *Harvard Business Review*; https://hbr.org/2018/01/the-culture-factor
5. Courtesy of Bernard Leong, formerly SingPost / now Amazon Web Services, personal communication, 08/02/2019
6. Courtesy of Eric Chaniot, Michelin, personal communication
7. Courtesy of Thomas Grübel, Govecs, personal communication, 28/01/2019
8. The Boston Consulting Group; https://www.bcg.com/de-de/publications/2018/not-digital-transformation-without-digital-culture.aspx
9. The Boston Consulting Group; https://www.bcg.com/de-de/publications/2018/not-digital-transformation-without-digital-culture.aspx
10. Courtesy of Thorsten Lampe, Asellion, personal communication, 19/12/2018
11. The Boston Consulting Group; https://www.bcg.com/de-de/publications/2018/not-digital-transformation-without-digital-culture.aspx
12. *Harvard Business Review*; https://hbr.org/2019/01/the-hard-truth-about-innovative-cultures
13. The Lean Startup; http://theleanstartup.com
14. Courtesy of David Hengartner, Swisscom, personal communication, 10/12/2018
15. Courtesy of Ian Roberts, Bühler, personal communication, 08/01/2019

16. Courtesy of Mark Jacob, Dolder Hotel, personal communication, 23/01/2019
17. *Harvard Business Review*; https://hbr.org/2018/07/4-ways-to-create-a-learning-culture-on-your-team
18. *Harvard Business Review*; https://hbr.org/2018/07/4-ways-to-create-a-learning-culture-on-your-team
19. TechCrunch; https://techcrunch.com/2019/07/11/amazon-invests-700-million-to-retrain-a-third-of-its-u-s-workforce-by-2025; Amazon; https://press.aboutamazon.com/news-releases/news-release-details/amazon-pledges-upskill-100000-us-employees-demand-jobs-2025
20. Zuri Kemp; https://blog.google/technology/ai/learn-google-ai-making-ml-education-available-everyone; Google; https://ai.google/education
21. McKinsey & Company; https://www.mckinsey.com/business-functions/organization/our-insights/building-the-workforce-of-tomorrow-today
22. McKinsey & Company; https://www.mckinsey.com/business-functions/strategy-and-corporate-finance/our-insights/the-strategy-and-corporate-finance-blog/digital-success-requires-a-digital-culture
23. McKinsey & Company; https://www.mckinsey.com/business-functions/strategy-and-corporate-finance/our-insights/the-strategy-and-corporate-finance-blog/digital-success-requires-a-digital-culture
24. Courtesy of Konstantin Speidel, Allianz Global Investors, personal communication, 01/02/2019
25. The Lean Startup; http://theleanstartup.com
26. Courtesy of Ian Roberts, Bühler, personal communication, 08/01/2019
27. Courtesy of Deborah Sherry, formerly GE Digital / now AWS, personal communication, 23/01/2019
28. 難しい場合でも変化を定着させるための優れた事例については、以下を勧める。*Switch* by the Heath Brothers（邦題『スイッチ！』チップ・ハース、ダン・ハース著、千葉敏生訳、早川書房、2013）.
29. *Harvard Business Review*; https://hbr.org/webinar/2018/12/leading-the-agile-organization, https://hbr.org/2018/05/agile-at-scale; The Boston Consulting Group; https://www.bcg.com/de-de/digital-bcg/agile/large-scale-agile-transformation.aspx; McKinsey & Company; https://www.mckinsey.com/business-functions/organization/our-insights/agility-it-rhymes-with-stability, https://www.mckinsey.com/business-functions/organization/our-insights/going-from-fragile-to-agile, https://www.mckinsey.com/business-functions/organization/our-insights/the-five-trademarks-of-agile-organizations
30. McKinsey & Company; https://www.mckinsey.com/business-functions/digital-mckinsey/our-insights/an-operating-model-for-company-wide-agile-development
31. Corporate Rebels; https://corporate-rebels.com/haier
32. Harvard Business Review; https://hbr.org/webinar/2018/12/leading-the-agile-organization, https://hbr.org/2018/05/agile-at-scale; The Boston Consulting Group; https://www.bcg.com/de-de/digital-bcg/agile/large-scale-agile-transformation.aspx; McKinsey & Company; https://www.mckinsey.com/business-functions/organization/our-insights/agility-it-rhymes-with-stability, https://www.mckinsey.com/business-functions/organization/our-insights/going-from-fragile-to-agile, https://www.mckinsey.com/business-functions/organization/our-insights/the-five-trademarks-of-agile-organizations
33. Courtesy of Uli Huener, EnBW, personal communication, 05/12/2018
34. Courtesy of Thorsten Lampe, Asellion, personal communication, 19/12/2018

35. *Harvard Business Review*; https://hbr.org/2016/04/the-secret-history-of-agile-innovation
36. Hasso-Plattner-Institut; https://hpi-academy.de/en/design-thinking/what-is-design-thinking.html
37. *Harvard Business Review*; https://hbr.org/2017/11/what-managers-need-to-know-about-social-tools, https://hbr.org/ideacast/2018/02/make-tools-like-slack-work-for-your-company; Asana; https://asana.com; Trello; https://trello.com; Microsoft; https://products.office.com/en-us/microsoft-teams/group-chat-software, https://products.office.com/en-us/yammer/yammer-overview; Slack; https://slack.com
38. Bain & Company; https://www.bain.com/insights/agile-innovation
39. The Boston Consulting Group; https://www.bcg.com/publications/2019/why-agile-works.aspx
40. Bain & Company; https://www.bain.com/insights/agile-innovation
41. The Boston Consulting Group; https://www.bcg.com/publications/2019/why-agile-works.aspx
42. The Boston Consulting Group; https://www.bcg.com/digital-bcg/agile/software-agile.aspx
43. The Boston Consulting Group; https://www.bcg.com/publications/2019/why-agile-works.aspx
44. Courtesy of Gisbert Rühl, Klöckner & Co, personal communication, 31/01/2019
45. Courtesy of Martin Watzlawek, REHAU Automotive, personal communication, 24/01/2019
46. Courtesy of Ian Roberts, Bühler, personal communication, 08/01/2019
47. Courtesy of Thorsten Lampe, Asellion, personal communication, 19/12/2018
48. Courtesy of Andreas Sturm and Matthias Häne, Bank Cler, personal communication, 29/11/2018
49. Courtesy of Thorsten Müller, formerly Osram, personal communication, 27/11/2018
50. Courtesy of Reiner Fageth, CEWE, personal communication, 20/11/2018
51. Courtesy of Andreas Opelt, Saubermacher, personal communication, 23/10/2018
52. Courtesy of Thomas Frésard, Contexta, personal communication, 02/05/2019
53. Courtesy of Philipp Wetzel, AMAG, personal communication, 06/05/2019
54. Courtesy of Chief Digital Officer, discount retailer, personal communication, 28/03/2019
55. Courtesy of Chief Digital Officer (former), chemical and consumer goods company, personal communication, 14/01/2019
56. Courtesy of Gisbert Rühl, Klöckner & Co, personal communication, 31/01/2019
57. Courtesy of Katharina Herrmann, ING, personal communication, 10/01/2019
58. Courtesy of Carola Wahl, formerly AXA, personal communication, 14/12/2018
59. Courtesy of Eric Chaniot, Michelin, personal communication, 27/02/2019
60. Courtesy of Bernard Leong, formerly SingPost / now Amazon Web Services, personal communication, 08/02/2019

Chapter 9　楽しむためではなく、結果を求めて実行する

1. Fortune; http://fortune.com/2014/09/25/why-startups-fail-according-to-their-founders
2. Baghai, Mehrdad, Coley, Stephen, and White, David. *The Alchemy of Growth.* New York: Perseus Publishing, 1999
3. McKinsey & Company; https://www.mckinsey.com/business-functions/strategy-and-corporate-finance/our-insights/enduring-ideas-the-three-horizons-of-growth
4. *Harvard Business Review*; https://hbr.org/2019/02/mckinseys-three-horizons-model-defined-innovation-for-years-heres-why-it-no-longer-applies
5. Courtesy of Philipp Wetzel, AMAG, personal communication, 06/05/2019
6. Courtesy of Falk Bothe, Volkswagen, personal communication, 14/11/2018
7. Ries, Eric. *The Lean Start-up: How Today's Entrepreneurs Use Continuous Innovation to Create Radically Successful Businesses*. New York: Crown Publishing, 2011
8. World Economic Forum; http://reports.weforum.org/digital-transformation/wp-content/blogs.dir/94/mp/files/pages/files/digital-enterprise-narrative-final-january-2016.pdf
9. Courtesy of senior executive, technology company, personal communication, 18/02/2019
10. *Harvard Business Review*; https://hbr.org/2018/02/why-financial-statements-dont-work-for-digital-companies. New Yorker; https://www.newyorker.com/tech/annals-of-technology/in-silicon-valley-now-its-almost-always-winner-takes-all; CNN; https://money.cnn.com/2013/11/07/technology/social/twitter-ipo-stock/index.html; Forbes; https://www.forbes.com/sites/parmyolson/2014/10/06/facebook-closes-19-billion-whatsapp-deal/#7d5f78a95c66; New York Times; https://www.nytimes.com/2018/01/24/business/ge-earnings.html
11. Courtesy of Falk Bothe, Volkswagen, personal communication, 14/11/2018
12. Venture Beat; https://venturebeat.com/2019/04/26/5-companies-are-testing-55-self-driving-cars-in-pittsburgh
13. BMW; https://www.bmw.com/en/automotive-life/autonomous-driving.html
14. Courtesy of Olaf Frank, Munich Re, personal communication, 11/02/2019
15. Courtesy of Falk Bothe, Volkswagen, personal communication, 14/11/2018
16. Courtesy of Arnaud Zeitoun, BNP Paribas, personal communication, 05/12/2018
17. Lunney, John, Lueder, Sue, and O'Connor, Gary; https://rework.withgoogle.com/blog/postmortem-culture-how-you-can-learn-from-failure
18. Forbes; https://www.forbes.com/sites/greatspeculations/2019/03/25/after-a-strong-performance-in-q3-2019-would-focus-on-digital-platform-drive-nikes-growth/#75ca2bab35e5; digirupt.io; https://digirupt.io/digital-transformation-helps-drive-nikes-earnings-run
19. Forbes; https://www.forbes.com/sites/pamdanziger/2019/03/01/nike-the-worlds-most-valuable-fashion-brand-declares-2019-its-year-for-women/#acd106419d3e
20. Courtesy of Cristian Citu, World Economic Forum, personal communication, 21/12/2018; World Economic Forum; http://reports.weforum.org/digital-transformation/introducing-value-at-stake-a-new-analytical-tool-for-understanding-digitalization, http://reports.weforum.org/digital-transformation/wp-content/blogs.dir/94/mp/files/pages/files/dti-

executive-summary-20180510.pdf

21. Courtesy of former executive, Scandinavian bank, personal communication, 22/01/2019

Conclusion　すべてを組み込んで企業は生まれ変わる

1. Courtesy of former senior executive, BTPN / Jenius, personal communication, November 19, 2018

APPENDIX

付録

参考資料

読者のみなさんがDXに乗り出すにあたり成功へ向けた道筋を示さなければ、本書は実用的なガイドブックとは言えないだろう。これまで数多くの事例、ベストプラクティス、気をつけてほしい落とし穴などを紹介してきたが、さらに、DXの行程を進めるための地図をお見せして、この道のりへ送り出したいと思う。冗談ではなく、文字通りの地図だ。地図のようなツールになっている。

本書を構成する要素、Why（なぜ行動するのか？）、What（何をするのか？）、How（どのように実現するのか？）、Where（どこで結果を見るか？）のそれぞれについて、ツールがある。ただ見るだけではなく、実際に使うツールだ。いずれも、DXの過程で、どこにいるか、前はどこにいたか、次にどこへ向かうかについて考えをまとめる助けになるものだ。本書のベストプラクティスを参考に、現状を分析し選択肢を立案し次のステップの優先づけをするのに役に立つ。

本書のツールを使って、秘密の部屋で戦略を練るのもいいが、DXチームと共同でいろいろ試しながら使うのが最適だ。みんなで集まることは、DXの問題解決に向けて知恵を出し合うのに役立つし、組織で行うあらゆることの基準値をつくるためにも必要だ。DXの取り組みは実にさまざまな形で組織内に広がっていく、ということを私たちはたびたび見聞きしてきた。だから、現状について共通の理解を持つことは、組織で協調して取り組むための第一歩なのだ。最初の段階でも、またその先へ続く段階でも、チーム全体で取り組むのが最もよい。このツールをチームで考えるうえでの指針として活用し、本書のプロセスに沿って進めていこう。

各ツールのテンプレートをウェブサイト（www.thedigitaltransformersdilemma.com）から入手できるので（訳注：このウェブサイトで入手できるのは英語版のテンプレート）、プリントアウトして（拡大するといい）、実際にワークショップで使ってみよう。このツールの使い方をわかりやすく説明するために、架空の会社の事例を想定して記載例も作成したので掲載する。

Why（なぜ行動するのか?）のツールでは、中核事業の最適化を図る理由と、劇的に新しく、破壊的な事業アイデアの潜在性を併記する（図10.1）。あなたの考えを付箋に書いて、S1曲線とS2曲線でDXを行う推進力になっているのは何かを見定め、理由を確認しよう。

図10.1　Whyのツール

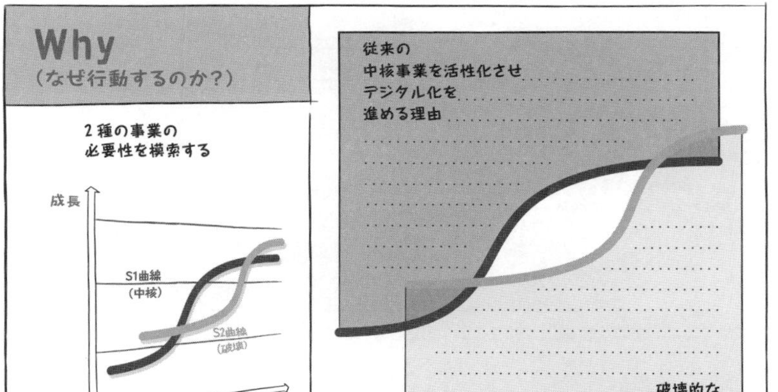

出典：S字曲線の図は、以下に基づく。
Gabriel Tarde. *The Laws of Imitation*. New York: Henry Holt and Company, 1903.

What（何をするのか?）のツールは、3つの部分からできている（図10.2）。1つ目は、包括的な戦略、S1曲線の戦略、S2曲線の戦略で、2つのS字曲線の連携を図るための要素も示している。2つ目の部分は、ビジネスモデルについて構想をまとめるのに役に立つ。ビジネスモデルのピラミッドの4つの部分について付箋に書き込みをし、S1曲線とS2曲線のビジネスモデルの構想を考えよう。連携の欄には、両方のS字曲線に共通し、さらに活用可能な要素を記入する。3つ目は、ビジネスモデルとテクノロジーの軸による各種プロジェクトの可視化であり、各種プロジェクトの優先づけにも役立つ。

図10.2　Whatのツール

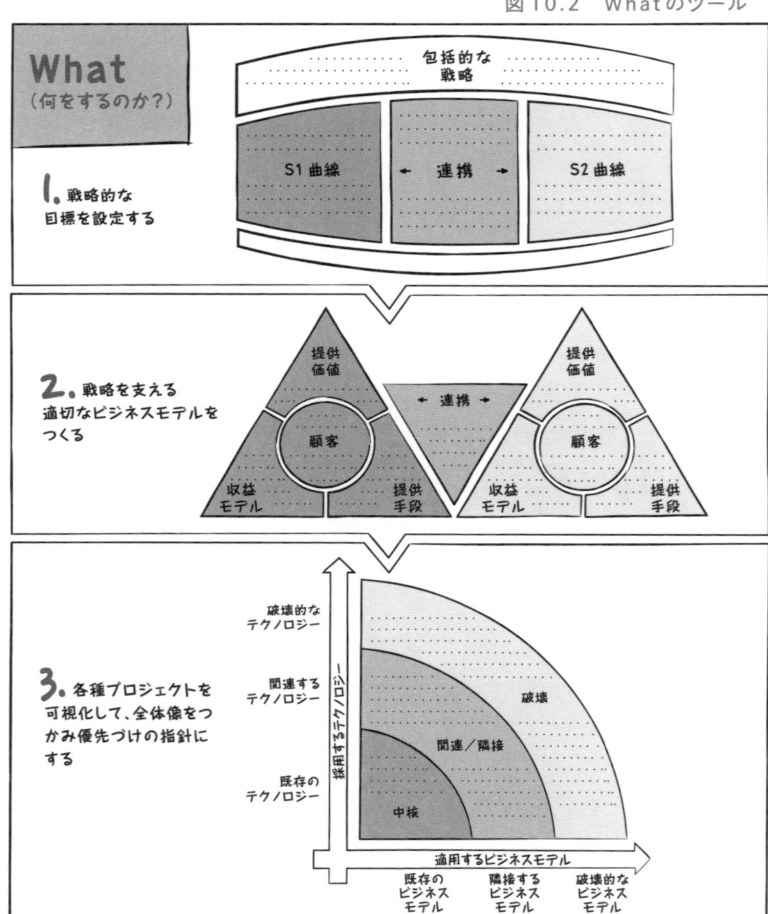

出所：ビジネスモデルの図は、以下に基づく。
Oliver Gassmann, Karolin Frankenberger, Michaela Csik. *The Business Model Navigator*. 1st Edition. ©2014. Reprinted by permission of Pearson Education.

How（どのように実現するのか?）のツールは、本書の最も重要な部分である（図10.3）。Howの6つの軸についてS1曲線、S2曲線、2つのS字曲線の連携のそれぞれを記載する。このツールは、現状評価や目指すレベルの設定に使用できる。すでに起こったことを評価する振り返りのツールとして使っても、次のステップを具体的に決めるために将来を検討するツールとして使ってもよく、状況に応じて使い方を決める。私たちのおすすめは両方のツールとして使うことだ。

図10.3 Howのツール

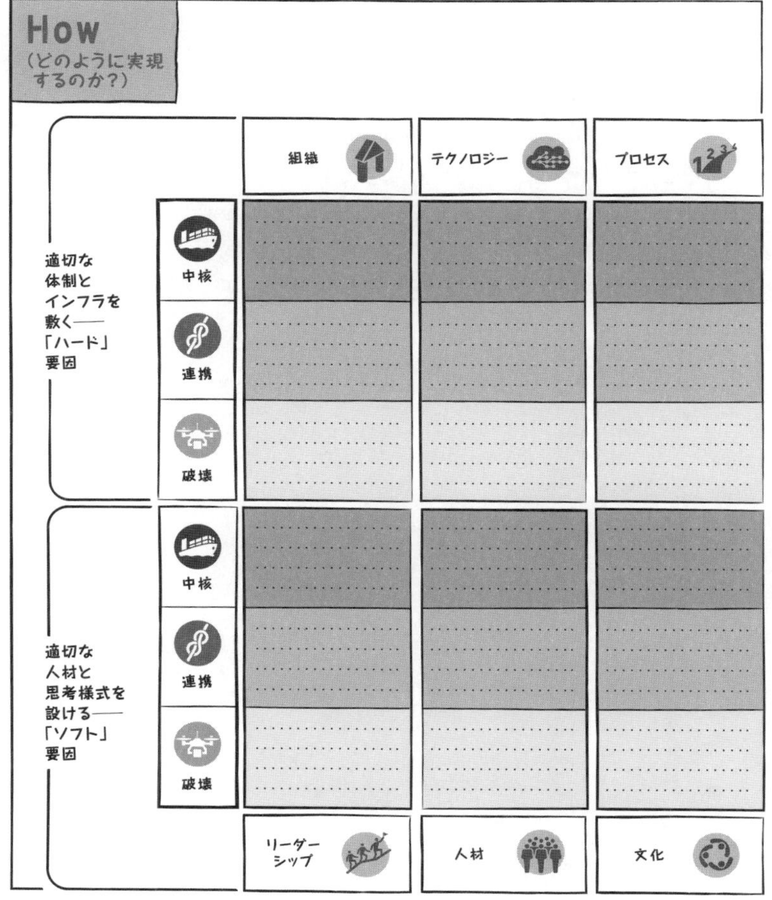

How（どのように実現するのか?）は、極めて重要なので、ちょっとした工夫をつけ加えた。各章の最後に掲載した参考事例のエッセンスを数行でまとめるのは無理があるかもしれないが、試みとして、Howに関わる事項をそれぞれ最も大事な要点に絞り込んでみた（図10.4）。この最重要事項をまとめた要約を、遠くから俯瞰した絵のように見てほしい。そして、白紙だったツールを全部完璧に埋めた「回答表」としてではなく、自分たちの議論のきっかけとして使ってほしい。

最後に、Where（どこで結果を見るか?）のツールは、2つのS字曲線のKPIを設定するのに役立つ（図10.5）。それぞれのS字曲線に適した定性的KPIと定量的KPIを適切に組み合わせて選び（ツールの1番目のセクション）、これらのKPIをどの時点で使うか、付箋に書いてS字曲線上に置いてみよう。これは、マクロレベル（全社レベルでのDXを評価するKPI）でも、ミクロレベル（個別の戦略プロジェクトを評価するKPI）でも試してみることができる。ここでも、両方を試みることをおすすめする。

そのほか数多くの資料があるので、私たちのウェブサイト（www.thedigitaltransformersdilemma.com）を利用してほしい。

あと言い残したのはこれだけだ。さあ、DXに舵を切れ！

図10.4　Howのツールの活用例

DXをどのように進めるか？

		組織	テクノロジー	プロセス
		組織 両方の S字曲線に 役立つ 柔軟な組織をつくる 	**テクノロジー** テクノロジーを 変革の 推進力として 活用 	**プロセス** 両S字曲線を 支える プロセス面の しくみを敷く 
（インフラ）構造	 中核	**全社デジタル部門**を立ち上げる。この部門がデジタルに関する課題を統括し、事業部門を越えプロジェクトを調整し外部との連携を図る。	DXにおいて、**IT部門**が欠かすことのできない重要な**パートナー**となるように、IT部門、事業部門、間接部門が強固な連携体制をとる。	**アジャイルのプロセス**を採用しDXの取り組みを行う。中核事業からの人材の参画を奨励し、中核事業によるオーナーシップと支援を確実にする。
	 連携	2つのS字曲線のあいだで効果的な**組織の連携**をつくり、連携によりシナジー効果が生まれるようにする。（たとえば、全社組織の監督と管理のもと）	**レガシーITと最新ITの統合**を図る。まず二段変速ITを確立し、最終段階に向け徐々にアジャイルの原則を広げていく。	S1曲線とS2曲線の異なるプロセスを結びつける、「統合マネージャー」または**ゲートキーパー**を立てる。
	 破壊	S2曲線の事業を中核事業から**切り離す**ことで、より柔軟にまた自由に動けるようにする。会社の内部と外部で行っているベンチャー事業に対し**バランスのとれたアプローチ**をとる。	新しい**テクノロジー**とビジネスモデルイノベーションの**結合**によりどのように新しい価値が生まれるかを検証し、**フォーカスグループ**をつくって先進技術に関する先行調査と教育を行う。	プロジェクトの統制に関する**新しい規則**を制定する。アイデアや進捗を評価するときは、**VC的な方法**を用いる。
能力と考え方	 中核	S1曲線のリーダーが**変革のリーダーシップ**のスタイルを経験し**変化**していけるようにする。十分な研修と（リバース）メンタリングを行う。	会社内部と労働市場の長期的、将来的な可能性に向けた投資として、社内にいる人材の**再研修**、**配置替え**を実施する。	会社に深く根付いている歴史的な**価値観**は、新しい（デジタル）戦略に反しない限り**尊重**し、少しずつ新しい思考と行動様式を導入する。
	 連携	S1曲線とS2曲線のリーダーのあいだの**連帯**を調整し、透明性を確保して、リーダーたちが批判し合うことなく交流できる環境をつくる。	S1曲線とS2曲線の人材が常に交流できるようにする。**DXチームから中核事業への働きかけや**、社員の部署間の移動を通じて行う。	**（社内上層部の）同志**に会社全体の**文化の変革を起こす触媒**のような働きをしてもらってメッセージを広め、文化の変革に向けた草の根からの動きを促す。
	 破壊	社員に権限と刺激を与え、社員のやる気を引き出すような、S 2曲線の変革のリーダーを、リーダーシップ研修などを通じて養成し主に**社内から人材を集める。**	速やかに必要な技能を強化するには、求められるスキル、経験、考え方を持った人材を**新規雇用**か**契約雇用**で獲得する。	**新しいマインドセット、組織構造、働き方**により、顧客中心主義を促進し、生涯学習を奨励し、失敗に寛容な雰囲気があるアジャイル組織をつくり出す。
		リーダーシップ 変革の 原動力になる リーダー層を 構築する 	**人材** 将来に向け 「適切なスキル」 を持った DXの人材を構築する 	**文化** 思考と 行動様式を変え、 変革の 文化を起こす 

図10.5 Whereのツール

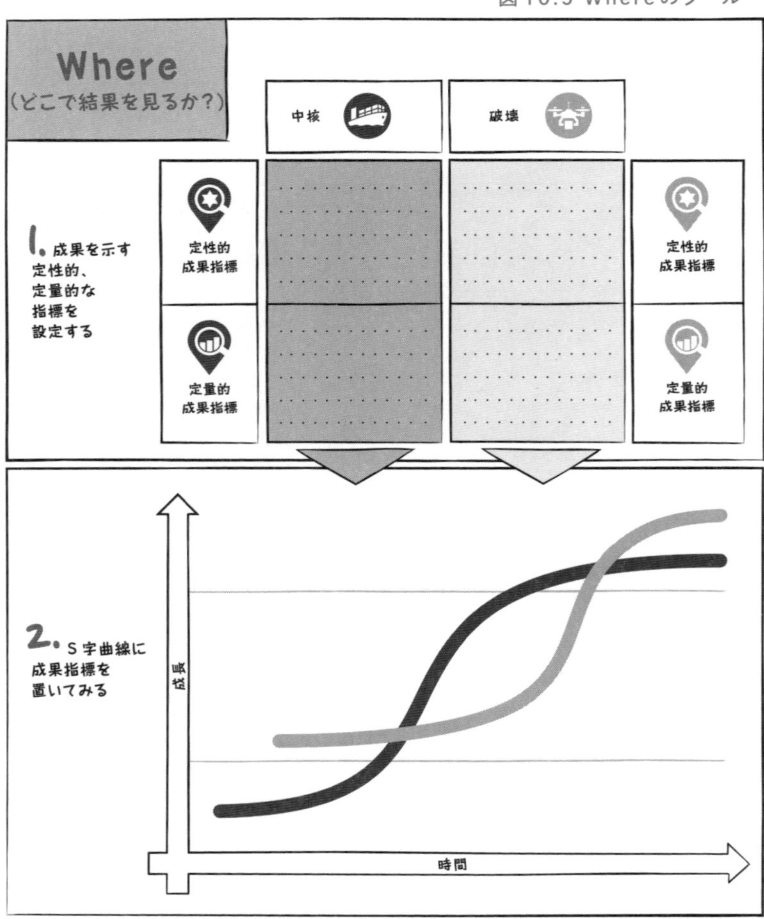

出典:S字曲線の図は、以下に基づく。
Gabriel Tarde. *The Laws of Imitation*. New York: Henry Holt and Company, 1903.

謝辞

本書の表紙には4人の著者の名前が記されているが、貴重な時間をさいて示唆に富む話をしてくれた多くの素晴らしい方々がいなければ、この本のページは白紙のままだっただろう。本書には、100社を超える世界有数の企業や組織の事例やエピソードを数多く掲載している。これら企業の上層部の方々が、DXに関する鋭い考えやこれまでの困難、ベストプラクティスを惜しげもなく披露してくれたおかげだ。この方々の率直な話から、私たちはDXを形づくる枠組みを引き出すことができ、また熱心な姿勢にたびたび触発され、本書の執筆にいっそうの力がこもった。この人たちにとって、4人の著者が求めていることに答えるため貴重な時間をさく必要などなかったはずだ。私たちはずっと感謝の気持ちを忘れない。快く協力してくれたことをありがたく思うと同時に、DXの道のりでこの人たちが成し遂げたことやこれから達成しようとしていることに深い感銘を受けた。そうしたことを伝え正当に評価するために描いた絵として、本書が役立てばと思っている。

本書執筆の協力者として次の方々のお名前をここに記し、感謝を申し上げる。

アイスマン社（Eissmann）IT＆ビジネスサービスディレクター
アレクサンダー・マウタ氏

リープヘル家電社（Liebherr Hausgeräte）
Eビジネスコンシューマー＆コア製品ソリューション責任者
アンドレアス・ジーサ氏

サウバマッハ社（Saubermacher）最高マーケティング責任者
アンドレアス・オペルト氏

バンク・クレル銀行（Bank Cler）（前）取締役会会長
アンドレアス・シュトゥルム氏

ドイチェ・ファンドブリーフバンク社（Deutsche Pfandbriefbank）
デジタル化副ディレクター　アナ・ニューマイアー氏
ABB社サウジアラビア法人高電圧製品事業部門地域担当部長
アントン・トレンプ氏
BNPパリバ社（BNP Paribas）スイス法人変革担当最高経営責任者代理
アルノー・ゼトゥン氏
イプセン・ファーマ社（Ipsen Pharma）
ベトナム/ラオス/カンボジア/ミャンマー地域責任者
オーレリー・ピカード氏
ワッカー・ケミー社（WACKER Chemie AG）（前）フロントエンド担当CDO
アクセル・シュミット氏
ザランド社（Zalando）オイスターラボ長、（前）イノベーション責任者
バスティアン・ガーハード氏
メルセデス・ベンツ・バンク社（Mercedes-Benz Bank）経営委員会議長
ベネディクト・シェル氏
シングポスト社（SingPost）（前）郵便局ネットワーク&デジタルサービス責任者
バーナード・レオン氏
エースクラップ社（Aesculap）イノベーション責任者　ベルント・レック氏
ノバルティス社（Novartis）最高デジタル責任者　バートランド・ボドソン氏
サン・アート・リテール社（Sun Art Retail）（前）最高経営責任者兼上級取締役
ブルーノ・マーシエ氏
アクサ社スイス法人（AXA Switzerland）（前）変革&市場統括最高責任者
カロラ・ウォール氏
リープヘル家電社（Liebherr Hausgeräte）（前）スクラムマスター
クリスチャン・ワーブ氏
シンドラー社（Schindler）業務責任者　クリスチャン・シュルツ氏
デノヴォ社（Denovo）業務執行社員　クリストフ・ストロンバーガー氏
ボッシュイーバイクシステムズ社（Bosch eBike Systems）最高経営責任者
クラウス・フライシャー氏
世界経済フォーラム DXリーダー　クリスチャン・シトゥ氏
スイスコム社（Swisscom）社内起業部門責任者　デイヴィッド・ヘンガートナー氏
ネスレ社（Nestlé）需要計画分析担当グローバルリーダー　デーヴィス・ウー氏

GEデジタル社（GE Digital）欧州法人
（前）欧州/ロシア/CIS（独立国家共同体）担当最高商務責任者
デボラ・シェリー氏
オスラム・コンチネンタル社（OSRAM Continental）最高経営責任者
ダーク・リンツメアー氏
ワッカー・ケミー社（WACKER Chemie）最高デジタル責任者
ディルク・ラムホースト氏
H.モーザー社（H. Moser & Cie）最高経営責任者　エドゥアルド・メイラン氏
ミシュラン社（Michelin）最高デジタル責任者　エリック・チャニオット氏
フリックスモビリティ社（FlixMobility）中東欧部長　ファビアン・ステンガー氏
フォルクスワーゲン社（Volkswagen）DXオフィスディレクター
フォーク・ボース氏
ボッシュ社（Bosch）コーポレートIT部長　フロリアン・バンコリー氏
スイスパスヘルス社（Swisspath Health）業務執行社員　ギエリ・カトーマス氏
クロックナー社（Klöckner & Co）最高経営責任者　ギスバート・ルール氏
IDBS社（前）国際担当部長　グリン・ウィリアムズ氏
ウニクレディト銀行オーストリア法人最高財務責任者
グレゴール・ホーフスタッター＝ポブスト氏
ホルバス＆パートナーズ社（Horváth & Partners）パートナー
ハラルド・ブロッドベック氏
コベストロ社（Covestro）
イノベーションマネジメント＆コマーシャルサービス責任者
ハーマン・バック氏
ビューラー社（Bühler）最高技術責任者　イアン・ロバーツ氏
シーメンス社（Siemens）デジタルインダストリーズ事業 最高執行責任者
ヤン・ムロジク氏
ジェネリクス・グループ（Generix Group）取締役会会長
ジャン＝シャルル・デコニンク氏
V-ZUG社リース責任者
V-ZUGサービス社（V-ZUG Services）代表取締役　ユリアン・シュベルト氏
ING社プラットフォーム・ビヨンドバンキング部門グローバル責任者
カタリーナ・ハーマン氏

アリアンツ・グローバル・インベスターズ社（Allianz Global Investors）
DX担当部長　コンスタンティン・スパイデル氏
ハイアット・インターナショナル社（Hyatt International）
中東/アフリカ/南西アジア担当部長　カート・ストラウブ氏
シーメンス社（Siemens）オーストリア法人
デジタルエンタープライズ/インダストリー 4.0事業開発担当
レオナード・ムイッグ氏
ミベル・グループ（Mibelle Group）最高経営責任者　ルイジ・ペドロッキ氏
ドルダーホテル（Dolder Hotel）代表取締役　マーク・ジェイコブ氏
マイクロソフト社（Microsoft）スロベニア法人
デジタルアドバイザリー事業開発マネージャー　マルコ・カヴジッチ氏
アルピック社（Alpiq）（前）デジタル＆コマース部長　マーカス・ブロコフ氏
メトラー・トレド・インターナショナル社（Mettler-Toledo International）
デジタルビジネスサービス責任者　マーカス・コプフリ氏
ハウフェ・グループ（Haufe Group）最高経営責任者
マーカス・ライスウィズナー氏
SBBカーゴ社（SBB Cargo）最高変革責任者兼営業部門責任者
マーカス・ストレカイゼン氏
レーハウ・オートモーティブ社（REHAU Automotive）
戦略＆イノベーション責任者　マーティン・ワツラウェック氏
バンク・クレル銀行（Bank Cler）（前）戦略＆DX責任者　マティアス・ハーン氏
ミグロスグループ（Swiss MIGROS）傘下ミベル・グループ（Mibelle Group）
最高戦略責任者　マックス・コスタンティーニ氏
ワルター社（Walter）DX部長　マイケル・ヘップ氏
ドイチェ・ファンドブリーフバンク社（Deutsche Pfandbriefbank）デジタル化責任者
キャプヴェリアント社（CAPVERIANT）最高経営責任者
マイケル・スピーゲル氏
コミュナルクレディト社（Kommunalkredit）（オーストリア）人材開発責任者
マイケル・ワイス氏
コリブリ社（Kollibri）ポストオート部門（前）プロジェクトマネージャー
ミルコ・マーダー氏

コンテクスタ社（Contexta）オーナー兼プロジェクトマネジメント責任者
ナディーヌ・ボーター氏
アンハイザー・ブッシュ・インベブ社（Anheuser-Busch InBev）
（前）デジタルイノベーション責任者　ニコラス・ヴェルシェルデン氏
アイスマン社（Eissmann）（前）最高財務責任者　ノーマン・ウィリチ氏
ミュンヘン再保険会社（Munich Re）ビジネステクノロジー責任者
オラフ・フランク氏
エスティローダー社（Estée Lauder）スイス法人（前）ゼネラルマネージャー
オヌル・エルドアン氏
ABB社デジタル担当最高執行責任者　オットー・プリース氏
ネスレ社（Nestlé）広報部門
グローバルイシュー＆コミュニケーションマネージャー
オーウェン・ベセル氏
フォルシア社（Faurecia）最高経営責任者　パトリック・コレア氏
高級時計宝石小売業最高商務責任者　パトリック・マーク・グラフ氏
ラファージュホルシム社（LafargeHolcim）最高デジタル責任者
フィリップ・ルーティガー氏
AMAG社イノベーション＆ベンチャーラボ代表者　フィリップ・ヴェツェル氏
TXグループ（TX Group）会長兼発行人　ピエトロ・スピノ氏
カールスバーググループ（Carlsberg Group）デジタル担当シニアマネージャー
ピョートル・ジャシンスキー氏
EnBW社デジタルオフィス共同責任者　ドルカー氏
CEWE社最高技術責任者兼研究開発部門長　ライナー・ファゲス氏
エルベエレクトロメディジン社（Erbe Elektromedizin）
社長兼共同最高経営責任者　ライナー・テード氏
ホテルアトランティス バイ ジャルディーノ社（Hotel Atlantis by Giardino）
ゼネラルマネージャー　リカルド・ジャコメッティ氏
ワルター社（Walter）経理・IT部長　ルディガー・マンヘルツ氏
ザウラーグループ（Saurer Group）テクノロジーセンター副センター長
サーファー・ムラド氏
BASF社デジタル事業促進部長　サミー・ジャンダリ氏

キャップジェミニ・インベント社（Capgemini Invent）デジタルバンキング責任者
サンドラ・フィクト氏

INGディバ社（ING DiBa）オーストリア法人（前）アジャイルコーチ
セバスチャン・スケーリック氏

ネスレ社（Nestlé）Eビジネス部長　セバスチャン・セパニアック氏

エースクラップ社（Aesculap）社内起業＆共創部長　ゾレン・ローインガー氏

ドイツ鉄道（Deutsche Bahn）最高デジタル責任者　ステファン・ストロー氏

エルリングクリンガー社（ElringKlinger）最高経営責任者
ステファン・ウルフ氏

ビューラー社（Bühler）デジタル責任者　スチュアート・バッシュフォード氏

コンテクスタ社（Contexta）最高経営責任者　トマス・フレサード氏

ゴヴェックス社（Govecs）最高経営責任者　トマス・グルーベル氏

経営幹部教育教授、トランスフォーメーション専門家、独立取締役
トーマス・グッツウィラー氏

ミュラー・グループ（Müller Group）最高情報責任者　トーマス・パーライン氏

コベストロ社傘下アセリオン社（Covestro / Asellion）最高経営責任者
ソーステン・ランプ氏

オスラム社（Osram）（前）イノベーショングループシニアバイスプレジデント
ソーステン・ミュラー氏

メルセデス・ベンツ・バンク社（Mercedes-Benz Bank）最高変革責任者
トム・シュナイダー氏

EnBW社最高革新責任者　ウーリー・フエネル氏

ハイデルベルグ・ドラックマシーネン社（Heidelberger Druckmaschinen）
最高デジタル責任者　ウルリッヒ・ハーマン氏

エンバシージュエル社（Embassy Jewel）最高経営責任者
アース・キスリング氏

メルセデス・ベンツ・カーズ/ダイムラー社（Mercedes Benz Cars / Daimler）
（前）調達＆サプライヤー品質担当取締役　ウィルコ・スターク氏

エルベエレクトロメディジン社（Erbe Elektromedizin）情報システム部長
ウォルフガング・ワーズ氏

車両機器サプライヤー　自動車専門家

ディスカウントストア　最高デジタル責任者

化学製品消費者向け製品の国際的企業　（前）最高デジタル責任者

国際的大手食品製造会社	最高デジタル責任者
欧州のファッション小売業	(前)最高情報責任者
国際金融機関	コミュニケーション担当役員
欧州の国の中央銀行	管理職
北欧の銀行	(前)役員
欧州の国の中央銀行	デジタルオフィス責任者
国際金融機関	DXオフィス責任者
欧州の国の中央銀行	戦略担当責任者
国際金融機関	イノベーションマネージャー
欧州の銀行	上級取締役
BTPN社	(前)上級役員
欧州の銀行	(前)上級役員
イェルモリ社(Jelmoli)	(前)上級役員
米国のメディア・エンターテイメント企業	(前)上級役員
多業種コングロマリット	上級役員
多業種小売業	上級役員
高級ホテルチェーン	上級役員
テクノロジー企業	上級役員
国際金融機関	戦略担当シニアマネージャー

本書があるのは、こうした方々の協力のおかげだが、さらに、DXの専門家やそのほかの仲間たちが、本書の初期段階の構成や内容に目を通してくれた。彼らが私たちの着想に疑問を投げかけ意見をくれたことがよい刺激になり、私たちは構想を練り上げ考察を深めることができた。この人たちも、先に紹介した素晴らしい協力者の方々と同じく、多忙な生活のなかで私たちのために貴重な時間をさいてくれ、感謝しきれない思いだ。一部の方々についてここに記す。BMI Lab社のシンクタンク・フォーカスグループセミナー10に参加した方々、さまざまな講演、プレゼンテーション、ワークショップ、そのほか私たちの活動(2019年ピーター・ドラッカー・グローバルフォーラム、2019年Thinkers50会議、2019年NZZ X.Days、2019年世界観光フォーラムなど)に出席した方々。また私たちの研修に来た学生や企業幹部の方々は、活発な討論に参加し貴重なフィードバックをしてくれ、大変感謝している(ザンクトガレン大学のエグゼク

ティブMBAコース、MBAコース、大学院、学部生のみなさん、ほか）。

リンクトインのコミュニティにコメントと質問を寄せてくれた方々、私たちの著書のウェブサイト（www.thedigitaltransformersdilemma.com）を閲覧してくれた方々、そのほか初期段階の原稿の抜粋に目をとめ、私たちとディスカッションをしてくれたみなさんに感謝する。

また、仲間の研究者と大学関係者にも心からお礼を申し上げたい。初めのドラフトを手直ししさらに膨らませるうえで、示唆に富むコメント、意見、助言をいただいた。

本書が出来上がるまでに、さらに多くの方々に協力していただいている。グラフィックデザイナーのマルト・ベラウ氏はどこまでも献身的で、私たちのかなり変わった希望でも理解してかなえてくれた。リサーチアシスタントのキラ・プロシ氏はデータ分析を助けてくれた。ザンクトガレン大学の学生、トム・バウアー氏、ミレナ・ハスラー氏、エリサ・フロスト氏、カレド・シェーカー氏は、私たちの理論をもとにした考え方を引き継いでくれ、その研究成果が本書に反映されている。

最後になったが、私たちの力を信じ本書に貴重なアドバイスをくれたワイリー社の編集者、リチャード・ナラモア氏とジュリー・カー氏には、このうえなく感謝している。グラフィックデザイナーの方々は、本書で伝えたかったことを正確に捉え見事な表紙を作成してくれた。ワイリー社のチームの方々すべての名前を挙げられないのが残念だが、ヴィッキ・アダン氏、ヴィクトリア・アンロ氏、デビー・シンドラー氏、ジャヤラクシュミ・アーカティル・テヴァルカンディ氏にお世話になった（そして、タイプセッティング、編集、制作、販売そのほか力を貸してくれたすべての方々にも）。みなさんの素晴らしい協力で、本書は完成した。

INDEX

数字

A-F

I-R

S-Z

あ-お

か-こ

さ-そ

た-と

な-の

は-ほ

ま-も

や-よ

ら-ろ

わ

著者紹介

カロリン・フランケンバーガー（Karolin Frankenberger）

ザンクトガレン大学（スイス）常勤教授で戦略イノベーションを担当。同大学経営戦略研究所長、エグゼクティブMBA学部長も務める。大学の前は、マッキンゼー・アンド・カンパニーに7年間勤務。（デジタル）ビジネストランスフォーメーション、ビジネスモデルイノベーション、エコシステム、循環型経済の研究で受賞歴があり、最近、時代の先端を行く世界的な経営思想を発信するThinkers50で月間賞に選ばれた。一流の学術雑誌、実務家向け雑誌に著作が頻繁に掲載されており、著書『The Business Model Navigator』（邦題『ビジネスモデル・ナビゲーター』［翔泳社］）は、ビジネスモデルイノベーションの基本的参考文献として知られる。自身でビジネス関係の団体を立ち上げ、世界各地で講演を行い、戦略とイノベーションについてさまざまな業種の企業幹部を支援している。ザンクトガレン大学で最優秀の成績で博士号を取得。ハーバードビジネススクールとコネチカット大学で博士課程客員研究員をしていた。家族は夫と子ども2人。

ハナ・メイヤー（Hannah Mayer）

ハーバードビジネススクール博士課程フェロー。ハーバード大学イノベーションサイエンス研究所にも参加し、DXとAIを活用したビジネスモデルの研究を行う。そのほか、博士課程の研究の一環として（デジタル）ビジネスのエコシステムとプラットフォームに関心を持ち、ザンクトガレン大学（スイス）で研究を完成した。デジタル化、イノベーション、テクノロジーに関する優れた考察を、フォーブズ誌のウェブサイト（Forbes.com）や『ハーバード・ビジネス・レビュー』などの一流メディアにたびたび発表している。研究の前は、国際的な一流経営コンサルティング会社に経営コンサルタントとして勤務し、主に、テクノロジー分野をはじめとする業種やさまざまな地域における、DX、デジタルスキル構築、デジタルマーケティングプロジェクトを担当していた。それ以前は、グーグル社で2年間、デジタル戦略担当者としてメディア企業のデジタル戦略最適化を支援。博士号のほか、クイーンズ大学（カナダ）とウィーン経済経営大学（オーストリア）で修士号を取得している。

アンドレアス・ライター（Andreas Reiter）

ザンクトガレン大学のカロリン・フランケンバーガーの講座で博士課程在学中。専門はDXと（デジタル）ビジネスエコシステム。ウィーン経済経営大学（オーストリア）とロンドンビジネススクール（英国）にて経営学を学び、優秀な成績を修める。国際的経営コンサルティング会社に2年間勤務し、金融サービス企業のDXプロジェクトとデジタルビジネスモデル構築を担当した経験がある。

マーカス・シュミット（Markus Schmidt）

QSIDデジタルアドバイザリー社の創設者でCEO。同社は、家族経営の中規模企業の戦略、リーダーシップ、DXを支援するコンサルティング会社。ヴァレオ社、ボッシュ社で長期にわたりグローバリゼーションとDXを主導した経験を持ち、最近までボッシュ社オートモーティブエレクトロニクス部門のヴァイスプレジデントだった。ボッシュ社でのリーダーシップ経験から、製造業企業のDXの可能性と課題に精通する。この経験を活かし、DXに関する、経営幹部レベル向けのコーチングとアドバイザリー、産業関連イベントの講演を行い、複数の大学で講師を務める。ミュリーズグループのファッション3とクレエンNPグループのクロステックインベスト部門の役員でもある。家族は妻のクローディアと2人の子ども。

監訳者紹介

渡邊 哲（わたなべ・さとる）
株式会社マキシマイズ代表取締役
Japan Society of Northern California日本事務所代表
早稲田大学 非常勤講師
海外の有力ITやイノベーション手法の日本導入と大企業向けのイノベーション支援を専門とする。特に海外ベンチャー企業と日本の大手企業との連携による新規事業創出に強みを持つ。三菱商事、シリコンバレーでのベンチャー投資業務などを経て現職。欧州で開発された大企業向けビジネスモデル・イノベーション手法の国内向け導入、イノベーションを切り口としたシリコンバレーと日本のイノベーション・コミュニティ運営など、日本のイノベーションを促進するための活動を展開中。東京大学工学部卒。米国Yale大学院修了。共訳書に『アントレプレナーの教科書』、『ビジネスモデル・ナビゲーター』、『イノベーションの攻略書』（いずれも翔泳社）。

訳者紹介

山本真麻（やまもと・まあさ）
英語翻訳者。慶應義塾大学文学部卒。訳書に『シンギュラリティ大学が教える シリコンバレー式イノベーション・ワークブック』（共訳、日経BP）、『それはデートでもトキメキでもセックスでもない』（イースト・プレス）、『クソみたいな仕事から抜け出す49の秘訣』（双葉社）などがある。

田中恵理香（たなか・えりか）
英語翻訳者。東京外国語大学英米語学科卒、ロンドン大学ロンドン・スクール・オブ・エコノミクス修士課程修了。訳書に『巨大企業17社とグローバル・パワー・エリート』（パンローリング）、『ヴィクトリア朝 医療の歴史』（原書房）がある。

STAFF

ブックデザイン　三森 健太（JUNGLE）
DTP　アズワン

DX（デジタルトランスフォーメーション）ナビゲーター
コア事業の「強化」と「破壊」を両立する実践ガイド

2021年07月20日　初版第1刷発行
2021年09月25日　初版第2刷発行

著者　カロリン・フランケンバーガー、ハナ・メイヤー、アンドレアス・ライター、マーカス・シュミット
監訳者　渡邊 哲（わたなべ・さとる）
訳者　山本 真麻（やまもと・まあさ）、田中 恵理香（たなか・えりか）
発行人　佐々木 幹夫
発行所　株式会社 翔泳社（https://www.shoeisha.co.jp）
印刷・製本　株式会社 廣済堂

本書へのお問い合わせについては、2ページに記載の内容をお読みください。
造本には細心の注意を払っておりますが、万一、乱丁（ページの順序違い）や落丁（ページの抜け）がございましたら、お取り替えいたします。03-5362-3705 までご連絡ください。

ISBN 978-4-7981-7069-5
Printed in Japan